浙江文化艺术发展基金资助项目
PROJECTS SUPPORTED BY ZHEJIANG CULTURE AND ARTS DEVELOPMENT FUND

逐苍穹

沈荣骏访谈录

再现中国航天测控峥嵘岁月

徐有智 单 泠 李 平 撰写

ZHEJIANG UNIVERSITY PRESS
浙江大学出版社
·杭州·

图书在版编目（CIP）数据

逐苍穹：沈荣骏访谈录：再现中国航天测控峥嵘岁
月 / 徐有智，单泠，李平撰写. -- 杭州：浙江大学出
版社，2024.11（2025.4重印）. -- ISBN 978-7-308
-25493-9

Ⅰ．K826.14

中国国家版本馆 CIP 数据核字第 202427LM15 号

逐苍穹——沈荣骏访谈录　再现中国航天测控峥嵘岁月

徐有智　单　泠　李　平　撰写

策划统筹	徐有智
责任编辑	许佳颖　金佩雯
责任校对	汪淑芳
装帧设计	程　晨
出版发行	浙江大学出版社
	（杭州市天目山路148号　邮政编码 310007）
	（网址：http://www.zjupress.com）
排　　版	杭州林智广告有限公司
印　　刷	杭州宏雅印刷有限公司
开　　本	710mm×1000mm　1/16
印　　张	36.5
字　　数	400千
版印次	2024年11月第1版　2025年4月第4次印刷
书　　号	ISBN 978-7-308-25493-9
定　　价	128.00元

航天测控技术与航天其他关键技术例如研制导弹、火箭、卫星等技术相比，它是比较"隐形"的，但也是不可或缺的，没有航天测控技术的发展就没有中国航天事业的腾飞。

我和沈荣骏院士是老同事、老战友，他是我国航天测控技术领域的著名专家，半个多世纪中，我们几乎是一起共同经历了中国航天事业从起步到辉煌的历程。

沈荣骏院士的访谈，从一个不同的角度为我们的事业留下了非常有价值的记录，对于渴望了解航天事业发展的广大读者和从事航天测控技术工作的官兵来说无疑是一件非常有意义的事情。

王永志

中国科学院院士
"两弹一星功勋奖章"获得者
国家最高科学技术奖获得者
"共和国勋章"获得者

中国航天事业是在新中国成立不久，在一穷二白的基础上，自力更生、艰苦奋斗、独立自主地发展起来的，取得了以"两弹一星"、载人航天工程、月球探索工程为代表的辉煌成就。

我和沈荣骏院士20世纪50年代在工作中相识，几十年并肩战斗，我们在一起为中国航天事业的发展做了很多事。回顾那段难忘岁月，我感奋不已。

伟大的事业造就了伟大的精神。祝愿本书给读者以历史的启迪，精神的鼓舞。

中国工程院院士

国家最高科学技术奖获得者

载人航天功勋科学家

"共和国勋章"获得者

目　录

序　言 | *i*

第1章　举家西迁话求学

1.1　背井离乡，从小就随家人西迁了 | *004*

1.2　读书对我来说是件很开心的事 | *008*

1.3　命中注定，看来非当兵不可了 | *012*

1.4　军校讲规矩，功课也挺紧张 | *014*

1.5　只要是与国防科研相关的工作，让我干什么都行 | *018*

第2章　大漠深深布天网

2.1　进场之前，我国导弹试验靶场还没建成 | *026*

2.2　生活上也很苦，最困难的时候吃不饱饭 | *038*

2.3　马蹄形测量区，搭建了第一套靶场测量系统 | *048*

2.4　祖国地平线上，飞起了我国第一枚"争气弹" | *063*

2.5 我到基地干的一件比较有水平的事儿 | 069

2.6 国家拨不了那么多钱，"两弹"差点下马 | 073

2.7 张爱萍坐镇指挥，东风二号"连中三元" | 082

第3章 弱水河畔铸神箭

3.1 光学测量，不能没有"150" | 094

3.2 我算了算，提出了"3站4台"方案 | 107

3.3 20基地要防止苏联来，要逐步搬家 | 113

3.4 创造了这辈子加班熬夜的纪录 | 120

3.5 东风四号首发，"154"初战告捷 | 131

3.6 钱老是大科学家，他不计较 | 140

3.7 "你们先吃后吐嘛"，聂荣臻一锤定音 | 147

3.8 当初的布站方案是很合理的 | 159

3.9 我这辈子非常敬佩的人 | 173

第4章 栉风沐雨砥砺行

4.1 老20基地是一只"老母鸡" | 194

4.2 测通所总体工作水平是过硬的 | 207

4.3 在全国建立一个测控网 | 218

4.4 这个网是完全凭着自己的力量建起来的 | 237

4.5　我们要有自己的远洋测量船　│ *251*

4.6　东风五号打全程，第一抓取得开门红　│ *272*

4.7　第一次上船，就出海执行 580 任务　│ *283*

4.8　"巨浪"一出水，首区测控即捕获目标　│ *293*

4.9　我国从此有了自己的通信卫星　│ *304*

第 5 章　斩荆披棘再出发

5.1　看着那么多人，我眼圈红了　│ *338*

5.2　群众的事情没小事　│ *344*

5.3　以其昏昏，使人昭昭，这可不行　│ *351*

5.4　感觉这肩上担子沉甸甸的　│ *353*

5.5　国防科研试验要吸引人，留住人，培养人　│ *359*

5.6　八年过去了，到底还干不干　│ *369*

5.7　这关乎国家战略，我们当时的决策是对的　│ *373*

5.8　这是个一举多得的好事　│ *387*

5.9　干这个"买卖"，心脏不好不能干　│ *408*

第 6 章　斩关夺隘揽九天

6.1　实现飞天梦，是中华民族的千年夙愿　│ *424*

6.2　上不上载人航天，是政治决策　│ *439*

6.3　三个中心放在一块儿，有利于工作　| *446*

6.4　载人航天应该有个先进的发射场　| *455*

6.5　一起步，就站在一个高起点上　| *465*

6.6　建立统一 S 波段测控网，这是巨大进步　| *473*

6.7　"争八保九"，天大的困难也得克服　| *488*

6.8　可以说，这是最难的一次决策　| *496*

6.9　一生奉献给国家导弹航天事业，吾愿足矣　| *513*

第7章　老将挥戈长航院

7.1　要干就干好，不当挂名院长　| *528*

7.2　我很乐意同师生们打交道　| *533*

7.3　我们只做小而精，不做大而全　| *538*

7.4　学院的发展要靠重点项目来带动　| *542*

7.5　这样的关键技术国家最需要，再难也要扶持　| *546*

7.6　两头在内，中间在外，关键在手　| *550*

7.7　学院发展目标达到了，没留遗憾，我就很满足了　| *555*

参考文献　| *561*

后　记　| *567*

序　言

　　中国的航天测控是由导弹试验测控起步的，经历了系统初创期、建设成长期和快速发展期三个重大阶段，在"两弹一星"、"三抓"任务、载人航天、卫星应用、月球与深空探测等国家重大航天任务中发挥了不可或缺的重要作用。

　　航天测控包括运载火箭测控和航天器测控两部分。其中，运载火箭发射段的测控与导弹试验主动段的测控在技术体制上始终是同生共孪的，在系统建设和应用上也基本统筹共用，而航天器或卫星的测控则自成一体，由卫星观测网、卫星测控网逐步发展成为今天的陆海空天一体化导弹航天测控网。有人把航天测控比喻为放飞风筝的线，但我们更要强调它的重要性，因为它是航天活动的"指挥棒"，航天员的"生命线"。

　　航天测控系统是靠我们一代又一代科技工作者的艰苦奋斗和聪明才智共同建设起来的，其中最令人印象深刻的就是我国航天测控系统的奠基人之一——沈荣骏院士。他是航天测控领域一位德高望重的长者，也是我们这一代人的楷模。

　　我1987年大学毕业来到洛阳测量通信总体研究所（测通所）时，老所长沈荣骏已经调到北京好几年了。可是没过多久，我经常听到老同志们提起沈副主任，时间长了我才慢慢知道，沈副主任就是我们的老所长，正在担任国防科工委的副主任，同时主管着测通所的业务工作，所里的老同志们经常有机会去北京向他汇报工作或一同开会。从老同志们的言谈举止中，我可以明显感觉到，沈副主任与测通所的感情很深，没有一点官架子，无论是所里的领导干部，还是普通技术人员，都与他很熟络；我甚至听说，个别老同志家里有什么困难，都直接给他打电话反映。所里比我年长几岁的不少同事也都认识他，每每谈到参加了沈副主任在场的什么会议、去基地出差一起执行任务等，都不由自主地表现出一种自豪感。慢慢地，沈副主任成了一个我非常熟悉但从未谋面的人，也是我最希望能早日见到的人，而"沈副主任"这个称呼我们也沿用至今。

我第一次见到沈副主任是 1992 年在北京进行载人航天工程可行性论证期间。当时，测通所和各基地共被抽调了 30 名技术人员在北京集中办公，负责开展发射场系统、测控通信系统和着陆场系统的总体论证工作。我就是被抽调的人员之一。我作为年龄最小的一员，除了承担轨道计算分析专业工作外，还兼顾一些服务保障和协调工作。集中工作开始没多久，沈副主任就来到我们居住和工作的左家庄了解工作进展情况。他一见到我们就热情地与每位同志打招呼，所有老同志他都叫得上名字，而且看起来很熟悉，不断询问一些家庭子女情况，见到我们几个眼生的年轻人，也是很有兴趣地问长问短。第一次见到他，我就真切感受到他对技术人员的关心，以及大家对他的尊重。在听完论证组的工作汇报后，他做了动员讲话，并与全体人员合影留念。那时候他给我的印象就是高大英俊、平易近人，讲起话来声音洪亮、铿锵有力。

随后的十多年，我经历了测通所搬迁北京、神舟首飞任务、测控网论证与建设等工作，时不时能够接触到沈副主任，更多的是听到关于他对测通所长远发展和航天测控系统建设等重大事项领导决策的故事。

我真正与沈副主任开始密切接触是在我担任测通所领导以后，这时他已经从领导岗位上退下来了。他是经测通所推荐评上院士的，所里有他的院士办公室，他也非常关心所里的建设发展，经常过来参加一些学术和技术活动。在请他参加这些活动的过程中，我就有了大量的机会听他讲一些过去的故事。他讲得最多的是测控系统早期建设发展的来龙去脉、环境条件和参与人员的故事，以及他经历的各种轶闻趣事；也多次讲到测通所搬迁北京、航天城建设的决策和实施经过，以及他当年求学分配的往事。后来我听得多了，感觉到将这一个个小故事串起来，实际上就形成了以他本人经历为主线的中国航天测控系统发展史。

我惊诧于沈副主任的记忆力和逻辑感。几十年前的事情，他能把时间、地点、人物记得特别准确，把事情的背景和来龙去脉讲得十分清晰，再加上他饱含着航天测控情怀，把每一件事都讲得非常鲜活，即使是非常危险和艰苦的事情，他也讲得很轻松。我听他讲述时，脑海中像有一幕幕电影画面在放映一般。比如他讲到跟着李福泽司令员在京西宾馆开会，自己留下来，利用三天两夜时间，起草完成"导弹测控系统发展规划"的经过，我仿佛能看到一个年轻干练的科长，在烟雾缭绕的房间里伏案疾书的背影；又比如他讲到岢岚发射场的由来，在"三线"建设背景下，他随勘察组寻找新试验发射场的经过，我就好像能看到他们乘着颠簸的直升机在东北山西勘察，坐着越野车在新疆沙漠戈壁行进，风餐露宿、野外讨论，疾行大半个中国，最后军委老帅们拍定老根据地山西岢岚的场景；还有双星定位系统的诞生，起因于他与陈芳允先生、孙家栋院士访问美国高通公司后的思考；等等。时间长了，交流多了，我就听到了许多像这样画面感极强的一个个小故事。这些故事让我更立体地了解到在国家发展"两弹一星"的艰难岁月中，航天测控系统是如何创建起来的，也深深感受到他们老一代科技工作者身上承担着如山的国家使命，蕴藏着自强不息的崇高品德，这是几十年积累下来的宝贵精神财富。

我记得在载人航天工程的可行性论证中，测控通信系统的几个重大关键事项都得益于沈副主任的开拓性领导与决策。一是载人航天测控网的技术体制选择。论证一开始，沈副主任就强调，中国的载人航天是要面向国际合作的，设计建设的测控网在技术上一定要选择与国际兼容的测控体制，以便于将来与国际联网。根据这个要求，我们建设了新一代的USB（统一S波段）航天测控网，不但实现了测量、遥测、遥控、话音的多功能统一，而且将其建设成为我国规模最大、可服务于各类卫星、符合国际标准的测控网。二是远望四号测量船的建设。为了满足载人飞行的测控通信覆盖的最低要求，需要五艘测量船进行测控，而当时只有三艘，如果再造两艘新船，耗资庞大。这种情况下，沈副主任充分听取大家的意见后，果断决策，在向阳红10号科学考察船上加装测控设备，将其改造成简易的遥测通信船——远望四号，如此一来，既满足了任务要求，又节省了大量经费。三是飞行控制中心的建设。载人航天任务必须有一个专用的控制中心，至于是在西安卫星测控中心的基础上扩建，还是在北京新建，两种意见僵持不下。基于长远战略性考虑，沈副主任拍板定在北京，虽然起初多花了些钱，但载人航天各大系统和试验应用主要集中在北京，飞行控制中心建在北京可以方便各大系统人员的技术支持与协作，有利于应用服务，长期算来是省钱的。后来北京航天飞行控制中心又继续承担我国月球和深空探测的飞行控制任务，历史证明，载人航天飞行控制中心建在北京是十分正确的。

航天测控系统经过 60 多年的建设，目前处于创新发展期，正在为我国 2030 年前实现首次载人登月进行充分准备。要做好充分准备，不仅要在技术上进行创新和发展，还应该继承和发扬以沈荣骏院士为代表的老一辈科学家的使命担当、开创精神和航天情怀。

忆往昔峥嵘岁月，看今朝沧桑巨变。了解过去，是为了更好地拥抱未来。本书站位高远、立意深邃：讲的是航天的事，以鲜活的故事、宏大的叙事和朴实的语言再现了中国导弹航天测控领域的峥嵘岁月；体现的是以沈荣骏为代表的老一代科学家知识报国的使命担当，自强不息的奋斗精神，以及艰苦朴素的广阔胸怀。我在阅读本书的过程中似乎置身于那激情燃烧的岁月，备感自豪和鼓舞。我相信，关心祖国航天与国防科技的广大读者也一定能在其中找到产生共鸣、感到热血沸腾的故事。

董光亮

2024 年 1 月 12 日于北京

第 1 章

举家西迁话求学

我的老家在安徽合肥，沈家在当地是一个大家族。肥东喻闸村曾经有一个沈家大院，现今还留有一口"军门井"，这口井是我祖父当年挖的。听家里长辈们说，我祖父是个武官，当过很多地方的总兵。但他过世得早，我没有见过他。

1937年，我还不满一周岁，日本人打过来了，父亲带着全家老少西迁，离开了肥东老家。我的幼年和少年时代生活一直很动荡，直到1948年，全家才在四川南充落下脚，安定下来。1949年上中学后遇到了伍尚仁老师，1951年上高中后遇到了秦心田老师，他俩都是对我一生影响很大的人。

1953年，高中毕业考大学，我第一志愿报的是北京航空学院（现北京航空航天大学）飞机制造专业，但这一年北航不在南充招生，学校保送我上军校，我被军委测绘学院录取了。我从此入伍，成为一名军人。军委测绘学院就是现在的中国人民解放军信息工程大学测绘学院，管理很严格，学习很紧张。

1957年大学毕业，按学校计划毕业分配，我应留校当老师。写完毕业论文后，我帮着老教员一起修订教材。1958年11月底，按规定到总参测绘局开始一年实习。实习还没开始，我突然接到通知，到 20 兵团报到——20 兵团就是后来的第 20 试验训练基地（简称 20 基地），也就是今天闻名全球的酒泉卫星发射中心的前身、我国第一个导弹试验靶场。

1959 年 10 月，我离开北京，乘上军列去 20 基地，即东风场区。火车一路向西，几天几夜之后，停在了建在戈壁荒漠的东风站。

基地生活非常艰苦，但我觉得能去国防尖端部门很光荣，我的理想就是献身国防科研，只要是与国防科研相关的工作，让我干什么都行。建设新中国，到最艰苦、国家最需要的地方去工作，是我们那个时代年轻人内心真实的想法。

1.1　背井离乡，
　　从小就随家人西迁了

笔者问（以下为问）：听说您的老家在安徽，能否讲讲安徽老家的一些情况？

沈荣骏答（以下为答）：我祖籍在安徽合肥。1936 年 11 月，我出生在肥东县一个叫喻闸的地方。

肥东在合肥的东面，肥西在合肥的西面。肥东算是安徽省比较富裕的一个地方了，可谓鱼米之乡。我国五大淡水湖之一——巢湖，就在肥东的南边儿。肥东的地理位置很重要，居于皖中腹地，东望南京，南滨巢湖，西融合肥，北接蚌埠，素来有"吴楚要冲，包公故里"的美誉。

北宋名臣包拯是肥东历史上一位最有名的人物，在中国应该说是家喻户晓。另外，还有一位在中国近代史上非常有影响力的人物——李鸿章，也是肥东人。李鸿章早年曾与其父亲在家乡训练团练武装，后来曾国藩命李鸿章招募淮勇，协助湘军平定太平天国。李鸿章便利用这个机会，把淮军发展壮大起来了。可以说肥东是淮军的诞生地，像张树声、刘秉璋、刘铭传、丁汝昌这些名将，都出自淮军。

家里祖辈儿的事情，我知道得不多。到了我十多岁的时候，才听长辈们说起一些。

沈氏家族在肥东是一个大家族，很大一家子人，有个大宅院，叫沈家大院，就在喻闸村，不过现在还叫不叫喻闸我也不清楚了。解放后，这个院子成了小学校舍，后来也都被扒完了，现在唯一留下的就是一口井，老百姓叫它"军门井"，是我祖父早年挖的。那口井的水质特别好，老百姓都去那里打水做豆腐。

听我叔叔说，我祖父是清朝的一员地方武官，在很多地方当过总兵。宣统年间，清廷改革兵制，裁撤绿营世袭兵，募兵编练新军。1911 年，我祖父便由温州镇调任衢州镇，任新军的总兵，负责训练新军。紧接着，辛亥革命就爆发了。大概在 1911 年末，他的两个侄子——也是在衢州当兵的——叫他投降。但我祖父忠君思想很重，他说了两句话，"食君之禄，奉君之事"，投降的事情坚决不干。最后被革命军押解回了肥东老家。

我祖父过世得早，我没有见过他，他对我应该说没有什么影响。

1937 年，我们一大家子人离开了肥东老家。解放后，我父亲留在了四川，我叔叔回了合肥老家。我父亲有工作，他说他自己也不种地，要地干什么，就干脆把地都分给了农民。这一分还对了，土地改革的时候定成分，定了一个下中农。他倒不一定知道后边这些事儿，他就是觉得这个地没有用。

我后来回过一趟老家。聊起家族里过去这些事儿，老年人还知道一些，年轻人就都不知道了。

问：都说故土难离。是什么促使您父母做出举家西迁的决定？

答：日本人打过来了嘛。

1937 年，七七事变后，日本发动全面侵华战争。1937 年 12 月 13 日，南京沦陷。随后一个多月的时间里，日军制造了举世震惊的南京大屠杀惨案。1938 年 5 月，他们就打到了合肥。

日本兵一路上烧杀抢掠，无恶不作，老百姓都很害怕，人心惶惶。听闻日本人要打过来了，我们全家就跑了，说白了就是"逃难"。那是 1937 年初秋的事，当时我还不满一周岁。

我的伯父很早就去世了，我父亲算是家族里年纪最长的一个。所以家里面的人都跟着我们出来了，包括我的祖母、叔叔、婶婶、姑姑他们，一大家子人。

问：听说您最后到了四川南充，从合肥迁往南充的途中顺利吗？有没有听长辈们谈到过这方面的事？

答：很不顺利。一开始并不是到南充，听长辈们说，最初我们好像是到了四川万县。我父亲是医学院毕业的，毕业后到了国民党军队里当军医。他们在前面打仗，我们就跟在后面跑。中间还随着我父亲到过陕西、山西的很多地方，但是停留时间都很短，后来又回到四川，最后才在南充落下脚。到南充的时候已经是 1948 年了，都快解放了。

从我不到一岁离开老家，一直到十来岁，中间有十多年的时间吧，一大家子人就这么一会儿跑到这儿，一会儿跑到那儿，背井离乡，居无定所，具体都去过哪些地方我也搞不清楚，反正是辗转了很多个地方。

那时，家里主要经济来源就是我父亲和我叔叔的工资，我四叔那会儿也跟着我父亲，没有别的来源，养那么一大家子人，所以当时的生活也过得不怎么样。解放后，我们这一大家子人才慢慢地分开了。

问：能讲讲您的父亲、母亲吗？

答：1948年，我父亲所在的部队被解放军收编了。他是医生，解放军接收干部动员他留下来，问他：在旧军队能干，为什么和解放军不能干？就这样，他又到了解放军的队伍里当军医，当时是在18兵团61军一个相当于卫校性质的学校当老师。后来川北军区撤销，他就转业到了地方，在川北医学院当老师。

沈荣骏（左）与父亲（20世纪50年代）

我母亲也是师范学校毕业的，本来是一名老师，在解放前也算是个知识分子了。离开老家以后，我母亲要管那么一大家子人的生活，根本没有时间和精力再去教书了，就只能待在家里照料一家子人的生活。

我印象最深的是，我读初一的时候，和学校英语老师闹别扭，不好好念书，结果英语考试没考好。我母亲气坏了，假期里就给我补英语，她英语挺好的，结果开学我回去补考就考了满分。她有能力把书教好，但是在那个年代，客观环境不允许，她也没有办法。

我上大学的时候一开始不懂，在家庭成分一栏填了个"旧军官"，学校老师了解情况后跟我说：你填得不对，你父亲解放前就加入革命军队了，怎么是"旧军官"呢，应该填"革命军人"才对。那个年代特别讲究家庭出身。

这就是我家里的情况。

1.2　读书对我来说是件很开心的事

问：您从小就随家人到处辗转，小学学业是怎么完成的？也是您母亲在家里教的？

答： 解放前那阵子，随着家人各地辗转，现实条件如此，走到哪儿就上到哪儿，根本就没有在一个固定的小学里学习过很长时间，真正安定下来读书是新中国成立以后的事儿。

上小学那会儿，我母亲要管一大家子人的生活，没空管我，而我呢，学习上也不费劲。所以大人们不管我，我也不管他们，用现在的话说，叫"放养"。

问：中学是在哪里上的？您还记得当年上中学的学习和生活情况吗？

答：1949 年，我在南充私立民德中学上的初中，当时叫民德中学，现在叫南充一中。我们上学的时候，春季入学的，进春季班；秋季入学的，进秋季班。我是在 1949 年 2 月春季入学的。

我从初中就开始住校了。那时候年龄小，不会料理自己的生活，所以我生活上很粗心，每次带到学校的东西，到学期结束回家的时候，基本上都丢光了，家里没办法，下学期再给我补。

我读初中时，担任过中学少先队的大队长，学习成绩在学校里也是很有名的，基本上回回考试都拿第一。但实际上我不是用功的学生，喜欢玩，边玩边学，是玩着学出来的。

初中时对我影响很大的一位老师叫伍尚仁，当时他也很年轻，大概也就比我大个十岁八岁的，他是很有本事的一个人。我在初中就入团了，他是介绍人。他对我各个方面都很关照，要求也很严。我认为在我这一生中，这位老师对我的影响还是很大的。他后来是四川省特级教师，早就退休了，现在已经 90 多岁，跟他儿子住在成都。

初中我读了两年，该上初三的时候，学校同意我跳一级，由春季班跳到秋季班，也就是直接跳到初三下，跳过了中间的初三上。学校的校长都同意了，结果教育局不同意，说不准跳级。后来校长建议我以同等学力去读高中，他给我写了封推荐信，写给南充中学的教导主任伍平南。我现在还记得很清楚，信的开头写的是"平南主任兄"。

问：后来您跳级上了高中吗？

答：当时，我就连忙拿着介绍信跑到南充中学，可是人家学生考试都已经考完了。怎么办呢？伍平南主任说：那好吧，你在我这儿坐着，我把卷子拿给你，你就在这儿做。他拿了一套卷子给我。我是上午去的，一直做到下午，把那套试卷做完了。他看完卷子说：你明天就来上课。本来我是打算从初二下跳到初三下的，结果直接就上了高中，跨了一年。

我母亲一开始很不高兴，说：你这是胡来，学习哪有这样干的，一下跳两班，你能跟得上吗？我说：你就甭管了。结果我高中第一年就在班上拿了头一名，把我母亲高兴坏了，她再也不说这个事儿了。

我在学校的学习还是很轻松的，在我们班上几乎年年都是第一名，尽管我是跳级的。但我的体育不行，每次体育考试都不参加，老师给我打 70 分，我也认了。但到高考就不行了，再打 70 分就拉总成绩了，总分上不去，名次就会下来。高考前，别人都在紧张地复习文化课，我在紧张地练体育。我跑、跳都还可以，但是臂力不行，是体育项目中的短板，于是我就天天练俯卧撑。最后我体育考试拿了全年级第二。高中毕业统考，我平均成绩94.7 分，在南充地区排第一名。

我在南充中学一共读了两年半的高中。那个年代的学生不光读书，还要参加很多社会活动，像"清匪反霸""土改复查"。读高中时，我当过学生会、团总支的干部，毕业的时候是毕业班的团总支书记。因为既是团干部，又是学生会干部，所以社会活动尤其多。

问：读高中时，您参加了哪些社会活动？哪位老师给您留下的印象比较深刻？

答：我上高中的时候，南充中学的教导主任叫秦心田，他是我们学校的党支部书记，曾经是地下党员。他对我很好，在各个方面都对我很器重，他也是对我一生影响很大的一个人。

我记得上高二的时候，社会上在搞"土改复查"。秦心田老师是"土改复查"队的队长，就把我带去了。他叫我管一个区，下面还有好多小学老师。秦老师还给我配了一把枪，是真枪，我不会用，秦老师说：配上，起码壮个胆儿。因为那会儿还有一些土匪在活动。

一个十几岁的孩子，知道个啥？主要是负责一些组织方面的工作，就是把老师们分成若干个组，到开会的时候和大家一起学习相关文件。因为是复查嘛，主要是看看土改当中政策贯彻得对不对，土地分得对不对，成分划得对不对，就核查这些事儿，再查查别的材料。

"土改复查"搞了一个多月，回到学校已经开学20多天了，我落下了很多课。不过读书对我来说是一件很开心的事。我虽然耽误了一些课，但回来自己看一看、补一补，很快就跟上了，也不需要天天挑灯夜读。回想当年的读书时光，自己遇到了好老师，当了学生干部，参加了一些社会活动，都很有好处，能锻炼自己的活动组织能力。

1.3　命中注定，
看来非当兵不可了

问：为什么大学读的是军委测绘学院？是遵从父母的意愿，还是自己的理想？

答：当时我报的志愿里压根儿没有军委测绘学院，因为那时候我都没听说过这个学校。

高考前填报志愿，按规定可以报五个志愿，每个志愿可以报三所学校。我那时候啥也不懂，填志愿就凭着兴趣来，觉得哪个专业时髦就报哪个，所以报的都是些稀奇古怪的冷门专业。我第一志愿报的是飞机制造，当时只有北京航空学院有这个专业；第二志愿报的是造船，只有大连工学院有；第三志愿报的是天文，在南京大学；第四志愿报的是工程物理，在清华大学；第五志愿是哪个学校我忘了，反正把五个志愿报满了。每个志愿可以报三所学校，但我每个志愿只报了一所学校，因为这些专业全国都只有一所学校有。我的志愿报得挺绝的，但实际上我内心还是有想法的，心里真正想学的就是第一志愿——飞机制造。

后来上面发了一个文件，号召大家报艰苦专业。那时候，我是毕业班的团总支书记，一看这文件，我就把志愿表撤了回来，重新填，除了保留北京航空学院飞机制造这个第一志愿外，剩下的全改了，报了地质、采矿、石油、冶金，总之什么艰苦就报什么，最后还写了一句"服从组织分配"。我那时候有个观念，团员不带头不像话。但说老实话，我心里边儿想，凭我的成绩，考上第一志愿是有绝对把握的。

问: 那又是什么原因让您去上了军校，从此改变了自己的人生道路？

答: 我自己也是到了大学发榜那天才知道是怎么回事。

我考大学是在 1953 年，那时候全国高校的录取名单都登在《人民日报》上。具体几版我记不清了，当年全国大学招生人数加起来是八万多人，大概占了三四个版，报纸上把全国大学的录取名单都公布了。

沈荣骏在军委测绘学院求学（20 世纪 50 年代）

发榜那天，我很有把握地去看榜。首先看北航，一看，榜上无名！我心里很不服气，扭头就走，不看了。我跟同学们说：你们谁看见我被哪所学校录取了，就告诉我一声，我回去了。

一出教室门，教导主任在那儿等着我呢，他让我去他办公室。我很纳闷：秦主任，我觉得自己考得挺好，怎么没考上北航呢？他这才和我说了缘由。当时全国高校院系调整刚结束，北航是刚从清华大学的一个系分出来的，招生人数很少，只在重庆、成都招生，南充是个小地方，北航没有来招生。所以学校就给我报了国防口的学校，保送上了军校。就这样，我被军委测绘学院录取了。我那时根本就不知道还有军委测绘学院这个学校。

接到录取通知书，我母亲不太乐意，她觉得当兵不稳定，不希望我当兵。在她看来，一家几代人，我的曾祖父、祖父、父亲都当过兵，到我这一代就不要再当兵了，没想到我又被军校录取了。但她也无可奈何，说这可能是命中注定的事，看来非当兵不可了。

我是这么上的军委测绘学院，等于是被学校保送的。

1.4 军校讲规矩，
功课也挺紧张

问：军委测绘学院是一所什么样的大学？

答：军委测绘学院是 1946 年东北民主联军创办的一所学校，

当时叫东北民主联军总司令部测绘学校。对外是学校，对内就是作战地图科，一方面要加紧培养自己的地图印制技术人员，一方面还承担着绘制、印刷地图的任务，满足战场对作战地图的需要。学员都是从部队、地方和军政大学调来的，平时上课，有任务时就停课执行任务。

1948年东北解放后，学校由哈尔滨迁到了沈阳，设立了大地、地形、制图三个专业，吸收了很多专业人才，教员得到大量补充，规模达到了上千人。1950年，学校归到总参谋部建制，学校名称改为中国人民解放军测绘学校，学制也由专科改为本科。到了1952年，中南、西南、华东等其他几所测绘学校都被撤销了，学员全都被合并到了沈阳这所测绘学校，学校规模进一步扩大，设置了大地测量、航空测量、地形、制图、政治教育、文理六个系。1953年，学校名称改为中国人民解放军测绘学院，之后学校迁到了北京，不过大家都习惯叫军委测绘学院。北京电影学院现在的校址，原来就是军委测绘学院的。后来学校又从北京迁到武汉，从武汉迁到郑州，不过这些都已经是20世纪六七十年代的事情了。

问：您学的是航空摄影测量专业，具体培养哪方面的人才？

答：在军委测绘学院，我学的专业是航空摄影测量。航空摄影测量是测绘的一个分支，是在航空器上用航空摄影仪器对地面连续拍摄照片，结合地面控制点测量、调绘、立体测绘等，绘制出地形图。说白了，就是在飞机上往下照相，照完以后，根据相片把地图画下来。原来叫航空摄影测量，现在叫航空遥感。

所以我说我学的是"天测地"，但后来干的是"地测天"，正好颠倒了。

问：能介绍一下您在军委测绘学院的学习和生活吗？

答：我是 1953 年入学的，报到时还不到 17 岁，是班里年纪最小的一个。那一年我们学校所有专业加起来，一共招了 200 人，实际报到的只有 170 多人。有些人不愿意当兵，没来报到。报到后，所有学员先进行两个多月的历史思想总结，实际上就是政审。总结完了，又去掉了 30 多人。这 30 多人通过教育部门调到了附近的高校，包括北京医学院、北京邮电学院、北京石油学院、北京矿业学院，就是学院路附近的那些大学，学一些非保密专业。

剩下的也就是一百三四十人。上了一年学后，听说部队急需测绘人员，要加快培养，学校就设了一个专科班，学制三年。凡是一、二年级考试有一门不及格的，无论补考及格与否，一律转到专科班，就从这几个本科班里又弄出一个专科班。等到毕业的时候，我们这一届就只剩下三个本科班，100 多人。两个航测专业，即航本三班、航本四班；一个大地测量专业，即大本六班。所以那个时候的淘汰率还是很高的。

学校的学习很规范，功课也挺紧张的，讲的基本上是苏联的那套东西。我刚入学的时候，学校有一大批苏联专家，后来陆陆续续都撤走了，但我印象中他们没给我们上过课。当时考试很严格，是口试，也是学习苏联的那套办法。考试的时候，苏联专家以及主课老师加起来一共三个人，往那儿一坐，学员到他们那儿抽签，抽到什么题就考什么题，准备20分钟，然后上去回答。答完以后老师可以随便提问题，提的问题并不局限于你抽的题目，只要是学过的东西，都可以提问，很灵活。那个考试比现在的要难，我们管它叫"三堂会审"。

我们那时候，系的学员队叫大队，大队下面分队、区队，区队就是各个班的学员队。区队长以上，包括区队长在内，都是专职干部。一个区队下面有四个小班，我是小班班长。从入学一直到毕业，我当了五年的班长，一开始是一班班长，后来是三班班长，实际上是一回事，只是班的名字改了。

我们也参与了军事训练，包括队列训练、射击等。当时军校学生的待遇还是很优越的，属于供给制，吃喝拉撒学校全管，所有生活用品、学习用品都是发的，连笔记本都发。每个月还有津贴，我记得第一年一个月6元，第二年9元，第三年14元，第四年及以后就都是20元了。

问：上大学时的社会活动还多吗？

答：军校比较规范，讲规矩，社会活动不是很多，但是校内的活动还是很多的。我除了当班长，剩下没什么大事。

那时候兴跳舞，还有舞会呢，但我对跳舞从来不感兴趣。我们学校女生特别少，我们班上有几个女生，但年纪比较大，其他班几乎没什么女生，舞会办不起来。当时北京医学院就在我们学校旁边，他们那边每周末都有舞会。一到周末，我们班上那些家伙就往那儿跑——那会儿穿军装的军校学员还挺吃香的——离开学校要向班长请假。周末晚上我有时候跟人下下棋，他们来跟我请假，我就当没听见，还在那儿下，其实是故意逗他们，拖他十来分钟再说：去吧，走吧。同学之间逗着玩儿的，他们也知道我逗他们玩儿。

1.5 只要是与国防科研相关的工作，让我干什么都行

问：听说您毕业分配时最初的去向是留校任教，后来又被分配到20基地，能讲讲这段经历吗？

答：我大学毕业时，三个毕业班一共有八个留校当老师的名额，我是其中之一。当时学校师资紧张，因为我已经决定留校了，学校就派我带低年级学生去实习。等实习结束回到学校，班上的同学都已经毕业离校了，可我的毕业论文还没写完呢。老师说我可以不写论文了，但我坚持写完论文，并向学校申请配了个实验员。因为我当时写了一个航测方面的新公式，也算是个小发明，但是需要做实验来验证这个公式。我又花了整整一个月的时间，写完了毕业论文。

按照当时学校的规定，留校生要到总参测绘局驻外地的航测队实习一年才能回来当老师。但写完毕业论文，刚好赶上1958年的教材改革，学校又把我留了下来，帮着老教员一起修订教材。几位老教员领着几个年轻人，修订《航空摄影测量学》这本书。那时候没有教授这个职称，都叫教员。

等把教材修订完，转眼已经到了 1958 年 11 月底，这时我就要去总参测绘局报到。那时很严格，实习的时候连组织关系也要转过去。我去实习的单位是总参测绘局下面的航测三队，在徐州。我先到总参测绘局报到，然后带上背包和两箱子书到北京站办理托运，准备第二天动身前往徐州。那天给我的印象很深，我办完托运，刚从火车站回到局里，一进门身子还没暖热，测绘局领导就通知我赶紧把行李取回来，说：你不用去实习了，你到 20 兵团去报到。20 兵团也就是老 20 基地的前身，当时还叫 20 兵团。我毕业前就听说 20 兵团需要做大地测量的人，我很纳闷，我这学航测的到那里能干什么。测绘局领导说，人家 20 兵团就是要学航测的。我说那行吧。我转身又去火车站把行李取了回来，回到了学校。当时我还住在学校里。

我们系的安学旺政委一听急了，说：学生分配有正常的组织流程，测绘局这样做不合适，你先回学校来。关于我的去留，学校和测绘局互不让步，两家就开始扯皮。最后协商的结果是，学校同意让一步，从留校的学生中另派一个学生替我去 20 兵团。

这事儿磨磨蹭蹭转眼就到了春节。我从 1953 年上大学，到 1959 年春季，将近六年时间，一次家都没回过。当时回不去，主要是因为交通不方便，从北京到南充，要先坐火车到武汉，从武汉坐船到重庆，再从重庆坐汽车到南充，一来一回路上花费的时间比假期还长。1959 年春节，正好铁路宝成线通车了，我跟学校说想请假回趟家，领导说：那你回去吧，反正分配的事儿也还没定呢。

等我从家回来，安政委找我说：还是你去 20 兵团吧。那个原本替换我的同学政审不合格。那个时候像20兵团这样的国防尖端部门，政审是很严苛的。

问：您去报到的时候，20基地还在组建当中吗？

答：20基地是我们国家建立的第一个导弹试验靶场，是从1958年开始组建的。我是1959年3月正式离开学校去单位报到的，当时基地仍在筹建之中，还叫20兵团。

20兵团在1958年3月从朝鲜战场撤回国后，分散驻扎在北京市区和通县。基地开始组建后，司令部机关一开始在炮兵大院办公，后来搬到了左家庄。我是到左家庄报到的，报到三天后，他们又通知我到当时设在通县的技校报到。

测量设备研究所在左家庄的办公楼

基地刚组建的时候，大学生数量有限，为了弥补技术人员的不足，基地招收了一批高中生，承担一般性技术工作。于是就在通县办了一所技术学校，对这批高中生进行培训。我报到后的最初几个月，就在通县技校当教员，教两门课，一门高等数学，一门高等测量学。在技校教书半年多后，我们就进场了，到了内蒙古自治区阿拉善盟额济纳旗的大戈壁滩上，那里才是 20 基地真正的驻地所在。

问：从留在北京变为去千里之外的戈壁滩，符合您的人生理想吗？

答：当时我还挺高兴的，觉得能去国防尖端部门很光荣，认为这是组织上对我的信任。我当时的理想就是献身国防科研，只要是与国防科研相关的工作，让我干什么都行。我心底里是不太愿意留在学校当老师的，觉得当老师很枯燥，到 20 基地挺好，我挺高兴、挺振奋的。

我们那个时代的年轻人，看到过国家积贫积弱给人民带来的屈辱，经历过战乱给生活带来的苦难。建设新中国，到最艰苦、国家最需要的地方去工作，是大多数年轻人内心真实的想法。我根本没考虑是北京好还是戈壁滩好，根本就没想这事儿。组织决定让去哪儿，就去哪儿。

第 2 章

大漠深深布天网

1959 年 10 月，我们进靶场时，导弹试验靶场正在进行非常艰苦的基础建设，还没有完全建成。

东风场区是我国最早在大西北建立的一个导弹试验基地。当初考虑安全保密等因素，基地设在内蒙古自治区阿拉善盟额济纳旗青山头一带，一望无际的大戈壁，非常荒凉。

1956 年 5 月 26 日，周恩来总理出席中共中央军委会议，宣布发展中国导弹武器的决定。同年 10 月 8 日，国防部第五研究院在北京成立，钱学森任院长。这是中国第一家导弹研究机构。

1958 年 1 月 18 日至 2 月 7 日，炮兵司令员陈锡联率专家组先后对我国东北、西北等地区进行勘察选址。1958 年 4 月，工程兵司令员陈士榘上将率领数万精兵良将，浩浩荡荡开进渺无人烟的戈壁荒滩，仅用了两年零四个月的时间，就建设起我国第一个综合导弹试验基地。与此同时，以 20 兵团为基础组建了一支导弹发射试验队伍。

我到基地后被分配到航区大地测量处，承担的第一项任务是基地所有测量点和发射阵地天文坐标的测量。1960 年初，我们用苏联援助的设备，搭建起第一套地地导弹靶场测量系统，并叫它"马蹄形测量区"。我国导弹测控事业就从这里起步了。

1960 年中苏关系破裂，逼着我们开始走自力更生这条路。苏联专家撤走后的第 82 天，在祖国的地平线上，飞起了我国第一枚自己研制的导弹。其间，我们为我国自己的导弹试验基地的测量系统建立了一个准确的坐标系。

席卷全国的自然灾害接踵而至，戈壁荒滩的基地陷入了生活困境，部队组织生产自救。

1962 年 3 月 21 日，东风二号导弹首发试射失败，非常惊险，爆炸地点离我不远。钱学森"隐身"基地，张爱萍坐镇指挥。改进后的东风二号导弹在两年后的 1964 年 6 月 29 日发射成功，此后又创下了"连中三元"的佳话，也考验了初步建成的我国早期导弹测量系统，我国的导弹测量事业迈出了可喜的第一步。

2.1 进场之前，
我国导弹试验靶场还没建成

问：导弹试验基地，对非专业人士或是普通民众来说，充满了神秘色彩。大学毕业后，您作为第一代创业者中的一员，是什么时候进基地的？基地设在哪里？

答：我是 1959 年 3 月参加基地工作的，是第一批分配到基地的大学毕业生。1959 年 10 月到 1960 年 3 月，基地人员分三批从北京开赴东风场区。我是 1959 年 10 月第一批进场的。

东风场区是我国最早在大西北建立的导弹试验基地。在我们进场之前，导弹试验靶场虽然还没有建成，但已经有很多的基础建设工作在进行了，不然我们坐不了火车。我们进场时，乘的是专列。专列是那种运兵的"闷罐车"，没有卧铺，也没有座位，我们把行李打开，往地上一铺就可以睡觉，我觉得挺好。

专列一路上只有到了兵站才停车，我们下车去吃饭，吃完饭回车上再走。就这样走走停停，从北京到基地，一路上走了五天。过了兰新铁路上的清水站再往前走，就是基地的专用铁路线了，有 200 多公里长，这段铁路就是最早到达东风场区的工程部队修建的。为此，基地还设立了一个铁道管理处。

从北京出发的时候，刚好是金秋十月，北京最美的季节。越往西北走，植被越稀少，颜色也越单调。列车到了东风站，我们下了车，放眼一看，哎呀，啥也没有，一望无际的大戈壁，没有人烟，没有绿色，只有无边无际、铺天盖地的黄色，非常荒凉。离开北京时还是秋天，转眼到这里却仿佛已经是北风呼啸、天寒地冻的冬天了。

当初考虑导弹试验靶场安全保密等方面的因素，基地设在内蒙古自治区阿拉善盟额济纳旗青山头一带。额济纳旗是内蒙古自治区最西端的一个旗，位于巴丹吉林沙漠的西北边缘，北部与蒙古国交界。额济纳旗也是内蒙古自治区面积最大、人口最少的一个旗。1958年，额济纳旗的人口还不足5000人，平均20多平方公里才一个人，地广人稀。额济纳旗境内大部分是沙漠戈壁，绿洲很少，自然条件比较恶劣。

问：当您踏上建在戈壁滩上的基地时，我国导弹航天事业刚刚起步。您作为我国导弹航天事业的第一代创业者，请简要介绍一下中国导弹研制最初的战略布局。

答： 第二次世界大战后，欧美都在大力研制各种导弹、核武器。新中国成立之后，特别是朝鲜战争开始后，中国一直面临着美国的战争威胁、核武器威胁。因此，我们迫切需要提高国防实力，创造一个和平、安全的环境。在我国经济、技术还很落后的条件下，党中央高瞻远瞩，决定自力更生发展我国的国防尖端武器，立即开始我国的导弹研制和人才培养工作，这可以说是新中国国防现代化的第一步。

我们到基地后，司令员和政委也给我们讲了很多这方面的情况。据我了解，中国的导弹研制工作是在钱学森回国之后开始的。1956 年 2 月，钱学森给中央写了一个报告，是关于建立我国国防航空工业的意见书，当时为了保密，用"国防航空工业"代表导弹研制技术。1956 年 5 月 26 日，周恩来总理出席中共中央军委会议，代表中共中央宣布发展中国导弹武器的决定。同年 10 月 8 日，国防部第五研究院在北京成立，这是钱学森先生亲任院长的中国第一家导弹研究机构，很快聚集起了一批高水平的科学家。这是一个标志性事件，标志着中国的导弹研制工作正式起步。当时是国务院副总理聂荣臻元帅领导我国国防科技工作，他在导弹研究院成立会上讲了话。

党中央确定了我国导弹研制的大战略之后，1957 年下半年，建设导弹试验靶场的问题就被提上了议事日程。同年 8 月，中央军委召开会议，做出了建设导弹试验靶场的决定，成立了靶场筹建委员会，炮兵政委邱创成中将是委员会主任。

为了抢时间，在建设导弹试验靶场的同时，1957 年底，中央军委决定，以志愿军 20 兵团机关为基础，抽调干部担负组建试验靶场的任务。试验靶场筹建处负责人孙继先中将，此前是志愿军 20 兵团代司令员，他在朝鲜接到命令，回国赴任。这个导弹试验靶场就是我去的 20 基地，即东风场区，也叫东风基地。

1959 年底，我进入基地的时候，导弹试验靶场还没有全部建成，我们国家导弹的研制工作才刚刚起步。

问：我国第一个导弹试验靶场建在西北大戈壁，当时是出于什么样的考虑？又由谁来负责勘察选址和工程建设？

答：国防部五院成立后，从全国各地抽调了一批专家和大学毕业生开始开展苏制P-2导弹的仿制工作。随着导弹研制工作的推进，需要有地方做试验，所以必须建导弹试验靶场。

导弹试验靶场建在哪儿是首先要解决的大问题。勘察选址不但要考虑导弹的射程、射向，还要考虑安全、保密等方面的因素，要避开人口稠密的城市和地区。国防部部长彭德怀元帅亲自点将，把试验靶场勘察选址的任务交给了炮兵司令员陈锡联。

1958年1月18日，陈锡联一行，包括苏联专家，乘坐苏制伊尔-14飞机从北京飞到兰州，然后分成三个小组，一组到银川以西，一组到民勤以北，陈锡联亲自带着一个小组重点勘察西北一带，包括酒泉以东、以北的戈壁和沙漠以及周围的几个县。邻接情况、社会情况，还有地形、土质、气候、水源、交通、电力、通信等，这些情况都要详细掌握。

最后经过反复比较分析，苏联专家认为内蒙古自治区阿拉善盟额济纳旗青山头一带条件合适，这里地域开阔，而且人烟稀少，便于保密。

额济纳地区在先秦时被称为"流沙"或"弱水流沙"，秦汉以后被称为"居延"。元朝统一后，在此设立亦集乃路总管府，额济纳一名即由此演变而来。

据说最终是毛主席拍板定了以甘肃省酒泉地区附近的戈壁滩为我国第一个陆上靶场建设地点。接着，中央军委又决定，把靶场的工程建设任务交由工程兵负责，以19兵团为主体，组建了

演练苏制P-2导弹发射（1960年）

一支特种工程部队，代号7169部队，由工程兵司令员陈士榘上将兼任司令员和政委。

　　1958年4月，军委秘书长黄克诚主持召开靶场工程建设会议，宣布成立特种工程指挥部，负责靶场整个工程建设。这支代号为7169的部队，是以志愿军19兵团、志愿军工兵、志愿军后勤二分部、铁道兵10师、65军195师组成的，由陈士榘司令员统一指挥，另外还有北京建筑公司和兰州建筑公司，6.6万余人的建设大军，奉命进驻西北荒原。7169特种工程部队负责修铁路，北京、兰州来的建筑施工公司负责建设基地的设施。他们在极其艰难的条件下，住帐篷、地窝子，喝盐碱地流出的苦水，仅用了两年零四个月的时间，把铁路、机场、发电厂、技术厂房、发射阵地等基本建起来了。这是我们国家第一个综合导弹试验基地。

有一点很重要，苏联专家曾预言，中国综合导弹试验靶场没有15年的时间难以建成，结果却大出所料，只用了两年半的时间就完成了第一期工程。建设工程的提前完工，恰好赶在苏联撕毁合同之前，为我们后来的导弹试验工作赢得了时间。

由于特殊的历史背景，这支队伍默默地开进戈壁滩，又默默地撤离戈壁滩，有许多人甚至把年轻的生命留在了戈壁滩上。直到今天，他们的名字，他们的业绩，很少有人知道。

问：在戈壁荒滩兴建导弹试验靶场的同时，以20兵团为基础的试验靶场筹建处也组建了。"20基地"这个名称就是这么来的吗？基地的主要任务又是什么？

答：为了抢时间，在建设导弹试验靶场的同时，1957年底，中央军委决定，以中国人民志愿军第20兵团为基础担负组建试验靶场的任务，当时任命了第20兵团副司令员（代司令员）孙继先中将为试验靶场筹建处负责人。

20兵团那时正在朝鲜。接受任务后，20兵团于1958年春从朝鲜撤离，回到北京进行整编。一部分政治条件好、身体条件好、有文化的干部留了下来，成为20基地各级领导干部中的骨干力量。后来陆陆续续又从炮兵、空军、海军、铁道兵以及各军事院校抽调了一批领导干部和技术干部，补充给基地。基地的技术干部中还有很多是从国内名牌大学毕业生中挑选的，挑选时，对政治背景、思想觉悟、学习成绩的要求都非常严格。

我们这一批大学应届毕业生进场之前，1958 年 10 月 20 日，中国人民解放军第 20 试验训练基地正式成立，孙继先任司令员，栗在山任政委，李福泽、张贻祥、林毅任副司令员。20 基地是我们国家最早承担陆海空三军各型号导弹试验任务的综合型发射试验基地。

1959 年 2 月，国防部才公布了基地名称，对外称"西北综合导弹试验基地"。

因为基地是在 20 兵团基础上组建的，所以对内，基地就延续了 20 这个编号序列。这个 20 基地和现在的 20 基地可不是一码事，我们都叫它"老 20 基地"。现在的 20 基地，是老 20 基地在 1975 年改组后成立的，保留了老 20 基地的一部分基础。直到现在，讲到 20 基地，一定加个"老"字，不然就弄混了。

老 20 基地刚组建的时候，靶场设施主要包括导弹测试发射、跟踪测量、时间统一（即时统）、通信、航空勤务、弹着区以及专线铁路和电厂等。

基地司令部下面有五个试验部和一个海上分场。一部编号甲组，是地地导弹试验部；二部编号乙组，是空空导弹试验部；三部编号丙组，是地空导弹试验部；四部是航区弹着区部；五部是岸舰导弹试验部；海上分场编号丁组，但海上分场在基地正式组建命令下达之前，也就是 1958 年 9 月，就划归海军建制了。

一直到 1970 年 7 月，中央军委又决定将空空、地空导弹试验部（也就是二部和三部）划归空军建制，单独组建空空、地空导弹试验基地。此后，老 20 基地就专门负责地地导弹试验任务。

问：为什么要建导弹试验靶场？其作用是什么？

答：试验靶场对导弹的研发非常重要，也是导弹最终能否列装部队的关键环节。这是因为导弹被设计、制造出来之后，其研制工作还只完成了一半。这个导弹的结构是否合理、性能如何，各系统之间工作是否协调，各系统是否达到设计指标，导弹的命中精度能否满足设计要求……这些问题都必须通过靶场的飞行试验才能得到答案。

国防部五院创建之初，在中苏协定的支持下，主要对苏联提供的导弹进行研究与仿制。用了不到一年的时间，研究工作就见到了一些成效，应该说进行得比较顺利。到了1958年8月，五院提出一边研制导弹，一边建设靶场，两者同步进行的意见。这时试验靶场的建设就很迫切了。

那时，导弹试验靶场的任务要求相对还很简单，概括起来，就是"打上去，测下来，处理好"。也就是说，导弹靶场要完成导弹试射、弹上各系统工作状态测量、导弹飞行弹道测量、命中脱靶量测量以及测量结果的处理、分析、评定等工作，这些最终是为导弹定型提供依据的。所以说，导弹试验靶场的作用很关键，没有导弹试验靶场的试验与鉴定工作，导弹的可靠性和命中率就得不到验证，严格来说导弹就不能投入使用。

从理论上说，导弹试验靶场最主要的技术系统有两大块：一是发射，二是测控。后者主要是指采用光学或无线电测量系统，获取导弹的飞行弹道以及弹上各部件工作状态的数据，将其提供给研制单位，用于分析检验导弹设计方案和战术技术性能。这很关键，是导弹定型不可缺少的重要依据。

问：您这里提到了"测控"，什么是"测控"？对普通读者来讲很陌生，能给我们科普一下吗？

答：好的。可以说，我们是国内最早一批从事导弹火箭测控专业的人。通常，一讲到导弹火箭，人们就会很激动，自然而然地联想到发射场上那种壮观的场面。一声令下，倒计时：5，4，3，2，1——震天动地之后，巨大的运载火箭腾空而起。这确实了不起，壮观雄伟，让人热血沸腾。火箭技术，是航空航天领域高科技水平的综合体现。不过从整体来说，火箭发射成功，只完成了一个序幕。

我们行业有句俗语："火箭一上天，玩的就是测控。"这好比我们小时候放风筝，这"测控"就如手上的那根绳子，万一这"绳子"断了，那火箭飞到哪儿去都不知道了，也不知道导弹能否安全准确地击中预定目标。如果发射的是卫星，那么卫星在太空轨道上是否正常运行？能否按计划完成它的使命、顺利返回？一旦在运行时发生故障，怎样抢救？要回答这些问题，都需要依靠我们庞大而复杂的地面跟踪测控系统，对卫星进行实时跟踪、测量、计算、预报和控制。

当然，导弹和卫星不一样。导弹是一次性的，发射之后主要是测量它的弹道和导弹内部的各种物理参数，比如温度、压力、速度等；而卫星上天后，要在太空轨道上持续运转，有的一年两年，有的甚至十几年或者长期运行，这就要靠地面跟踪测控系统持续不断地对卫星进行实时跟踪、测量、计算和控制，技术要求就更复杂了。

其实，我们测控人手上那根"绳子"是无形的，都是通过人们肉眼看不到的一系列无线电波来实现的。通俗地讲，所谓测控，就是地面测控系统把导弹或卫星在运行的某一时刻需要的而且是事先编制好的一道道"命令"——专业术语为"指令"——通过无线电波发射出去，同时导弹或卫星从离开发射塔的那一瞬间起，便通过自身携带的仪器将自己运行的各种状态用数据的形式——专业术语为"遥测参数"——传回到地面接收设备，再经过电子计算机储存和处理后，显示到屏幕上。这些显示的内容有一连串数字，也有各种图表。我们地面的测控人员就根据以上各种数据或图表来分析判断导弹或卫星的运行情况。在控制中心，大家表面看似风平浪静，实则内心紧张、不安、焦虑和兴奋，暗流涌动，每一根神经都绷得紧紧的。若发现异常，要立即采取一系列抢救措施，犹如一场看不见的战斗。测通所墙上有一句话，其中四个字"静水深流"，是测控工作要求的一种常态。所以，做测控的人，内心要很坚强。

有一句古话，"运筹帷幄，决胜千里"，用它来形容测控专家的工作，也是很形象的。导弹或卫星研制工作的价值就在于能否在试验中获得一系列重要的数据，而这项工作只能依赖地面测控系统来完成。

因此，1956年中央决定启动导弹研制工程时，导弹试验靶场的建设就成为第一件要解决的重大事情，道理就在这里。

问：您前面讲到了"东风基地""老20基地"。这个"老20基地"与现在大家知道的"酒泉卫星发射中心"是不是一回事？"东风"的叫法是怎么来的？

答：既是一回事，也不是一回事。

1971年4月24日，老20基地发射了我国第一颗人造地球卫星——东方红一号，"酒泉卫星发射中心"这个名字，是从那时开始对外使用的。

"酒泉卫星发射中心"，让不少人以为基地是在甘肃省酒泉市。这么认为也对，也不对。为什么这么说呢？因为基地所在地的行政区划，原来隶属内蒙古自治区阿拉善盟额济纳旗。1969年，阿拉善盟从内蒙古自治区划了出去，其中额济纳旗归到甘肃省酒泉市管辖。

东方红一号卫星发射（20世纪70年代）

采用"酒泉卫星发射中心"这个名称，一是因为基地的行政区划确实隶属酒泉市，尽管基地与酒泉市区还有将近300公里的距离；二是出于保密，需要避开具体的地址。

到了1979年，整个阿拉善盟包括额济纳旗在内，又恢复为内蒙古自治区辖区。现在再说基地位于甘肃省酒泉市，那就错了。

酒泉这个地名可是很有来头的，历史非常悠久。西汉骠骑大将军霍去病出师抵御匈奴，屡建战功。一次，他在甘肃一个地方驻扎，汉武帝赐酒犒劳大将军，就派遣特使把酒送了过去。霍去病认为，功劳是全军将士的，应与全军将士共饮御赐美酒。但酒少人多，怎么办？霍去病就想了一个招，把酒倒在了泉水中，饮泉水就相当于饮御赐美酒，"酒泉"便因此得名。

"东风"这个叫法，基地成立时就有。当时基地在与中央军委三总部进行有线电话长途通信的时候，秘密代号为"东风"，所以人们一直习惯把基地叫作"东风基地"。

导弹叫"东风"，这和毛主席那句名言"东风压倒西风"是有关系的。但是这个名字是谁起的？到底是叶帅还是聂帅，我记不清楚了。江泽民总书记题的"东风航天城"，是1992年8月11日他在视察基地时写的。"东风航天城"这个名字就从那时叫起来了。他去的时候我在基地，我们好像还一起照了相，这个有点印象。

周总理也去过东风基地视察，我忘了是哪一年了，好像在1963年，但他不是专程去的，是从国外访问回来路过时，专机在东风基地停留了。我见到总理，见得最多是在中央专委会会议上，他是中央专委会的主任。我多次去向中央专委会汇报工作，当年 20 基地领导机关从东风基地搬出，迁到西安，就是我向总理汇报工作的时候"捅"出去的。不过这是后话。

2.2 生活上也很苦，
   最困难的时候吃不饱饭

问：我们都听说过第一代航天人创业的艰苦，但也只是概念上的了解。1959 年您进入靶场时，基建工作完成了吗？究竟是在一个怎样的艰苦环境下工作，您能描述一下吗？

答： 1959 年 10 月至 1960 年 3 月，基地人员是分三批进驻靶场的。我们是第一批，1959 年 10 月进场的。差不多就在那时候，国家进入三年困难时期。刚进场的时候，基地的工程建设还在紧张进行，技术厂房和试验阵地还没完工。

戈壁滩常年干燥少雨，年平均气温不到 9 摄氏度，昼夜温差很大。冬季最冷能到零下二三十摄氏度，滴水成冰。基建工程任务很重，抓得很紧，他们干得真是苦。生活上也很苦，最困难的时候吃不饱饭。尤其到了夜里，气温零下十多摄氏度了，营房还没全盖起来，一共也就盖好了 18 栋楼。像我们这些大学生，基地还是很照顾的，三个人住一间标准间，条件相对很好了。像我

技术人员在帐篷里工作（20世纪60年代初）

们处长这样正师职的老革命，才能住上单间。部队都住帐篷，有的还住在地窝子、库房甚至是破庙里。

地窝子是半地下的，就是一半往地下挖，上面帐篷布一盖，就成了一间房子。不过和帐篷比起来，地窝子还相对暖和一点，条件就算好的了。那些住帐篷的人受了不少苦，晚上睡觉，每顶帐篷里虽然有一个小火炉，但是根本抵御不住严寒。睡觉时不仅不能脱衣服，脚上的大头鞋也得穿着，头上还得捂上大皮帽。风呼呼地往帐篷里灌，早上起床，脸上一层沙土。到了1960年下半年，宿舍楼陆续建好了，这才都住进了正规的营房。

刚去的时候，食堂还没有盖好，大家都在帐篷里吃饭。戈壁滩秋冬季节经常刮大风，漫天都是沙子，天昏地暗，水里、饭里都是沙子。风基本上是刮个不停，帐篷、油桶都能被风刮走，大家开玩笑说，这里的风是"三天刮一次，一次刮三天"。隆冬季节，寒风刮在脸上、手上就像刀子一样，钻心地疼。我们有几句顺口溜，叫"天上无飞鸟，地上不长草，千里无人烟，风吹石头跑"。

问：当年创业的艰苦，今天的我们只能想象。在这样的条件下，创业者干出了让后人叹服的伟业。您觉得是什么因素，让您和您的同事们能如此坚定、团结，勇往直前？

答：基地的生活确实很艰苦。在当地这种极端气候条件下，有很多人得了气管炎，但缺医少药，没办法，只能挖点甘草治病。"死在戈壁滩，埋在青山头"，现在看来像是豪言壮语，那时确实是我们这批创业者的真实想法。我们是从全国各地被选调来的，许多同志像我一样是从首都或其他大城市来的，大家都认为能从事国防尖端事业，是党和人民对自己极大的信任，非常光荣，非常自豪。把党的事业与个人的命运、前途融为一体，是我们这一代人非常坚定的信念和理想。大家干工作、学习新知识都很拼命，啃书本，啃图纸，认真向专家、科技人员和工人师傅学习。人人都想尽快学通导弹原理，掌握试验方法和操作技术。

生活艰苦，但是基地上下级关系以及同事之间的关系都很融洽。我是 1964 年当的副处长，那年提拔了一批年轻的副处长。处长都是老同志、老革命，像我们处的王盛元处长，就是抗战时期的干部。

这些老同志戎马一生，战功累累，虽然都是半路出家，文化程度不是很高，但他们明事理、辨是非、识人才，深知做航天测控是一门高技术工作，与当年他们带兵打仗、扛枪打炮不是一回事。航天事业可谓"千人一杆枪，万人一发弹"，需要作风过硬、业务娴熟的一大批特殊人才、专业人才。

这些老同志有才，更爱才。他们放手让你干，业务上的事，他们不干预。就像毛主席讲的，他们主要是出主意、用干部。国防部五院也一样，领导都是老革命，或军级干部，但是技术工作都放手让年轻人大胆去干。就如同有两条指挥线，一条技术指挥线，一条行政指挥线，两条线融为一体，组成了一支特别能吃苦、特别能战斗的航天队伍。

当年我们进入基地的时候，火车站到驻地还有几公里路，场部用卡车来接我们，那时候也没有别的车。东风场区除了医院、第一招待所、礼堂，宿舍总共只建好了18栋楼。那时候没有高楼，最高的也只有三四层。像我们这些大学毕业生，是受照顾的知识分子，住的是十几平方米的标准间，三个人住一间，放三张床、三条凳子和两张桌子，就满满当当了。我在那里一直住到结婚，搬到筒子楼8平方米的北间，带一个小小的壁橱，那就已经是非常照顾我了。过了两年，基地调了一间15平方米的标准间给我，到1971年离开基地之前，我就一直住在那儿。

那时候，老领导非常关心我们这些专业人员，把自己当"后勤部部长"，千方百计让我们住得好、吃得好，帮我们安排住房，改善伙食，调遣家属，解决了很多实际困难，创造了各种保障条件，让我们安心工作。晚上加班，老领导、老干部也加班，他们负责弄夜餐，尽量让我们吃得饱饱的，工作有劲头。部队是个非常温暖的大家庭，上上下下很团结，心很齐，我很怀念这些老领导、老干部。

问：基地司令员孙继先是一位有传奇色彩的老一辈革命家，戎马生涯大半生。当年，您作为一位刚进基地的年轻科技工作者，对孙司令有印象吗？

答：很多老同志都是身经百战的军人，是非常了不起的人，都是我非常敬重的老领导。

孙继先中将是基地的第一任司令员。他是穷苦人家出身，1931年宁都起义后，他就参加了工农红军，参加过第三、四、五次反"围剿"。长征途中，作为红一军团一师一团一营营长，他组织带领17位勇士强渡大渡河，名震天下。抗日战争时期，他又带领队伍挺进冀鲁边区，开辟敌后根据地，歼灭了大量日伪军。解放战争中，他更是打过无数场大仗、恶仗，身经百战，战功显赫。抗美援朝期间，他作为兵团副司令员率中国人民志愿军第20兵团奔赴朝鲜战场。

当年，基地勘察选址的时候，孙司令就是其中一员。这里还有个故事。勘察组乘飞机对酒泉一带进行勘察的时候，当晚宿营在青山头附近一个称作绿园的地方。当时那里只有几栋没有盖好的土坯房，他们就住在那里。半夜时分，刮起了大风，大风挟沙，呜呜咽咽，忽长忽短，再加上冷得够呛，冻得他们一夜未眠，好不容易熬到天亮，起来一看，人人身上都盖上了一层厚厚的沙子。

第二天，他们在酒泉附近的戈壁沙漠和周围几个县都进行了勘察，随后又返回绿园。在讨论靶场各系统布局的时候，孙司令和苏联专家发生了争执。苏联专家主张把靶场的指挥中心放在弱水河东南方向的开阔地带，孙司令则主张放在靠近弱水河的地方，他认为，当年马谡失街亭，主要原因就是失去了水源，靶场指挥中心是中枢部位，也是主要生活区，没有水源便无法生存。双方争执不下，各自扭头走了。后来苏联专家仔细想了想，觉得孙司令的话有道理，便在野外打了一只黄羊，自己动手宰杀，请孙司令过去喝酒。几杯酒下肚，两人就握手言和了。

　　孙继先司令在基地任职的时候，最初住在北京的司令部。那时我还刚报到，在通州工作，所以跟他本人没有太多的接触，但听说过很多关于他的传说故事。

　　问：据说孙司令开始筹建基地时，曾经开玩笑说自己是"光杆司令"，他排兵点将，第一位便点了李福泽。李司令可以说是您的直接领导，您应该比较熟悉吧？

　　答：李福泽司令我接触得比较多。基地刚组建时，李福泽是基地的副司令员，1962年孙继先司令调到国防部五院任副院长，李福泽被任命为基地代司令员，这一代就是八年。直到1970年，上面才下了"司令员"的任命。他在基地一直干到了1975年老20基地解散，相当于在基地当了13年的司令员。

　　李福泽司令也是一个传奇人物。他父亲据说是青岛啤酒厂的大股东之一。李福泽早年在上海考入复旦大学读书，因闹学潮被学校开除，被迫转入上海另一所大学读书。七七事变爆发后，他投笔从戎，奔赴延安参加革命，加入中国共产党。后来组织上派他回山东老家，发展革命武装。他回家后跟他父亲说，他想出国留学。他父亲一听，出国留学是好事啊，就给了他一笔钱。他拿着这些钱买枪、买炮，在胶东半岛拉起一个团打游击，抗日。到了解放战争时期，他又把这个团拉到东北，加入了第四野战军，成为第四纵队的参谋长。那时候一个纵队就相当于现在一个军。著名的塔山阻击战就是他参与指挥的。后来他从东北一直打到海南岛。20基地组建的时候，需要一些有文化的老干部，他是大学生出身，所以1958年，组织上就把他从广州调到基地来当副司令员。

他这人很有魄力，也有思想。我到基地不久就见到他了，我认识他，但他不认识我。后来在一起开会多了，他就记住我了。他有文化，但他的作风完全不像知识分子，衣服穿得邋邋遢遢的，走到哪儿都把鞋一脱，盘着腿，十分随意，他根本不注意这些事儿。

在生活上他非常随意，但办起事来却很果断，对下属的要求也很严格，他交代的工作谁也不敢不办。我随便举个例子。有一次我在他的宿舍里面汇报工作，干部部的部长进来向他汇报说："我们给26基地分配了个干部，王盛元说不要。"李司令二话没说就拿起基地内部的专线电话："接王盛元。"电话一接通，他就厉声说："王盛元吗？给了你一个干部，你不要？你给我收下！"说完"啪"地就把电话放下了，没有商量余地，完全是战争年代的作风。

执行任务的时候，李司令总在试验现场，到前沿阵地肯定能找到他。每当发射任务下达的时候，李司令事必躬亲，从早到晚都在发射场。那时候执行发射任务，条件很艰苦。发射场旁边没有房子，只有铁路，所以就拉了一列卧铺车停在那儿。我们在发射场工作的时候，干得不分白天黑夜，也没有分配谁的铺，谁累了困了，就跑到车厢里去找个铺躺下睡一觉。李司令也和我们一样。

每次发射，李司令肯定都在第一线指挥，钱学森先生也在。如果碰到难题，最后做决定、拿主意的都是李司令。钱学森是专家，他不轻易发表意见。比如对于最后到底发不发，大家有不同意见，到最后非表态不可时，总是李司令下决心，因为在基地发射最后打不打，基地司令员是要拿主意的。

一开始，我们和李司令只有开会时在一起，后来慢慢地，接触就比较多了。我当了组织计划处副处长以后，我们经常在一起开会。1963 年以后的几年里，接触就更多了。接触多了，了解深了，他觉得我的脾气性格有点像他，讲话直爽，办事干脆利落，大刀阔斧，挺能担事儿，所以好多事情，包括基地七年规划、测量船等重大工作，他都叫我干，他对我很信任。

问：能给我们讲个令您印象深刻的故事吗？

答：故事很多，我讲一件测量船的事吧。大约 1965 年初，基地测量部解散后，我从基地测量部组织计划处副处长调任基地司令部航测处副处长，分管靶场测量。

8 月的一天，我正在办公室，李福泽司令的秘书突然跑来找我说，李司令有急事，让我赶紧过去。我走进李司令的房间，看见他站在那儿，正抽着烟，看着贴在墙上大比例尺的地图，很严肃。他见我到了，就对我说，他刚从北京回来，中央专委会第十三、十四次会议上专门研究了测量船的问题。周总理在会上要求国防科委提出总体研制规划。李司令说："中央把这个重大任务交给我们了，我把这个任务交给你。到海上做测量，我们从来没干过，你先找找资料，组织几个人论证一下，有关问题可以去北京找钱学森他们，听听各方面意见。"

我说："6月份北京那次会议，您交代我起草的那份试验基地七年规划里，也提到了研制远洋测量船的问题。中央那么快就下决心落实了，太好了。远程导弹打全程飞行试验，二级和再入段的测量问题必须到海上去解决，这也是我们导弹测量技术发展的重要一步。只是这个测量船长什么样子，我们都没见过，这涉及许多学科和各个部门，困难肯定很大。"

李司令给我递了支烟，他自己也抽了几口："困难肯定是很大的，要有信心嘛。我在中央领导面前也表态了，我们要自力更生，不怕困难，圆满完成任务。这么多年，我们就是从无到有干起来的嘛！"他又说："你干了多年测量工作，脑袋瓜子灵，实际工作经验也有，相信你能干好。基地要先做技术论证，你组织一套人马先做论证，要尽快，手头上其他事情可以先放一放。"

到海洋上去进行测量，不是把陆地上的测量设备往船上一搬那么简单。在海上这种特殊环境下，只有解决了一系列复杂的技术问题，才能满足测控任务的要求。研制远洋测量船是技术先进、高度复杂的综合性系统工程。李司令也深知这项工作的难度，但他十分信任我们这批年轻人。当年我还不到30岁，个人职业生涯才起步，他就把这么一项重大任务交给我来负责，可见他对年轻人的信任之深。

那时基地的工作氛围很好，知人善用，用人不疑，尊重知识，尊重人才。我们这样一批刚出校门不久的年轻人才有机会和平台，锻炼自己，施展才华，慢慢地，经过那么多年的学习、磨炼，逐步锻炼成长起来，很多人后来都成为我国航天测控领域的领军和中坚人物。

问：那上下级之间有过意见不一致或者争论的时候吗？

答：李福泽司令的作风就是雷厉风行，当机立断，他是拿大主意的人，这是他长年戎马生涯历练出来的。

当然，我们共事时还真有意见不一致的时候。有一次我们开会讨论基地机构编制问题，他在会上提出要成立工程师室，我和他就有争议。我说："我反对，我们基地没有技术指挥线，你搞个工程师室，是'武大郎攀杠子'——上不着天，下不着地，没法干。"李司令一听不高兴，眼一瞪："沈荣骏，你也跟着发牢骚，你去负责组建。"

李司令叫我去组建，我就服从命令去负责组建工程师室。我们从国防部五院调了老专家——方俊奎到基地工作。为了安排好老专家的工作，就按李司令提出的，成立了工程师室。组建过程中，我遇见江萍副司令，江萍说："你们人太少了，我给你们再调几个人过来。"江萍叫我从一、二、三部几个单位各调一个人过来。这样，我就又提出建议，调了三个人，从一部调了王立春，从二部调了郝岩，从三部调了赵起增。调来的三个人能力都很突出，工作也确实需要。但赵起增被上级"抓"去参加"三支两军"工作了。一年以后，工程师室解散了，王立春和郝岩留下，跟我一起去了航测处。当时我还是航测处副处长。后来这三个人都成了将军，王立春当了23基地的司令员，郝岩当了26基地的司令员，赵起增当了国防科工委司令部副参谋长。

2.3 马蹄形测量区，
搭建了第一套靶场测量系统

问： 老20基地第一套靶场测量系统是什么时候搭建的？都有什么设备？是什么时候启用的？

答： 我国导弹研制的初期，按照聂荣臻元帅与钱学森院长商定的研制工作的规划，走的是先仿制、后改进、再自行设计的"三步棋"。

1958年9月苏联向中国提供的两枚苏制P-2导弹到了以后，国防部五院开始仿制苏联P-2导弹的工作，即1059工程，目标是在1959年10月1日新中国成立10周年之际完成仿制工作，献礼10周年国庆。

仿制工作很顺利，老20基地初期的试验测量系统就是为试验仿制导弹搭建的。这一套测量系统是苏联援建的，很简陋。苏联方面给我们提供了一些最基本、最简单的设备，基本上是按照近程导弹飞行试验的测量需求设计的，因为实际上他们并不希望我们发展得很快。

1959年10月，苏联进口的测量、通信设备分批运到基地。和地地导弹试验相关的主要是一些光学测量设备，其中最主要的是КΦТ-10/20和KT-50电影经纬仪。KT-50性能好一些，口径大，有500毫米。当时地空导弹和空空导弹还配备了黑龙江雷达。

可以说，这套测量系统在我们起步期很管用。我们跟班工作，向苏联专家学习，一起参与设备开箱、清点、检验。那时已经是零下30多摄氏度的天气，我们夜以继日，首先要摸清设备的性能和工作原理，掌握测试发射操作技能，再争分夺秒地安装、调试、联试测量设备，在很短的时间内建立起第一套地地导弹靶场测量系统。

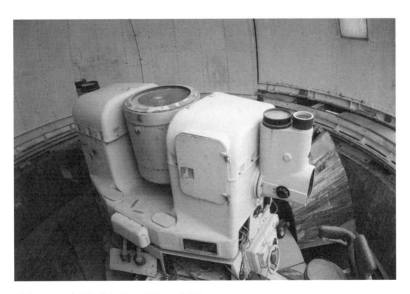

苏制KT-50电影经纬仪（20世纪50年代）

就这样，我国导弹测控事业正式起步了。那时的苏联专家就好比是"启蒙老师"吧。

问：为什么测量系统呈马蹄形布局？它对导弹飞行试验管用吗？

答：我国第一套地地导弹靶场测量系统是在1960年初搭建完成的，以发射场为中心一共布了八个测量站。这八个站采取交会方式，围出一个喇叭口的形状，也有人说像马蹄的形状，所以把它叫作"马蹄形测量区"。

马蹄形测量区内配了九台ＫФＴ-10/20电影经纬仪，可以交会测量导弹飞行初始段的弹道参数；另外，配了三台ＫＴ-50电影经纬仪。电影经纬仪实质上就是电影摄影机加经纬仪。经纬仪跟踪空中飞行目标，测量导弹飞行关机点附近的弹道参数，也兼测初始段弹道参数。各类信息通过摄影机记录在胶片上，事后技术人员由此判读胶片记录的信息，得出经纬仪指向目标的精确方向。另外还配有一些无线电遥测设备，如ＣＴＫ-1、ＰＴＣ-3、ＰＴＣ-6，用来接收记录导弹飞行的遥测参数。那时候还没有控制，只有测量。

这套系统在当时的近程、中近程导弹试验中发挥了很大的作用，获得了导弹飞行弹道参数及内部的物理参数、工程参数等重要数据。初战告捷，极大地鼓舞了我们测控技术人员的信心。

这套初级测量系统，还有明显的缺陷和局限性，它的作用距离太近，测量精度太低，只能满足近程和中近程导弹飞行试验的要求，射程再远，它就测不了了。

КФТ-10/20电影经纬仪在东风二号飞行试验期间执行测量任务（20世纪60年代）

问：导弹测量有哪些技术环节？复杂吗？

答：导弹测量是获取导弹的飞行弹道以及弹上各部件工作状态数据，用于分析检验导弹设计方案和战术技术性能的重要手段，也是导弹试验定型列装部队必不可少的重要环节。

导弹测量分为外测和遥测两种方法。外测，分导弹飞行的主动段、自由段和再入段三部分。导弹凭借火箭推力飞行的这一段，叫主动段；火箭燃料耗尽后自动关机抛离，导弹弹头脱离火箭并在真空中自由飞行，这一段叫自由段；弹头飞行一定距离后，再进入大气层，从离地面近80公里的高空朝地面溅落或打击地面目标，这一段叫再入段。我们把对导弹的飞行轨迹、运动参数、飞行姿态和脱靶量等进行的跟踪测量称为外弹道测量，简称外测。

简单来说，外测就是测量导弹的飞行轨迹。其中主动段测量很重要，尤其要把火箭发动机关机那一刻的位置和速度测准了，就可以计算出导弹会打到什么地方，然后根据弹头自由飞行的规律，就可以知道它的落点。由于其他因素的影响，单凭这个点算出的落点精度不够高，因此还要对弹头快要落地的再入段进行测量，这样计算出的落点精度才会更高。再入段的测量最难。

而遥测，是一门利用传感技术、通信技术和数据处理技术获取火箭和导弹内参数的综合性技术。火箭和导弹内部的各种参数通过无线电波发送给地面上的遥测设备，遥测设备接收这些参数后，输入计算机进行处理，然后显示在屏幕上。通过遥测，可以测量和获得导弹及火箭内部的各种参数，比如温度、压力等，一般要测400多个参数。如果某些数据出现异常，那就说明导弹发射后发生故障。为了防止导弹飞出国境造成涉外事故或者危及人民生命财产安全，地面操作人员就要发出一种特殊指令，让它在空中自毁。

我在大学学的是航空摄影测量专业，虽然也学过这些原理，但没有真刀实枪干过。测控技术刚起步的时候，正值新中国成立不久，国家财力不足，科技落后，这些苏联进口的测量仪器设备我们见都没见过，更不要说使用它们了。我们的导弹事业就是在这种一穷二白、一张白纸的情况下起步的。

问：当时您在基地哪个部门工作？承担了什么任务？

答：我进基地时，被分配到基地航区弹着区部大地测量处，也就是第四试验部五处。导弹试验场的大地测量，又称靶场大地测量，主要任务是：建立试验场高精度三维军用大地控制网，提供导弹发射点、落点，以及测控设备点、方位标（距离标）的坐标、方位、距离等基准信息；提供导弹发射点、设备点的垂线偏差数据；提供发射首区地球重力场数据，以保证导弹按设计要求准确、安全地飞行。

当时王盛元是我们的处长。王处长是一位老同志，在抗日战争期间参加革命，20世纪40年代就从事我军大地测量工作，50年代后投身导弹测量事业，是我国导弹测控事业的一位开拓者。他很爱才，非常关心和爱护我们这些年轻大学生，他后来当了26基地的司令员。当时第四试验部的主要任务是靶场试验测量，下面一共设了六个处：一处光学测量处，二处遥测处，三处雷达处，四处弹着区处，五处大地测量处，六处计算处。

1959年，基地组建之初，天文测量这一摊工作没人接手。我到基地工作后，3月份被调到基地大地测量处。大地测量处管天文测量。我们进口了一台天文测量仪，王处长问："你们谁学过天文？"我说我学过，王处长听了很高兴，说："那好，你就干这个事儿。"所以一开始我做的是天文测量。

后来，王盛元处长到第六试验部担任部长，我就随同他到了六部办公室，负责地地导弹的测控总体工作。严格来说，我就是从这儿开始，从单纯搞测量进入测控技术领域的。当时我担任甲区（地地型号）航测助理员，按苏联的说法就叫总工程师，但是那时我们没有这个名称，就是管整个航区测量这一块。1962年，六部改称测量部，六部办公室改作组织计划处。1964年，我担任组织计划处的副处长，还是管整个测控总体方面的事情。

问: 什么是天文测量? 它的作用是什么?

答: 天文测量就是通过观测恒星的位置来确定地面点的天文经度、天文纬度或两点间天文方位角, 从而推算垂线偏差, 控制大地网中方位误差的积累, 测量结果可以为大地测量提供起始方位和精确定向等。

做大地天文测量是一项十分艰苦的工作。我承担的第一项任务是基地所有测量点和发射阵地天文坐标的测量。当年东风场区导弹试验靶场区内的所有观察点站的天文坐标都是我带着助手一个点一个点测出来的, 连着工作了个把月。大地坐标系属于基地试验的基本建设, 作用就是提高导弹测量精度, 这项工作很重要。

问: 还记得您完成的第一项天文测量任务吗? 能给我们详细描述一下是怎样完成的, 遇到过什么困难吗?

答: 天文测量需要一些观测仪器。当时的观测仪器是从苏联进口的, 十分笨重, 操作不便, 而且精度不高, 耗时费力。仪器拿来, 要先检测一下才能使用。一检测我就发现仪器不对, 有些指标有问题。那个时候苏联专家还没走, 我就把苏联专家找来了。我说他们那个仪器有些指标有问题, 专家看了一眼就说, "哈拉索"(非常棒), 扭头就走了。这就是他们的做派。我很生气, 但没有办法, 只好自己研究, 研究明白后再把他们提供的仪器的指标重新做了调整, 不调整不敢用啊。

天文测量, 简单来说就是晚上去测星星。戈壁沙漠, 一望无际, 工作环境十分恶劣。那时我们基地有一个大地测量队, 保障

利用简陋的设备进行任务通信联络（20世纪60年代）

后勤生活，吃喝拉撒都是他们管，我只管测，测完就走人。

　　每一次外出选点，我带一个小组，从东风场区出发，坐着吉普车，走上几百公里路。为了找到一个理想的测量点，要在茫茫戈壁滩上到处转，一去就是个把月时间，一路都是风餐露宿。遇到车辆不便通行的路段，还要肩扛手提着笨重的设备，步行几十里路，光是鞋子就穿坏了好几双。在戈壁滩上走路，太阳一出来就又干又热又困，有时遇到风沙袭来，躲都没地方躲，风沙过后，裤子衣服全灌满了沙灰。

　　选好理想的观测点后，要把这个地方的天文坐标一个点一个点地测量好、标出来。这也是很不容易的事，需要在夜间不断地观察各类恒星的位置，根据恒星的方位，测定地面点的天文经度、纬度和相邻点的天文方位角，作为参考坐标。所以这项工作只有晚上才能完成，夜里天黑的时候才能观察到各类星座，每当半夜就是我们最忙碌的时候。

戈壁滩白天酷热，夜间却十分寒冷，昼夜温差有几十摄氏度。有时所到之处连一根草都没有，也没有水源，光秃秃的全是沙石，无法生火做饭，我们只好就着冷水啃干硬的冷馒头或饼干。找到一个便于观察的开阔地带，我们就会停止行进，支好帐篷，提前宿营。那时候还吃不饱饭，肚子饿得不行，那怎么办？出发的时候我们就带点自己种的土豆，到了晚上，离开测量点200米以外的地方，燃起几堆火——因为火堆近了，产生热空气抖动，会对测量精度有影响。晚上测完了，半夜饿得不行，我们就先弄点土豆放火里烤，饿了就扒拉扒拉吃了。有的烤土豆外面焦黑了，里面还没烧透，我们也不管那么多，只要能填肚子就行。晚上就在冰冷的硬沙堆上铺上一床薄薄的棉被过夜。一个个寒冷而难忘的不眠之夜，就是这样度过的。

这茫茫的戈壁滩没有野兽，只有黄羊。黄羊好啊，本想着运气好的时候说不定能打到一只黄羊，但我们好像没那么好运，从没有打到过。那个时候年轻胆大，每次出行，都只是一组人，开上一辆车就走了。完全没有想过，茫茫戈壁滩，万一车坏了，我们这一组人就交待在戈壁滩上了。这些事，现在回想起来有些后怕。幸运的是，车一次都没坏过。

问：在建立测量系统的同时，是不是还要建设一个通信指挥系统？当时通信系统是如何建设的呢？

答：通信系统是测控系统的重要组成部分，包括数据传输、

数据处理（20世纪60年代）

时间统一、调度指挥等分系统，它也是保证基地和指挥部沟通的重要渠道。通信系统的建设与测控系统同时进行，历时约两年。

1958年12月，特种工程指挥部通信工程团开赴施工现场，一边勘察，一边备料，一边施工，在戈壁滩上立杆架线，铺设电缆，开通无线信道。到1960年10月，老20基地基本建成了以有线为主、短波无线为辅的星形区域通信网络，在导弹试验时为各测量站提供标准时间信号，实现对发射场内各单位和各工作岗位人员的调度指挥，以及基地至北京、兰州、酒泉及弹着区等地的通信。

基地第一代通信系统的主要设备是从苏联进口的通信时统和调度的全套设备。

问：导弹试验数据都要通过计算机处理。那时还没有像现在这样大规模的超级计算机系统。当年是用什么工具进行数据计算和数据处理的？

答：老20基地建立初期，试验数据处理用的是"飞鱼"牌手摇计算机。当时叫计算机，其实就是一种机械式计算器，但还是比算盘高效多了。

手摇计算机通过齿轮运动完成计算，能做四则运算，也能做平方、立方、开平方、开立方运算。遇到三角函数和对数运算，就需要查表。操作的时候根据运算规则，正摇几圈，或反摇几圈，还要随时用笔记录下来，避免操作过程出现差错。如果计算中有括号，就更麻烦了。用手摇计算机算一次弹道，需要多个人同时计算，得花一两个月的时间，不仅费时，还费力。

基地建设初期成立了计算机室，任务是导弹发射时的实时数据处理、多种测量设备的事后数据处理，绘制导弹轨迹图，对导弹发射进行分析和评估。

为了培训基层技师（包括操作使用手摇计算机的数据处理人才），1958年，基地在河北省招收了约200名高中生，组成了学员队（其中绝大部分是女学员），把他们送到通县的技校接受培训，先补习高中课程，然后学习大学课程，其中数学、物理是重点。专业课主要由苏联专家讲授，包括导弹基础、数据处理等。业务训练就是打算盘、操作手摇计算机，加减法用算盘，乘除法用手摇计算机"摇"。当时我还教过他们高等数学和高等测量学。

这批学员于1960年到达基地，开始承担工作。后来技校每年都要招收几百名高中生，经培训达到中专或大专水平，基地把他们分配到基层当技师，以缓解工程技术人员的紧缺。1965年，技校招收了最后一批学生，再往后就没有了。

问： 听说当年从苏联以等重黄金的价格进口了一台乌拉尔计算机用于事后数据处理，是这样的吗？后来什么时候用上国产计算机的？

答： 大约是 1964 年，基地从苏联进口了一台运算速度 100 次／秒的乌拉尔计算机，主要用于事后数据处理。价格的事我不是很清楚，但当时从苏联进口的设备的确都不便宜，因为离了它不行。计算机成了咱们靶场"卡脖子"的关键设备。

哈尔滨军事工程学院的慈云桂教授是国内著名的计算机专家，他知道靶场试验任务对计算机有迫切需求。他认为，体积

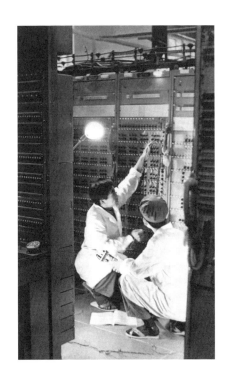

维护通信设备（20 世纪 60 年代）

小、性能高的晶体管计算机已经成为大趋势。1962年初，他主动向国防科委请命，提出要研制开发晶体管通用计算机。他的建议得到了国防科委领导的采纳。聂帅还指示："哈军工要用国产晶体管，尽快研制出一台通用数字计算机。"

三年之后，慈云桂教授和他的团队研制出我们国家第一台晶体管计算机，这台型号为441B的计算机通过国家鉴定后，于1966年10月运到基地投入使用。这是靶场用上的第一台咱们国家自己研制生产的计算机。可以很骄傲地说，从此，随着自主研制的计算机不断更新换代，我们采用的都是自主研制的国产计算机。

问：有资料讲，苏联当年提供的测量设备都是淘汰下来的，有的旧设备喷喷漆就拿来用了，有的设备还生锈了……是这样的吗？

答：1959年10月，从苏联进口的设备器材分批运到基地，包括测试发射、测量、时统、数据处理等多种试验设备。验收设备的工作由各个部的技术人员具体负责。设备的安装、调试是在苏联专家的指导下完成的。

苏联的援助一开始就是有所保留的，他们想控制我们，把我们的试验基地变成他们的分基地，提供给我们的这些设备存在型号老旧、资料不全以及大大小小的各种问题，而且性能十分有限。有的遥测设备生锈了，既不能用又不能退货，有的光学记录设备打不上时间标记，记录的数据无法处理。因为苏联向中国提供援助的时候，有一个很明显的原则，或者说是指导思想，就是只能用于近程导弹试验，无论地地、地空还是空空导弹试验，相关设备的技术性能都较低。

但是，那个时候我们一无所有，苏联的这些设备起码解决了"有"还是"无"的问题。KT-50、KΦT-10/20这些光学设备，黑龙江雷达，以及CTK-1、PTC-3、PTC-6这些遥测设备，都是从苏联进口的。像东风二号、红旗一号、红旗二号、霹雳一号，这些初期的地地、地空、空空导弹试验所需的测量，都是用苏联的这些设备完成的。

东风一号发射的时候，我在基地。东风一号很特殊，是我们自己研制的仿苏制P-2导弹。本来我们早就准备"打"了，但是苏联人坚决不同意我们采用国产的液氧作燃料。这种燃料是我们中国自己生产的，检验是完全合格的，但是苏联人不同意。为了这个事情，基地栗在山政委拍着桌子跟他们吵起来了。但吵也没有用。

但恰巧1960年他们就都撤了。撤的时候，也有些花絮。总的来看，多数苏联老专家对中国还是比较友好的，知道要走了，就把他们那些资料拿给我们拍照。有一次，我没参加，听说有位专家喝醉了，痛批赫鲁晓夫。那些老专家对我们中国还是有感情的，但是那里面还有克格勃的人，我们都知道是谁。只要这个人在现场，这些专家就都不讲话了。

问：老20基地是苏联援建项目之一，苏联专家主要做哪方面的工作？您如何看待苏联专家对靶场建设的贡献？

答：新中国成立伊始，百废待兴，迫切需要发展中国自己的导弹、原子弹等尖端技术，保家卫国。但是咱们当时的技术基础和工业基础太薄弱，西方国家又对我们实施封锁，所以我们只能寄希望于苏联提供支持。

为了获得当时苏联对我国导弹核武器研制方面的援助和支持，1957年10月15日，聂荣臻元帅率领中国政府代表团赴莫斯科访问。临行前，聂帅专程向总理辞行并汇报代表团的谈判方针：以我为主，争取外援，不乞求，不卑不亢。总理听了非常赞同，又专门叮嘱：一是买，二是要，三是学，尽快消化吸收创新。这次访苏谈判十分艰难，20多天后终于正式签订协定。根据协定，苏方向中国提供原子弹及几种导弹的样品和技术资料，提供导弹研制与发射基地的工程设计资料及相关设备，帮助中国培养火箭和导弹专业的人才，并向中国派遣专家，帮助中国仿制导弹。但后来苏方没有完全兑现，中国最终获得了两枚苏制P-2导弹，至于原子弹，虽然苏方一次次让中方去满洲里接装，但直到中苏关系完全破裂也不见踪影。

根据协定，从1957年12月开始，苏联先后派遣了三批专家来基地工作。苏联专家在基地工作了两年多，帮助我们完成了靶场勘选、工程设计、设备安装，提供技术指导，协助人员培训，并帮助我们制定靶场的规章制度，让基地对组织导弹试验和测量有了初步的认识。大多数苏联专家是友好的，是诚心诚意来帮助我们搞建设的，在那时候应该说起到了关键的作用，起码是把我们领进门了。

2.4　祖国地平线上，
　　　飞起了我国第一枚"争气弹"

问: 我国自制的第一枚地地导弹是什么时候研制成功的?

答: 由钱学森院长主持的苏制P-2导弹的仿制工作进展顺利。经过700多天夜以继日的奋斗，我们仿照苏联的P-2导弹研制出了自己的第一枚导弹——1059地地导弹，后来被命名为"东风一号"。这枚导弹在苏联专家撤走后的1960年10月17日由专列运到了老20基地。

为了保证发射计划的顺利实施，接到命令后，我们基地部队官兵和各有关单位立即行动起来，做好了一系列的准备工作。聂帅特别指示，要安全稳妥，确保顺利完成任务，宁可慢一些，一定要好一些。

然而，就在发射日程一天天迫近的时候，中苏关系持续紧张，苏联原答应援助的设备要么不配套，要么缺少技术资料，一些专用测试仪器则有意拖延交付或干脆拒绝交付，又一再寻找借口，节外生枝。他们先是突然提出，中国购买的用于发射训练的P-2导弹，须经苏联国防部部长同意才能进行发射试验，这个无理要求被拒绝后，又借口说中国自己生产的液氧质量不合格，要发射，必须用苏联生产的推进剂才行。

其实，在能否用中国自己生产的燃料发射苏制P-2导弹的问题上，基地的官兵此前已经和苏联专家发生过尖锐冲突。李福泽司令拿着国产液氧合格的检验结果去见苏联专家组组长的时候，对方不认可，说要拿到莫斯科去检验。这已经是蛮不讲理了，后来见我们催得紧，对方就干脆一口咬定说中国产的液氧含乙炔过多，不能用。李司令怒不可遏，指责他这是故意刁难。传说李司令气得当场拍了桌子。

后来孙继先司令、栗在山政委和李福泽司令几次找苏联专家谈，都无济于事。无奈，已经运到基地的国产燃料，由于当时还不具备储存条件，只得倾倒在戈壁滩上烧掉。望着国家在极端困难的条件下生产的燃料变成了熊熊大火，李司令禁不住抱头痛哭。

问：苏联专家这是借口燃料问题卡我们，那么，后来又是怎么解决的呢？

答：我们没有办法，别无选择，只能按苏联专家说的做。由于当时苏联尚未中断援助，专家还没撤走，在这种情况下，只能买苏联生产的推进剂。

我们在 1960 年 3 月底就向苏联提出购买火箭推进剂液氧的要求，结果苏方到 4 月 21 日才表示同意，并要求我们明确交付时间和地点。我们于 4 月 25 日就告诉苏方，要求第一批液氧于 5 月 25 日运到酒泉基地，第二批液氧于 6 月 5 日到达酒泉基地。苏方显然想继续用燃料作借口，阻挠拖延我们的发射计划。他们先是在 5 月 18 日答复说，第一批液氧拟于 5 月 28 日抵达国境，而后又出尔反尔，说第一批液氧要到 7 月 28 日才能从苏联发货。无奈，我们的发射试验计划只能被迫做出调整和推迟。

在苏方回复答应供货的这些日子里，我们基地工程部派了技术人员前往东北中苏边界小镇绥芬河接收苏联的液氧。接收人员天天在车站等候，望眼欲穿，就是不见苏联运送液氧的槽车。发射工作万事俱备，只等液氧运到，可是苏联那边没有任何动静。等了将近一个月，苏联国防部才电告中国国防部：因西伯利亚液氧厂发生了不可抗拒的事故，不能履行合同。

这样已经到了9月份，紧接着，中苏关系全面破裂，苏联中断援助、撤走专家，反倒使问题简单了。周恩来总理在中央军委会议上说："发射基地提出用国产燃料打，我认为，没有别的选择。"所幸，我们是有准备的。国防科委立即向基地司令员转达了中央军委的决定：用国产燃料发射苏制Р-2导弹，发射时间初步定在9月中旬。基地随即向有关部门下达了执行任务的命令。

问：这是我们第一次在自己国土上发射导弹，成功了吗？

答：先打苏联提供的Р-2导弹，好比是个热身赛，为我们后面打自制导弹做准备。苏制Р-2导弹是一种近程地地弹道导弹，全长17.7米，最大直径1.65米，起飞重量20.5吨，射程590公里。它的燃料是酒精和液氧。

这次打Р-2导弹用的是我们国产的燃料，又是基地建立后第一次发射导弹，中央很重视，中央军委指派张爱萍将军前往酒泉基地主持发射。9月2日，张爱萍将军根据基地准备情况，给中央军委秘书长罗瑞卿写报告，建议在9月9日至15日之间择机发射。第二天，罗瑞卿批示同意并上报军委批准。

9月8日7时，发射阵地进行了一次接近发射状态的"点火"合练，针对"点火"暴露出来的问题，又研究了补救措施和发射时的各种注意事项。我们在加注导弹推进剂时，遇到了困难。苏制P-2导弹使用三种推进剂，由于从国外订购的加注泵没有到货，无法将其中的一种转注到加注车中。这种燃料是一种活泼的化学物质，本身有毒性，很不稳定，遇到铁、铜等金属便立即分解，甚至会引起爆炸，遇到木材或棉花等有机物会马上燃烧。

怎么办？基地当时正处于初建时期，各种物资器材都非常缺乏，连一个抽气筒都找不到。这个看起来非常困难的问题，是被加注人员用土办法解决的。他们找来一个打气筒，卸开，把里面的皮碗反装上，就成了一个抽气筒。有了抽气筒后，首先把装燃料的铁路棚车的车厢地板冲洗干净，铺上聚氯乙烯薄膜，以防燃料滴在地板上，然后把燃料倒在一个经过纯化处理的大铝盆中，先用抽气筒把玻璃瓶抽成负压，使燃料慢慢流入瓶内，再转倒入加注车。用这种土方法，加注人员干了整整一个上午，几乎可以说是一滴一滴地完成了转注工作。当然，在整个加注操作过程中，大家都非常小心，也特别紧张，谁都明白，一旦出丁点差错，后果就不堪设想。

9月9日，加注好的导弹转往发射阵地。9月10日7时42分，导弹点火发射，一举成功。这是在苏联专家撤离靶场后，我们独立操作、测试发射的第一发地地导弹，非常鼓舞人心。

苏制导弹发射成功后，中央军委批准在1960年11月至12月之间进行仿制的P-2导弹的发射试验。也就是后来我们说的

"东风一号"。

问：此次发射事关重大。第一枚国产地地导弹东风一号的首次发射，您在现场看到了什么？测量系统承担的工作是什么？

答：东风一号是中国自己研发生产的第一个型号的地地导弹，它的发射试验与以前苏制导弹的发射试验相比难度更大，不但检测项目多，技术复杂，而且通过发射试验，还要对国产导弹的性能和质量做出评估。所以我们测量系统早早做好了准备。

那次发射试验，我在基地现场。中央军委极为重视，聂荣臻元帅，还有张爱萍、陈士榘将军等，专程从北京飞到基地。钱学森、任新民、梁守槃、梁思礼、谢光选等五院导弹专家也到了酒泉基地。聂帅在现场主持发射试验，他对大家说，这是我国自己生产的第一枚导弹，试验工作一定要严肃认真，不能有丝毫马虎。钱学森院长坐镇，指挥检查发射前的各项准备工作。

谁知这次发射一波三折。发射前夕，突然发现导弹舵机有漏油现象，这是一个严重的技术故障，唯一的解决办法就是更换部件。零下20多摄氏度的气温，为了操作方便，许多技术人员都扔掉了皮手套，手冻麻木了，搓搓手再干，冒着严寒连续工作，最后重新组装成功。

开始往火箭里加注推进剂时又发生异常，导弹弹体往里瘪进去一块。接到报告后，钱学森马上赶到现场，爬上发射架，仔细察看故障后，认为没有问题，可以照常发射。而就在这时，又接到报告说零点触发有故障。钱学森马上下令，负责这一问题的技术员必须在10小时内排除故障。军令如山，负责控制系统的技术员爬到十多米高的工作台上工作，这里仪器密集，舱内狭小，电缆密如蛛网，他只能侧身将头和肩部伸入舱内操作，结果只花了 4 小时就解决了。

1960 年 11 月 5 日，是苏联专家撤走后的第 83 天。这天戈壁滩的气温也是零下 20 多摄氏度。天气晴朗，一片瓦蓝，远远望去，东风一号立在导弹发射架上，雄伟挺拔。基地在发射场举行了导弹发射剪彩仪式，聂帅亲自为发射剪彩。9 时 1 分 28 秒，发射口令下达，各种地面设备开始启动，导弹喷射出一团浓浓的烈焰，爆发出巨响，东风一号拔地而起，非常壮观。9 时 10 分 5 秒，东风一号精确命中目标！顿时，阵地上一片欢腾！所有人都非常激动，相互祝贺。我至今还记得聂帅在基地祝捷宴会上说的话：今天，在祖国的地平线上，飞起了我国制造的第一枚导弹，这是一枚"争气弹"，是我国军事装备史上一个重要的转折点，从此以后，我们有了自己的导弹。

东风一号导弹全程飞行 550 公里，历时 7 分多钟，马蹄形测量区也经受住了大考，圆满完成了这次飞行试验的测量任务。试验结束后，通过对测量数据的处理，我们获得了导弹的飞行参数及其内部的物理参数和工程参数。

初战告捷，极大地鼓舞了我们从事测控技术工作官兵的信心：依靠自己的力量，我们一定能发展好中国导弹测控技术。一个月后，12 月 6 日、16 日又成功地发射了第二发、第三发 1059 地地导弹，都达到了预期试验目的。此后，马蹄形测量区又先后多次参与中近程导弹的飞行试验，均圆满地完成了测量任务。

2.5　我到基地干的一件比较有水平的事儿

问：中苏关系破裂，对刚刚起步的新中国导弹事业是个重大打击。我们是怎样从逆境中挺过来，走上自主发展的道路的？

答：中苏关系的破裂，对于正在蹒跚起步的中国航天事业来说，无疑是一次严重的打击。但对此困难处境和最终结局，中央高层早已有预判和思想准备。苏联撕毁协定后，中央军委提出目前主要是导弹问题，同时也要注意核弹头问题。

1960 年 9 月 13 日，中央军委召开扩大会议，提出了"发愤图强，突破尖端，两弹为主，导弹第一，积极发展喷气技术及无线电电子学，建立现代化的独立完整的国防工业体系"的方针。

1960 年 10 月 9 日，聂荣臻元帅在五院讲话时，号召大家要自力更生，发愤图强，突破从仿制到独立设计这一关，建立我们自己的导弹技术体系；勉励大家加强学习，加速进步，勇于负责，以最大的努力，在最短的时间内突破国防尖端技术。

李福泽司令也告诉大家：我们不能再存有任何幻想，一切都要靠我们自己去拼。他们在，我们要干，他们不在，我们也要干，而且一定要干好。

问：苏联专家全部撤走后，当时基地面临的主要困难是什么？又是如何克服的？

答：苏联专家一走，遗留的一大堆技术难题，使基地工作一下子陷入了困境。重要的技术资料和图纸都被苏联专家带走了，一些工程也不得不停了下来……刚刚起步的发射场建设停滞了，各种设备、仪器在荒漠中的样子很让人心焦，打东风一号的时候，都还没有这么心焦，为什么呢？说句老实话，那时我们连导弹试验、测量是怎么回事都不知道，坐标系有什么问题、设备有什么问题，也摸不清楚。苏联专家走后，这些都是靠我们自己慢慢地摸索，才一点一点搞清楚的。这是后话了。

上级领导不断地给我们打气鼓劲，号召大家自立自强，不要泄气，知难而上，自己去拼，要求我们通过摸索和学习研究，从理论上弄清楚测量设备的技术性能、配置原理以及精度影响因素等各个方面。从 1961 年开始，基地就提出了 40 多项技术攻关项目和研究课题，发动大家对苏制设备进行拆解、分析、研究，对其中一些重要部件反复进行仔细分解，掌握设备的工作原理和技术性能。我们对设备之间的配置方案进行了大量的演算，一点一点搞清楚、弄明白了设备配置与测量精度之间的关系，并对测量点布局方案做出了改进。

苏联专家走了，有利也有弊。毕竟人家比我们起步早，有经验，如果我们能够得到他们真心的帮助，可以少走很多弯路，他们走了，给我们增添了很多困难。但也有好处，就是逼着我们开始走自力更生这条路，这一逼，还真把我们身上的潜力给逼出来了。苏联专家不是走了吗？但我们不是也打成了吗？这件事情，对我们刚刚起步的事业影响还是挺大的。

问：当年您对苏联人提供的导弹发射坐标系有质疑，大概是什么时候？是怎么发现这个问题的？

答：前面谈到过，我在 1960 年 2 月被调到六部办公室，担任甲区的航测助理员，当时我就发现了苏联给我们的设备性能有问题。

到了 1960 年八九月吧，我总觉得苏联给的导弹测量坐标系不对。那时苏联专家全都撤了，我们在做大地测量工作的过程中，用苏联专家提供的导弹发射坐标系进行试验，测量精度达不到设计要求。

从理论上说，苏联专家给的这个坐标系，是把地球看成一个直径为 6370 公里的圆球。但实际上，地球是一个椭球体，而且是质量不均匀的椭球体。一般的测量设备都是以铅垂线也就是重力方向定位的。因为地球质量不均匀，铅垂线受外界影响很大，重力变了以后，铅垂线方向也就变了，所以不同地方的铅垂线方向和椭球体法线方向不一致。按照数学的方法，要把地球数字化，给地球建立一个最接近它的模型，那么这个模型应该是一个椭球体，然后用椭球体的法线方向来计算，这样才是准确的。

发射坐标系的精度非常关键，因为发射坐标系的原点就是导弹的发射点，其精度直接影响到测量结果的精度。如果把地球看成一个质量均匀的圆球体，只能建立一个近似坐标系，在这个假设条件下建立起来的导弹发射坐标系，用于近程导弹试验的时候没啥问题，但导弹射程远了，误差就很大，就不能用了。

可能正因如此，苏联专家一开始就有意地有所保留。如果我们不建立自己的测量体系，就不可能实现远程导弹试验的推进。

问：发射坐标系的精度对导弹试射非常关键。那么，又是如何解决这个问题的？您"业余"研究的成果得到应用了吗？

答：大约是到了 1962 年 7 月，第六试验部改称测量部，成为基地的领导机关之一，六部办公室改作组织计划处。

1960 年我被调到六部办公室，下班后有了点可以自己支配的时间，就从数学和物理学两个方面进行了计算、推导，每天干到夜里两三点，最后写了一篇文章叫《非匀质椭球体上的发射坐标系》，阐述了只有将地球作为一个非匀质椭球体建立坐标系，才能获得所需的测量精度，这是我在基地写的第一篇文章。我还按照苏联专家提供的坐标系和自己推导的坐标系，对导弹试验基地所有测量点号的坐标进行了计算，精确到 0.1 米。完成之后，我拿着这篇文章和计算结果给六处的李国祯看，六处是计算处，负责数据处理。

过了几天，计算处的同志看完了，给了两句话："第一，你这个结论，包括推导过程，我们都看了，觉得没有问题。第二，我们不能用，因为不合规范。"

那个时候，试验靶场所有工作的规范都是苏联专家提供的，整个靶场试验都按照标准规范来，规范上没有的东西，尽管对，也没人敢用。我也知道，计算处确实做不了这个主。

这事就搁下来了。1964 年，没想到美国的 AD 报告——也就是美国的国防报告上登了一篇类似的文章，文章推导的思路、方法和我的不一样，它是纯数学的，我是数学加物理学的，两个公式形式不一样，但算下来的结果完全一致，一点不差。我就跟计算处同志说，美国人跟我算的一点都不差，最后结果是一样的。这下他们彻底服了，就写了一个报告上报，这才启用了我写的这个公式，承认了这个坐标系。

基准是测量的第一要素，基准都不准，还谈什么精度？这个公式推翻了苏联专家提供的导弹发射坐标系，为我国导弹试验基地的测量系统建起了一个准确的坐标系。这是我到基地干的一件算是比较有水平的事儿吧。

2.6 国家拨不了那么多钱，"两弹"差点下马

问：中苏关系破裂后，紧接着又遇三年困难时期，地处边远大漠的基地面临怎样的生活困难？

答：是啊，苏联专家全都撤走后，困难时期接踵而至，天灾人祸，使地处戈壁荒滩的基地面临严峻的生活困难。那几年根本吃不饱，那真是饿啊，你们可能没体会过。一年吃不了几顿饱饭，也就是开积极分子会、党代会这种大型会议的时候，可以放开了吃饱。

记得有一次开党代会还是积极分子会，我一顿吃了八个白馒头。吃完了以后，害怕有问题，我就沿着东风第一招待所转了三圈，觉得没事了，这才回家。之前有个兰州建筑公司的工人一下

子吃撑了，胃穿孔。那时候吃不饱饭，部队去祁连山打猎，建筑公司的人也去，打野兽回来吃肉嘛，结果吃多了，俗话说就是撑"死"了。所以大家都很警惕，怕再出这种事儿。

按说，我们一个月38斤粮，定量比地方高多了，可是没有油啊，这是第一。第二，粗粮占了很大比例。有时候吃的高粱面是"捂"过的，吃起来特别苦，做出来的窝窝头，女同志实在吃不下去，就送到我们男同志桌上，我们看谁今天出公差就归谁。那时候出公差主要是干体力活、重活，不吃饱不行。

基地很多人患了夜盲症，浮肿是普遍的，部队都没法正常运转了。基地的政委栗在山是甘肃省委常委，一次参加甘肃省常委会，栗政委就带着后勤部部长去了，说这回无论如何得向地方要点油，给部队增加点给养。结果会上讨论甘肃省的饥荒问题，栗政委一听，地方比部队还困难，跟后勤部部长说：你回去吧，油的事，不提了。结果不但没开口要油，还主动提出基地每人每月节省三斤粮食，支援地方。

问：国家重大任务不能停，但人是铁，饭是钢，基地官兵是怎么扛过这场灾难的？

答：主食不够，大家就想办法，到沙枣林打沙枣充饥。但是沙枣吃多了大便干燥，排便成了大问题。即便这样，很快沙枣也吃不上了，基地周边几十公里范围内的沙枣都被打光了。打沙枣的时候折断了很多树枝，毁了不少沙枣林。戈壁滩上干旱少雨，长点东西不容易，所以当地政府和老百姓对这些沙枣树都很爱护。于是，额济纳旗就把这件事儿报告给了内蒙古自治区主席乌兰夫，乌兰夫又将此报告上报给了中央军委。中央军委责令基地立即停止采摘行动，并向内蒙古自治区政府道歉。

基地后勤部为了不让大家饿肚子，想了很多办法，把骆驼刺磨成粉，掺到面里蒸窝窝头，还把甘草叶磨成粉，掺到面里做面包。开春的时候，弱水河两岸的灰灰菜、苦苦菜、野韭菜、沙葱等能吃的野菜，都被基地官兵挖得干干净净的。另外，基地还组织人员打黄羊、野兔、沙鸡，有啥打啥，反正只要能填饱肚子就行。

还有个"增量法"，现在听起来可能都是笑话。什么叫"增量法"？就比如说做米饭，用罐头盒子蒸，多放点水，蒸成半干半湿的饭，就显得多了。多了以后，把肚子撑一下，就能吃得舒服点，这就叫"增量法"。但是水分大，过不了一会儿就饿了。

问：全国都陷入难以为继的粮食危机，国家对基地有特殊的补给政策吗？听说有一次军委会议专门研究了火箭导弹部队的供给问题？

答：国家在十分困难的情况下，还是给了基地很大的照顾。为了使导弹试验基地能够保存下来，为了使中国的导弹事业能够继续下去，周恩来总理、聂荣臻元帅等中央领导开始采取一些特殊的措施。

就在基地官兵打沙枣充饥事件发生后，周总理接到报告，他把副总参谋长杨成武找去，要他妥善处理。周总理并没有责怪部队，反而自责没有把粮食问题解决好。李司令为了基地的供给，专门跑到北京去向聂帅请求支援，把情况反映到了最高领导那里。

在中央军委召开的会议上，周总理开门见山，改了会议议题，专门为火箭导弹部队募集粮食。周总理告诉与会的将军们，导弹试验基地地处沙漠深处，这些部队连挖野菜都没有条件。他要求各军区想办法节省出一些粮食支援导弹试验基地，并提出了具体要求，半个月，最好是一星期，能运去一列车粮食，而且要保证往前赶，要让他们吃着粮食打导弹，而不是吃着骆驼刺打导弹。

不久，一列满载粮食的火车开往酒泉基地。实际上，周恩来虽然身为国家总理，总揽全国政务，但国库无粮可调，全国到处都在忍饥挨饿，他只能用这种"募捐"和"化缘"的方法，使基地官兵能够度过眼下的饥荒。

国务院、中央军委多方设法给基地调粮食，但无奈全国都很困难，无法保障基地的需要。基地则是尽最大可能优先保障技术干部。聂帅也深感忧虑，他以个人的名义出面，替基地向各大军区"化缘"，给北京、广州、济南、福州部队和海军几个部队的司令员打电话，告诉他们国防尖端研究的科技人员生活艰苦、任务繁重，请他们想想办法，调拨支援一些副食品，多少解决些眼前的问题。这次调来了四车皮的大米、面粉、猪肉、大豆、鸡蛋、油、罐头等，基地全部按人每日定额分给了技术干部，领导和机关人员一个不领。

虽然经济十分困难，但国家有关部门还是想方设法挤出了一些东西来保障和改善原子弹、导弹"两弹"攻关人员的生活条件。粮食部一次调拨给二机部在西北的三个工厂几百万斤黄豆；

商业部、总后勤部在兰州成立了二级批发站，以加强西北地区特种部队和科研单位的生活资料供应。

问：据说当时基地还遣散了一部分技术人员，有这回事吗？

答：为这件事，李司令还受到了聂帅的批评。最困难的那段时间，基地实在没办法，才决定把一部分工作任务不多的技术人员暂时撤到内地，同时，精简部队，压缩职工，动员他们返乡参加农业生产，以缓解基地供应紧张的状况。

后来，聂帅知道了基地遣散技术人员的事情，对这件事很不满意，他批评了李福泽。聂帅认为，在基地生活遇到很大困难的情况下，把工兵团、汽车团、警卫团的大部分人员疏散了，机关

官兵参加农业生产劳动，自力更生保障供给（20世纪60年代初）

只留少数人，甚至把技术人员疏散到别处的工厂保存下来，都可以。但是有的单位把直接从事火箭技术方面工作的知识分子也打发走了，他生气了。

李福泽司令挨了批评。聂帅甚至都不允许李司令回基地再落实，要他立即就打电话，不要等回去再办，说："这是特殊时期，减这个减那个，但知识分子不能减。已经弄走的，你要负责把他们请回来。"聂帅的命令斩钉截铁。他要求李司令再难也得留住人，回去要好好保住这些人，一定要把导弹工作做下去。

李司令回到基地后，立即按照聂帅的指示采取了措施。有一个被遣散的大学生都已经到了车站，又被叫了回来。

戈壁滩那个地方比较特殊，除了上面给的，啥也没有，东西都靠从外边运进来，运来是啥就是啥，局面很被动。为了解决生

官兵参加建设新家园劳动（20世纪60年代初）

活困难，基地决定自己动手，组织生产。1961年底，基地开始组织修水库，开荒种地。基地各个单位，从上到下，从司令员到普通战士，无一例外，都要参加农业生产，饿着肚子也要干。反而是我这样的，业务工作很忙的，这些劳动参加得就少了。

自己动手，丰衣足食。到了1964年，基地生产了30多万公斤的粮食，不但解决了官兵的口粮问题，还解决了养猪、养鸡的饲料问题，蔬菜、瓜果实现了部分自给，基地官兵的生活得到了很大的改善。

问：那时我国第一颗原子弹也正在研制中。经济严重困难，国家拨不了那么多钱，"两弹"差点下马，您了解这个情况吗？

答：我国原子弹的研制工作差不多是与导弹同时开始的，20世纪50年代中期，中央决定上马原子弹研究，但原子弹研制走了一条比导弹更曲折的路。

1985年我被调到国防科工委后，开始分管原子弹核试验这一块。在这之前，原子弹和我没关系。两弹结合试验时，我们也只管测控。

到国防科工委工作后，我听了一些老同志介绍，才慢慢了解是怎么回事。这个大背景说起来有点长。1954年9月，中央军委副主席彭德怀率中国军事代表团访问苏联，在参观苏联核试验基地时，第一次目睹了原子弹爆炸的巨大威力，回国后向毛主席和周总理做了汇报，尽管当时中苏关系很好，毛主席也不屑于在苏联"核保护伞"下生活，就与周总理部署了研制核武器和导弹的领军人物，即"两钱"——钱三强和钱学森，还有邓稼先。

钱三强 1948 年从法国回国后，在清华大学和中国科学院工作。他是我国著名的核物理学家，也是我国原子能事业的开拓者。1955 年，中央决定研制原子弹，就由钱三强来挂帅主持这项工作。

1956 年 11 月，专门成立主管原子能工业的三机部，钱三强作为唯一科学家出任副部长。聂帅对他说：研制原子弹你是行家，就请你提建议。后来钱三强又找来了郭永怀、邓稼先、王淦昌、彭桓武这些大科学家，告诉他们，我们的国家打算造一个"大炮仗"。

原子弹工程刚起步的时候，国民经济极端困难，经济发展停滞，国家财力不足，因此要求"两弹"下马的声音也越来越多，当时有一种意见是说"不能为了一头牛，饿死一群羊"。不过很多老帅反对"两弹"下马。

1961 年 8 月 20 日，作为"两弹"研制工作的主帅，聂帅签发了《导弹、原子弹应坚持攻关的报告》，其中详细陈述了"两弹"攻关的条件、困难和拟采取的措施等。报告上报中央后，毛主席、周总理都表示同意，"两弹"研制工作才没有下马。

问：您到国防科工委工作后，曾经主管原子弹核试验，能谈谈这方面的情况吗？

答：我国核武器研制密级太高，那是绝密的，是在极端秘密和极端艰难的条件下展开的。研发基地放在僻远的青海省海北藏族自治州海晏县，对外称"青海矿区国营 221 厂"，也就是我们现在叫的"原子城"。指挥中心设在地下，光是铁门就重达

13 吨多。

1987 年，中央军委国务院下令撤销 221 厂。1993 年，221 厂正式退役，移交给了地方管理，改名为西海镇。如今，那里已成为青海省的红色旅游景点。

核武器的试验还需要一个辽阔的无人区作为试验场，当时选在新疆库尔勒正西方戈壁滩的大山谷中，这个地方离罗布泊大约 185 公里。那时叫马兰基地，代号 21 基地。

在核武器试验撤销前，这中间的历次核试验我都去了，地下核试验有好几次。尽管在地下试验，但地面上腾起来的烟尘有上百米高的一大片。放在地下井里试验，相对来讲核污染要小一点。地下核泄漏还是有的，不可能没有，但是会小很多。核试验取消之后，我们就有两种方法进行研究：一种是计算机模拟，这是主要的方法；还有一种就是次当量试验，单位小到测不出来，做一些原理性的、改进性的、安全性的试验。

我国第一颗原子弹爆炸成功就是在马兰，在 1964 年 10 月 16 日。

就在我国第一颗原子弹爆炸成功前的三个多月的 6 月 29 日，东风二号导弹在基地第二次试射成功。后来改进后的东风二号装上核弹头，进行了原子弹和导弹两弹结合试验，这是我国自己研发的第一枚核导弹。当时我在发射现场是负责测控的。

1966 年 10 月，我们在自己的国土上用导弹进行核武器的试射，这次试验也成功了，标志着我国从此有了自己的战略导弹部队。

2.7 张爱萍坐镇指挥，
东风二号"连中三元"

问：您提到了东风二号两弹结合试验这件事。此前东风二号首发试射失败的情景您还记得吗？那次导弹爆炸地点离您所在地方不远，危险吗？

答：东风二号导弹第一次发射是在 1962 年 3 月 21 日。那次发射非常惊险，当时我在发射场四号点，离爆炸地点不远。

东风二号导弹第一次发射试验之前的 1962 年 2 月，后来的四机部部长、当时的国防部五院副院长王诤去了基地，他向基地提出了一个问题：如果导弹出了事儿，你们怎么办？

安全控制系统是归我们测量部管的，这个问题如实回答的话，答案是"没有办法"。因为从测控系统来说，在 154 一期工程研制出来以前，我们国家的试验靶场是没有安控系统的。

我们不光没有安控系统，也没有实时数据处理系统。但没有实时数据是不行的。我想了个法儿，在几个测量站都派上人，然后我这儿置个图板，每个测量站给我报数据，我就在图纸上标弹道。那时候没有实时数据传输（即数传），也没有无线电自动数据传输这套系统，就靠人传，测量站打电话过来，我再在那儿标图，靠土办法，也可以大概知道导弹飞到哪儿。

试射那天，我就用这个土办法上马——派人到各个光学测量站报坐标。我自己坐镇四号点，找了两个助手，把各个站报来的坐标点往图上标，然后点点成线，能画一个大概的弹道出来。但这个办法只能作为一个临时措施，我们不至于啥也不知道。严格来说，实时性根本不够，但是也没别的办法。

结果那次试射，真的出事儿了。点火，发射……我刚开始画，就看到那个导弹呜地下来了。我就喊"导弹掉下来了"，回头一看，人全跑光了。我们三个觉着不对，赶紧趴下。砰！过来一个冲击波，把玻璃全震碎了，我一摸，身上全是玻璃，不过人没有受伤。

导弹才飞了 4.7 秒，在空中摇头摆尾地晃动，飞行极不稳定。发动机突然破裂起火，导弹先是平躺着横飞，又转头飞向发射场，弹尾喷出黑烟，就在距离发射台不远处爆炸了。爆发出的威力掀起的黄沙铺天盖地，沙滩上被炸出一个大坑。万幸没伤着人，就是把三号阵地的厕所给炸掉了。那景象，我印象挺深。李福泽司令当时就在三号阵地。

一声爆炸，断送了大家几年的奋斗和心血。站在大深坑的边上，大家痛苦不堪，特别是想到国家在承受巨大经济困难的情况下，集中大量人力、物力和财力研制出来的导弹在一瞬间就毁了，心头分外沉重，有的人流下了眼泪，甚至放声痛哭。

这次事故也让我们下决心，一定要上马安控系统。后来就从 154 一期工程开始，把安控系统建起来了。

问：东风二号首发试射为什么失败了？是什么原因引起爆炸的？

答：东风二号是国防部五院自行设计的第一型导弹，是中近程地地战略导弹，全长 20.9 米，最大直径 1.65 米，起飞重量 29.8 吨，采用一级液体燃料火箭发动机，最大射程 1300 公里，可携带 1500 千克高爆弹头。

此前，我们发射的东风一号是仿制 P-2 导弹的，是一枚近程导弹，射程仅 600 公里，没有实战价值。当时考虑到中国还缺乏自行设计和制造战略导弹的经验，一些关键技术还没有开展预先研究，因而中央明确导弹的发展应该先从仿制起步，吃透技术，摸清规律，再自行研制。所以东风一号仿制成功后并没有投入生产，当然也就谈不上装备部队。

东风二号导弹的研制任务，是 1960 年 3 月下达的。当时苏联专家还没撤走，自行设计没有完全公开，只是由一小部分人做些筹备工作。6 月，聂帅向中央军委报告了关于自行研制地地战略导弹的总体设想。中央军委批准之后，中国自行研制导弹的第一步，就从中近程这个型号开始了。在 P-2 导弹的基础上进行了改进设计：提高发动机的推力和比冲，将液氧箱由双层结构改为单层薄壁结构，采用小三角尾翼，等等。这样可使射程增加一倍，技术难度与跨度还是不小的。

所以，东风二号是边学边干做出来的。科技人员的生活和工作环境都非常艰苦。白天上班，常常吃不饱饭，缺乏最基本的营养，许多人身体浮肿，在饥病交加的状态下坚持工作。不少人工作和居住在早年的旧兵营里，那都是一些老平房，阴暗潮湿。也有一些人住在临时搭起的军用帐篷里，完全是野战条件，更没有条件学习看书。

当然，最大的困难还是技术方面的。我们的专家可以参考的资料很少，当时国内几乎没有任何有关火箭的设计手册、标准资料和参考书。由于苏联对中国进行全面技术封锁，专家们只能参考可以搜集到的零星的公开资料。没有参考资料，又缺乏设计经验，更缺乏大型试验设施。当时五院在北京南苑的研制基地还在建设中，导弹的静力试验是在旧飞机场改建的临时试验场做的。那些后来被认为至关重要的动力试验、环境试验和全箭试车等更是无从说起。

1960年7月，中近程导弹方案设计正式上马，到了年底，仿制任务基本完成，五院的科技人员开始全力以赴地投入自行设计之中，实际上只用了一年多的时间就研制出来了。东风二号从发动机功率到精度、姿态控制，尽管都比东风一号有很大改进，但是毕竟我们是第一次进行自行研制，摸着石头过河，缺乏自身的设计经验，又不具备基本的研制、试验条件，时间匆忙，急于求成，埋下了失败的祸根。

问：东风二号首发试射时，基地国产的遥测设备首次参与了试验。遥测设备起到了什么作用？

答：是的，在这次发射试验中，国产PTC-6甲遥测设备，首次配置于基地，与马蹄形测量区一起，参与了东风二号的首发试验。这是我国第一代遥测系统，不但通过了实战检验，而且开创了我国无线电遥测设备研制和生产的历史。

这套国产PTC-6甲遥测设备是在20世纪60年代初，由国防部五院二分院遥测技术研究所研制的。科技人员对苏联PTC-6遥测设备进行仿制并加以改进，通过改进机械交换子的设计，将测量路数由26路扩展至52路。这套遥测设备获取了导弹飞行时的大量关键遥测数据，为导弹设计人员分析东风二号的失败原因提供了原始数据。

当然，现在火箭、导弹和航天飞行器的遥测传输距离都很远，像导弹遥测通常是几百公里到几千公里，甚至上万公里。遥测技术为飞行器试验提供了大范围的瞬间状态，可以监测动态变化的现象，遥测使用的电磁波波段从超短波到微波，突破了可见光的约束，可以不受制于昼夜、天气变化，进行全天候的观测。

国产PTC-6甲遥测车（20世纪60年代）

问：据说，钱学森院长压力非常之大。东风二号首射失败后，他"失踪"了一段时间，待在基地寻找失败原因。后来问题是怎么解决的？

答：东风二号可以说是中国导弹的"头生子"，是中国人自己设计、自己制造的第一枚导弹。这枚导弹发射失败给人们带来的打击之大是可想而知的，当然，也给我们年轻的导弹研制队伍泼了一盆冷水，让我们认识到了导弹研制的复杂性和艰巨性。

导弹试射，就是科学试验，总会有失败的；如果每一次都成功，那试验就没有意义了。建设试验靶场，严格来说就是不断试错，直至成功。失败不可怕，关键是要认真总结，解决问题，才能取得成功。

试射失败的当天，聂帅就在基地发射场主持召开了现场会，对导弹坠毁进行分析研究。他明确指出，这次导弹坠毁不要追究任何人的责任，吃一堑，长一智，总结经验教训，以利再战。他还鼓励大家不要灰心，下一步要很好地总结经验，争取第二次发射成功。五院领导也做出决定，迅速寻找挖掘散落的导弹零部件，查明事故原因。

钱学森院长内心压力当然非常大，但他很镇定，一副大将风度。这次他在基地待的时间也很长，那时大西北天寒地冻，他身先士卒，冒着寒风，和大家一起分头去发射现场附近的沙漠中寻找挖掘散落的导弹残骸、碎片，运回基地，按照原来的结构部位拼凑出来，摆放在发射场的空场上。他跟五院的专家、科技人员还有基地领导、技术骨干一起，天天围着这堆残骸仔细分析研

中国研制的第一枚中近程导弹

究，又反复调看测量仪器、设备记录的原始飞行数据，总结失败原因。张爱萍将军还专门来到发射场听取汇报。

首射失败，总结教训。大家都认为，地面试验不充分是这次坠毁的一个重要原因。今后在发射之前必须经过全弹试验，否则不能上天。钱学森院长提出了一个重要原则：把一切事故消灭在地面上，确保导弹万无一失，不能带着任何疑点上天！

要进行全弹试验，首先必须建立专用的导弹试车台。张爱萍将军接受钱学森院长的建议，抽调一部分人回北京，紧急设计研制一批导弹的地面测试设备。

两年后，东风二号导弹第二代产品，经过技术人员反复修改设计，先后通过了 17 项大型地面试验。导弹进行全弹试车后，完全合格。1964 年春天，新的东风二号导弹运到了基地，竖立在发射基座上，准备发射。

问：东风二号第二次试射，张爱萍上将亲自坐镇指挥。您在现场看到了什么？这次成功对我国导弹事业有什么重要意义？

答：东风二号第二次发射是在 1964 年 6 月 29 日。在那次发射任务中，我在基地现场负责测量工作，也在发射现场见到了张爱萍上将，印象很深。

张爱萍主管国防科委工作，导弹研制工作是他亲自抓的。他一到基地就见我们的司令员，了解发射前的准备情况，问得很仔细，也很专业，又亲自到发射工位检查。他作风严谨，指挥镇定。

应该说，经过严密细致的检测，准备工作又很充足，导弹的技术状态也良好，但究竟能否如期发射？大家还是有争议，也许对两年前的那次失败心有余悸。

钱学森一到基地发射现场，就和技术专家们围坐在基地三号阵地的一间小屋里，不断开会，反复探讨、论证，对每一个有可能引起失败的细节都不放过。张爱萍坐在他身边默默听着，不时提些问题。两年前首发失利留在大家心头的阴影仍然没有完全消散，以至于大家太小心了，始终达不成一致意见。这时一直在听发言的张爱萍站出来为大家鼓劲，他说："大家谈了这么多，实在找不出不能发射的理由。这样吧，如期发射！打成了，功劳算你们的；失败了，责任我来负！"

6月29日上午7时5分，随着发射指令的下达，东风二号腾空而起，扶摇直上！数十分钟后，从设在新疆西部地区的导弹落区不断报回的数据显示，中国自行设计研制的第一枚导弹精确命中目标，发射取得圆满成功！

聂帅打来电话向钱学森表示祝贺，他说：现在看得更清楚了，上一次的失败的确不是坏事，这个插曲很有意义。

此后，东风二号导弹在7月9日和21日又连续进行了两次发射试验，均获成功，创下了"连中三元"的佳话。

1966年12月，改进后的东风二号导弹经国家特种武器定型委员会批准定型并投入生产。至此，我国自行设计生产的地地导弹终于装备了部队。

东风二号导弹的多次试验成功，标志着我国已经基本上掌握了独立研制导弹的技术。导弹试验也考验了初步建成的我国早期的导弹测量系统。我们用已有的测量通信设备，圆满地完成了多次近程和中近程地地导弹试验的测量任务。应该说，我国的导弹测量事业迈出了可喜的第一步。

第 3 章

弱水河畔铸神箭

中苏关系破裂后，我们下决心自己研发靶场测量设备。150工程是我国首次自行设计研制的靶场光学外弹道测量系统。我参与的第一套自主研制设备就是150工程，150工程有几个指标是我和长春光机所王大珩所长敲定的。150工程设备测量点布站时，我提出了一个"3站4台"的方案，既节省了不少钱，又能保证导弹试验的要求。

1966年10月27日，150工程的第一台外测光学设备在导弹和原子弹两弹结合试验中首次使用；同年12月，又用于东风三号的首发试验，获得了主动飞行段的弹道参数。

1966年，中央决定去"三线"勘选新试验靶场。我参加了这一项重大任务，我们跑遍了全国许许多多地区。最终，新试验靶场定址在山西岢岚，那里是老区，群众基础好。

东风四号中远程导弹上马，这是我国自己研制的第一枚两级液体火箭，测速精度要求更高。1965年6月，国防科委下达了研制我国第一套无线电外弹道测量系统的任务，代号为154工程。同一时期，在北京召开我国战略武器发展规划会议期间，我奉命起草了一份基地七年发展规划，其中也提到发展无线电外弹道测控系统的设想，可谓不谋而合。1969 年 11 月 16 日，克服重重困难研制成功的 154 一期工程作为非正式设备参与任务，在东风四号首次短程飞行试验中告捷。同时，154 工程首次把计算机技术成功应用于靶场实时安全控制系统，表明我国靶场测量技术从早前的单纯测量走入了测量与控制时代。

我国第一颗人造卫星工程上马后，为不受"文革"干扰影响，1966 年 11 月 17 日，聂荣臻元帅亲临基地，把卫星地面观测台站的筹建工作交给基地管理。临危受命，基地接管了中国科学院 701 工程处，全面布局卫星地面观测台站的建设。陈芳允先生独辟蹊径、大胆创新，提出了以无线电观测为主、光学观测为辅的方案。我执笔起草完成了地面观测台站的新方案，将地面观测站总数由 18 个减少到 13 个。我国从无到有自主建立起的卫星观测网，在 1970 年 4 月 24 日东方红一号卫星发射中首战告捷，做到了"抓得住、测得准、报得及时"，使我国成为世界上第五个有能力发射人造卫星的国家。

我和陈先生也在工作中结下了深厚的友谊，我们合作了 33 年，他是我这辈子非常敬佩的人。

3.1 光学测量，
不能没有"150"

问: 您还记得基地石板泉那个测量站吗？ 听说这个站当年是您去勘察定下来的光学测量点？

答: 有这回事儿。选址大约是在 1963 年秋天，我还在基地测量部负责大地测量工作。国防部五院要上东风三号中程地地导弹，设计最大射程为 2500 公里。基地测量区里原来配置的光学测量设备大多是从苏联进口的 20 世纪 40 年代的产品，技术落后，信息容量小，作用距离近，测量精度低，无法满足东风三号飞行试验的要求。我们决定自己研制新的光学测量系统。

当时基地李福泽司令找到我，要我尽快为安置新的光学设备勘察选定测量站址。李司令知道我对基地周边环境都很了解。当初为基地做天文测量坐标，我把场区周边环境和自然地形都跑遍摸清了，对勘察选址的工作十分熟悉。

领了任务后，我和傅茂顺一起去。他当时是国防部五院的代表。我俩坐一辆吉普车到处转，在方圆几百公里范围内看了几处场地，都不太理想，最后跑到了一个叫石板泉的地方。这块地方距 10 号场区有 100 多公里。我站在石板泉北面的山头上，望向东西走向的狭长航测区——视野十分开阔，而且斜对面东北角就是 19 号测量站，与同侧东面的 26 号测量站恰好构成一个三角形测量网，我们初步估算了一下，认为能满足测量精度的要求。

我们对这次选址很满意，回到基地向李司令做了汇报，他听了也很高兴。之后又经过多次复勘，这件事就这样定了。石板泉那个测量站，被命名为"27 号测量站"。27 号测量站是在成功完成 150 工程测量任务后退役的。

问：在戈壁荒滩上建一个测量站，必要的生活条件是怎么满足的？

答：在戈壁滩上建一个测量点很麻烦，小的测量点八到十人，大的测量点几十个人，粮食、水以及生活上的一切用品都要靠外边送进去。

20 世纪 60 年代初，基地刚组建不久，各种条件十分艰苦，物资严重匮乏，国家的财力也不足。那时戈壁滩上的公路都是没有等级的，凹凸不平，坑坑洼洼，我们管它们叫"搓板路"，车开在路上，经常一蹦老高，一路上心脏都要被蹦出来了。

生活不是一般的艰苦。你们现在到东风场区去看看，看到一片有树的地方那就是一个测量点，在那儿工作的人，他们不仅自己要生活，还要绿化环境，周围那些绿化可是花了大本钱的，水都是从几百公里外用车拉过去的。

我们从 1963 年末、1964 年初开始搞基建，陆续向 27 号测量站调集各路人马，先削平山头，加固地基，再造房子，还要架明线杆，铺设电线，没有电啥都干不了。各种物资都靠车拉人扛运上山去。一时间，这块地方支满了帐篷，聚集了数百号人，每天干得热火朝天。一直干到 1965 年底，才完成 27 号测量站建站。后来 150 工程的第一台光学电影经纬仪就布在那里。

问：当年启动 150 工程，从近程导弹到近中程导弹，测量系统要解决什么难题？

答：在我们早期的短程、中短程导弹试验中，用的测量通信设备大多是从苏联进口的，那时技术要求低，后来导弹技术发展了，比如设计东风三号导弹时，使用了大量的新技术，包括大推力发动机、四机并联、新型推进剂等。导弹射程增加了，精度要求更高了，原来那些测量通信设备无论在数量还是质量上都不能满足新型导弹试验任务的要求。

还有，我们国家整个靶场测量系统的建设是基于测量目标飞行速度对它进行鉴定，对东风三号关机点测速精度提出了 0.3 米/秒的要求。原来那套设备的测量精度、作用距离均无法满足东风三号飞行试验的要求。所以研制新的外弹道测量系统势在必行，国外买不到，没人帮我们，只能靠自己。

1960 年 10 月，苏联专家撤走后，国防部五院根据东风三号中程导弹飞行试验的要求，提出自行研制光学弹道测量系统——150 工程的建议，这是我们国家自行研制的第一套光学外弹道测量系统。关于作用距离，国防部五院最初提出的要求是不小于 150 公里。150 工程这个代号便是从这个指标来的。

如果说东风二号是对苏制 P-2 型导弹的一种继承的话，那么东风三号中程导弹则是技术水平上一次质的飞跃，也是我国自行研制的第一枚中程地地导弹，设计的总推力达 100 吨，最大

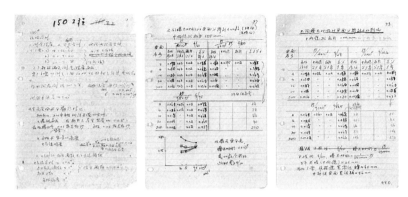

王大珩的设计手稿（20 世纪 60 年代）

设计射程为 2500 公里，比东风二号的射程远得多。

所以，150 工程很关键，关系到东风三号试验能否成功。国防科委很快批准了 150 工程，并决定 150 工程协调抓总由国防部五院负责，设备的研制由中国科学院长春光机所负责。为加强对 150 工程的技术领导，1961 年 5 月，总工程师组成立，长春光机所所长王大珩先生任总工程师。6 月，150 工程被国家计委、国家科委列为国家重点研制项目，由此揭开了我国自行设计研制光学外弹道靶场测量系统的序幕。

150 工程一共研制生产了四套，我记得国家拨了 8000 万元经费，那个时候的 8000 万元可是个天文数字。

问：什么叫外弹道测量？ 150 工程包括哪些内容？为什么从项目确定到用于东风三号首测耗时五年，其中遇到了哪些难题？

答：外弹道测量，是对导弹的飞行轨迹、运动参数、飞行姿态和脱靶量等项目进行的跟踪测量。当时国外导弹试验一般都用光学外弹道测量和电子外弹道测量。

150 工程是我国首次自行研制的大型光学测量系统，由五个分系统组成：光学电影经纬仪是它的核心，但不单单只有光学电影经纬仪；此外，它还包括引导系统、时间统一系统、半自动判读仪和数据处理装置。五院提出了系统研发的指标要求，在当时看来，150 工程对作用距离、测量精度等指标的要求还是很高的。

150 工程被列为国家重点研制项目后，原计划 1963 年拿出样品。由于国家经历了三年困难时期，老百姓的生活都很困难，东风三号是上还是下，一度处于举棋不定的状态，直到 1962 年，北京香山会议确定 150 工程还是要上。

那时我在六部办公室负责地地导弹航区测量总体规划。最初讨论 150 工程总体方案的时候，五院和长春光机所两家就总体指标长期不能协调一致，谈不到一块儿去。到了 1964 年，负责 150 工程的人员和工程项目都从国防部五院奉调到了基地。

问：是什么原因使总体指标协调不一致呢？是研制难度太大，还是体制上有问题？后来是怎么解决的？

答：外弹道测量系统，也称外测系统，通常由若干个分系统组成，是一项复杂的系统工程。在外测系统研制过程中，首先要根据导弹飞行试验的弹道测量要求，确定外测系统总的战术技术指标，并把指标合理分配到各分系统，然后制定设备研制任务书，委托几个甚至几十个单位共同研制。这就需要有一个抓总单位，负责系统总体论证和技术协调工作。

150 工程第一台光学电影经纬仪安装调试（1965 年）

另外，导弹飞行试验跟以前武器测试的概念不一样，以前打炮弹可以靠批量试验来统计精度，导弹只能少量试验，所以要研究试验方法，要研究精度，也要有专门的机构来做这方面的工作。

1962 年 7 月，国防部五院将一分院和二分院从事测量设备总体指标要求的两部分人归拢在一起，在一分院七所成立了外弹道测量研究室，负责外测系统的技术抓总。这也是我国最早的外弹道测量研究室。研究室一成立，就组织了 50 余名技术人员做 150 工程的总体设计工作。

然而，国防部五院担负的导弹研制任务十分繁重，又要完成外测系统抓总，分散了不少精力，影响了导弹研制任务的进程。钱学森院长也认为这是个问题。

钱学森院长与李福泽司令谈过多次。他说，五院的中心任务是抓好导弹研制，而外测是一个复杂的系统，其技术复杂程度不亚于导弹研制。如果一个单位有两个重点，势必影响中心任务的完成。他向李福泽司令提出，导弹试验测量工作与基地建设密切相关，外测设备终究是要交付基地来操作使用的。他说，基地的技术干部配备、基础设施以及军队高度集中统一的组织形式，有利于指挥和协同，基地抓外测总体是有能力的，也是合理的。他还认为，外测系统研发总体任务由基地管，也可以大大减少测量要求与使用要求之间的矛盾。李福泽同意钱学森的意见，他提出希望五院能支持一部分技术力量。

到了 1964 年底，以国防部五院为基础，组建了第七机械工业部，基地就与七机部多次协商，决定将一分院 704 研究所承担的 150、153 工程导弹试验测量抓总工作由五院移交给 20 基地，研究所有关人员和设备、文件资料也一并移交给 20 基地。

1965 年 5 月 15 日，以七机部一分院外弹道测量研究室技术骨干为基础，成立了西北综合导弹试验基地测量设备研究所。这是测通所（后改称测量通信总体研究所）最初的叫法，负责测控总体工作，建立时是正团级单位。这样，试验基地在测量工作中的总体地位就正式确立了，基地的重要价值得到了肯定，意义非同一般。

测量设备研究所一成立，就参加了 150、154 工程的设备研制和技术抓总工作，任务十分繁忙。当时，条件非常艰苦，所里 100 多号人都居住在北京东直门外基地招待所，住房十分拥挤，生活非常不便。所里没有汽车，只有三张市内公交车通用月票，谁外出谁借用，每天出去办事的人多，多数同志都是自己买票乘车，所长、政委也不例外。

问：外测总体工作由基地抓总之后，基地机构有变动吗？有关150工程指标的问题，后来是怎么商定解决的？

答：1965年2月，基地对主管靶场测量工作的部门进行调整，撤销测量部，在司令部内先后组建技术部和航测处，测量设备研究所成立后就由技术部领导。

我们按总体要求把工作分成了三个层次：一个是系统总体，由测量设备研究所负责，就是大系统怎么建；一个是设备总体，这是研制单位的事；再一个是应用总体，这是各个基地的事。测控设备的研制就是按照这三个层次的思路往前走的。从150工程第一套光学外弹道测量系统开始，一套系统工程就包括了引导设备、通信设备……国家投入了大量的资金，我们白手起家，从150工程开始做。后面的154一期、154二期、157、159，是

测量设备研究所在东风场区的办公楼

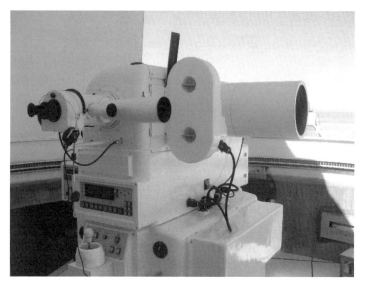

160 电影经纬仪（20世纪70年代）

无线电测量；160、170、180，还有190，是光学测量。这些都是专门研制测控系统的国家专项工程，总共有十几项。

测通所的名称和归属关系也是经过了几次调整之后才确定下来的。1966年春，测量设备研究所由北京左家庄搬迁至基地东风场区。1972年5月，测量设备研究所的职责由设备总体改为系统总体，更名为测量研究所，由司令部直接领导。

后来老20基地在六部也就是卫星测量部的基础上成立了26基地，也就是渭南卫星测控中心。1976年2月，国防科委决定将测量研究所划归26基地，改称测量总体设计所，王燕任所长，我和陈芳允先生任副所长，下设九个研究室。

由于26基地和别的基地在级别上是平齐的，的确不便于测

沈荣骏（左三）在测通所（20 世纪 70 年代末）

控总体工作的开展。于是在 1978 年 3 月 1 日，测量总体设计所改由国防科委直接领导，更名为测量通信总体研究所，也就是现在的测通所。

再回过来说 1965 年。外测技术总体工作由七机部移交东风基地抓总之后，我当时在基地分管测控工作，基地领导把 150 工程这件事交给我去办。我参与的第一套自主研制设备就是 150 工程。

接到任务后，我发现当时 150 工程还有几个指标总是定不下来，就找到长春光机所王大珩所长讨论。我们两个人谈了 20 分钟就谈妥了，把这几个指标给敲定了。其实两家没啥大分歧，有一些做技术工作的同志爱钻牛角尖，有点书生气，过于拘泥于一些细节问题。有些非原则性的事情，不是说非这样不可，双方都让一点步，后退一步天地宽。所以我俩 20 分钟就谈完了。协调完成，大的方面就定下来了，以后就抓紧干了。

问：之前您与王大珩先生有过交流或合作吗？

答：王大珩先生当时是 150 工程总工程师，他是位大科学家。听说他父亲也是从事天文学和气象学研究的。他 1948 年从英国回国，新中国成立后，中国科学院邀请王先生去筹建仪器研制机构。1952 年中国科学院成立仪器馆，也就是长春光机所的前身，王大珩先生先后任馆长、所长。

150 工程上马时，钱学森院长极力主张由长春光机所来干。这类大型的光学测量设备集光学、精密机械和自动控制于一体，主要用在重大的国防任务上，西方国家对我国实行封锁禁运，有钱也买不来。

王大珩先生我早就认识。苏联专家撤走之后，王大珩先生就曾经带队到基地苦干了五个月，对苏联专家干了一半的光学测量设备进行了一次全面的"诊断"，包括排除故障、安装调试，我们之间的交往很多。这次，王先生承接任务后，多次到基地来调研，了解导弹飞行试验的技术指标和精度要求。我们经常在一起开会，150 工程和 160 工程等大项目都要开技术问题讨论会，或者一起商量具体技术方案。他那时就是技术专家，科研水平远高于我们这些年轻人。但他跟我还挺好的，是我很尊重的一位老先生。

我国第一台大型电影经纬仪研制成功（1965 年）

问：150 工程技术难度相当大，又处于"文革"非常时期，艰难程度可以想象。请问这套光学外测系统是什么时候首次投入使用的？

答：是的，的确很不容易。150 工程的电影经纬仪，有近 4 米高，7 吨多重，由 1000 多个机件组装起来，有大量复杂的工艺技术难题。在研制过程中，我们设备研究所派出的数十位技术人员常年待在长春光机所，与所里的技术人员和工人一道工作，条件极其简陋、艰苦。

比方说，150 工程的望远镜，口径有 625 毫米，当时在国际上也是同类仪器之冠。加工制造这样大口径的光学镜片，以前没有人干过，光机所的几百名技术人员集思广益，凭借高超的技术，巧妙地利用 100 升的坩埚，浇铸出需用 400 升坩埚才能浇铸出来的直径 680 毫米的大块玻璃毛坯。然后，花了两个半月的时间，精心磨制出高精度的主反射镜玻璃，再采用多层镀膜的方法，使镜面反射率达到 94%，测角精度随机误差 15 秒。这很不简单啊。

经过艰苦努力，150 工程第一套大型光学外弹道测量设备在 1965 年底研制成功，1966 年 3 月运往基地 27 号测量站安装调试。好家伙，这台将近 4 米高的电影经纬仪立在试验现场，就像一尊大炮，与我们以前的测量设备一比，以前是"小米加步枪"，现在真的换"炮"了。

150 工程通过测量位置计算速度，精度可以达到 0.3 米／秒，很了不起。经过飞机飞行试验和导弹跟踪试验，我们取得了大量试验数据。使用结果表明，整个系统连接匹配，性能稳定可靠，作用距离大大超出了 150 公里，在光照条件好、大气能见度高的情况下甚至可以达到 480 公里，技术指标优于设计值，满足了中程地地导弹试验的测量要求。

150 工程研制成功，使我国光学测量技术向前迈进了一大步，在性能上也达到了世界先进水平，赶上了美国，远超苏联，开创了我国自主研制大型光学测量设备的历史。150 工程培养了一批研制光学设备的技术人员，是一项很了不起的成就。

3.2　我算了算，
　　提出了"3站4台"方案

问：很多航天发展的图书中都提到当年150工程设备布点，您为测量点设计了"3站4台"布站方案，它的优点是什么？

答：戈壁滩自然条件十分恶劣，建一个测量站是很麻烦的事，需要投入大量的人力物力，建造时间又很长，建起来后还要配置很多人员维护和操作设备。因此，测量点的选址和布站首先要满足新型导弹试验要求，其次要尽可能节省国家的财力物力，还要考虑建设周期的长短。

150工程外测设备按照国防科委确定的计划生产4台。按照常规思路，4台设备应该布4个测量站点，最初的布站方案也是这么设计的。后来我算了算，提出了一个"3站4台"的布站方案，就是把4台设备放在3个站上，中间两个，然后两边各一个。这样就可以少建一个站，能省不少经费，但前提条件是保证计算准确，能满足导弹试验的要求。

我在设计方案时再三考虑，把"3站4台"布站的精度结果也算了出来，证明这种布局完全能够满足中程导弹试验关机点测速精度的要求，和4站4台没有太大区别，整个测量的基线数也少了一条。

我与王大珩先生专门讨论了测量点"3站4台"的布站方案，他认为可行，基地领导也认可，这样就定下来了。所以最后布站方案从原来的4站4台改成了3站4台。

问：150 工程第一套外测系统布置在 27 号测量站上，听说，设备在运输过程中碰到了困难？

答：是的，运输是个大问题。我记得 150 工程第一台大型光学外测设备是在 1966 年 3 月运到 27 号测量站安装的。

这么大的设备怎么运到基地 27 号测量站是个大难题。1966 年 3 月，按照 150 工程第四次设计师会议的要求，各分系统都已通过铁路陆续运往东风场区 10 号地区，然后经公路运到 27 号测量站。可是，150 工程主体设备电影经纬仪重达数吨，高近 4 米，这样大型的设备由上千个部件组成，既贵重又"娇气"，由铁路运抵 10 号地区后，改由公路运输时碰到了大难题。

从东风场区 10 号地区到 27 号测量站的公路是一条没有经过正规修筑的"搓板路"，精密的光学设备在这种路面上行驶难免会被震坏。随车押运的长春光机所的技术人员看到这个状况，不同意继续行驶，仪器拖车只好孤独地停在公路旁。怎么办呢？只能把路面填平再走。这时由傅茂顺带队，组了一支队伍，除了由大卡车、牵引车、仪器拖车组成的车队，另外再有三四十人，带上工具，在车队前开路，遇到坑洼不平的地方，就停下来修整路面。就这样走走停停、停停走走，风餐露宿，第一天只走了约 30 公里，110 多公里的路程竟然走了三天才走完，最后把设备安全无损地运到了 27 号测量站。

安装好后，设备要进行调试、鉴定。那时正是戈壁滩最炎热的酷暑季节，白天正午地面温度高达 60 摄氏度，石板上可以烤熟鸡蛋。27 号测量站的山坡上也是热浪滚滚，离地面有几米高的地方，气温也有 40 多摄氏度。周边又没有一棵遮阳的树，虽然石板泉有一口井，但水不能喝，饮用水要靠汽车跑110公里从东风10号地区拉过来，真是滴水如油啊。

27号测量站的官兵和长春光机所、设备研究所、基地航测处、通信处以及四机部、七机部等单位数百名参试人员就在这种非常恶劣的环境下，冒着酷暑，顶着烈日，忍着饥渴工作。

问：听说，150工程第二台外测设备千里迢迢从东北运往基地的过程中，发生的故事更离奇曲折？

答：那是在非常时期。大概在1967年初，正是"造反派"斗争最激烈的时候，长春光机所那时已经没有多少人在上班了，大家都在"闹革命""打派仗"，工厂基本上已停工停产，也只有少数安装调试第二台150光学电影经纬仪的技术员和工人在坚持上班。基地领导很焦急：这不是要大大影响工程进度，要耽误导弹试验任务吗？没办法，基地设备研究所就不断地派人跑到长春光机所，到厂里坐镇，抓紧150设备的生产进度。光机所是长春市唯一受军队保护的单位。

可是，东北长春那一带，在"文革"中受到很大干扰，工作很难正常开展。我们派去的技术人员住在当地一家军队招待所，离长春光机所还有一段距离，对面是一所航空学校。我们的同志每天去工厂，必须路过一段开阔地带，而此地恰恰是"造反派"武斗最凶的地方。我们的同志每天都要猫着腰，溜进光机所的车间。有一次，我们去长春光机所出差，正是"打派仗"最厉害的时候，两派闹得不可开交。中午我们在食堂吃饭，他们所长、书记——是王大珩先生的后任——吃饭是戴着高帽子进来的，见了我直点头打招呼："你好，你好。"这个场面，真弄得我们哭笑不得。

150 这套设备好不容易生产装配完，可铁路运输又碰到困难，当时铁路运输已不能正常运营。为了把 150 设备安全运到导弹试验基地，基地有关部门绞尽脑汁，想了很多办法都行不通，最后只好派人去北京，找国防科委和国防部办理特别通行证，这封国防部部长签署的国防部特别通行证上，写着醒目的大字：此车运输绝密军品，任何人不得破坏，违者严处。这样，150 设备才由军队一路押送运到了基地。

150 工程的第一台外测光学设备在 1966 年 10 月 27 日导弹和原子弹两弹结合试验中首次使用。同年 12 月，又用于东风三号中程导弹的首发试验，获得了主动飞行段弹道参数。

在此后近十年的时间里，150 设备一直是导弹试验主动段弹道测量的主力。但是 150 设备毕竟是我国 20 世纪 60 年代前期的第一代靶场光学测量仪器，由于条件和任务的变迁，27 号测量站的 150 光学设备已经完成了历史使命，退出现役。它是我国导弹航天测控事业发展的一个里程碑，有着不可磨灭的功绩。

问：继 150 工程之后，我们国家靶场光学测量设备有哪些新发展？哪些关键技术有突破？

答：继 150 工程之后，我们国家又研制了 160、G179、718、331 等一系列型号光学外弹道测量设备，有将近 20 种。不光是外弹道测量设备，还有飞行实况记录设备、物理特性测量设备等。可以说，我们国家自主研制靶场测控设备，就是从 150 工程起步的。

光学外弹道测量设备小型化和可移动是其中一个发展趋势。比如 160 电影经纬仪，代号 160 工程，是在我们基地与海军试验基地、常规兵器试验基地等单位联合组织协调下开发的。它的口径就比 150 设备小了很多，只有 220 毫米，虽然测量精度没那么高，但是具备了体积小、重量轻、可装车运输、使用时可落地的特点，在机动性和精度之间取得了很好的折中。160 电影经纬仪于 1971 年完成样机鉴定，先后生产了 60 多套，非常受欢迎，成为各基地使用最多的一种光学测量设备。

718 是测量船上使用的激光红外电视电影经纬仪。因为海上再入目标很小，所以口径需要大一些。再有就是记录飞行实况的光学记录设备还是要用大一些的口径，剩下其他的基本上都是往小里头做了。

测量数据计算也数字化了。最早光学设备都是模拟编码，就是读数的，后来我们把数字化技术用进去，就变成了数字化输出，这也是光学设备发展的一个方向。

光学测量设备的跟踪方式也慢慢地从人工跟踪变成了自动跟踪。因为导弹喷火，本身有很强的红外特性，所以我们就发展了红外自动跟踪技术。

后来，光学设备已经不单纯用于测角，还可以激光测距。但是激光测距的效果实际上并不是很好，一直到现在都不太行。因为激光测距对反射体要求很高，常常对不准，所以实践当中作用发挥得并不是很好。最终，高精度测量还是以无线电测量设备为主。

问：当时的通信系统研制到了什么样的阶段？

答：通信系统的建设结束了依靠国外系统设备的历史。为了满足中程导弹试验的需要，基地对通信系统进行了全面扩建，增设了明线及电缆线路，使区域通信网络大大扩展。

1960 年以后，苏制时统设备所需器件断绝来源，导弹试验时只能限时开机。什么叫时统？就是时间统一系统，苏联人叫时统，美国人叫定时系统。这是一种导弹和卫星试验都要用到的特殊设备。

导弹和卫星发射试验是在整个国土甚至全球范围进行的，飞行速度之快，航程之远，需要若干地面观测站对其实施跟踪、测量。这就需要把各个测控站的测控设备和计算机统一调整到一个时间基准上，自发射那一刻起，以毫秒为单位，在一个同步的时间基准上进行测量，这样才能保证试验数据的精确性。导弹和卫星试验不像常规武器试验那样可以打很多发子弹或炮弹，最后来统计命中目标的概率。发射导弹和卫星试验的投入太大，所以只能通过一次或多次试验获取尽可能多的数据。因此，试验中数据测量的精度至关重要。雷达、光学设备的精度再高，如果没有高精度的时间同步，试验所获得的数据将毫无意义。因此，时统是测控系统的一个重要设备。

由于苏联断绝提供时统设备所需器件，为了改变这种被动局面，并与 150、160 型光学测量系统相配套，十院 17 所等单位先后研制了 150 时统和 160 时统。与苏制时统相比，频率稳定度提高了近两个数量级，基地内部各测量站之间的时间同步精度有了很大的提高，从此结束了依靠国外时统设备的历史。

与此同时，由于测量站、测量设备的增多，基地对调度指挥系统进行了改建，由单级指挥发展成分级指挥，指挥体制也更加合理。

3.3　20基地要防止苏联来，要逐步搬家

问：中程导弹研制上马之后，为什么中央提出要在"三线"建设新试验靶场？所谓"三线"是指什么？

答：之所以要建新的靶场，是因为东风三号、东风四号导弹的射程进一步增加。东风三号导弹的最大射程达到2800公里，而东风四号导弹的设计射程为4000公里至5000公里。老20基地的靶场设在西北，落区设在新疆的西部，这个距离已经满足不了导弹全程试验的要求，发射点只好不断往后挪动，从西北移到华北，从华北又后退到东北，这就需要建新靶场。

新靶场的选址，首先是要满足中程、中远程导弹全程试验的要求，此外，也不可避免地受到了特殊历史时期、国内外特殊政治环境的影响。

当时国际局势严峻，苏联在我边境陈兵，中苏关系很紧张，而美国不断扩大在越南的战争。"三线"建设就是在这样的形势下提出的一次战略大调整。1965年4月12日，中央提出以战备

为指导思想的战略方针，把国家生产力布局由东向西转移，重点是西南、西北地区。因此，从20世纪60年代中期开始，在中西部地区进行了一场大规模的"三线"建设，大量科研单位、军工企业都要向"三线"地区搬迁，为打仗做准备。

老20基地靠近中蒙边境，离苏联太近，打起仗来会第一时间受到冲击。1966年3月，杨成武代总参谋长向毛泽东等中央领导汇报战备工作，毛主席说：20基地要防止苏联来，要逐步搬家。根据毛主席的指示，中央领导当即指示基地，要逐渐搬家，要分散。国防科委根据中央的精神，决定基地负责在"三线"勘选新的试验靶场，与东风三号导弹全程试验靶场一并考虑。

基地工程师室解散后，我又回到航测处担任副处长。勘选"三线"靶场是我回去后参加的第一项重大任务。

问：建设新试验靶场，选址是第一位任务。在"三线"建新靶场有什么特殊要求呢？

答：根据中央的指示精神，新靶场要"靠山、隐蔽、分散"，避开靠近苏联的"三北"地区，选点要向后靠，可以考虑长白山、吕梁山、太行山等区域。

1966年5月29日，勘察组正式成立，配备了一架苏联的米-4直升机和一架国产的直-5直升机。勘察组由基地张贻祥副司令带队，成员主要来自国防科委机关、基地，以及七机部和工程兵设计院等单位。我和王永志就是在勘察组认识的。王永志是七机部一院一部做总体工作的，我是基地做航测的，勘察组的技术干部就我们两人。这次勘察，技术上的问题主要由我俩负责，走到哪里，行不行，也是我俩拍板，提出建议，写简报。

载人航天工程上马之后，王永志和我又在一起合作。他是一位很优秀的火箭设计专家，先后担任过运载火箭系列总设计师和地地导弹系列总设计师，也是载人航天工程的总设计师。他是辽宁省昌图县人，先在清华大学航空系读书，1952年，全国高校院系调整，清华大学航空系被并入北京航空学院，也就是现在的北京航空航天大学；后留苏，1961年从莫斯科航空学院一毕业，就回国投身于第一枚火箭设计和研发事业。

这一路，我们是从东北开始勘察，然后是陕西和山西，勘察完了山西去青海，勘察完了青海去新疆喀什，转了一大圈，从东北一直跑到大西北，把全国大部分地区都跑遍了。

问: 跑了全国大半个地区，这次勘察选址顺利吗? 勘察过程有危险吗?

答: 勘察选址当然艰苦啊。要说"危险"，地面勘察，空中勘察，什么地形都有，什么气候情况都可能会遇上，说句老实话，谁都不敢打包票一点交通事故或飞机事故都不出。所以回想起来，那时也是提心吊胆的，飞机遇上气流时颠簸剧烈，但也必须这样干。

有一次，直升机差点就撞到山头上了。那是在山西吧，我们五六个人在机上，我在领航那个位置坐着，结果那直升机呼呼地，眼看就要碰上了，一看不对劲，我就赶紧喊"快拔高!""快拔高!"。拔高到了山顶以上就安全了。驾驶员他们也是好意，为了让我们看得清楚，一般都飞得比较低，低了那周围就全都是山。

到了地方上，比如说在新疆，我们在沙漠里跑，用的都是嘎斯 69 越野车。在沙漠地带，"捂车"是经常发生的事。"捂车"就是车轮陷到沙里头，拉不出来了。全靠当地的群众，老百姓给了我们很大的支持。维吾尔族老百姓是很可爱的，只要一"捂车"，附近的维吾尔族老乡全跑来了，很多人围在一起，帮我们把车从沙窝子里抬出来。

有一次还挺有意思的。在东北勘察完了，我们先到北京汇报，再从北京到东风。我们好多人的家就在东风基地。飞机落在 14 号机场，当时不知谁说了一句，"我们回家去换换衣服吧"，就是想回家去看看，出来快两个月了。张贻祥副司令说："不行，飞机不落 14 号，落酒泉。"后来大家就劝他说，还是 14 号吧，是自己的基地。张副司令说："好，要衣服，就通知你们家属送来。"当然这是些小事，其实张副司令是非常好的一个人。

问：后来，新靶场为什么确定在山西岢岚呢？

答：那实际上也是歪打正着。1966 年 6 月中旬，勘察组到达太原，对山西进行重点勘察。我们先乘伊尔－14 飞机在空中察看了几次，然后乘直升机详细察看，最后换汽车加步行在地面勘察。

跑到山西，一开始我们想选在五台山。谁知，山西省委说不行，五台山是"小三线"，你们不能去。我就想在晋东南选一个地方，可到了晋东南，山西省委说也不行，那里也有安排。其实，山西省委是希望我们到晋西北金沙滩那块去。我们到那儿一看，连个人都见不到，根本没有社会依托。我们就准备从岢岚往南走，就是叶挺将军飞机失事的黑茶山再过去一点儿，也就是晋西南，相对富裕一点，我们想去那儿选个点儿。

在勘察完岢岚以后，我们给国防科委写了一个简报，主要是报告工作进度，并不是说就要选择在岢岚，结果那个简报到了国防科委，不知怎么又到了军委办事组，那些老帅们一看，说，"这是老根据地，好啊，就在那儿啦"。说"歪打正着"，是因为选定岢岚既不是基地的意见，也不是勘察组的意见，而是军委办事组的老帅们一看，那里是革命老根据地，群众基础好，地多人少，是个好地方。兴县和岢岚都属于晋察冀老根据地，贺龙、聂荣臻元帅他们都曾经在那里战斗过，对那里很有感情。所以勘察完岢岚后，25 基地这个点就这么定下来了。

问: 岢岚位于崇山峻岭之中，要建造一座新的试验发射场，一定很艰难吧?

答: 不光艰难，时间也很紧迫。1966 年 11 月，中央军委正式批准在山西岢岚建设"三线"地地导弹试验靶场——华北导弹试验场，并要求由 20 基地负责，争取在 1968 年完成导弹发射的一切地面设施建设。用来建设的时间不到两年。

华北导弹试验场当时叫西北综合导弹试验基地第一工区，代号 3201 工程。试验场位于山西省太原市西北岢岚县高原地区，离太原市有 280 多公里，处于黄土高原深处，高山丘陵和山区交错，从地形上说，是个绝好的导弹发射场址。

岢岚地处温带，海拔 1500 米左右，岢岚河从旁边流过，其东部、南部、北部三面环山，西边是黄河，高原丘陵交错，地理地势险要，自古就是兵家必争之地。

1967年4月动工兴建新基地。3月初，一支上千人的队伍就从东风基地秘密出发，坐着军列去往山西。部队到了黄土高原的山沟里，没有营房，只能分散居住在周边老百姓家里。到了1968年前后，基地又从安徽、陕西等地接来了3000多名新兵，还分配来了28名大学生。

山沟里树木很少，道路弯曲、坡度大，河沟水道纵横却没有桥梁，导弹根本无法运进来。所以第一要务就是修路架桥。到了1968年的上半年，整修了公路，架设了桥梁，还修了一段专用铁路及卸载导弹和物资的站台。

当地很穷。几千人的部队在这里生活，一切都从零开始，要架电线、挖水井、建宿舍、盖食堂、垒院墙、铺操场、建机房、掏菜窖……劳动强度很大，吃的大多是玉米面、小米饭，吃不到细粮和蔬菜，部队还自己开垦荒地，种一些土豆、包心菜、胡萝卜之类。平时很难吃上细粮，如果哪一天吃顿大米饭，对于很多来自南方的官兵来说，就像是过年了。又因为受特殊时期的影响，工程也是时停时开。好在这里是老区，老百姓思想觉悟高，部队有什么困难，地方上都全力支持。

问：岢岚新靶场建成之后，测量队伍也是从东风基地调过来的吗？东风三号全程飞行试验也在那儿打吗？

答： 1968年1月，3201工程由基地第一工区扩编为基地第五试验部。

新靶场初步建成于 1968 年 10 月，导弹试验场用于保证东风三号导弹（定型测试）全程飞行试验的重点配套工程全部竣工。但由于当时测量点尚未建成，测量队伍也正在组建过程中，测量任务只好从东风场区抽调人员和设备来完成。在此之前，从基地一部调来的发射试验分队已到齐，与工区参试人员一起筹备发射前的各项准备工作。

1968 年 12 月 18 日 18 时 22 分，在新靶场进行的东风三号导弹首次全程飞行试验，一举成功。

1970 年初，基地又开始二期工程建设，主要是建设大型的发射地面及地下设施，工程十分浩大。1975 年 9 月，中央军委决定将其扩编为华北导弹试验基地，以第五试验部为基础，扩编成了第 25 试验训练基地。1976 年 1 月，25 基地归国防科委直接领导。

东风三号导弹发射（1968 年）

28 基地东北那个点我们这次也去看过，但是最后确定是东风四号全程试验那会儿。因为东风四号射程是 4000 公里，从东风、岢岚打，射程都不够。只有选在东北，往叶城方向差不多4000 公里。可以说，28 基地就是为东风四号中远程导弹全程飞行试验建的，这个基地只打了东风四号全程，到了 1985 年百万大裁军的时候，28 基地就撤销了。

3.4　创造了这辈子加班熬夜的纪录

问：射程更远的中远程导弹是 1965 年开始研制的，东风四号导弹的试验，对测量系统的精度要求是不是更高了？

答：是的。东风三号导弹的研制成功是我国导弹技术走向成熟的一个重要标志，也是导弹技术发展历程的一个里程碑，为远程洲际导弹研制打下了基础。东风四号的研制射程是 4000 多公里，属于中远程导弹。这是一个更新更高的目标。

1963 年的时候，国防科技十年规划里提出了地地导弹第二阶段的发展途径：以发展多级火箭为中心，研制出洲际导弹。

1965 年 3 月，国防部五院制定了《地地导弹发展规划》，即"八年四弹"规划。按照这一规划，1965 年到 1972 年 8 月期间，计划先后研制出四种型号的地地战略导弹，即东风二号甲中近程导弹、东风三号中程导弹、东风四号中远程导弹和东风五号远程导弹。其中规定中远程导弹采用两级布局，用东风三号作为第一级，第二级采用单管发动机加高空喷管。同时还提出了中远程导弹的射程、精度等战术技术指标。

中央专委会第十一次会议原则批准了这个规划，要求中远程导弹于 1969 年开始进行飞行试验，1971 年定型。而且，东风五号远程导弹的研制当时也在规划中了。

东风四号是我国第一种两级液体战略中远程导弹，具有承上启下的作用。导弹飞行距离更远，测量精度要求就更高，试验要求关机点测速精度达到 0.2 米/秒。这样高的精度，显然光学测量设备做不到。同时，光学测量设备也无法满足中远程导弹试验对靶场以及航区安控的要求。因此，必须建立以无线电设备为主体、光学设备相配合的测控体系。

问：光学测量设备为什么不能满足东风四号中远程导弹试射的要求？

答：东风三号导弹以前的发射试验，做外弹道测量时，我们使用的都是光学测量设备。150 工程研制的外测设备就是光学设备，速度精度可以达到 0.3 米/秒。光学外测设备有精度高、可靠性好、能记录直观影像的优点。它也有局限性：一是作用距离近，容易受不利天气条件的影响；二是不能直接测速，难以满足导弹关机点测速精度的要求。当时的光学测量设备还不能实时输出测量数据，无法为安全系统提供判断信息。

东风四号中远程导弹射程较远，超过了 4000 公里，比东风三号的射程远得多，而且关机点测速精度要达到 0.2 米/秒。距离远了之后，光学系统的散布太大，精度达不到要求。更重要的是，导弹试验的安全控制要求极为严格。而无线电外弹道测量系统就具备这些优点，它的作用距离远，测试精度高，实测数据便于计算机自动化处理，而且不受不利天气条件限制。因此，根据东风四号发射试验的安控要求，上马以无线电外弹道测量设备为主体、光学测量设备相配合的新的测控体系，是一项迫在眉睫、势在必行的任务。

1964 年 11 月和 1965 年 3 月，基地先后两次向国防科委提出研制无线电外弹道测量系统和靶场飞行安控系统的申请。

1965 年 3 月，中央专委会原则同意了研制远程洲际导弹的计划，下达了主要战术指标要求和时间要求。同年 6 月 8 日，国防工办、国防科委联合给四机部下达了研制无线电外弹道测量设备和靶场飞行安控系统的任务，代号为 154 工程。国防科委要求基地积极参与工程研制工作，在研制过程中要做到使用、科研、生产三结合，以确保这项工程于 1969 年交付使用。

154 工程由四机部十院十九所负责抓总，十院 10 所、14 所、15 所、17 所、19 所以及清华大学参与研制，19 所总工程师魏鸣一担任总设计师。1965 年 10 月，19 所成立外测总体室，由 19 所和基地测量设备研究所有关人员组成，下设四个专业组。相比 150 工程，投入的研制力量大大增加。测量设备研究所组成了有 21 人参加的 154 工程队，分赴各研制单位工作。

问：研制我国第一套无线电外弹道测量系统的难度体现在哪些方面？此前有基础吗？

答： 154 工程的无线电外弹道测控系统是个系统工程，技术指标和要求非常复杂，研发难度也很大。当时全连续波体制还存在技术上解决不了的问题。

20世纪60年代初，美苏两个超级大国尽管已经有了精度比较高、功能也比较齐全的无线电外弹道测控设备，但是他们这方面的技术开发也处在发展的初级阶段，技术封锁很严。我国在靶场无线电外测设备研制方面，基本上处于空白状态，同时154工程的波段又选在国内还没开发的C波段上，关键元器件、专用设备都需要重新研制，测试仪器仪表短缺，一切工作都要从头开始，完成154工程的难度的确很大。

在此之前，国内几家单位曾就无线电外弹道测控系统开展过一些研究。1962年，国防部五院一分院704研究所二室无线电组在组长刘志魁的带领下，开展了153工程的研究，论证了无线电外弹道测量的途径，提出了单站连续波测速系统的原理和方案，但该项目后因组织机构调整而下马了。

1963年5月，国防部第十研究院对研制无线电外弹道测控系统的可行性进行调研和初期的研究，工程代号410，主要探索中程导弹主动段测量速度和位置的连续波方案，编写出《410系统总体方案初步设想报告》，提出了20多个关键专题。后因其他国防工程的需要，承担410工程的科研人员转入别的科研项目，研制工作也中止了。这些前期的研究工作都为154工程做了有益的技术储备。

问: 听说当年在国防科委召开的我国战略武器发展规划会议期间, 您曾起草了一份基地测控系统研发的七年规划? 规划中有无线电外测方面内容吗?

答: 那是 1965 年 6 月, 国防科委在北京京西宾馆召开了一次国家战略武器发展规划会议, 讨论七机部提出的导弹型号七年规划。我奉命随李福泽司令到北京参加了这次会议。

这次会议开了差不多两个月, 快结束时, 国防科委要求基地也出一个发展规划, 和七机部的规划配套。李福泽司令对我说: "基地七年规划稿由你负责, 限你三天, 把这规划稿给我写出来。" 李司令布置完任务又说: "我回家啦, 你那个屋子挤, 我这屋子有个大写字台, 你就在我这儿写, 三天交卷。" 李司令把他住的套间留给了我, 还从抽屉里拿出一条烟, 说写东西离不了这玩意儿。

测控系统的发展建设是规划中的一部分, 不仅有无线电测量, 还包括了光学测量、导弹靶场测量船以及计算机的研制部署规划。

问: 当时手头上有材料吗? 基地七年规划主要有哪些内容?

答: 按照国防科委领导的要求, 基地的七年规划, 要根据七机部的型号发展要求来写, 要规划基地的任务安排、靶场布局以及测控系统的建设。

来北京开会前, 事先没通知, 手头什么资料都没有, 只能凭着平时看的资料以及掌握的情况来写。基地的任务主要分成两大块: 一是试验发射, 二是测控通信。好在我从 1959 年到基地参加工作，一晃已经过去六年多了，对基地的情况比较熟悉，尤其是测控这一块。因为我是干测控这一行的，平时对测控系统今后该怎样发展，往哪个方向发展，也一直在思考。

从接受任务那一刻起，我把自己关在屋子里连续写了两天两夜加一个上午，将近 60 小时没合眼，创造了这辈子加班熬夜的纪录，硬着头皮把这份规划给写出来了。

这份规划中包括了靶场布局和测控系统建设。在测控系统建设这块，主要考虑了靶场无线电测量、光学测量、导弹靶场测量船以及计算机的研制部署规划。后来的 154 工程，就是无线电测量系统，157 工程是连续波测速定位系统。再后来的类似 160 工程这样的光学设备，包括光学数字化输出、测量船等，这些东西在七年规划里都有反映，后来测控系统的发展建设也基本上是按这个思路往下进行的。

写完了以后，我就请李司令来，向他做口头汇报。汇报完，李司令说：那你就交吧。基地的七年规划就这样报上去了。

这个规划对基地的后续建设起了很大的作用，满足了近期导弹测控任务的需求，也为后续发展描绘了蓝图。但说句老实话，那确实是闭门造车，亏得我这个人平时喜欢看点东西，包括一些国外的动态资料，看了不少，加上自己有些想法，要不然没法儿写。三天时间写基地的七年规划，谈何容易。

这项工作给我留下的印象特别深，至今记忆犹新。这也算是我当年干的一件比较有水平的事儿吧。

问：七年规划中提到了无线电测量系统的设想，与154工程可谓不谋而合。这项工程研发难度大，是如何实施的呢？

答：154工程，我们的理想目标是建设一个无线电全连续波的系统，但技术难度很大。当时19所在石家庄，1965年8月，在石家庄召开了工程启动后的第一次总设计师会议，研究154工程的概貌、各分系统的主要任务及其相互关系，并对测量体制进行了重点研究。会上大家形成一个共识：要保证远程导弹试验高精度测量，必须研制无线电连续波测速定位系统。

1965年12月，国防科委科技部在北京召开有154工程研制单位和试验基地参加的第一次工程会议。我们基地派了周生珣去参加。周生珣是位女同志，很泼辣，也很能干，担任154工程的副总师。周生珣去参加会议之前，我交代她说，如果全连续波实在不行，可以考虑单脉冲雷达定位，上马比较快。

结果工程会议上技术方案一直确定不下来，周生珣就把我说的那个方案抛了出去。这样一来，压力减轻了不少，所以就按这个方案定下来了。这实际上也是一个无奈之举，因为当时的无线电技术达不到全连续波的要求。

会议对外测任务、精度要求、技术储备和进度安排进行了认真讨论，最终决定从当时的实际出发，确定154工程的研制工作分两步走的战略决策：第一步，采用连续波短基线干涉仪测速、单脉冲雷达定位的混合体制，从1965年起，用三年时间研制出中精度的154一期工程，实现实时引导、实时控制，填补我国无线电外弹道测量系统的空白，满足东风四号中程导弹飞行

东方红一号卫星（1970年）

试验和第一颗人造卫星发射任务实现信息实时传输的测控要求；第二步，采用全连续波测速定位体制，从1967年起，用四年时间研制出高精度的154二期工程，满足东风五号远程导弹全程飞行试验的测控要求。

154工程技术系统复杂，研制难度和联调难度都非常大。在使用中不断改进，从工程启动到一套站成功，跨度有十年。

"两步走"的安排，为系统研发工作赢得了时间，保证了我国自主研发的第一套无线电外弹道测控系统如期参与东方红一号卫星发射测控任务。所以，第一套完整的测控系统是从154一期工程开始的，计算机、通信、数传这些技术和设备的研制也都逐步发展起来。

问：东风二号首射失败后，您曾提出要建靶场飞行安控系统，那么射程更远的东风四号飞行试验，安控问题是不是更严峻呢？

答：我国早期的导弹试验靶场没有安控系统，那时我也不了解这个系统的重要性。前期在中近程导弹试验时，只是在横偏校正设备上附加一个安全的F3频率，当导弹出现故障并判断可能危及场区安全时，由地面发出指令，通过F3将故障弹在空中炸毁。当年东风二号首次发射失败的那个场景是非常危险的。

到了东风四号导弹试验，它的理论射程应该达到5000多公里。这么远的射程，在我国本土无法进行全程飞行试验。无论从国内哪个地方打，导弹都要飞到国外去。开始曾一度考虑从东北打到西藏，但西藏受地形限制，弹头无法回收，也就无法确定精度，最后只好采用高弹道和低弹道两种试验方法，我们称之为准全程弹道试验，分别从东风导弹试验基地和东北某地，往新疆的叶城或民丰一带打。

但是，这种准全程弹道试验方法又带来另外一个问题。从东北往新疆方向打，稍有不慎，导弹就可能飞到国外去，而且整个航线要经过沈阳、抚顺等11个大中城市的上空，如有差错，就会危及这些城市的安全。

当初在154工程的方案论证中，专家们提出，为了确保故障弹不超程落到国外、保护航线所经城市的安全，必须研发新的安控系统，并对靶场飞行安全系统的质量和可靠性提出了极为严格的要求。

问: 那么在154一期工程的研发过程中，安控系统是怎么设计的?

答: 1965年3月，基地在给国防科委的报告中提出了建立靶场安控系统的申请。国防科委很快批了，也将其列入154一期工程中。

154 一期工程安全控制系统由 108 乙计算机、记录显示设备、安全控制台、指令编码器和弹上指令接收机、译码器等设备仪器组成。

计算机根据弹道测量系统送来的导弹飞行瞬时位置和速度等信息，实时计算并预示出导弹在飞行此时中断推力可能的落点位置。如果导弹飞行偏离航线安全管道，即可发出指令将导弹在空中自毁，保护航线下面大中城市、重要设施的安全，防止导弹因超程而发生涉外事件。

154 一期工程的安控软件是我们与四机部有关厂所共同研发的，也是我国首次把计算机技术用于靶场实时安全控制系统。这是一个很大的进步，可以说，发展中的航天测量系统，从早期单纯的靶场测量进入了测量与控制的时代。

问：154 工程如何做到实时安控？您曾经说过，108 乙计算机功不可没，108 乙计算机起到了什么作用？

答：154 一期工程实现实时安控，108 乙计算机的确功不可没。因为要做到实时安控，首先计算机需要实时计算出导弹每一时刻的落点位置，没有高速运算的计算机，根本做不到。当时基地仅有的一台计算机是从苏联进口的乌拉尔计算机，运算速度是 100 次/秒，还是以磁鼓作为主存、穿孔纸带作为输入的，用于事后数据处理还行，做不到实时计算。

当时，我国计算机技术与国际先进水平还有很大差距。四机部十院 15 所与四机部国营 738 厂从 1964 年 3 月 4 日接受研制任务，通力合作，到 1965 年 12 月 3 日制造出第一台 108 乙计

108 乙计算机（1965 年）

算机样机，只用了一年零九个月的时间。108 乙计算机平均浮点运算速度达 6 万次 / 秒，非常了不起，这才使实时测控从概念变成了现实。

108 乙计算机的设计思路和理念对我国计算机技术的发展具有重大影响，其性能与国际水平也很接近，甚至说毫不逊色。108 乙计算机的中继技术非常领先，数十年后推出的第一代微型计算机的系统结构也不过如此。108 乙计算机还是第一台采用双机热备份的方式来提高可靠性的计算机。

108 乙计算机是我国首台量产的计算机，共生产了 160 台，在我国第二代计算机中生产批量最大，应用到了国民经济各个领域，包括工业、农业、教育、科研、国防等方面。在长达十几年的时间里，108 乙计算机一直是可靠性、实用性、性价比最高的通用计算机，这也充分体现出测控技术进步对科技发展的贡献以及对国民经济发展的促进作用。

可以说，如果没有108乙计算机，154系统也不可能实现实时计算，首发东风四号中远程导弹飞行试验失败时，要找到导弹残骸就没那么容易了。

到了1970年东方红一号卫星发射的时候，原定的717计算机无法按时到位，基地决定采用108乙计算机作为卫星发射的代中心计算机，所以108乙计算机也是我国首颗卫星发射任务圆满完成的基础，在我国航天事业的起步阶段做出了历史性的贡献。

3.5 东风四号首发，
　　"154"初战告捷

问：154工程方案定下后，正赶上动乱年代，基地采取了哪些措施来保障研制工作正常进行？有哪些事给您留下深刻印象？

答：是的，154论证方案定下后不到半年，"文革"就发动了，工程研制受到了严重影响，一些干部和技术人员挨批挨斗，抬不起头来，参加研制的一些单位和机关也受到冲击，研制工作陷入瘫痪。但是他们还是顶着种种压力，在十分艰难的条件下，坚持把研制工作继续进行下去。

我讲个故事，说明当时研制工作有多艰难。154工程上马不久，为了减少动乱对正常生产的影响，参加无线电外测设备研制

的科研人员全部被拉到石家庄的研究所，与所里的技术人员和工人住在一起，组成一个系统联合总体所。在石家庄工作时，他们全睡上下铺，吃的是窝窝团。冬季每人只发一套军装，而且只有棉袄、棉裤，没有罩衣，到冬天一穿起来就没有换的，一个冬天下来，棉衣像铁打的一样，油渍渍、黑乎乎的，脱下来都能立在那儿。154 工程瞄准的是东风四号导弹的外弹道测量，我们没干过，任务很紧迫，大家心里十分清楚。无论是研究设备的，还是研究系统总体的，夜里不到 12 点，都没有睡觉的。领导不是要你去加班，而是劝你早点休息。

为了减少动乱对工程研制进度的影响，1967 年 1 月 24 日，中央军委专门对基地下达了指示：不搞"四大"，坚持正面教育。1967 年 4 月，国防科委成立了 154 工程办公室，基地做了大量的组织协调工作，保障部队的稳定和正常指挥。各单位的科研人员也在极度困难的情况下，排除各种干扰，用了不到三年的时间就按计划完成了 154 一期工程各分系统的研制任务。

问：据说，154 设备在 28 号站安装调试花了很长时间，这是为什么呢？那儿的工作环境特别恶劣吗？

答：当年国家在涉及尖端武器研制的半导体无线电方面基础薄弱，绝大部分元器件性能不稳定，这给设备研制和现场安装调试带来了极大的困难。自 1968 年 4 月起，154 一期工程的设备陆续运往基地 28 号站，前后进行了一年多的安装、调试和校飞工作，最终按计划赶上了东风四号导弹飞行试验以及东方红一号卫星的发射，圆满完成了测控任务。

154一期工程原来就是为试验东风四号中远程导弹上马的。工程研制的参加单位多达数十家，"文革"时期，各个分系统技术指标协调很困难，负责总体设计的同志只好整天在全国到处跑。非常时期，各地的交通运输全乱了，停车误点是常有的事，给出行带来很多困难。

本来一项产品的研制，首先应该分机试验、整机试验，一步一步安装调试好，经过鉴定合格后才能出厂使用。154工程生不逢时，"文革"把这套科研生产正常步骤全搞乱了，哪有时间组装调试。为了不耽误时间，技术人员只好提前进场赶任务，把设备运到基地试验现场，在现场干安装调试，北京、石家庄、南京等地的十几家单位的科技人员，从大城市赶到试验基地。28号站距离东风10号场区有60多公里，自然环境和生活条件十分艰苦。工作多的时候，包括基地测量设备研究所的专家、技术人员，那儿得有几百号人。

大戈壁本来就是"天上无飞鸟，风吹石头跑"的荒滩，冬天生活环境更加恶劣。每天早晨起床一看，用汽车从场区拉来的水已经和桶冻成了一个大冰疙瘩，只好架起桶来烧，烧化一点，洗漱几个，轮流着来，非常麻烦。加上水来得太不容易，时间长了，大家也就自觉尽量少用水，寒风一吹，手和脸的皮肤粗糙开裂像干树皮一样，一个个都黑乎乎、脏兮兮的。从城市来到这里的女同志那真是受罪了。男男女女都像当地人一样头戴一顶狗皮帽，脚蹬一双大头鞋，身穿再生劳动布棉衣，干活时，随手拣一根捆设备的草绳往腰间一扎。

尽管场区生活那么苦，工作条件极差，但大家都干得很投入，没人打退堂鼓、当逃兵，都觉得在这里吃苦是干正事，有价值、有意义。

1969 年 11 月，东风四号导弹首发试验前，周总理在北京接见参加这次试验任务的领导干部和技术人员代表，听说总理听大家汇报当地艰苦工作生活的情况时，眼圈都红了。

问：154 一期工程设备首次用于东风四号飞行试验是什么时候？达到预期效果了吗？

答：154 一期工程的成果第一次试用，就给人留下了非常深刻的印象。

1969 年 11 月 16 日，首发东风四号中远程导弹短程飞行试验在 20 基地进行。东风四号导弹的最大设计射程达 5000 公里。七机部、20 基地等五家单位组成飞行试验论证工作组，提出的试验方案是先在东风场区进行几次短程飞行试验，考核导弹设计方案的合理性，再进行两次到三次全程飞行试验，综合利用航区上的测量设备，获取导弹飞行时的弹道参数。

这次东风四号导弹短程飞行试验意义很大，打成了，这种导弹将作为运载火箭的一级、二级，用于东方红一号卫星的发射。发射前，周总理专门听取发射有关情况的汇报，非常关心这次东风四号导弹飞行试验的安全问题，反复叮嘱：一定不能让导弹飞到国外去！

在临近发射试验前夕，154 一期工程有部分设备还没有完全调试好，达不到正式交付使用的要求。上级临时决定，154 一期工程先不参与这次任务。失去参与飞行试验任务的机会，大家都感到很难过。后来经过积极争取，上级决定让它作为非正式设备参与任务，测量工作由其他设备完成。

东风四号这次短程飞行试验没有成功，然而，靶场的测控系统在试验中发挥了它的作用，也证明了我们自行研制的154无线电外弹道测控系统是成功的。

问：东风四号飞行试验发生了什么情况？154工程"非正式设备"的定义是什么？为什么说它发挥了作用？

答：以"非正式设备"参与任务，就是允许跟踪，但不允许发出任何指令。154一期工程虽然是作为非正式设备上场，但是参加测试的同志们十分珍惜这次千载难逢的机会，仍严格认真地对待这次试飞试验，希望154工程能在非正式试验中一试身手。

东风四号导弹试验发射是在1969年11月16日，起初一切正常。导弹发射后，各测量站马上传回了"发现目标""跟踪正常""飞行正常"等一系列报告。

154设备所在的测控站离东风四号试验发射阵地100多公里，一般情况下，火箭起飞20多秒后，154设备才能跟上目标，而这次起飞18秒时，绘图板上的绘图笔就开始动了，绘出的实际飞行曲线紧紧靠近理论飞行曲线。这说明导弹飞行正常，154系统工作也很正常。

突变发生在导弹飞行至一级发动机关机点前后，安全控制室记录板上的时间－速度曲线没有按预期继续上升，同时落点预示曲线也不再向前延伸，而是停留在原地抖动，这表明导弹发生了故障。

飞行程序结束时，各站点已经响起庆祝发射成功的锣鼓声，但是落区却没有报告发现目标。钱学森副部长和李福泽司令都知道，导弹在飞行途中很可能出现了故障。

基地指挥部立即向上级报告了这一情况。周总理极为关注，电话指示要求迅速查明导弹落在何处。

如果是用光学测量系统的设备来追踪导弹落点，首先要把光学电影经纬仪的胶片冲洗出来、晾干，再计算和判断，至少需要两三天的时间，显然太长了。周总理一直守在电话机旁，总理办公室连打了好几次电话给国防科委领导，发射已过了几个小时，还不知道导弹掉在什么地方，要基地尽快查明报告。周总理是担心导弹飞到国外，会引发涉外事件。

问：最终导弹的位置是怎么找到的？是通过 154 系统的记录找到的吗？

答：按理说，只要 154 新系统工作正常，那么找到导弹残骸应该是没问题的。基地领导连夜开会研究如何尽快找到失踪的导弹，同时责令作试验陪衬的 154 测控站副站长李肇基和值守的何荣成等同志连夜坐车从 28 号站点赶到场部汇报。

李肇基和何荣成他们一到，马上进了会议室。会议室挤满了一屋子人，全都站着，钱副部长也来了。何荣成马上一边摊开资料，一边汇报，导弹是在一级关机点出现故障的，根据 154 工程安全控制系统的落点预示曲线，判断导弹应该落在离发射阵地大约 600 公里的地方，大约在新疆哈密的西北面一带。钱副部长听了，感到何荣成的汇报有理有据，他又问了一些问题，与何荣成讨论了半个多小时，很快计算出导弹的大概落点。

李司令一看钱副部长点了头，就转过身来对何荣成说，"把你刚才汇报的东西都写下来"，然后拿起何荣成写的那一页纸，急忙去给北京打电话汇报。

这边江萍副司令紧接着开始布置下一步工作。两小时后，基地用伊尔-14连夜送何荣成等四人往新疆哈密方向，按154系统记录显示的导弹可能落点的范围去搜索。

这一去，飞机在新疆上空接连转了三天，还是没找着。到了第四天下午，飞机降低了高度，才在预定搜索的地区发现了目标。后来地面搜索部队终于在新疆哈密的预测范围内搜索到了导弹残骸。之后，我们把光学电影经纬仪的测量结果和依据154系统数据计算显示的位置对比，落点位置相差不到10公里。

1970年4月24日，154工程又参与了我国第一颗东方红一号卫星运载火箭主动段测量，也圆满地完成了任务。

问：154一期工程首战告捷，为什么又启动了154二期工程？它与一期工程有什么区别？是什么时候完成的？

答：154二期工程是为鉴定东风五号远程导弹的制导系统而研制的，是一套中长基线干涉仪，也是154一期工程的延续。全连续波测速定位系统，当时叫长基线，其实基线长度也就只有30公里，因此需要接力测量才行。

研制中远程导弹和洲际地地导弹，是1963年3月20日中央专委会第十一次会议决定的。会议还确定了东风五号远程导弹在1970年试飞，1973年定型。

如果说，东风四号中远程导弹可以在我国境内进行全程飞行试验，从而用落点误差统计的方法评定其打击精度；那么，对远程导弹来说，这种方法就不适用了。远程导弹必须通过特殊弹道试验来摸清制导系统的误差模型，并用此方法来推算全程弹道试验的落点精度，然后以最少发射数作为全程飞行试验验证，最后定型、生产。这就要求测量系统对导弹的主动段进行高精度测量。

1966年4月4日，国防科委在北京召开154二期工程方案论证会，确定154二期工程采用连续波干涉仪体制。第一套站由一个主站、三个副站组成，采用Y形布站方案，主、副站间基线长约30公里，利用微波传输信号。

1967年，154二期工程正式上马。工程由四机部十院19所抓总，基地测量设备研究所协助。二期工程的规模较一期大得多，技术上也复杂得多，仅主要设备就达240多台套。

二期工程研制中还有一个插曲，就是列车站建站。为了适应多场区、多射向测量的需要，也是为了节省设备套量，基地在1970年初提出154二期工程第二套站的装车要求。研制单位经论证也认为可以实现，决定主站设备装火车，副站设备装汽车，沿铁路线机动布置，作为第一套站的活动前置站使用。第二年秋天，火车车厢研制出来了，设备也装车完毕了，但经过一年多的联试，发现列车站方案不但不便机动，精度也无法保证。最后将列车站改为第二套固定站，安装在了25基地。

154二期工程从方案确定到正式移交部队使用，整个研制过

154 二期工程进行安装调试（1970 年秋）

程都是在"文革"期间进行的，研制工作遇到了比一期更大的阻力。到了 1970 年 8 月，154 二期工程第一套站的设备好不容易赶制出来，陆续运往基地，但是没能按原定计划赶上 1971 年 9 月东风五号远程导弹第一发试验。

后来，由于系统质量比较差，不符合试射测量要求，研制厂所的人员在戈壁滩上整整干了六年，才终于完成了系统的联试校飞，到了 1976 年才把设备正式交给基地。

当然，也不能说在基地单调试就花了六年时间，是一边调一边用的。当时的元器件质量也比较差，导致设备不稳定，而我们的设计目标很尖端，我国的基础工业要实现尖端的技术目标是有难度的。

3.6 钱老是大科学家，
他不计较

问：听说东风四号转入打全程飞行试验前，您曾为测控系统怎么建的问题，与钱学森先生当面争论过？什么原因？

答：这件事情的背景是这样的。东风四号导弹在基地的短程飞行试验结束以后，从 20 世纪 70 年代中期开始，中央军委就确定转到东北打全程试验，起点是东北，落点在新疆西部。中远程导弹全程试验，这是第一次。

基地从试验鉴定的角度考虑，按计划提出要为全程试验研制一套测试系统，不过因为没有相关的关键测量数据，无法通过最终鉴定程序。工业部门却认为不需要。为了这件事，我和钱老还在会上争论得很激烈，但最终这事就没有推进了。钱老当时是七机部副部长，那时 20 基地正好归七机部管。

等到东风四号全程飞行试验的前一年，钱副部长专门来到基地协调这个事，说工业部门把这个事想明白了，测量系统还是得建。结果会上我又和钱老争论起来了，我说：当初就是您那边反对才没有建，这会儿提出来建，时间那么紧，基地怎么来得及？他说：认识需要一个过程。会后我就有点后悔了，觉得会上确实弄得钱老有点下不来台。没想到会后钱老专门来找我说：当初你的意见是对的，好多事我也需要有个认识过程，试验上的事你挺有想法，以后来北京时多来我这聊聊，帮我拓展一下思路。这件事让我一直很感动。

靶场没有测量系统也不行。于是 1975 年 11 月，就把 154 一期单脉冲雷达从东风场区搬到了长春卫星测量站，来满足东风四号全程飞行试验主动段的测控要求。

后来因为其他工作上的事，我又和钱老争论过好多次，都是技术工作上的事。我也是年轻气盛，每次争论以后都挺后悔，觉得有些话可能说重了，结果钱老从来都没和我计较过，反而是很多事都非常支持我。钱老比我大 25 岁，年轻人和他争论，他从不计较，一点没有大科学家的架子。

问：据说那次东风四号全程飞行中，导弹在空中自毁，最终是钱老帮你们解的"围"？

答：东风四号是我国第一个由单级发展到两级的地地导弹，用的是液体火箭发动机，从技术上说，它最大的难点是突破多级火箭技术，其中二级发动机的高空点火和高空性能试验技术是关键，非常有挑战。

东风四号飞全程任务前，因为 154 一期单脉冲雷达搬到了长春，为确保万无一失，任务前我也到了长春。临近任务时我要回首区，王占华说什么也不让我走，说他不是做测控的，万一出了问题不知道该咋办，于是我就跟他留在了长春站。王占华当时在长春站当安全指挥员，他是个老模范，后来是国防科工委政治部副主任。

结果，东风四号首次全程飞行试验那天，第一发出事儿了，火箭一级、二级没分离，我们一看，急了，两个人都站了起来，脸色都变了。最后看着不行了，就下了炸毁指令。这是我们国家

钱学森为年轻的科研人员授课

靶场安控系统第一次真正发出炸毁指令，以前没用过。

我们下了炸毁指令后，当然要向首区报告，张贻祥副司令非常紧张，严厉批评我们，他说："你们怎么这么大胆，随随便便就炸了，马上给我回来！"

我和王占华就拿着资料，一块儿从长春到首区去汇报。到了首区，发现钱老也在。那时他是国防科委副主任。我就把我们为什么下炸毁指令的过程讲了一遍，钱老听后点了点头，看完资料后说，"没问题，你们做得没问题"，说完就走了。技术上他是清楚的，支持我们。钱老这一说，也真帮我们解了围，我们悬了半天的心放下来了。张贻祥副司令是老红军，技术上他当然不清楚。他一看，钱老都说没问题了，那就没问题了，这事儿就算过去了，大家也就不说什么了。

关于该不该炸，当时基地有各种说法。虽然职责上有明确规定，安全控制就是安全指挥员直接做出决定，允许"独断专行"，不用请示，因为根本来不及请示。但要是没有钱老的认可，给了我们支持，这个事儿不仅是张副司令训话这么简单，很有可能是要追究责任的。张副司令最大的优点，就是技术上非常尊重老专家的意见。

事后分析表明，弹上自毁在先，我们是马后炮，补了一枪。但是不管怎么样，我们还是干了一把！事实证明，154工程自行研制无线电外弹道测量系统是成功的，实现了从测量到测控的飞跃，这是一个质的变化。那是东风四号导弹第一发全程飞行试验，应该记一笔。

154工程的研制成功，标志着我国测控系统在导弹试验中完全依靠光学测量系统只能通过事后判读获得弹道数据的历史结束了。长春站的154一期工程是在1981年退役的。

问：钱学森作为我国导弹航天事业的开拓者，享有崇高威望。请问您是什么时候认识钱老的？此前有过交往吗？

答：我认识钱老应该是很早的，至于第一次是什么时候见面，我也记不清楚了。记得东风二号导弹试验发射失利之后，钱老到20基地住了一段时间，一是要找原因，二是总理的安排——是对钱老的一种保护。因为"文革"，"造反派"老要批斗他，在五院他没法工作，最后总理让他到20基地待一段时间。那段时间我们经常见面，有时在一起开会说说话。

但是，那时候我是个刚毕业不久的大学生，是小年轻，他是一个大科学家，科研水平差距非常大。我只知道他是大专家，对我国导弹航天事业发展有大功劳。但他没架子，很谦虚，平易近人，也很愿意讨论问题。我们有时候意见不一致，这些意见不一致的事给我留下了深刻的印象。

还有一次，也是关于东风五号全程飞行试验，在涿州开会，国防科委两位副主任钱学森和马捷都参加了，当时会议讨论东风五号全程试验要不要上应答机的问题，他说不上，我们说要上。后来再一次开会时，钱老又决定要上。我一听，就憋不住想站起来了，这时，钱老看见了，也笑了，但他不吭声。

从工作的角度，有一致也有分歧，这是难免的事儿，允许讨论非常重要。但决定了，就要执行。

研制导弹火箭，容不得半点虚假、形式主义的东西，要不唯上、不唯书，只唯实。实事求是，也是我们党的优良传统。钱老有一个很大的优点，就是实事求是。他觉得你说得对的时候，他就全力支持。钱老为人好，水平也高，是个大科学家，他不计较这些事。我和身边的同事都非常尊重他。

问：在您与钱老长期交往的过程中，还发生过什么故事吗？

答：有一件事我得说一下，也体现钱老大科学家的风格。1980年全国职称评定，基地是试点，评高级工程师。当时国防科委提名的测通所唯一一名高工是我，通知我填张表。这个表在我兜里放了三个月。我去验收测量船刚回来那天就碰上政委了，政委说："催几次了，通知你交表呐。"我说："我交啥？全所就我一个人，像话不像话嘛？我不要。"我觉得很不好意思。政委说："不行不行，上面催了几次了，之前你不在家，我们找了理由，现在拖不下去了，还得弄。"

后来听国防科委机关的同志告诉我，是钱副主任提的名，我挺感动的。这就是大科学家的风格，关心提携年轻同志，没有个人恩怨。尽管我曾经在一些问题上和他争论过，但他不计较，只要言之有理，他就虚心接受，可谓广纳诤言、高风亮节。

问：钱老从一线岗位退下来之后，您和他交往还多吗？1985年8月，他曾经给您写过一封信，是关于基地绿化的事，您还有印象吗？

答：那封信应该是在我担任国防科工委副主任的时候他写给我的。那时候钱老已经退出工作第一线了。他1982年担任国防科工委科技委副主任，1986年被增选为全国政协副主席，1988年被聘为国防科工委科技委的高级顾问。

钱老曾经说过：如果一个科学家的生命属于科学，就应当把自己的生命过程使用得更有效率，更精细，更有韧劲。钱老退居二线后，我们还能经常见面。1985年我担任国防科工委副主任后，我们在一个大楼上班，开会见面的时间更多了，我还常有工作请教他。

钱老退居二线后，兴趣更广泛。他有了更多的时间关注科学前沿，关注新的科技领域进展，他的科学探索范围也愈加广泛。后来他在系统工程、思维科学、城市学与建筑科学等方面都有深入的研究，提出了一系列创新的思想。

很有意思的是，他从 20 世纪 80 年代中期开始关注沙漠改造和沙产业这个课题。他也跟我谈过，这与他长期投身于导弹火箭国防科技有关。20 世纪 60 年代至 70 年代，每一次导弹发射、火箭试验、卫星上天，还有核导弹试射，他一次次前往戈壁荒漠地区，从那时起他就在考察沙漠的生态环境。后来听说，他曾经就这个课题不断请教各方专家。他在与很多领导、专家、友人的通信中，都谈到了沙产业和沙漠绿化的问题。2008 年 1 月，胡锦涛总书记去看他，钱老已经 97 岁高龄了，还兴致勃勃地与总书记讨论沙产业的发展。

他给我写信，也是谈论沙漠绿化和沙漠改造的问题。那时我刚到国防科工委任职不久，他给我来信说，最近听了伍政委传达胡耀邦同志号召科技人员和广大干部战士建设边疆、开创新事业的讲话，很有感触，这使他想起沙漠戈壁并非不长植物，并非无可作为，沙漠戈壁也可人工种植，持续利用。他建议我们在部队体制改革、精简机构的过程中，把一部分有志于从事沙产业的同志组织起来，去开创新事业。他还建议，部队缺乏这方面的经验和知识，希望我们去找中国科学院兰州沙漠研究所等单位谈合作。接到他的信后，国防科工委也讨论过基地绿化和可持续发展的问题。

3.7 "你们先吃后吐嘛"，
聂荣臻一锤定音

问： 您是从什么时候开始参加卫星地面测控系统的创建工作的？

答： 卫星的地面观测工作，也就是陆基卫星地面测控系统，是 20 世纪 60 年代中期起步的，最早是由中国科学院新技术局的 701 工程处负责的，基地没有参与。中国科学院的卫星研制工程刚刚步入正轨，就赶上"文革"发动。中国科学院内"造反派"把中国科学院折腾得一片混乱，承担卫星测控系统研制与设计任务的 701 工程处也受到严重冲击，举步维艰，无法正常工作。

为了不影响人造卫星发射研制、试验的进度，1966 年 11 月 17 日，中央军委副主席、国防科委主任聂荣臻以及张震寰、钱学森去马兰核基地视察两弹结合试验情况，返京途中，他们专门在 20 基地 14 号机场停留，跟基地李福泽、栗在山等领导交代了这件事，把卫星地面观测台站的筹建工作交给基地管。

虽然李司令有些为难，但也只能勉强接受。"你们先吃后吐嘛"，聂荣臻一锤定音。他当然知道基地的难处，但面临那个混乱的情况，别无良策。"这也是没有办法的办法，你们先接收过来，再慢慢消化。"接着他又再三强调，"不管现在遇到了多大的困难，人造卫星发射试验 1970 年一定要实施，不抓紧卫星观测台站建设，就赶不上了。"

1966 年 12 月，中央决定第一颗人造卫星研制工作由中国科学院改为国防科委全面负责，卫星地面观测站的建设任务从中国科学院调整到国防科委试验基地。根据周总理指示，国防科委迅速派工作组进驻中国科学院，可是"造反派"继续闹事，工作组负责人李庄没法工作，向国防科委汇报，提出建议，尽快将 701 工程处划归国防科委领导。

"文革"时期，基地能保持平稳，和聂帅有很大关系。1967 年初，针对基地出现的混乱局势，聂帅亲自起草了"20 基地坚持正面教育，稳定部队，执行好试验任务"的三条指示。6 月 13 日，经中央军委批准，毛主席圈阅，三条专门命令向基地下达，才使部队保持了稳定。

后来总参发文，明确各个台站的工程建设由各大军区组织实施，实行双重领导，站址勘选、设备安装、业务工作都由基地负责。由基地抽调技术骨干，到各个台站负责技术工艺性建设和设备安装。中国科学院的 701 工程处也移交给基地。

问：基地这是临危受命。那么，卫星测控与导弹测控有什么不一样？

答：卫星地面观测系统的建设是一个又庞大又复杂的任务，对我们来讲也是个崭新的事儿，没有现成经验可借鉴。

卫星测控和导弹测控有一个很大的区别。导弹是一次性测量，导弹飞起来、落下去，就结束了，就这一次。卫星是多次测量，一颗卫星在轨道上可以运行好多年，它的轨道是不变的，或者变化很小，会有点衰减，可能轨道降低，慢慢降低甚至陨落，

154 二期工程一套站主站外景（20 世纪 70 年代）

但它一直在轨道上运行，因此卫星是一个多次测量的问题。

　　导弹测量的核心是要保证精度，一次测量精度要求很高，要比制导精度高三倍，测量精度是导弹测量要求的核心问题。所以关机点测量精度的要求从每秒 0.5 提高到每秒 0.3 的时候，我们的办法是上两套 154 二期工程，再加上一套 157 工程，来构成所谓的高精度测量带。

　　而卫星测量就不一样了，卫星测量精度要求没那么高，因为多次测量可以拟合。比如说画一个圆，如果两个点挨得很近，这个圆是画不准的，因此卫星测量就要靠网，测量区域越宽，测量点的数据分布就越均匀，轨道就能测得越准。因此，虽然卫星测量精度要求不高，但要求面很宽，测量的点要分布得很均匀。这就是两者最根本的区别。

所以说，卫星地面观测系统的建设是一个庞大的协作面非常广泛的系统工程。测控设备的研制、台站布点与基建工作、通信系统建设及配套工程遍布全国十几个省区市，光是承担设备研发的工厂、研究所、公司就有上百家。还有十来家协作单位，如国防科委、中国科学院、四机部、七机部、邮电部、建工部及总参通信部、测绘局和气象局等。没有一个强有力的机构部门来统管是不行的。

接受任务后，基地根据聂帅的要求，连续开会，安排人员，部署任务，启动 701 工程处的接收工作。1967 年 3 月 29 日，基地向国防科委和总参谋部呈上报告，经总参正式批准同意，组建人造卫星地面跟踪测量部，即第六试验部，专门负责卫星地面观测系统的设计与管理。我们一般简称卫星测量部。6 月初，国防科委下达通知，人造卫星地面观测台站的筹建工作由中国科学院调整到基地，决定 701 工程处业务工作由导弹试验基地接管。同时，聂帅指示，卫星地面观测系统的技术抓总和设备抓总也由基地负责统管。

这样，代号为 701 工程的卫星地面观测系统工作彻底脱离了中国科学院，正式转入了基地。

问：701 工程处是如何接管的呢？接管工作顺利吗？

答：当时我在基地航测处担任副处长，基地领导明确卫星地面观测台站的筹建工作也由我来负责。1967 年 1 月，基地成立了一个工作组去北京，接收中国科学院 701 工程处。

第六试验部组建时
在 20 基地的办公楼
（1967 年）

　　但是，接收工作并不顺利，费了一番周折。中国科学院不少人对划归东风基地心存疑虑，尤其在参军问题上分成了两派，有些人愿意穿军装，有些人不愿意，还有的人又不愿意离开北京。经过反复做工作，排除各种干扰，局面才平稳了下来。

　　直到 10 月 25 日，基地才正式完成了接管 701 工程处的工作。首批接收 151 人，包括陈芳允先生在内的 15 人是第二批调入基地的。整个 701 工程处，除了政审不合格的，以及个别身体条件不行的，基本上都过来了。他们后来就是我们卫星地面测控的骨干力量。

　　以这些同志为骨干组建了第六试验部，也就是卫星测量部，由王盛元任部长。第六试验部在这些技术人员的基础上成立了技术处（也就是后来的 26 基地技术部），下设总体室、无线电测量室、光学测量室、时统通信室、遥测遥控室、计算机室和轨道室，又从导弹试验基地和全国各地调来一批具有实际工作经验的测控通信技术人员以及无线电方面和计算机方面的学者、专家。

第六试验部机关及直属队从东风场区出发，去渭南筹建
我国第一个卫星观测中心（1968 年）

1968 年 1 月 11 日，王盛元部长率领六部机关全体几百名人员，乘坐"闷罐车"离开东风基地，到达渭南，在那里开始筹建我国第一个卫星地面观测中心，也就是现在的西安卫星测控中心。

问：1958 年，毛主席大手一挥说，"我们也要搞人造卫星"。为什么七年之后的 1965 年这项工程才真正启动？这中间发生了什么事？

答：我国第一颗人造地球卫星起步应该是在 1958 年，几乎与导弹火箭差不多同时开始研制。但是卫星的研制过程更为艰难曲折。

1957 年 10 月 4 日，苏联人在距莫斯科 2000 公里之遥的拜科努尔秘密核基地发射了人类第一颗人造地球卫星。美国人急了，紧随其后，于 1958 年 1 月 31 日，也在佛罗里达半岛的卡纳维拉尔角将一颗人造地球卫星送上太空。国际太空竞赛可以说是从这里开始的。

那时，中国人谁也没见过人造卫星长什么样。苏联人发射的第一颗人造地球卫星也很简陋，是一个球形体，大小与一个篮球差不多，外加几根天线。

然而，以钱学森、赵九章为首的中国科学家敏锐地意识到，人类开始进入航天时代。人造卫星在军事和民用方面有着极为广泛的应用前景，未来很有可能成为国家之间国防力量和科技角逐的必争之地，于是积极倡议和建言开展人造卫星的研究工作。

"我们也要搞人造卫星"是 1958 年 5 月毛主席在党的八大二次会议上讲的。这对科学界来说等于是发出了号令。中国科学院马上成立了领导小组，钱学森任组长，赵九章、卫一清任副组长，开始筹建人造卫星运载火箭及空间物理探测的研究机构。"三步走"的计划是钱学森向聂帅提的，那时聂帅是分管科技工作的副总理。"三步走"的含义是：第一步发射探空火箭，第二步发射小卫星，第三步发射大卫星。苦战三年，争取在 1960 年让卫星上天。

为支持卫星计划，中央决定拨专款 2 亿元人民币。但当时我国的国民经济正处于极度困难时期，卫星上天的计划，国力很难提供支撑。

所以在 1959 年初，这项工程被叫停。邓小平提出，要从小到大，循序渐进，要老老实实地从打基础开始。为此，人造卫星研发的步伐放慢，开始以探空火箭、高空物理探测打基础，探索卫星的发展方向，同时筹建空间环境模拟试验，研究地面跟踪接收设备。

问：1965年卫星工程重新上马后，我国研制人造卫星的基础条件和技术水平有了什么变化？

答：人造卫星是一个极为复杂的系统工程，起码要具备这几个方面的条件：送卫星上天的运载工具即大推力火箭，卫星本体以及地面跟踪测控系统，还有测量台站、信息处理设备、数据计算设备等。

到了20世纪60年代中期，那时搞人造卫星的条件与基础已有了很大的变化。

1964年10月，我国"两弹"研发成功，发射卫星的运载火箭有了。通过对火箭、导弹、卫星的基础理论研究，以及研制发射各种类型的探空火箭，中国科学家积累了空间探测的理论成果和实际经验，其中和平一号地球物理火箭项目中以多普勒频移原理设计的电离层测量系统，为后来多普勒测速仪的研制打下了技术基础。

1964年6月，东风二号导弹第二次试射。那年的秋天，中国科学院赵九章等科学家到基地现场观看导弹发射，很受鼓舞，赵九章说：东风二号发射成功，我们就有了发射人造卫星的运载火箭了。当年12月，赵九章在三届全国人大一次会议期间，提笔给周总理写了一封信，提出中国已基本具备发射人造卫星的条件，导弹试验应与人造卫星发射相结合，可一举两得。他建议中央采取措施，争取在新中国成立 20 周年之际发射。周总理十分重视，亲自交代赵九章尽快拿出一份成熟的建议报告。

后来，赵九章和钱学森等几位科学家于 1965 年分别向中央提交报告，建议尽快发展人造卫星。

1965 年 4 月 29 日，国防科委向中央专委会呈报了《关于开展人造卫星研制工作的报告》，提出"设想在 1970 年发射中国第一颗重量为 100 千克左右的人造卫星"。5 月 6 日，国防科委的这一方案在周总理主持召开的中央专委会第十二次会议上得到批准。

后来，根据中央专委会会议精神，首颗人造卫星研制任务被命名为"651"，寓意是周总理批示赵九章报告的时间，即 1965 年 1 月。这样一来，中国人造卫星研制就正式拉开序幕了。

问：651 任务启动后，怎样测控入轨卫星？地面观测系统采用了什么技术？

答：怎样测控入轨卫星，地面观测系统采取什么技术方案，对于我国第一颗人造卫星至关重要。

有一个比较形象的说法：发卫星就跟我们小时候放风筝一样，地面观测、跟踪、遥控就是拉线儿的。卫星上天以后，关键就在于测控。卫星飞行姿态的变化，运行轨道的测量与控制，还有卫星运行安全，都是测控的事儿。卫星能否按照预先设计的轨道绕着地球在太空中一圈圈地运行下去，完全依赖于地面测控系统对它实施长时间的跟踪、测量、计算、预报和控制。因此，运载火箭把卫星送入预定轨道后，第一时间拉住卫星、操控卫星，获得试验所需要的数据，而不是让卫星任意漂移在太空中，是保证发射成功的关键。

卫星地面观测技术最后采用的是我们自主研发的多普勒测量系统。这一方案是陈芳允先生提出的，当时他在中国科学院工作，也是中国科学院卫星地面跟踪测量系统的技术负责人。他是在对卫星运行轨道进行大量计算和对测量控制技术做了深入研究的基础上提出了这一方案。

陈芳允先生提出的是以无线电观测为主、光学观测为辅的方案。这个方案的好处是，充分利用了无线电全天候观测的优点，同时又弥补了光学观测的局限，因为在天气不好的时候，光学设备是观测不到卫星的，所以还得有无线电测量来保证。当时全国已有13个人造卫星地面观测站组成的地面观测网，积累了较丰富的观测经验，而困难的是，无线电观测在国内还一无所有，没人实践过，是个新课题。陈芳允先生慧眼独具，已经看到无线电观测这一新兴学科在我国中低轨道卫星观测中存在的巨大潜力。

问：陈芳允主张的多普勒测量方案，据说陷入激烈的争论？

答：那次争论发生在著名的651会议上。

1965年8月中央批准卫星研制计划之后，我国第一颗卫星研制工程紧锣密鼓地开展起来。这年10月，在北京召开了人造地球卫星方案论证会，即著名的651会议。这次会议开了整整42天，有120多人参加，到会的都是与卫星工程方方面面相关的专家和领导。

会议确定了我国第一颗人造地球卫星为科学探测实验卫星，有三项任务：测量卫星本体工程参数；探测空间环境参数；奠定卫星轨道测量和遥测遥控的物质技术基础。会上形成了卫星总体方案、本体方案、运载工具方案和地面观测系统方案等。把卫星命名为"东方红一号"，也是在这次会议上。后来大家都熟悉的12个字"上得去，跟得上，看得见，听得到"，就是这次会议上提出的目标要求：卫星能够成功地飞上去，转起来；地面测量系统要抓得住，跟得上；全球人民要看得见，听得到。这12个字是周总理的总结。卫星发射时间定在1970年。

我国发射卫星的地理条件比苏联、美国都要差。苏联国土经度上的跨度近180度，我国仅60度；美国采取全球布站，条件更好。如果按照最初确定的42度倾角轨道，卫星从我们基地发射后几分钟就飞出了国境，要等到110分钟后再次飞越我国时才能看到。如果第一圈抓不住、测不准，美国设在日本的地面站就会先于我们测出卫星轨道，抢先发布。这样的方案，不仅技术上存在很大缺陷，在当时还意味着政治上出现重大失误。

会议争论的焦点在于无线电观测的方法，特别是对入轨点的观测采用什么技术和设备。以多普勒为主，还是干涉仪为主？会上大家各抒己见，众说纷纭。归纳起来有三种方案：第一种是采用四机部正在研制的154-Ⅱ单脉冲雷达；第二种是天文台采用的当时美国比较普遍使用的Minitrack式比相干涉仪；第三种是陈芳允主张的多普勒测速仪。

四机部代表主张采用雷达，但对154-Ⅱ单脉冲雷达的研制进度没有把握。天文台代表坚持采用干涉仪，理由是苏联、美国

长春站 154-Ⅱ雷达机房外景（1974 年）

的第一颗卫星均采用无线电干涉仪进行拦截测量，苏联使用短波干涉仪，美国使用超短波干涉仪。陈芳允先生坚持采用多普勒测速仪。这项技术当时在我国已经有一定基础，1957 年，他曾用无线电多普勒频率的变化计算出世界第一颗卫星的轨道参数。

但前两种方案的呼声较高，所以陈芳允先生的方案抛出后，争论就十分激烈了，一直持续到会议结束。

651 会议后的 1966 年 1 月，中国科学院开始筹建卫星设计院（也称 651 设计院），会集了许多研究系统专家参加。陈芳允先生也很快组织了以紫金山天文台、数学所和计算所为主体的一批专家，对多普勒测速仪跟踪定轨进行模拟计算。在此基础上，1966 年 2 月底，陈芳允先生写出了《卫星地面观测系统方案及分工建议》。

1966 年底，陈芳允、魏钟铨执笔制定出东方红一号卫星地面观测系统方案。这一方案完成了台站及控制计算中心技术方案的设计，对测控设备的体制、型号和技术指标进行了深入论证，成为中国卫星测控系统最初的蓝图。

3.8 当初的布站方案是很合理的

问：卫星地面观测系统方案确定后，布站是个大难题。据说这个设计方案是您重新起草调整的，为什么要调整？

答：卫星地面观测台站建设是个大难题。有了各种测量设备之后，如何使地面各个观测站点与控制计算中心构成一个完整的测控系统，这是很重要的。

我国幅员辽阔，但国土地形经度跨度对满足卫星运行测量的布站要求没有优势。当时考虑把观测的重点放在南方入轨点，西北边区对卫星第二圈进行跟踪，东部临海设站对卫星进行测量。

出于对国内外政治因素的考虑，关于观测站的选址，中央对"三线"建设提出的"靠山、分散、隐蔽"方针，与设备技术要求是矛盾的。要取得最好的观测效果，场地必须开阔，四周遮蔽物要少，仰角要低，特别是干涉仪和无线电通信，都要求场地相当开阔，而若靠山隐蔽，就无法达到最佳观测效果。

卫星地面观测方案最早是中国科学院 701 工程处在负责制定。1967 年，陈芳允在东方红一号卫星观测台站选址方案的基础之上，结合中国科学院有关天文台的现有布局，提出了建设

18 个测控台站的设想。此后，701 工程处先后组织三支队伍，分别到东北、新疆、湖南、西安等地选址，跋山涉水，风餐露宿，干得很辛苦，初步选定了部分观测站的站址。

基地接收 701 工程处之后，我们决定对原方案做了一个较大的调整。这并不是因为原来的方案不对，而是指导思想发生了变化。

中国科学院的指导思想是尽量把卫星地面观测站和天文台结合在一起，这是为了尽可能依靠和利用中国科学院手头已有的资源。18 个台站中，南方 4 个站，包括湘西、南宁、昆明、海南，主要负责卫星入轨段的测量，也承担运行段的测量任务。为确保入轨段测量的稳妥可靠，这 4 个站采用三角形布局，湘西、昆明、海南是三角形的顶点，南宁位于三角形中心，这样 4 个站中

观测站参试人员在东方红一号卫星任务中（20 世纪 70 年代）

任何一个站都可以起到备份作用。南方 4 个站中，只有昆明站和天文台是结合在一起的，其他 3 个站是独立的。而剩下的 14 个站基本上都是和天文台结合起来的。18 个台站卫星观测网的主要测量设备是单频多普勒测速仪。

我们的指导思想是尽量利用基地现有的导弹测量台站和设备。像东风、喀什、长春，这都是自己的台站。利用基地现有的能力，不仅可以节省资源，还可以节省时间。按计划，1970 年 4 月东方红一号就要发射了，可是在 1967 年我们接手的时候，还啥都没有，时间已经非常紧了。

新方案由我执笔起草，通过进一步论证、计算，对原方案做了较大的调整，地面观测站总数由 18 个减少到 13 个，包括活动站在内。除了南方 4 个站没有变化以外，其他的全部改掉了。这个方案也与陈芳允先生商量了，他完全赞同。

卫星测控网在建立最初只有 8 个站，后来在国内发展到 13 个站，慢慢地，几乎是在全国布局、布网了：最东边是长春站，

喀什站营区大门

（1969 年）

最西边是喀什站还有拉萨站（后来拉萨那个地方配套设施建设困难，撤销了），南边是海南站。我们在全国均匀分布了很多站，把能够和基地结合的都和基地结合起来，这样管理就很方便了。中心设在渭南，也就是26基地。所以卫星测控中心、所有卫星测量台站、所有卫星测量处理（包括轨道的修正控制、工程管理控制），都归26基地管了。从测量上来讲，一个是网，一个是带。现在回过头来看，实践证明当初的布站方案是很合理的，也符合我国航天测控的实际。

问：卫星地面观测系统的基本任务是怎么规划的？

答：根据1967年国防科委召开的方案论证会的要求，整个卫星地面观察系统的建设分成两期进行。一期工程以满足东方红一号卫星的测量需求为主，基本任务就是"抓得住、测得准、报得及时"，此外还承担实践一号等科学实验卫星测控任务。一期工程主要由跟踪测轨、遥测、时统、数据处理、指挥调度和通信等分系统组成，能够通过测控台站，及时捕获卫星、稳定跟踪，获取足够精度的测轨数据和遥测数据，同时对测轨数据和遥测数据进行实时处理和事后处理，计算和预报出卫星轨道。二期工程以完成返回式尖兵卫星为目标，拟建设长春站、闽西站、拉萨站，并在渭南建设前置遥测站、回收站和活动观测站。

一期工程建成了酒泉、喀什、湘西、南宁、昆明、海南、胶东七个站，完成了对东方红一号、实践一号等科学实验卫星的测量任务。为了加强运载火箭主动段的测量，当时还在武威等地开设了前置活动遥测站。

眼看着1970年东方红一号就要发射了，一台设备都没有进，一间房子都没有盖，时间已经非常紧了。我将我写的那个方案进行了口头汇报，上级领导同意以后，马上就开始实施了。

问：观测台站的选址是什么时候开始的？您参加了吗？

答：台站的勘察选点工作是在1967年4月开始的，以"大三线"建设方针为指导思想，依据地形地貌、地质条件、通视情况、利于保密、社会环境等因素来考虑和确定具体站址。

基地由乔平副参谋长带领一个勘察组，利用空军配属的勘察飞机和当地军区提供的汽车、地图等条件，对所选台站地址进行详细勘察。每到一地，他们先向当地军区汇报勘察任务，然后进

湘西站外貌（1969年）

行勘察，汇总情况，选择站点。勘察组从炎热的广西、海南，到寒冷的戈壁沙漠，再到东部沿海城市，一路上走南闯北，跋山涉水，忍饥挨冻，晴天一身汗，雨天全身湿，整整干了两年，完成了湘西站、南宁站、海南站、昆明站、长春站、胶东站、拉萨站、闽西站以及陕西渭南控制计算中心和通信总站的勘察选点。

勘察选点工作当时是安排我随同乔副参谋长去的，但是主持接管701工程处的671工程筹建处的荆国庆不让我走。他是1958年被调来基地的，当时是司令部通信处处长，后来当了26基地的副司令员，是一个老干部。他说：接收701工程处的事这么多，小沈得在这帮助我。他找到了江萍副司令，说沈荣骏不能去。我就提议安排郝岩随组去了。

因为卫星地面观测台站总体方案是我写的，我对情况比较熟悉。勘察组每到一个地方，有问题我们就在电话里商量，这些点怎么调整合适。南方四个站中的湘西站，最早选址不在新化，在芷江。芷江处于盆地，四周山连着山，交通不便，从长沙到芷江需要近一天时间，特别是翻越雪峰山的盘山公路十分艰险。负责勘察选址的同志到了芷江，一看那里是水库，临时给我打电话，我说我先算一算。算完后我告诉他们，站址选在新化等地比较好，这里地质条件好，交通方便，距长沙也只有几个小时路程，能保证供给。后来那个站点就搁到了新化。

那个时候做事程序简单，加上时间紧迫，方案也没有正式印一下，就是一个手写的草稿。当时没有这个意识，要留底稿什么的，所以后来相关材料不知谁借去，也就找不到了。

问：地面观测系统除了测量台站布站有变化之外，为什么要设28号代中心？有哪些好处？

答： 地面观测新方案中还有一个比较大的变动，就是比原来多了一个雷达单站定轨。701工程处的原方案里只有多普勒测速仪，我们加了一个雷达单站定轨，放在了湘西站。这样的好处是可以通过四个台站的多普勒测速仪的数据定出卫星运行轨道，同时还可以用雷达单站定轨，在技术上保证对卫星入轨点的准确测量和可靠性。

卫星轨道计算是测控网建设的一个重要内容，它需要运用高性能计算机来完成。按照计划，首先要在陕西渭南修建我国第一个卫星测控中心。但是到了1968年的夏天，各种地面观测设备开始源源不断地运往遍布全国的观测站，渭南的控制计算站、通信总站还没建成。原因是中心使用的717计算机无法按时出厂，缺了它，测控中心就建不成。这时，乔副参谋长让我研究一下基地观测站和基地临时指挥中心选址的问题，我提了一个具体方案，临时改用东风基地28号站154一期研制的108乙计算机作为测控中心计算机，这样就把观测指挥中心暂时设在基地试验场区的28号站接待中心，作为代中心。以防万一，确定湘西站为备份中心。又在28号站增加了部分通信设备，调整通信功能，并成立了测量部指挥中心，负责指挥和协调各站的技术建设以及执行东方红一号卫星任务的准备工作。

采取代中心这么一项应急措施，实在是没有办法的办法，目的就是赶上进度。

用 28 号站作为临时代中心，好处是那里的计算机、通信、数传等设备设施都是现成的，局限是 28 号站只有一台 108 乙计算机，还是不够用。一方面是时间不够用，这边 154 工程的设备要联调，那边卫星测控的设备也要联调；另一方面是担心测量数据处理的可靠性不够，所以要在 28 号站增加一台 108 乙计算机，所有软件也要按照卫星计算中心的要求重新编写。两台计算机双双工作，发射的时候负责安控、主动段测量，入轨以后负责运行段测量。

28 号既是代中心，也是一个测量站。在这里设立指挥中心，测量和通信设备可以很快就位，准备调试。但由于新建工程抢时间，机房装修没有全部完成，机房里连桌椅都还没配全，调试设备的技术人员只好将图纸铺在地面上，边看边调试。

临时增加计算机，再重新编写软件。软件的编写即卫星测轨

软件技术人员集智攻关，完成了计算机程序设计，制定了轨道预报方案
（20世纪60年代末）

预报方案，以紫金山天文台为主，基地也有人参加，但主要是学习。时间也没剩多少了，任务的艰巨程度可想而知，便成立了一个405任务组来制定卫星轨道改进方案。当时正处于"文革"高潮，中国科学院基层组织瘫痪，周总理为确保项目安全，避免"造反派"的干扰破坏，特派专机将人员、设备、资料从南京运到北京，集中在北京八里庄，整整干了一年，才编制完成用于108乙计算机的实测程序，然后又到基地和中心站，完成程序调试和实测联调任务，结果令人满意。

问：测量台站的建设工程时间紧迫、规模庞大，东南西北几乎覆盖了全中国，是怎样完成的呢？

答：卫星地面观测站建设规模之大、条件之艰苦，非现在人们所能想象。这个工程也是新中国成立以来，第一次动员全国和全军各大军区参加的军事基建工程。

台站的基本建设工作时间很紧张，又是在"文革"期间，为加快基建速度，国防科委1967年6月下通知给有关军区、省军区，协助这项工程建设。9月，聂帅签发了总参谋部、总政治部、国防科委联合下发的《关于请沈阳等8个军区协助筹建空间技术观察站的通知》，明确了地面站的组建、选址、建设要求，经费开支由基地负责；基建施工由国家计委、建委下达给各省（自治区）负责；各军区负责或指定各站所在省军区具体领导建站工作；要求在1967年底前完成任务。

也就是说，台站建设由国家拨款，由各军区领导，基建施工由各省（自治区）负责，但技术方案由基地出，整个系统的建设由基地抓总，设备的研制由基地抓总，基建要求也是由基地提。各地军区首长都对承担台站基建任务引以为豪，将其看作一项党中央重大战略部署的任务来执行，克服种种困难，出人、出力、出基建材料，提供各种条件，尽最大努力去完成工程任务。沈阳军区首长了解到长春站基建急需加强施工力量，当即从16军抽调两个连队投入施工，并调集汽车负责运输，帮助我们解决运输难的问题。各个台站就是用这种非常规方式抢建起来的，设备也是抢着生产出来的。

在各军区的大力支持下，到1968年8月，除陕西渭南卫星测控中心尚未建成外，酒泉、喀什、湘西、昆明、海南、胶东等站的主要基建工程都竣工了，部队也组建起来了，各种测量设备也陆续进站。1968年底，各站设备安装调试结束，基本具备了观测低轨卫星的条件。

后面二期工程相对顺利，按计划实施。我国卫星测控网的大格局，通过一期、二期工程，就基本上确定了，再以后就是进一步调整完善的问题了。

问：据说东方红一号卫星发射那天一波三折，周总理日夜守着电话机亲自指挥。当年您在现场看到或者听到了什么？

答：从1969年下半年开始，以28号临时测控中心站计算机为核心，各地观测站之间进行了半年多的联调、合练和严格实战演练，地面观测系统运转正常，特别是组织了以美国探险者22号、27号卫星为目标的实战演练之后，确定地面观测系统运转正常，系统的协调性、准确性、可靠性都没问题，地面观测系统

东方红一号卫星上天之前，地面观测系统进行实测训练（1970 年）

进入了临战状态。

　　1970 年 3 月 21 日，基地发布了执行东方红一号卫星任务的命令，4 月开会传达了周总理关于试验任务的两次指示精神。总理要求卫星发射做到 16 个字：安全可靠，万无一失，准确入轨，及时预报。

　　4 月 23 日，发射阵地的测试和检查工作全部完成。发射时间是 24 日。

　　那天的情况说是"一波三折"真不夸张。这整个晚上，周总理一直守在电话边上，基地司令员李福泽随时向他报告情况。

　　第一个意外发生在四小时倒计时开始，全系统临战前最后一次模拟检查的时候。湘西站报告154-Ⅱ单脉冲雷达出现故障。湘西站是卫星入轨段测量的关键点，观测数据都要汇集到这个站，湘西站光、遥、雷设备齐全，又是28号代中心的备份中心。卫星入轨段的测量就靠这台雷达，恰恰是关键点位在关键时刻出现了设备故障，如不能及时排除，地面测量任务就前功尽弃了。好在湘西站雷达中队队长朱长泉和技师刘国才很沉着，通过检测发现是"3021C"泵浦速调管失效，立即组织更换和调试。

后来还听说了一个故事。紧张的抢修过程中，周总理还直接把电话打到了湘西站，问故障什么时候可以排除。接电话的是一位参谋长，一下子愣住了，站在边上的站长任怀生一听是总理来电话，连忙提醒他："快回答周总理的话！"参谋长这才反应过来，马上把情况向总理做了报告，并向总理保证20分钟内排除故障。这时候新的速调管已经换上去了，马上进行了送数和反复核验。

这天晚上，连气象情况也是一波三折。20时整，进入"一小时准备"状态。这时候发射场上空还是浓云密布，根本就看不到什么星星。大家都不知道这漫天的乌云什么时候才能散去。

这时候地下控制室又出现了更严重的问题，卫星应答机对地面触发信号失去反应。接到报告，李福泽司令又赶紧跑到地下控制室查问。这时候距离发射时间还有35分钟。紧急研究后，李福泽司令立即向北京做了汇报，建议推迟发射。周总理接到电话报告后，简单地询问了一下情况，同意推迟发射。

幸运的是，故障原因很快查清了，是地面设备的一个接头松动了。

气象条件也很配合，就在"30分钟准备"的口令下达之后，发射场上空的云层散开了，气象条件非常理想。

那天晚上还有一件让我印象深刻的事情。发射前，周总理又给发射场打来了电话，在电话里问候发射场全体人员，希望大家不要心急，要沉着，要谨慎，一定要把工作做好，争取一次成功！指挥中心把总理的问候和指示通过发射场及各个站点的有线广播一遍又一遍地播放，让在现场工作的每一个人都能听见。

问：卫星上天后，地面观测系统经受了严峻的考验，是否做到了"抓得住、测得准、报得及时"？

答：1970年4月24日，对我国的航天技术事业而言的确是标志性的一天，首战告捷！我国成为世界上第五个有能力发射人造卫星的国家。

东方红一号卫星起点很高，它的总重量达173千克，超过了前四个国家发射的第一颗卫星的重量总和，运行轨道也要比苏美第一颗卫星的轨道高，这说明长征一号火箭的运载能力很强；另外，地面测控系统也表现出色，轨道预报非常准确。我们从无到有自主建立起的卫星观测网真正做到了"抓得住、测得准、报得及时"。

先说"抓得住"。导弹也好，卫星也好，点火发射前的指令程序都是一样的——开始倒计时。新闻报道有了电视直播之后，这是最家喻户晓的场景之一了。东方红一号发射是在晚上，21时34分，28号代中心指挥所下达了最后一个预备口令："一分钟准备！"倒计时是有一个计数器显示的，数字归"0"的时候，命令点火。运载火箭起飞后，28 号代中心马上向所属所有台站下达"开始跟踪"的命令。眨眼间，发射场区各光测设备立即抓住了目标，大容量遥测车收到了清晰的遥测信号，单脉冲雷达和双频多普勒测速仪也顺利捕获目标。5 分钟后，卫星进入南方入轨观测区。湘西站、南宁站、昆明站、海南站也立刻一一报告，"捕获目标""跟踪良好""遥测正常""数据送出"。这是第一个环节，证明卫星已经进入了运行的轨道，这就是"抓得住"。

再说"测得准"。十多分钟之后，星箭分离。各站几乎是同时向基地 28 号站临时控制中心报告观测到"星箭分离，卫星入轨"。那是很激动人心的！卫星刚飞出南方观测区，28 号代中心马上就计算出卫星初轨根数并上报北京。这就是"测得准"。

第三个问题是，卫星在运行过程中，什么时间到达什么地点的上空，测量系统要能够准确预报。卫星飞行至第二圈再次进入我国领空的时候，23 时 30 分，喀什站观测设备捕获了目标，接收到的《东方红》乐曲非常清晰。跟踪测量后，代中心立即给出了精轨报告，并预报出卫星飞经包括我国在内的全世界 244 个城市的可见时间和方位。

28 号代中心用电传迅速将所做出的预报发往北京，供中央人民广播电台向全世界播报。1970 年 4 月 25 日，新华社受权向全世界宣布：

1970 年 4 月 24 日，中国成功地发射了第一颗人造地球卫星。卫星运行轨道，距地球最近点 439 公里，最远点 2384 公里，轨道平面与地球赤道平面的夹角 68.5 度，绕地球一周 114 分钟。卫星重 173 公斤，用 20.009 兆周的频率播送《东方红》乐曲。

这就是"报得及时"。

我们在广播里听到公报，也非常激动。卫星发射的时候，陈芳允先生和几个同事在上海出差。那时候没有手机，卫星发射成功，他们在上海的大街上听到这个公报、听到《东方红》的乐曲，就知道我们的测量系统成功了，也激动得不得了。

在东方红一号卫星工作的 28 天里，测量系统圆满地完成了卫星的测轨、计算和预报任务，轨道测量精度和轨道确定精度均达到较高水平。

3.9 我这辈子非常敬佩的人

问：您说过，陈芳允先生是您这一辈子非常敬佩的人。请问您是在接管 701 工程处的时候认识他的吗？

答：陈芳允先生当时在中国科学院 701 工程处工作。1967 年 10 月，基地奉命去接收 701 工程处的时候，我认识了陈先生，就把他一块儿接过来了。他们一起过来的有 40 多人，现在测通所还有那时一起过来的老同志，像刘志魁、晏振乾，他们那时都是 701 工程处的。

陈先生一开始并不愿意离开中国科学院，但当时中国科学院内部一片混乱，无法开展工作。他是 701 工程处卫星地面跟踪测量系统的技术负责人，对空间探索和利用这个新学科有兴趣，想继续做研究。他认为去国防科技部门还能继续科研工作，所以他成了卫星测控事业的一个坚定的支持者。当时王盛元部长找陈先生谈话，问他愿意不愿意去基地六部工作。他的回答很干脆："我愿意去。"王盛元说："那好，我们欢迎你。"王盛元同时提出建议，让陈先生先去工厂参加一年时间的劳动锻炼，然后再到部队来。因为那个年代知识分子都要接受工农兵再教育，这是必走的流程。

陈先生奉命调到了基地六部后，在技术处工作，他所负责的卫星测控业务也从地方转入了部队。事后，陈先生说，那时他在中国科学院的一些同事都好生羡慕，和他开玩笑说："这下你可好了，不用劳动改造，不用打扫厕所了。"

我俩认识的时候，他已年过50岁，他是1916年出生的，比我大20岁，后来我们就在一起摸爬滚打了30多年。

我俩之间可以说是无话不谈，他有事找我商量，我有什么事也跟他商量。我们私交也非常好，建立了深厚的感情，成了"忘年交"。陈先生还给我说起过当初到部队时"如鱼得水"。虽然前几年身份不确定，人在军营，但不让入伍，战士们不知道情况，管他叫"老师傅"，不过他很高兴，因为还能工作。最苦的活他也能干，也不怕离开北京，他就是希望中国的卫星能早日飞上天。

问：陈芳允先生是我国最早从事卫星测控技术的那一代人，能给我们谈谈您所了解的陈芳允吗？

答：陈芳允先生是晚年入伍，他穿上军装的时候已经快60岁了。他是我国著名的电子学家，一生为航天测控技术领域奋斗，是我国卫星测控技术的开拓者和奠基人。

我听他说起过他的家史。他老家在浙江黄岩。陈家在当地虽算不上世家望族，也算是一个后来居上的大家庭。祖父三兄弟在太平天国时期到了黄岩，凭着裁缝手艺安身立命。到陈先生出生的时候，陈家人丁兴旺，有 150 多口人。

陈芳允的父亲陈立信是陈家的长子，也读过几年书，在当地算是一个文化人。他的父亲思想进步，关心动荡中的国家，想干一番大事业，就跑到浙江省府杭州，报考进了保定军官学校。毕业后，又回到杭州当了一名军官。辛亥革命后，孙中山宣布成立中华民国，陈立信也就投向了民国政府。

陈芳允就是在这样一个家庭里长大的。他五岁时就跟着家中请来的一位私塾先生接受启蒙教育，且自幼聪慧。

青年时期他随父亲到上海办事，见了大世面，一心想在上海读书，后考入上海浦东中学读高中。高中毕业后，考上海交大落榜，不料却被清华大学录取，这一意外成就了他日后的成功。半个世纪之后，在 50 周年国庆大典上，国家表彰的 23 位"两弹一星"元勋中，有 14 位功勋科学家毕业于清华大学，其中有 11 位出自物理学家叶企孙门下，陈先生就是其中之一。

1938 年，陈先生清华毕业后留校任教了几年，后来去了航空委员会成都无线电厂，一个研究雷达的单位，当时是少校军衔。1944 年，他被派往英国留学进修，研究无线电和海用雷达。1948 年 6 月，他从英国回国，先是在南京中央研究院工作。1952 年，他受中国科学院吴有训副院长委托，筹建电子学研究所，后来在西南电子所当过副所长。"毫微秒脉冲取样示波器"

就是 20 世纪 60 年代初由他在国际上率先研制成功的。

苏联第一颗人造卫星发射成功后，陈先生曾和几位同事自发确立了一个小课题，成功地接收到了卫星发出的无线电信号，通过科学分析，不仅测出了卫星过顶时的多普勒频率曲线，而且推算出卫星的运行轨道参数。

建设我们国家自己的卫星测控网，陈先生有很坚定的信念。在我国无线电测量仍处于一片空白的情况下，以无线电观测为主、光学观测为辅的建设思路，就是陈先生提出的。他主导确立了具有中国特色的多普勒跟踪测轨体制。

问：陈芳允先生到基地后，据说有一段时间坐"冷板凳"，有这回事吗？

答：陈芳允先生过来以后，被安排到了六部，也就是基地第六试验部。

那时六部已改名为卫星测量部，也就是现在的 26 基地，原来在北京，后来从东风基地搬到了渭南，奉命筹建我国第一个卫星测量中心。

八百里秦川的关中平原上，布满大大小小、高达数百米的塬，工作条件和生活条件都很艰苦。

陈先生到了基地之后，基地给他单独一间房，但没啥实际工作任务。他的工资还是和在中国科学院的时候一样多，只是在军营里，他还不是军人，每天穿着便衣，显得与众不同，可是他不在乎这些。

虽然没有军人的身份，可他向来对自己要求严格。他和技术处的同志一起开始重新论证卫星的测量方案，提出了比较完整且可靠可行的技术方案。

他也和年轻的军人们一起坐火车去各地出差。当时他已经是教授级研究员，乘火车出差照样坐硬座，碰到运气不好，还要人挤人地站上大半天。出门在外，当兵的就是一家人。陈先生工资比军官们高，他总是慷慨地自掏腰包，请大家美美地吃上一顿。

在基地的时候，吃过晚饭，他常常和军人们一起去开荒种菜、上山打猪草，他觉得自己就是部队大家庭的一员。

他很大度，脾气温和，知识丰富，年轻人都喜欢他。

因为他有国外留学背景，所以很多密级比较高的事情都不让他干，怕有保密方面的问题。

问：那么，后来陈芳允先生又怎么到了测通所，与您在一块儿共事呢？

答：这便是我和陈芳允先生的不解之缘，我们算是惺惺相惜吧。在 20 基地的时候，我负责航测处工作，测控业务归我管，我经常到 26 基地去，和卫星测控这块的人都很熟，与陈先生聊得最多。

我发现在如何建设中国的卫星测控网上，我和陈芳允先生有着相同的思路、共同的目标。我们认为因为国情不同，中国的航天测控技术要体现自己的特色，不能跟在别人的屁股后面跑，要建立自己的体系，掌握自己的技术，开拓自己的领域，要运用可靠性高的各种技术手段，保证测控数据的精确度。

如何利用好中国的条件，建立我们自己的卫星测控系统？我

沈荣骏（左一）、陈芳允（左三）等与外国专家进行技术交流（20世纪60年代）

俩都认为，卫星测控系统建设要从长远考虑，一步一步推进，为后面的卫星工程（例如返回型卫星、地球同步通信卫星等研发试验）打好基础，同时要增加具有更高要求的测量手段，形成更复杂、更庞大且准确度更高的测控系统，也就是说，要有我们中国自己的测控技术，自己的特色。可那时陈先生有力使不出啊。

我对陈先生很佩服，也很清楚他坐"冷板凳"的情况，要不然我也不会请他到测通所来。他们基地的领导也是我的老领导，也和我说了陈先生在政治方面面临的困难。我心里有数，他老老实实的人，能有啥事儿。陈先生从来不说个人的事儿，没有工作安排给他，他就随身带个小本子，看书学习。

我被调到测通所之后，跟陈先生说干脆到测通所来吧，他说好。我就给国防科委写了报告，把他调到了测通所。

1975 年 1 月，邓小平开始全面主持国务院日常工作，着手对许多方面工作进行整顿。在这期间，张爱萍出任国防科委主任，形势有了新变化。1976 年，组织上任命陈先生当了副所长，当时我们三个管业务的副所长，我是牵头的。

问：是不是可以这么说，1967 年基地接管 701 工程处，实际上也在非常时期保护了这位科学家？

答：十年"文革"，中国的科学研究和一些尖端工程，受到很大冲击。

陈芳允先生给我说起过，他的同乡，也是他的老师，中国科学院卫星设计院院长赵九章先生被迫害的遭遇。

赵九章先生是我国空间技术和卫星事业的倡导者和奠基者。他早年毕业于浙江大学的前身之一——浙江工专，后在清华大学物理系读书，考取庚款出国留学，到德国柏林大学攻读气象学博士学位，回国后，先在西南联大任教，又继竺可桢之后，主持中央研究院气象研究所工作。我国第一颗人造卫星就是他领衔担任总设计师的。在"文革"中，就因为他是国民党元老戴季陶的外甥，年轻时曾当过戴季陶的机要秘书，被打成"历史反革命"。那时陈芳允先生也受到冲击，被抄家批斗。

有一天晚上，陈先生心情压抑，正在中关村散步，不期遇到赵九章先生。早年在清华就读时，赵九章先生曾指导过他的实验课，自然是他的老师了。他俩同样从事卫星工程工作，现在又面临同样被批斗的命运，自然一路上说了很多话，聊到很晚，陈先生还把赵九章先生送回了家。过后没几天，就听说了赵九章含冤致死的消息。陈先生万万没想到，那个夜晚是自己与赵先生的最后一次见面。他犹感痛惜的是，赵先生作为卫星总设计师，却没有等到我国第一颗卫星升空的那一天！

这件事对陈先生的打击很大，令他终生难忘。所以，到了基地后，他感到很庆幸，有个安定的环境可以读书、工作。1976年，"文革"结束，国家开始拨乱反正。这一年，他60岁。之前他一直穿便装，到了测通所后，一个是穿上军装，一个是入党——这两件事对陈先生很重要，之前也不是不让办，主要是没有人给他办。

问：入伍和入党，这两件事对陈芳允先生很重要。您能详细说一下这两件事吗？

答：陈芳允先生的军旅生涯是从60岁那年开始的，那是1976年。这一年在中国历史上有着拨乱反正的重大意义，对陈先生也意义重大。

当时，陈先生已经在基地工作了整整十年，又可以自由翻阅国外原版资料了。他发现十年闭关锁国，科学技术在飞速发展，我们远远地落在了后面。他很庆幸自己还没老，还有精力干很多事。他特别喜欢部队这个稳定的环境，也盼望自己能成为部队这个大家庭中的一员。他很郑重地向组织上提出了要求参军的请求。那时也有人说，花甲之年，一个人的黄金时光已过。他不这么想，他还有许多想法没有实现。陈先生外表温和，内心非常执着，有很强的使命感和责任心。

1976年，陈先生要求参军的报告很快得到了组织的批准。

测通所领导班子合影（20世纪70年代 洛阳）

刚穿上军装，他就与我一起担任测通所副所长。那时测通所的准确名称是"洛阳跟踪与通信技术研究所"。

关于测通所的分工，我是党委常委，主管系统总体；陈芳允分管卫星测控，主要是管设备总体；还有一个王积江副所长，主要是管专项工程，比如150工程办公室、160工程办公室……办公室主任都是王积江。我们三个人大概就这么分工。王积江大部分时间在北京，因为专项工程办公室设在北京，要和各单位打交道。作为同一个所里的同事，我和陈先生之间的交往就更多了。

"文革"刚结束的时候，有些同志脑子里"左"的流毒还没肃清，因此对陈先生在政治上不太信任，总有些流言蜚语。我刚上任不久，有些没事找事的人到我这里告他的状，说他不关心政治，每天埋头搞科研。我一听很生气，当面严厉批评。这就是无事生非，搬弄是非！我在党委会上公开说，陈所长是一位科学家，他热爱祖国，精通业务，工作勤奋，我们应该好好执行党的知识分子政策，鼓励他钻研业务，在技术上要认真听取他的意见，充分发挥他学术带头人作用，用人不疑。

陈先生是一个对自己要求很严格的人。他早有加入中国共产党的愿望，来了测通所以后，这个愿望更加强烈了。他找我谈心，谈了这个愿望。我说："行！我很愿意给你当介绍人。"于是我成了他的入党介绍人。其实那时我经常在想一个问题：怎样才能给陈先生这样的老知识分子、老科学家创造一个宽松的环境，让他们充分发挥自己的聪明才智，为国家做更多的事？我经常和他聊天谈心。他动情地说："在部队工作那么多年，我真是把这里当成了自己的家。可是像我这样一个从旧社会过来的人，又喝过洋墨水，一有政治运动就受冲击、被审查，当时想参军都很困难，更何况入党了。"我对他说："知识分子有什么不好？你不是用自己的知识为国家的国防事业做出了很大贡献吗？作为知识分子优秀代表，你完全符合成为一名共产党员的条件。"

陈芳允先生入党是在 1977 年，这年他已经 61 岁了。从此，我们之间感情更深了。后来我担任了测通所所长，技术上的问题，我总是第一个想到要听取他的意见和建议，遇到矛盾和分歧，就开诚布公地共同探讨交流。我们一起合作完成了许多重大国防科研项目。

问: 据说，陈芳允先生最早提出微波统一测控系统方案时，您是全力支持的。它对我国地球同步通信卫星技术的发展有什么重要意义?

答: 那是 1975 年 4 月吧，中央正式批准开展我国卫星通信工程的研制工作。特别是 331 工程，当时通信卫星上应用的微波统一测控系统有些技术上比较难的问题——包括 C 波段和后来 S 波段——最早的方案是陈芳允先生在 1973 年提出来的。

研制同步通信卫星，必须解决在上万公里高空运行的卫星如何实现与地面上的人进行"对话"这一技术难题。那时，我国中低轨道卫星的地面测控网已经建成，但是要使卫星地面测控网的作用延伸到 3.6 万公里高空的地球静止轨道上，这不是一件简单的事，地面测控系统必须增加大功率、高灵敏度和超远距离的设计。

陈先生力主建立一个新的切实可行的微波统一测控系统。所谓微波统一测控系统，就是建一个微波跟踪测量系统，共用一个载波信号、一套天线来完成对航天器的测量、遥测、遥控、通信，包括传输数据和电视图像等任务。因为应答机也是集各种功能于一体的，这样一个统一测控系统可以大大节省卫星载荷的体积和重量，特别是星上天线的数目，也可以大大节省地面设备的规模和投资。

这个方案否定了通信卫星测量系统方案中的分散测控系统的体制设想，使我国航天测控系统从单一功能的分散体制发展为综合多功能体制。但这个方案在当时有很多人反对，遇到了很大的阻力。

问：后来是如何得到推进实施的？

答：1976 年，我国为发展地球同步通信卫星，专门成立了卫星通信工程技术协调组，陈芳允先生作为测控专家参加了协调组的工作。

1977 年 9 月，中央批准把发射通信卫星列为国家重点任务，即 331 工程。那时我俩都在测通所任副所长。

按过去的常规，对测控的要求一般在卫星的技术指标确定后才能提出。因此，测控系统的研制和建设总是落后于卫星研制的进度，这也成为发射计划中一个拖后腿的因素。陈先生想改变这种状态，又希望在技术上有所突破。为此，他对能找到的资料进行了详细研究分析，又对我国情况做了具体调研，认为微波统一

陈芳允（左二）与测通所科研人员在一起交流（20 世纪 80 年代初）

测控系统能满足任务的要求，而且能兼顾日后其他卫星的需求。1973年，陈先生形成了对我国通信卫星应用"微波统一测控系统"的建议，并提出了初步的设计方案。

在一次讨论通信卫星测控方案时，有许多人对这一新技术方案有疑虑或持反对态度，但我支持他。我认为方案是可行的，可以对卫星进行单站测量和控制，而且便于操作，轨道测量、遥测、遥控可以同时进行，互不影响，必要时还可以利用这套设备通信和接收电视信号。这是测控技术的一个创新，由此可以带动中国航天测控新技术的发展。

但是，这个技术方案要成功，需要各方面的支持，尤其在测控体制上要改变，这就遇到了很多阻力。陈先生也很苦恼，有力使不出。我俩经常在一起探讨这个方案，我们的想法很合拍，我的态度一直很坚定。在测通所党委常委开会时，我特地在会上提出要支持陈芳允的微波统一测控系统方案，经过讨论，得到了大家的赞同。会后，我就对他说："技术上的事，你为主，你主持。有关组织人员、经费、保障条件等方面的问题，你不要操心，我来管。有困难我们一起克服。"

这样就把这件事确定了。陈先生主持组织了几个单位来研制微波统一系统，此后这就成为整个卫星飞船的主要测控系统。当然后来波段改变了，这是因为要和国际接轨，便于国际联网，但是从理论上讲是一样的，不论是C波段还是S波段的测控系统，都实现了跟踪、外测、通信、遥测、遥控的五合一，一个设备兼具五种功能，所以叫"测控统一系统"。

全面建设S波段测控网的时候，我已经到国防科工委工作了。我们觉得，将来要和国际交往，必须上S波段，所以就在南宁先建了一个S波段的试验站，紧接着就是载人航天工程上马。1992年，载人航天工程上马以后，我们接着把整个S波段测控网建成了，这一下就与全世界的测控系统联网了。

问：在远望号测量船电磁兼容问题上，您也与陈芳允先生有很好的合作，能介绍一下这方面的情况吗？

答：陈芳允先生最大的强项是在无线电技术方面，他不仅精通理论，而且很清楚线路设计、设备性能，特别是在电子学方面，理论和实际都精通。这一点是很了不起的，像这样的专家很少。他既能提出方案，又能现场解决具体问题。而且他没有专家架子，平时就是拿一个自己订的小本子，在现场有什么不懂的就问，然后记下来。

电磁兼容方面，碰到的最大的一件事儿，就是718工程研制远望一号和二号测量船。船上的设备多，有上千台各种各样的仪器设备，包括计算机、雷达、通信、船舶导航和气象预报和观测设备等。无线电天线也多，船上有限的甲板空间要安装几十副各种形状的天线。如果事先设计不周，这些设备发出的电磁波会发生相互干扰的问题，严重影响卫星信号的正常接收。

718工程远洋测量船的总体方案是我起草的，在设计的时候我就已经想到了电磁相互干扰的问题。我们原来计算的时候，在理论上划分了波段，但是必须经过试验去验证结果。

所以测量船在海上专门做了一个电磁兼容试验。当时陈先生主动提出要求去，我便同意了。陈先生去主持了这个试验，试验的结果是没有干扰。得出的结果和我们的理论分析是一致的，没问题，大家就放心了。

到了1980年，测量船不光要完成航天测量，还要服务于卫星通信的测量任务，要单独远航，船载大型设备就更多了。电磁干扰成了大问题。陈先生提出了一种频率分配的计算方法。他设计的这种方法可以使各种设备同时工作而互不干扰。最终他带领测通所团队和测量船上的技术人员合作，做了大量的计算工作，完成了频率分配方案，实现了电磁波互不干扰。这是测量船的又一次技术大提升。

问：据说，北斗导航系统最初的技术平台也是您俩合作研发的？

答：北斗导航系统最早的第一代双星定位技术也是陈芳允先生牵头，我俩合作完成的。那是1983年，陈先生提出"双星定位通信系统"，当时我还在测通所当所长。我支持他的想法，跟他一起探讨技术方案，提供经费支持等各方面的条件。

1983年底，我奉调任国防科工委干部学校校长。临走前，为过去从事的测控工作写了一份总结报告，讲到了航天测控系统以后的发展方向，也讲到了卫星导航的问题。

到了1984年，陈先生因年龄关系调离了测通所，担任国防科工委科技委专职委员，但他一直在做双星定位通信系统的研究，遇到了经费问题等不少困难，于是来找我商量。当时，我已担任国防科工委副主任，我把国防科工委计划部同志找来，讨论双星定位系统的研究，后来就立了项，划拨了300万元研究经费。

1989 年 9 月，国防科工委组织了一次双星定位通信系统功能演示试验，获得了理想的数据。1993 年，双星定位通信系统被列为"九五"计划中的任务。这个系统的研制成功，标志着我国在开发利用卫星通信资源方面有了新的突破。

中国发展小卫星的最早想法也是陈先生提出的。他在世界空间科学大会上宣读的论文中提出了发展地球环境观测小卫星群的想法，也跟清华大学师生专门谈过一次。他认为，小卫星应用灵活，多颗小卫星可以代替一颗大卫星的功能；小卫星发射风险小，可以一箭多星；另外，小卫星研制周期短、生产成本低，易于研制和生产。他对小卫星系统的应用价值很有信心。他还引进了英国萨里大学的小卫星。他确实是一位有远见的科学家。

问：您与陈芳允先生最后一次见面是哪一年？还有印象吗？

答： 1988 年，陈芳允先生从国防科工委科技委专职委员岗位上退居二线，担任科技委顾问。他职务退了，但工作没有退，脑子里还尽想着科研上的事。我们每次见面，他总是和我讨论科技进展，谈论人生。

陈先生的身体一直很好，很健康，80 多岁时还经常出差，每天活动安排很紧。1998 年，他分到了新居，正军级的房子，为照顾他家人，按面积拆分，安排了对门的两套。后来他肌肉萎缩，腿脚不便，上不了楼。我帮他把房子换到一楼，就不用上下楼了。他对生活的要求很低，能简则简，不求奢华，换房子后，请了一支装修队只简单装修了一下，就高高兴兴搬进了新居。

　　可就在那一年，他生病了。1999年9月18日，党中央、国务院、中央军委隆重表彰为我国"两弹一星"事业做出突出贡献的功勋科学家，陈先生是受表彰的23位功勋科学家之一。其实那次受勋时，他已经因肺炎住院半个多月了，身体非常不好。

　　在陈先生住院期间，有一天我在306医院看见他过来做核磁共振。我问他为什么还跑这儿来做，他说301医院排不上队。第二天我去301医院看他，我俩谈了很长时间，我要走了，他说啥也不让我走，两人就又接着聊。他说："我今年可是84岁啊，老话不是说73、84吗？"我说："你一个科学家，还信这玩意儿？别胡扯了，你看你状态不是很好吗？"确实他的状态当时是挺好的。

　　他住院时，有一名公务员照顾他。一天早晨，他要起床去卫生间，按道理讲，他应该叫上公务员陪着，但陈先生这个人非常自律，不愿意麻烦别人，他就自己一个人去卫生间，结果被一口痰给堵住了，没救过来。那一天是2000年4月29日。他就是对自己要求太严了，老不愿意麻烦别人。所以我听说他去世的消息，很吃惊，我说怎么可能呢，我前不久看他好好的。

　　我和陈先生共事了33年，从他身上学到很多东西。他是我的长辈，我的老师，也是我的挚友。陈先生，是我这辈子非常敬佩的人。

第 4 章

栉风沐雨砥砺行

1975 年 9 月，中央军委下令撤销老 20 基地。我们把老 20 基地叫作"老母鸡"，它不仅孵化出了多个试验训练基地，还培养造就了一大批管理人才和专业技术人才，这是中国导弹航天事业最宝贵的财富。

老 20 基地撤销后，1976 年 2 月，我奉调任测通所副所长，后又任所长，干了八年，正赶上导弹航天领域实施"三抓"任务的关键时期。这段经历令我终生难忘。

东风五号远程导弹打全程飞行试验，要有我们自己的远洋测量船，才能在海上进行落区测量。那时我国远洋测量船技术几乎处于空白，一切都需要从零开始。国防科委要求基地提出测量船总体方案进行设计论证，我承担了具体任务。1968 年 6 月，中央批准远洋测量船的研制计划，代号 718 工程。测量船研制工作几经波折，障碍重重，这么大的系统，论证加上研制，历时 15 个年头。远洋测量船上所有的设备都是我们自己研制的，这是我一生中最值得骄傲的事。

1973 年 9 月，国防科委副主任钱学森提出："要在全国建立一个测控网。"1975 年，测控网规划论证工作正式启动，历时三年完成。1980 年 5 月 18 日，东风五号远程导弹第一发全程飞行试验成功。1982 年 10 月 12 日，巨浪一号潜地导弹一出水，首区测控设备立即捕获到目标并进行跟踪测量，测控、通信系统表现很好，圆满完成任务。

"三抓"任务的收官之作是 331 工程，即发射地球同步通信卫星。1975 年 3 月，通信卫星工程正式列入国家计划，命名为"331 工程"，包括通信卫星、运载火箭、测控系统、地面通信应用系统和发射场等五大系统。331 工程为解决精确测量这一关键问题提供契机，成为导弹航天测控网二期工程建设的一个主要目标。陈芳允先生提出的研制微波统一测控系统的设想，解决了卫星在 3.6 万公里高空的地球静止轨道上运行时的测控问题。经过十几年逐步建设，我们在中国大地上建成了一个中精度的覆盖近地和同步轨道卫星的测控网。

1984 年 4 月 16 日，东方红二号通信卫星发射定点成功。从此，中国有了自己的地球同步通信卫星。

4.1　老20基地是一只"老母鸡"

问：您是什么时候正式到测通所任职的？

答： 那是 1976 年 2 月，老 20 基地撤销后，我奉调任测通所副所长，主管科技工作。那时候技术干部基本上都是副职，主要管技术方面的业务，正职都是老同志、老革命。

老 20 基地撤销是在 1975 年 9 月，这中间有一段时间，大约几个月吧，没有给我安排工作。主要原因是当时组织派我去测通所，我不太想去。我找了个理由，说我过去一直在机关工作，对研究所不太熟，也怕不太适应。事实是我有顾虑。那段时间正是测通所受到地方上"造反派"的影响，工作很难正常开展的时期。

我就一直很犹豫：去还是不去？后来所里一些老同志听说了，来找我聊，劝我去。最后我决定去。原因很简单，就是考虑到我很喜欢做测控，专业上也对口。这样，我就到测通所去当副所长了。到了 1982 年 8 月，我又担任了所长，一直到 1983 年 12 月离开，在测通所干了八年多。

我去测通所的时候正赶上个好时机。那段时间正是我们国家"五五"和"六五"计划全面建设时期，也正赶上导弹航天领域实施"三抓"任务的关键时期。所谓"三抓"任务，简言之，就是发射洲际导弹、潜地导弹和通信卫星（一种应用卫星），也就是"两弹一星"里面的导弹加上卫星。我和测通所的同志们在并肩工作中建立起了深厚的感情，共同在极端困难的条件下，圆满完成了上级交给我们的各项任务。这段任职经历令我终生难忘。

问：刚才您提到老 20 基地被撤销这件事，我们先说说，为什么要撤销老 20 基地？

答：撤销的原因主要是老 20 基地体量太大了，直接影响管理效率。

刚才说了我是 1976 年 2 月去的测通所。1975 年 9 月，中央军委下令撤销了老 20 基地，将基地所属各个试验部以及工区分别组建新的试验训练基地，并从 1976 年 1 月 1 日起直属国防科委。

从 20 世纪 50 年代开始建设，到 70 年代，老 20 基地已经发展成一个庞大的机构，下辖六个部，分散在内蒙古、甘肃、云南、山西、陕西、四川、吉林等省区，还有遍布全国的卫星地面观测站。当时老 20 基地机关设在戈壁滩的东风场区，但所属的接近六万人分散在全国各个地方，基地对各个部、各个站的管理很不方便。那个时候交通、通信不像现在这么发达，各项工作管理都很困难。

其实早在 1972 年 5 月，基地领导向中央专委会汇报反击一号反导导弹试验任务准备情况的时候，周恩来总理就曾指出，试验任务的领导层次太多，太复杂，20 基地分那么多部，上面还要有个大架子，那么分散，基地领导机关在西安，上面又有国防科委，20基地被架空了。

在这种情况下，国防科委决定撤销老20基地，把各基地独立，便于各自的发展，也便于国防科委的直接领导。以前地方有问题先到基地，基地再报国防科委；国防科委也一样，有事要先到基地，基地再到各个地方。而且基地机关又在一个很偏远的地方，工作就很不好做。老20基地撤销以后，各个试验部独立成基地，大部分都是军级单位。这对测通所来说也是个好事儿，归到国防科委后，管理起来也比较方便。

在中央军委下令撤销老20基地的同时，为适应新形势下任务发展的需要，国防科委下决心对编制体制进行调整：

在第一试验部的基础上组建了西北导弹试验基地（新的第20试验训练基地）；

第四试验部扩编为第24试验训练基地，目前已经撤编；

第五试验部扩编为华北导弹试验基地（第25试验训练基地）；

第六试验部扩编为渭南卫星测控中心（第26试验训练基地）；

第七工区扩编为西昌卫星发射中心（第27试验训练基地）；

第八试验部扩编为东北导弹试验基地（第28试验训练基地）。

现在的各个试验训练基地，基本上都是在老20基地各个试验部的基础上发展起来的。我们把老20基地叫作"老母鸡"，因为这里不仅繁育孵化出了多个试验训练基地，还创造了中国航天史上的多个"第一"：第一枚导弹、第一颗卫星、第一艘飞船……都是在老 20 基地发射的。更重要的是，老 20 基地培养造就了一大批管理人才和专业技术人才，这是中国航天事业最宝贵的财富。

问：老 20 基地是怎样"孵化"出那么多新基地的？

答：老 20 基地作为国家的第一个综合导弹试验基地，具有非常重要的地位。后来随着形势的发展，基地又在下面设了若干个部，这些部也都是有来源的。我可以简单讲一讲，老 20 基地后来分出去的各个基地是怎么来的。

首先 25 基地那时叫一工区。那是"三线"建设的产物。前面谈到过，因为战备的需要，中央提出在"三线"建设新靶场。这"三线"新靶场，后来就是 25 基地。25 基地的选址经过我在前面也已经说过了，实际上也是歪打正着，选在山西岢岚，是老帅们定的，那是个革命老根据地。

26 基地是因为要上东方红一号卫星项目，基地接管了中国科学院 701 工程处。卫星地面观测系统技术和设备都由基地抓总统管，测控系统要独立建制，组建了卫星测量部，即第六试验部。后来六部奉命去筹建我国第一个卫星测控中心，一开始——也就是 1968 年——建在渭南，后来逐步迁到西安。西安处于大西部的中心地带，交通便利，到各个方向都比较方便。后来第六试验部独立建制为第 26 试验训练基地。

28 基地在东北，那是为了东风四号远程导弹全程试验建的。前面已经说过，随着我们导弹技术的发展，射程越来越远，要保证不打到国外去，需要将发射试验场往后延伸。东风四号全程试验起、落点是从东北到新疆的皮山,相距近 4000 公里。28 基地当时叫作东风四号全程飞行试验临时简易靶场,还挖了个井,做井下试验。打完以后 28 基地就撤销了,之后交给二炮作训练基地用。

23 基地,就是远洋测量船基地。我们的想法是建在长江边,第一个好处是安全,第二个好处是没有海水腐蚀。基地一开始由海军管,叫 95 工程指挥部。但是测量船跟海军的船舰不是一个概念,它是用于测控的专业船。船只是个载体,船上的设备都是用于远洋测控的,测量船其实是一个可移动的航天测控站。海军没有测控专业,对测控不了解,对任务也不了解,最后海军提出把它交回基地管。交回来了以后,我们在江阴建立了测量船基地,就是 23 基地。为什么选在江阴?因为如果再往里走,就有大桥,有个过桥的问题。江阴离长江不远,水深也够。因为测量船的吃水要求是不能低于 9 米。另外,江阴有个很好的码头,我们就在那儿建了 23 基地,也可以说就是测量船基地。

24 基地,一开始是在新疆库尔勒,是做反导技术试验用的。现在也撤销了,因为末端反导必须和弹着区相结合,没有弹头还反什么导?原来综合落区在那儿,后来搬到了昆明附近。那个地方是红土地质,所以我们一看鞋或衣服上带着红土的人,就知道是从 24 基地来的。后来周总理指示反导工程暂缓,反导项目就下马了,基地也撤销了。基地撤销了以后,因其首区面积很大,被改建成了一个训练基地,用于干部继续教育和干部培训工作。以后慢慢地这个任务也没有了,所以现在没有 24 基地了。

27 基地,也就是西昌卫星发射基地。建立 27 基地主要是为了打同步通信卫星。因为打同步通信卫星需要在一个低纬度的地方，发射场纬度越低，地球离心力越大，发射有效载荷的成本就越低，所以低纬度可以节省很多能量。27基地早在1969年12月就开始勘察了，勘察选址花了三个多月的时间，最后选定了位于大凉山腹地的西昌。从地理位置上看，西昌地处四川西南部横断山脉南的西缘，这里海拔高、纬度低、离赤道近，的确是一座理想的天然发射场。发射同步卫星时，可利用其独特的地理位置优势，提高火箭的运载能力，比别的地方更有利于将同步卫星送入3.6万公里高的赤道上空。选定了西昌之后，由于受到"文革"特殊时期的干扰，再加上经济条件和技术水平的限制，工程一拖再拖，直到1975年3月，张爱萍将军复出主持国防科委工作后，才正式确定了331工程。331工程有五大系统，其中就包括西昌发射场建设工程。西昌宇航工区就是后来的第27试验训练基地。

文昌基地是在西昌基地的基础上发展起来的，它归27基地管。但是作为一个发射场区，它更靠南，在海南文昌市铜鼓岭，东面就是大海，纬度更低。

文昌基地的这个点是我去选的。正式建设是2000年以后的事，我已经不在领导岗位上了，但是选址这个事儿，基地还是让我来主持。我们现在27基地用的主力火箭是长征三号B、长征三号甲、长征三号乙，主要打同步轨道卫星。为什么要选在海南？因为大火箭出来了，直径有5米。火箭越大，发动机越大，推力就越大。在这之前，原来火箭的最大尺寸就是3.5米。为什么是3.5米？因为3.5米过山洞没问题。我们增加火箭推力的办法是捆绑，二级、三级——一个不行，再加两个，两个不行加四个，一直采用的是这个办法。国外也是这个办法。但是这个 5 米直径的大火箭过不了山洞，陆路运输不可能，就只能从海上运输。也是考虑运输的原因，把组装大火箭的工厂建在了天津，天津靠海，便于海路运输。

选文昌这个地方，是综合考虑了大直径火箭的运输问题和低纬度地区的优势。这里面还有个插曲——运输火箭的船该谁管？按道理说，运输应该是航天部门的事，基地只接收产品。但是看完文昌这个点，回来后我说了一句"闲话"。我说：这个港口也在那儿，基地也在那儿，23 基地本来就是做船的，一只羊是放，一群羊也是放，运输船也不复杂，4000 多吨吧，这个运输船我们自己造算了。总装备部觉得这也是个办法，就同意了。本来，这艘运输船就是用来运大件设备的，结果航天部门一看，既然造船了，就把本来飞机火车运的都弄到船上运，结果一艘船不够了，最后造了两艘船。实际上开始时一艘运输船就足够了。

这就是这些基地的来龙去脉。

问：老 20 基地是最早的导弹火箭发射试验的训练基地，作为第一代创业者，您如何评价它在中国导弹航天事业发展中不可替代的重要作用？

答：老 20 基地组建，是整个导弹事业发展不可或缺的一个重要环节。所有的导弹必须进行试验。不试验，怎么知道它的精度怎么样、射程够不够？我国采用的是特殊弹道试验，所有的事情都压在靶场身上，而且这里面测控系统又占了很重要的地位。

基地的核心应该抓什么？这个问题在基地有争议，搞测试发射的人认为应该主抓导弹测发，搞测控的人就认为测控是主要工作。

实际上，导弹的测发，配套的地面设备全是型号部门带去的，不是基地生产的。比如说东风三号试验，东风三号的地面测发设备，都是航天研制部门带到基地的，所以基地的职责是负责检查、测试、操作和最后的把关验收。发射台和导流槽是基地建的，操作也是由基地负责的。也就是说，型号的研发经费全部下达到研制部门，在具体型号研发过程中，基地就要派人去学习，和研制部门配合，但技术上不负责研发生产。

测发系统负责打上去，测控系统负责把过程数据精准记录下来。试验不可能一发成功，设计改进，就靠测控数据。"靶场"和"试验场"是一个概念，可以叫"导弹试验靶场"，或者"导弹试验场"。通过试验，取得各种参数，才能对导弹的性能进行评价，然后再根据这些参数，研究分析哪些需要改进，再去改进设计、完善产品。所以靶场试验是个非常重要的环节，对尖端战略性武器，包括各类导弹、火箭，还有航天技术的发展来讲，它有很重要的作用。

我在1996年曾经跟航天集团的刘纪原老总商量过，我说现在这个基地试验，"摆小摊"的现象很厉害，一个型号一摊，地下电缆井里一个型号一堆电缆。我认为需要标准化——基地标准化，地面设备标准化。所有的导弹过来试验，我就这一套设备，你的接口和我的对接。标准化以后可以节省很多钱。刘纪原也同意了，结果1996年以后，连续几次试验失败，大家就都去抓质量去了，没有时间来干这个事儿，这事就拖下来了。后来才逐步改进，随着数字化技术的发展，地面设备也逐步简化、标准化、现代化了。

老20基地现在已经不存在了，作为曾经的一个创业者，我非常怀念，也很有感情。邓小平同志曾经说过："如果60年代以来中国没有原子弹、氢弹，没有发射卫星，中国就不能叫有重要影响的大国，就没有现在这样的国际地位。这些东西反映一个民族的能力，也是一个民族、一个国家兴旺发达的标志。"因此老20基地在中国航天事业中曾经发挥了不可替代的重要作用，它的创建和发展，饱含着国防科研战线广大创业者的艰辛，也渗透着毛泽东、周恩来、邓小平、彭德怀、聂荣臻等老一辈无产阶级革命家的心血，凝聚着几代官兵和科技工作者的无私奉献精神。

老20基地的发展史，可以说是一部自力更生、艰苦奋斗的创业史，是一部自强不息、发愤图强的奋斗史，是中国国防科技事业、航天事业在困境中崛起，坚韧不拔、砥砺前行的一个缩影。它所滋养出的"两弹一星"精神以及东风精神，是一笔宝贵的精神财富。随着各个基地的成长，这些精神得到了进一步发扬光大，激励着几代航天人顽强拼搏、锐意进取，推动中国导弹航天事业不断发展壮大！

问：老20基地撤销前的1970年，基地机关曾搬迁到了西安，为什么？

答：是的，1970年基地机关曾经搬到西安。当时我们和苏联的关系很紧张，"苏修"是我们的主要敌人。1969年3月，苏联入侵珍宝岛，中苏、中蒙边境处于紧张状态。20基地和蒙古国挨着，靠近中蒙边界，等于处在最前沿，成了战备第一线。那儿都是戈壁滩，也没有什么天然防御。

1969年10月，全国处于紧张的战备状态，中央军委办事组指示基地要尽快疏散，除了留下确保试验进行的试验设备外，其余尽快搬出。当时基地正承担着卫星和中远程导弹试验发射的繁重任务，从安全角度考虑，基地研究决定，不光机关撤离，内部人员也要疏散。基地动员家属返乡或在场区附近的农村插队，把能送回老家的孩子都送回老家。我家的孩子那会儿也都送回老家去了。暂无试验任务的单位、人员和设备器材、档案资料都疏散到陕西渭南、商洛一带。1970年，经国防科委和中央军委办事组批准，并征得陕西省委同意，干脆把整个基地的机关往西安搬迁了。

搬迁疏散工作千头万绪，费尽万般周折。基地机关、研究所都搬迁了，但基地下属的各个部没有动。东风中远程导弹试验任务是一部执行的，因此一部没有动。

机关打前站，在渭南选新址，选了半天不合适，后来确定到西安。但是西安也没有一个能够完整容纳和安置整个基地的地方，于是所有人员就分散在各个地方落脚，都是借住别人的房子。机关设在和平门外的西安铁路公安干部学校。测通所是后搬的，开始在赤水镇，后来搬到了西军电（现西安电子科技大学）。基地的其他直属单位也都分散在西安各个地方。

机关虽然搬了，但工作没有停。我们那时的生活是个什么状态呢？住筒子楼，不管一家有几口人，都只有一间房，标准间，就这么挤着。楼道走廊上都是做饭的火炉子。过去在基地，基本上家家都不做饭，都吃食堂。搬到西安，又分散在各处，逼得各家只能自己开伙做饭，但又没地方做，只能把火炉搁在走廊里。这样的日子挺不好过的。那两年在西安，可以讲是困难得不得了。

这种日子持续了两年。基地机关搬到西安后，在西安市征地。征完地，把地上的柿子树都拔了，把电缆也埋到地下了，马上就要盖房子了，但后来又搬回东风场区去了。这事还和我有点关系。

记得是 1971 年，有一次我在中南海向周总理汇报东风四号试验任务。以前我向总理汇报过几次，总理已经认识我了，就问我："小沈啊，你从哪儿来啊？"我说，我从西安来。总理又问："你怎么从西安来啊？"我只能如实回答说："我们搬到西安了。"总理根本不知道基地搬到西安这件事情，就问："怎么回事啊，李福泽，我怎么都不知道你们搬到西安了，谁定的？"李司令回答说，是六月办事组（即中央军委办事组）定的。总理非常生气："六月办事组？我都不知道！"总理接着说："部队在东风，你们跑西安去干什么？搬回东风，批林整风！"

1972 年 5 月 9 日，周总理在总后勤部关于基地住房问题的报告上批示：20 基地应暂回东风场区。6 月，基地机关遵照总理的指示搬回到东风场区。就这样，基地机关 1970 年搬了出来，1972 年又搬了回去。

我记得，在基地那么多年，我们家没有自己做过饭，都是在食堂吃。星期天有时候在家里包个饺子，或者打点饭回来，把凳子当桌子用，坐个小板凳吃饭。那个时候大家都一样。所以我在基地工作，一直到测通所搬去了洛阳，家里基本上都不做饭。不是我一个，大家都如此。比如李司令，他夫人不在基地，他家在北京。他在基地住第一招待所的一个套间，来人谈事儿在外屋，睡觉休息在里屋，也没什么特殊的。还有孙继先司令，也一样，和李福泽司令住同一栋楼，一个楼上，一个楼下。江萍副司令的家在基地，顶多比我家多一间房。那个时候领导的生活和技术人员没啥区别。

问：刚才讲到了向周总理汇报试验任务的事，您见到总理大多是在什么场合？有哪些深刻的印象？

答：和周总理见面，都是汇报工作的时候。

第一次见到总理是哪一年记不清了。大约是 1966 年 6 月，总理好像是第一次来东风基地视察，来看东风一号实弹发射和东风二号合练。我只远远地看到一眼。后来在中央专委会会议上，见的次数就比较多了。那时中央专委会会议开得比较频繁，参会的一般都是副总理、部长，还有军委副主席。中央专委会成立于 1962 年 11 月，领导"两弹一星"研制，周总理任主任。总理很忙，日理万机，大大小小的事情都要管，要操心，可中央专委会会议，总理不管多忙都会亲自到会主持，导弹研制、卫星发射、测量船建造，还有基地的建设等，很多与国防战略相关的重大决定都是在这个会上定的。

那个时候开会也很有意思，我举个例子。那会议室靠边上有个台子，放着烟、茶叶，标着价，写清楚多少钱一包，无人售货。有人要抽烟、要喝茶，都可以自己付钱自己去拿。印象里我每次去参加会议，都会顺便买包茶，再买两包云烟，因为云烟在外面不好买，然后带回来给大家分分。吃饭也很简单。有时候会开得迟了，散会晚了，正赶上吃饭的时间，总理知道我们回去了没饭吃，就说"大家留下吃饭"。吃饭么，真是四菜一汤，四个大盆一桌，那时候菜不是拿个小盘子装的。有一次我记得很清楚，我跟聂帅坐在一桌，还有其他部门的人。吃完饭以后，大家都不敢走。聂帅看我们坐着不动了，他说：我吃得慢，你们吃完了，你们就先走吧。我们才走了。

总理听汇报有个特点，从不放过一点细节，没听懂的，他会问得很仔细，问题问得很专业，这点我印象特别深刻。我记得，中央电视台还播过一部电视剧，讲的是 21 基地的事情，和真实情况是一样的。重大的试验任务，总理都是亲自听汇报，几乎每一次试验都要给他汇报，新的型号当面汇报，老的型号电话汇报。他十分关注我们的工作进展。有一次我们去汇报时，正赶上吃中饭的点，听说总理一早就忙，早饭都没顾得上吃。他匆匆赶来，坐在沙发上，边上茶几上放了一小盘花生米，他边听汇报边吃几粒花生米填填肚子。我们不忍心讲得太长，让总理饿着肚子，可他还是问得特别细——型号，性能，打得多远，怎么测量，等等，都问到了。给总理汇报，得做充分准备，经常是讲着讲着，他就插话：怎么回事，你再给我讲讲？他没有听明白的地方，必须给他讲明白。

中国的导弹航天事业就是在总理亲自领导指挥下发展壮大起来的，他倾注了巨大的心力，运筹帷幄，周密部署，呕心沥血，亲力亲为。航天人的座右铭"严肃认真、周到细致、稳妥可靠、万无一失"，这 16 个字就是总理提出来的，直到今天还是我们工作的指针。

4.2 测通所总体工作水平是过硬的

问：您到测通所上任后的第二年，即1977年，测通所又从东风基地迁到了洛阳，这次搬迁是什么原因？

答：1965年测通所建立后，经历了数次搬迁：先是1966年由北京东直门外左家庄迁往基地东风场区，从北京搬到大西北戈壁荒滩，工作生活条件非常艰苦，大家没有怨言，扎根边疆，默默奉献；1970年又随基地机关疏散，从东风基地迁到陕西渭南、西安，那是战备的需要；两年后又迁回东风基地。每一次搬迁，对测通所来讲，都面临艰难的考验和一次次新的挑战。这次测通所又从东风基地搬迁到洛阳，也是形势任务变化了。

老20基地1975年撤销以后，测通所划归了新成立的26基地，也就是以前的六部，即卫星测量部。留在东风场区的是新成立的20基地，也就是以前老20基地的一部分。那就出现了这样一种新情况：测通所办公地点在东风场区，各种关系由新建的20基地代管，但是业务工作归驻在陕西渭南的26基地领导，凡遇到重大技术问题，都要长途跋涉跑到26基地请示、汇报。当时正处在580任务准备和测量船研制的关键阶段，协调工作非常繁重，人员出差很多，这种情况下搬出东风场区势在必行。

国防科委和26基地都很重视测通所搬迁选点工作，指定王燕所长负责。一开始打算选在陕西省宝鸡以东、潼关以西地区，经反复研究，确定建在西安市东郊原六部修理营驻地，最终又因为种种原因没有实现。1976年下半年，王燕所长两下武汉、三上北京、四赴郑州、十去洛阳，终于在洛阳市政府的大力支持下，把点初步定在了洛阳，国防科委和26基地也都同意了。

做出搬迁洛阳这个决定的时候，测通所还归26基地管。但是刚搬到洛阳没多久，测通所就成了国防科委的直属所。有两方面的原因：一是测通所要管国防科委下属各个基地测控系统总体方案的设计和规划论证，原先体制上不合适，工作有困难；二是26基地与其他各基地没有隶属关系，是平级单位，管起来不方便，很为难，国防科委也觉得不合适。这样，为了便于开展工作，国防科委决定，自1978年3月1日起，测通所由国防科委直接领导。总体方案由测通所出，行政上由国防科委来支撑，国防科委管着各个基地。这样就把关系理顺了。

测量通信总体研究所，简称测通所，这个名字就是归国防科委直属的时候改的，负责测控、通信的总体工作，是正师级单位。

问：据说，测通所这次搬迁碰到了很多困难，您能具体说说吗？

答：1977年10月，从东风场区先后发出三辆专列，将全所包括家属在内的所有人员和物资运抵洛阳。结果部队到达洛阳后，在安置上遇到了许多意想不到的困难。

洛阳市政府和企事业单位对我们非常支持，很多单位都借房子给我们，东方红第一拖拉机厂还借给我们一栋楼当宿舍。当时测通所机关设在一所建材学校，各研究室想方设法先找个栖身之地，许多借到的房子是仓库、工棚或久置不用的旧房子，年久失修，设施简陋。家属住的房子更是紧张，数量也十分有限。一户一间房，像教室这样面积大点的房间，就用家具隔开，给两家人共住。年龄稍大点的孩子和老人们都住集体宿舍，生活用品只能堆放在仓库里或走廊上。整个所一共分散在 13 个地方，从洛阳东边的郊区到西边的郊区，东起白马寺，西到谷水，拉了一条20 多公里长的线，交通不便，电话不通。这种状况持续了两年，一直到宿舍楼盖起来，全所都能住上新居了，情况才算有所改善，我家是最后一个从工棚搬进宿舍楼的。

那时候不像现在，没有手机，甚至连固定电话也没有，联络起来非常困难。所里也不像现在有这么多辆车，那时候就只有几辆破卡车。同事相互联络就靠自行车。我经常骑着自行车到处跑，有些事儿得当面交代，有时安排出差也骑上车去通知，不是随便通知一下找个人去就行了。所以全所的人，谁家住哪儿、家里是个什么情况，我都一清二楚。

临时借用的住房（20世纪70年代　洛阳）

问：在如此困难的条件下开展工作，测通所的广大官兵是怎样圆满完成各项任务的？

答：那个时候正好是"三抓"任务最关键的时候，我牵头负责的580试验测量通信总体工作正在加快推进。1980年，远程导弹全程飞行试验已迫在眉睫，718工程的测量船设备研制到了最关键的阶段，331通信卫星工程也正在落实设备研制阶段。各项工作都处在节骨眼上，根本顾不上建设自己的办公营区和家属住宅。

那时，我们可难了，连个办公的地方都没有。但工作总要做，大家只能在家里办公，各自为战。有的同志家里连张桌子都放不下，写方案的时候只能把被铺一掀，拿床板当桌子。580通信方案的初稿就是在仓库里写成的，580任务的测控通信示意图也是趴在地上绘制出来的。技术工作是需要讨论推进的，我们想了个办法，隔两个礼拜在外面借几个大会议室，工程组组长以上的同志聚在一起，从早上到晚上开一天会，把工作过一遍，该研究讨论的讨论，该安排的安排，再分头各自带回家里去干。那两年就是用的这个办法。

让我特别感动的是，在这种情况下，测通所的同志，叫干啥就干啥。我们头一天刚到，第二天就有几个人要到库尔勒落区出差，家都没安，丢下老婆孩子说走就走。那时候加班加点没有加班费，也没有奖金，甚至连基本福利也不能保证，可大家毫无怨言；家属的工作没有，孩子上学的地方没有，什么都没有，都是到了洛阳再临时去想办法解决。

我为什么对所里同志们的感情很深呢？因为他们真的是做到了顾全大局，一切从事业出发，根本用不着领导做动员说服工作。大家都憋着一股劲，有一个共同的愿望，要为中国人争气，要把"文革"耽误的时间给抢回来。那时候担负"三抓"任务总体协调工作的同志被任务逼得紧，出差很多，而且有时候一出差就是半年，根本顾不了家。我们就是在这样艰苦困难的条件下开展工作并圆满完成各项任务的。经过"三抓"任务，测通所整体工作走上正轨，得到了大家的认可。

问：在那个艰苦的年代，广大官兵同甘共苦，您自己身先士卒。据说 20 级的工资您拿了 18 年，这是怎么回事儿？

答：按照过去的规定，大学本科毕业生，毕业以后一般定中尉正排，中尉是军衔，正排是级别。工资和军衔没关系，只和级别有关系，正排套到地方是 21 级，比地方还是高多了。

1957 年开始"反右"，我们是 1958 年毕业的，正好赶上。那时候的政策对知识分子的发展有点压制，所以我们毕业以后，要按少尉正排见习一年。到了 1960 年，总政治部又出了一项政策，一般的大学毕业生定中尉正排，个别优秀的定中尉副连。所以我在 1960 年 3 月被定成中尉副连。1964 年，我担任测量部组织计划处的副处长，职务是正团，军衔是上尉，因为每四年晋升一次军衔。

到了 1965 年，部队取消军衔制，减薪定级。当时有个政策，就是连以下干部高套一级，营以上干部高套两级。那时我是正团，按道理应该套 18 级，可是最后还有一句话：大学生一律平套。我是大学生，所以我平套 20 级。结果出现了很有意思的事情：我是 1953 年入伍的，我们处里有个参谋是 1954 年入伍的，我是大学生，他是高中生，我是副处长，他是参谋，我定 20 级，他定 19 级。因为他不是大学生，他就可以定 19 级。所以那个时候的政策说不清楚。到了 1972 年调整级别，一般往上普调一级，但 20 级以上的不动，所以我仍旧没有动，还是20 级。

老 20 基地解散后，1976 年，我到测通所当副所长。我的职务从正团到了副师，但是工资还是 20 级，高职务、低工资。一直到了 1978 年，测通所搬到洛阳后，我才由 20 级调到了 19 级。所以说我从 1960 年到 1978 年，职务从副连到了副师，工资一直拿副连的，20 级的工资我拿了 18 年。

所以很多事儿，你今天看起来不可理解，但那时候现实就是这样。

问：您在测通所任职期间，正好是"三抓"任务落实的关键时期。中央为什么要下达"三抓"任务？

答："三抓"任务就是远程导弹全程飞行试验、潜地导弹水下发射试验和地球同步通信卫星发射试验这三项任务的统称。这三项任务的代号分别是 580、9182 和 331。

中央军委为什么要下达"三抓"任务呢？这是从整个战略大局考虑，是国家高层战略的需要。从导弹来讲，有两种导弹的威慑是最厉害的：一个是洲际导弹，也就是远程导弹，这是世界强国都要配备的；一个是潜地导弹，因为潜艇是在水下活动，发射位置可以是不固定的，目标隐蔽，所以潜地导弹也是一个很重要的研究方向。通信卫星的道理就更简单了，1970 年发射的东方红一号卫星是一颗科学实验卫星，真正实用的是应用卫星，而最有应用价值的就是通信卫星。

因此，洲际导弹、潜地导弹和通信卫星，都是导弹航天战线必须研究的。国防部五院 1956 年才成立，在以前，想上也没有那个条件，后来条件慢慢具备了，提出"三抓"任务的时候，中国已经具备了研发的条件，所以中央下决心干。三大任务早就提了，但是真正有效的工作是在"文革"以后推进的。

1977 年 8 月，长达十年的"文革"宣告结束，各行各业都在拨乱反正，加紧恢复生产和正常秩序，导弹航天事业也进入新的发展阶段。那真是欢欣鼓舞，形势非常好。1977 年 9 月，国防科委制定了《关于 1980 年前战略核导弹和人造卫星及其运载工具研制安排的请示》，确定 1980 年到 1984 年向太平洋发射洲际导弹、由潜艇发射巨浪一号潜地导弹，并发射东方红二号试验通信卫星，以洲际导弹、潜地导弹和通信卫星为重点，制定了国防尖端科研、试验三年规划。

提出、落实"三抓"任务，和张爱萍主持召开的一次会议有关。1977 年 9 月上旬，重新出任国防科委主任、中央军委副秘书长的张爱萍主持召开远程导弹飞行试验方案审定会。他要求国防战线纠正搞大计划、高指标、瞎指挥、违反科学规律、导弹型号太多、战线太长、力量分散、进展缓慢的状况，提出必须突出重点，集中力量打歼灭战，务必要在 20 世纪 80 年代前期抓好洲际导弹、潜地导弹、通信卫星这三项重大任务。

这是一次非常重要的会议，为中央决策奠定了基础。紧接着，1977 年 9 月 18 日，中央批准了国防科委提出的国防尖端科研试验计划，决定集中力量，突出重点，大力抓好洲际导弹、潜地导弹和通信卫星的研制、试验任务。计划任务很明确：当务之急是研制出洲际导弹，要在 1980 年前定型，向太平洋水域发射，进行全程飞行试验。在 1978 年中央专委会第一次会议上，正式将远程导弹全程飞行试验、潜地导弹水下发射试验和地球同步通信卫星发射试验命名为"三抓"任务，列为国家重点工程项目。"三抓"任务的叫法就是这时候提出来的。

可以说，"三抓"任务是"两弹一星"的延续和发展，战略导弹从中近程发展到远程，火箭从液体发展到固体，从陆地发射发展到水下发射，从固定阵地发射发展到隐蔽机动发射，使我国成为世界上少数几个独立自主掌握战略武器、卫星发射和测控技术的国家之一，既带动国防科学技术研发迈上了一个新的台阶，也促进了我国导弹航天事业的新发展。

问："三抓"任务对测控系统的建设起到了哪些促进作用？对我国导弹航天测控技术发展有什么意义？

答："三抓"任务里，测通所的任务是抓好测控通信系统的总体规划和建设。洲际导弹也好，潜地导弹也好，通信卫星也好，都需要测控系统来进行观测、测量和控制，特别是精度鉴定。我正好赶上了这个关键时刻，而测通所，也正是因为在"三抓"任务中做出了成绩，才得到了很好的建设和发展。如果没有"三抓"任务，就没有测通所后续的发展。我去测通所工作之后，和大家一起把这三件事办好了，以往那种比较低沉的氛围在工作中彻底改变过来了，大家的精神面貌也不一样了，测通所呈现出欣欣向荣的气象。

其实，"三抓"任务之前的 20 世纪 70 年代中期，我国导弹航天测控通信系统是比较薄弱的，在航区测控、上下靶场配合、台站设备配套方面存在技术上的不足，这些问题在第一次战略武器试验的测控任务执行中比较明显地暴露了出来，而中央确定的"三抓"任务是一次规模空前、技术新、难度大、周期长、知识密集、设备密集的科研攻关会战，组织协调复杂，要保证圆满地完成"三抓"任务，有大量的工作要做，时间也非常紧。不能让"三抓"列车在自己这里误点，这是我们当初的信念。

但换一个角度讲，"三抓"任务也是一个契机，一个导弹航天测控技术快速发展以及能力大幅跃升的契机。早在 1973 年9 月，钱学森就在测控系统规划会上明确提出了要在全国建立一个测控网的概念，随着"三抓"任务的推进，测控系统顺利完成了测控网的规划论证以及一期、二期工程的建设。可以说，综合导弹航天测控网在"三抓"任务完成后就基本定型了。

通过"三抓"任务，导弹航天测控技术的发展迈入了一个新的历史阶段，某些技术已经达到或接近国际先进水平，为我国以"两弹一星"、载人航天和深空探测为代表的导弹航天事业的发展做出了重大贡献。"三抓"任务圆满收官，进一步证明了我国独立自主、自力更生建设方针的正确性。

问：从 1976 年 2 月到任，到 1984 年 3 月离开、赴任干部学校校长，您在测通所工作了八年。这八年，测通所有什么变化？

答：变化很大。测控网规划论证和"三抓"任务都是在这八年里完成的。变化主要体现在三个方面：总体地位确立了，人才队伍培养起来了，作风也培养起来了。这些对每一个单位来说都非常重要。

讲到总体地位，这对测通所很重要。从 150 工程第一套光学测量系统开始，当时的测量设备研究所就确立了测量工作的总体地位，之后测控设备的研制就是按这个思路往前走的。当然这中间还有困难和变化。以前测通所是个小单位，测通所的意见不受重视。大家都觉得测通所不行，所以谁都不愿意来测通所。但是"三抓"任务的实践证明，测通所总体工作的水平是过硬的。比如说，远程导弹全程飞行试验要求外弹道测量系统的测速精度要达到 0.05 米／秒。这在当时很难实现，硬件的水平摆在那儿，根本达不到要求。但是，测通所基于现有设备拿出了解决方案，满足了型号部门的要求，也满足了各基地的要求，让大家信服了。

后来的任务对测速精度的要求又进一步提高了，怎么办？我们做了两件事，一方面是加强硬件建设，一方面是从软件上想办法，两方面结合起来去满足精度要求。软件方面，我们确立了一个精度工程，由陈炳忠总师牵头，用数学的方法，通过电波修正，把精度给提上去。任务结束后，导弹型号部门的一位总师跟我说："你们测通所真是不错。"他们都没有信心的事情，测通所做到了。这样的事例还有很多，大家有目共睹。通过"三抓"任务，测通所在整个国防科委系统、在各个基地的威信树立了起来，靠的就是在重大任务中的出色表现。

从系统工程的角度来讲，一个系统的优化，首先是从科学的顶层设计开始的。顶层设计的好坏，直接影响整个系统的发展。也就是说，考虑体系优化，首先要做好顶层设计。从协作攻关的角度来讲，"万人一发弹"，人人都要过硬，整个系统才过硬。

最为关键的是，人才队伍培养起来了。任务一来，在设备研制阶段，所里的人就下到研究所和工厂去，因为我们要负责相关指标的协调。通过下厂所，学习人家在设备研制过程中的技术和经验，以便更好地掌握设备的情况。做大总体工作的不了解设备的情况，是没办法开展工作的。到了执行任务的阶段，我们就下到基地去，了解基地的情况和需求，解决任务中出现的问题。通过任务培养人的同时，提高大家的科研能力和水平。我们就是通过科研实践和任务实践，把人才队伍给培养起来了，把士气给带动起来了。

精神气上来了，一股子不怕困难、不服输的劲头也就上来了。任务来了以后，全所上下很团结，拧成了一股绳，全力以赴、扎扎实实工作，在实践中积累经验、提高技能，而且做到了提得起、沉得下、肯实践、会总结，总体水平和总体威信不断提高。既保证了型号试验测控任务的出色完成，又培养了一支高水平的总体技术队伍——这是总体工作最重要的基础。

4.3 在全国建立一个测控网

问：我国测控网的建设，是走一步看一步建的，还是原来就有个规划，按规划一步步推进的？

答：测控网的建设有规划。有一个七年规划，是在 1965 年那次国家战略武器发展规则会上，国防科委主持讨论导弹发展规划时制定的，虽然比较粗线条，但大部分内容都提到了，名称可能不完全一样。因此可以说，航天测控网的概念，最初是在 20 世纪 60 年代中期提出的。

当年制定规划时，有些名称我们参考了国外的一些同类设备的名称。比如说 154 二期工程，我们的规划上写的名称，参考的就是美国的 MISTRAM 系统。

1965 年的规划已经考虑到了洲际导弹试验的要求，包括海上远洋测量也考虑进去了，但是没有考虑到卫星的测量。1967 年 701 工程处把卫星工程移交过来以后，我们才考虑卫星的测控系统。因为卫星的事一开始不归基地管，1967 年以后才归口到基地。

问：什么叫"导弹航天测控网"？具体是在什么时候启动测控网规划论证和建设工作的？

答：我国早期导弹卫星测控系统的建设，基本上是跟着型号跑，每试验一种新的导弹或卫星型号，就要研制一种新的测控设备。这种"测控跟着型号跑"的模式，不利于测控技术发展，也不利于节省投资、综合利用和提高效率。

1973 年 9 月，国防科委副主任钱学森在测控系统规划座谈会上提出，要总结经验，从总结经验中形成一个概念，这就是"测控网"，要在全国建立一个测控网。钱学森提出"测控网"的概念，是希望测控设备的布局不但要适应多场区、多射向、多弹道的导弹飞行试验的特点，还要适应不同发射倾角、不同运行轨道卫星发射运行的测控要求，其核心是要把各个基地一个个独立试验区组成一个"网"，使之能够适应各种各类导弹火箭飞行试验任务的要求。

1975 年 5 月，钱学森副主任在北京召开的规划会上又提出了测控网的具体要求：1980 年前导弹航天测控网要初具规模，把架子搭起来，"六五"期间一面试验，一面提高"网"的性能。

后来测控网论证这项工作的抓总也落到了测通所。1975 年，测控网规划论证工作正式启动。年初，老 20 基地召开了导弹航天测控网工作座谈会。随后，基地组建了测控网技术调查组，由航测处的计划科科长上官世盘负责，每个部都派了人参加。

整个测控网规划论证工作历时三年完成。这项工作非常重要，是一项打基础的工作。从近处讲，为"三抓"任务的圆满完成提供了有力的保障。往远处讲，为我国导弹航天测控网未来的发展描绘了一幅蓝图，既高瞻远瞩，又符合国情。之后的十多年，测控系统的建设基本上是按照这个思路走的。

问：导弹航天测控网具体包括哪些方面内容？测通所是怎样推进这项工作的？

答： 1975 年 10 月，基地组织了一个测控网技术调查组，调查组进行了广泛调研论证。1975 年底，基地向国防科委提交了由测通所陈炳忠执笔撰写的报告——《导弹与航天测控网初步设想》。这个报告系统地阐述了导弹航天测控网的概念，以及测控网建设的任务要求，同时也第一次描述了测控网建设的轮廓。

1976 年 5 月，国防科委下达《关于开展导弹航天测控网规划和设计工作的通知》。根据通知精神，测通所立即组织人员开展导弹航天测控网的论证设计工作。测通所党委决定由我来主抓这项工作，具体论证工作由陈炳忠、冯汝明等负责。所里就测控网的概念、任务、功能、要求、构成、布局等问题反复进行论证，而后才拍板做出决策。

1977 年 1 月，国防科委在北京香山饭店召开了第一次导弹航天测控网规划座谈会。测通所陈炳忠在会上做了《导弹、航天测控网总体方案初步意见》的报告，测通所冯汝明《导弹、航天通信网总体方案初步意见》的报告是以书面形式提交的。这次座谈会对建立导弹航天测控通信网的统一认识起了十分重要的作用。

这次会议对测通所来讲更是具有特别的意义。会议首次明确测控设备要根据"网"的统一设计要求，在国防科委统一组织下，由测量总体设计所统一归口提出，各有关基地参加，与研制单位三结合协商论证。这里说的测量总体设计所就是测通所。也就是说，这次会议明确地将导弹航天测控网的修改完善以及"网"的初步设计工作正式下派给了测通所。

关于测控网建设的规划，这次会议确定分成两步来实施：第一期，1980 年前，主要保证东风五号和东风四号定型以及地球同步通信卫星发射的试验任务，为"网"的建设打下基础；第二期，1980 年到 1985 年，根据导弹和卫星发展要求，在第一期建设基础之上，增添设备，使"网"的建设初具规模。

70 年代末，为应对战略武器发展试验以及中近地卫星和地球同步通信卫星发射运行的需要，1979 年 3 月底到 4 月初，国防科委在北京召开第二次导弹航天测控网规划座谈会，规划第二期测控网的建设。测通所罗海银在会上报告了《1981—1985 年导弹、航天测控网规划设想》。导弹航天测控网的构架，包括高精度测量带、综合再入测量场区、中精度测控系统、测量船队、数据处理中心、测控中心和精度鉴定系统等，就是在这次会议上明确的。我们建议重点建设东风、岢岚、西昌发射场区和库尔勒综合再入场区，以完成卫星和战略武器陆上试验任务。

比较客观地讲，这两次座谈会，在我国导弹航天测控技术发展的历史进程中具有重要意义。测控网的规划论证工作，既是对测控系统之前十多年发展经验的一个总结，也是对测控和任务之间关系的一个详细梳理，更是对测控系统未来发展的一个系统规划。通过测控网规划论证，对基地建设中原来已经形成的一个个独立的试验区进行综合组织，使之组成一个"网"，具备适应各种任务的能力。也就是前面所说的，测控设备的布局，不但要适应多场区、多射向、多弹道导弹飞行试验的要求，还要适应不同发射倾角、不同运行轨道卫星发射运行的要求。

统一规划，分步实施，是当时提出的一个指导思想。在"三抓"任务中，我们就是按照这个指导思想，一步步地把导弹航天测控网给填补起来了。"三抓"任务完成后，导弹航天测控网就基本定型了，具备了一定的规模，能力也提升到了一个新的水平，为我国导弹航天事业的发展奠定了坚实的基础。

问：测控网规划中提到了"高精度测量带"和"中精度测控系统"等概念，这两者的主要区别是什么？全球测控网的重点是什么？

答：导弹测量是一次性测量，精度要求是核心问题；卫星测量是多次测量，测量区域越宽，测量点的数据分布就越均匀，轨道就能测得越准，但是它的精度要求并不是那么高。也就是说，导弹测量要求精度高，卫星测量要求面宽，这就是两者最根本的区别。

整个测量系统开始建设时，总的指导思想是"高精度测量带加中精度测控网"。高精度测量带用于测导弹飞行试验，其中骨干设备是两套 154 二期工程的连续波干涉仪，加上 157 工程的多站系统，再加上 157 $\dot{SS}$，也就是 157 无线电外弹道测量系统，它也是增强用的。为了满足 0.02 秒 / 米的要求，我们分别以岢岚、东风发射点为中心，在半径几百公里的扇形区域内，建了一个高精度测量带，提供主动段高精度外测数据，形成岢岚－东风－库尔勒，或者东风－银川－岢岚的高精度测量带，能够完成我国所有远程高精度武器定型的试验任务。

中精度测控网就是卫星测控网。它的建设发展是几代设备慢慢地积累起来的。最初只有 8 个站，后来在国内发展到 13 个站，慢慢形成全局。中心设在西安，就是 26 基地。所以 26 基地是我国整个卫星测控的中心。我们在西昌－闽西－太平洋航区建设了中精度测量带，由全国陆上中精度测量设备和海上综合测量船组成。除了加强西昌卫星发射主动段测控所需要的光学、雷达设备外，还在闽西增设单脉冲雷达，以满足卫星入轨点延伸的测量要求。

后来由于载人航天工程的出现，卫星测控需要全球布局，而且对一些关键的变轨段，必须确保测控可靠性，因此在全球布网的同时，还要有重点加强。

建设S波段测控网以及与国际联网是航天测控网建设的两件大事。载人航天任务还没有提上议事日程的时候，我们在南宁站试点上马了一套统一S波段测控系统。不久之后，载人航天任务全面启动，统一S波段测控系统成了载人航天测控网的骨干设备。而且从载人航天工程开始，我们在国外建站，与全球联网。最初主要是和法国合作。比如飞船返回的时候，测控应该提供100％的覆盖，但是一些关键段落，我们的测控覆盖不到，就租用了国外站点来弥补空当。载人航天测控网的基本思路就是要确保关键段落全覆盖，当时我们还做不到全球覆盖。

我们的指导思想是，一定要确保变轨段测控成功，最少有两套方案来保证关键变轨段不出问题。比如，一开始制动是在纳米比亚，所以我们在纳米比亚建了个站，同时又把远望三号开过去，一艘船加一个站，都是为了确保变轨点的测量，包括卫星要开始调整姿态等。中间还有与欧洲航天局联网的那些站，也都发挥了作用。还经过巴基斯坦卡拉奇，国内是喀什，从起飞到再入，我们建立了一个完整的网，实现了卫星从区域到全球的中精度的测控。

此外是天基测量。在 20 世纪 70 年代后期，测通所就开始做中继卫星专题研究，通过中继卫星来提高测控覆盖率。中继卫星的全名是跟踪和数据中继卫星，可以跟踪和测定中低轨道卫星，可以用来取代多艘远望系列航天测控船。而且它能为对地观测卫星实时转发遥感、遥测数据。中继卫星的具体工作由张纪生负责。研究中继卫星就是为了建立天基测控，但当时技术不成熟，后来技术逐步成熟了，中继卫星就打上天了。

天链卫星就是中继卫星，从理论上讲，三颗中继卫星可以实现全球覆盖。那样的话，就可以在卫星上或者测量站上装上中继终端，卫星上的数据由中继终端采集，通过中继卫星中继，再发回到地面，卫星远了，地面看不到，中继卫星就负责转发传输信号。这样就建立起了一个天基测控系统。陆基测量有了，海基测量有了，还有一个空基测量，我们用两架测量飞机来建。测量飞

远望三号测量船

机的应用是针对超低空导弹、巡航导弹，这些导弹都是亚声速的，虽然速度不快，但是弹道很低，离地面很近。如果在地面布站，测量整个弹道要布几十个站，费时费力。测量飞机可以解决这个问题。一开始为了省钱而考虑旧飞机。正在讨论时，我听说了，马上赶过去。我说不行，这个淘汰型号，连备件都没有。我把这个方案给否了。最后是用另一种型号建成了两架专门针对低弹道测量的飞机。这样，就形成陆海空天一体化的完整的测控系统。

问：另外，测控网的规划建设，还提到加强库尔勒综合再入落区的建设，是导弹的再入段测量吗？什么叫再入段测量？

答：导弹的再入段测量，包括再入弹道和再入段物理特性测量，是一个很重要的课题。

导弹一离开发射塔，先在空气中飞行，然后逐渐飞出大气层，进入真空，达到一定高度后，又重回大气层。因此导弹测量分成三大段。一个是主动段。所谓主动段，就是不管几级，只要有发动机工作的就是主动段。主动段的测量任务就是测量从离开发射塔到发动机关机点的弹道。然后弹体分离，这一段叫自由段，导弹无动力，靠惯性力飞行。还有一段叫再入段，就是导弹再入大气层的这一段，这段距离到地面的垂直高度一般是 80 公里以下。

再入大气层的时候，各种因素对弹道的扰动是很厉害的。导弹在这一段飞行的速度相当快，弹体在高速度情况下与稠密的空气摩擦，摩擦产生高温，燃烧很厉害，导弹周围温度高达两三千摄氏度，将会引起剧烈的物理反应，导弹周围形成一个等离子场，导弹上的应答机无法再向地面发送电波。发射出去的电波要么被等离子吸收了，要么被反射了回去。因此，地面测量设备也就无法接收到导弹上的信号。在学术界，这一段被称为"黑障区"。

导弹受到等离子场影响，飞行速度逐渐下降，黑障区的等离子场也逐渐稀薄，待等离子场完全消失，导弹又可以向地面发送电波了。这时地面遥测设备就必须快速接收到导弹发出的信号。

导弹飞行试验中，主动段的测量十分重要。但是真正体现导弹命中目标的精度和战斗性能的，还是再入段的测量数据。只有通过对再入段的大量测量数据进行分析鉴定，方能得出准确的结论。所以，再入段测量是导弹飞行试验中非常重要的一环。

问：据说，再入段测量难度太大，这个问题困扰了导弹试验20多年，后来是怎么解决的？

答：导弹的再入段测量难，是因为弹头的目标小，飞行速度快，时间短，以及黑障区产生相应的物理现象，所以技术难度相当大，各种测量手段都无法实施。

美国的导弹试验，主动段测量和再入段测量基本是同步进行的，分别建上靶场和下靶场。发射区为上靶场，落点区为下靶场，两个靶场同时进行测量。

我国导弹事业刚起步，我们面临的问题是能否打上去，先解决有无的问题，因此再入段测量的研究起步比较晚。1970年之前，我们也曾试图解决这一难题，基地航测处的同志在发射东风二号、东风三号导弹时，多次带着雷达和光学设备到落区探索，想找出规律，但一次次都失败了，没有一次拿到过完整的数据。

可以这么说，早期导弹试验的再入段测量手段很原始，主要靠"捡弹头""量弹坑"。1971年有一次新型导弹试验，结果导弹飞行超程，没有落入预定回收区域。根据测量设备的数据推测，大概是落在新疆的塔里木地区，那怎么办呢？导弹弹头内部记载着导弹本身重要的工作参数，必须找回来。所以专门组织了一支20多人的小分队，到新疆塔里木的茫茫沙丘里去找。沙漠地区自然条件相当恶劣，沙丘高得连骆驼都无法走上去，白天酷热，夜间寒冷。小分队带着水和干粮，整整找了42天，每个人都穿烂了几双鞋，好不容易才找到！

导弹试验靠这种"捡弹头""量弹坑"的原始办法肯定不行。全程飞行试验要打一万多公里，在中国本土无法完成，只有打到太平洋公海海域。在陆地上有弹头可捡，有弹坑可量，在茫茫的南太平洋海域，如果没有准确的再入段测量手段，到哪里去捡弹头？！量弹坑更是无从谈起。洲际导弹任务上马之后，如果再入段测量的技术问题还不能解决，那么远程导弹全程飞行试验就没有意义了。

我去测通所任职后，再入段测量又被重新提上议事日程，国防科委很重视这个课题。测通所接受任务之后，成立了一个八人攻关小组。攻关组成员都有落区测量的实践经验，在综合分析、消化大量资料的基础上，针对再入段发生强光、高温和无线电黑障区等物理现象做了一系列研究，有了很好的进展。

落区的选点勘察从1970年就开始了，先后选了四个地方，但是因为导弹型号试验方案的改变，一次又一次地被否定了。

1975 年 6 月选点的时候，已经是第四次进疆了。算算行程，勘察队员在戈壁滩上走了得有近 10 万公里，非常艰难。

后来建了一个综合落区，代号为 935。新落区以库尔勒为中心，加上周边地区。建立落区测量部，专门负责落区测量，而中段弹道测量，就是两头接了。所以最后是全弹道测量都要干。

现在很难想象，在库尔勒 935 落区搞测量的设备都是东拼西凑搭建起来的。那时工业基础落后，还研制不出相应的先进测量设备，又不可能从国外引进，就只好把首区测量的设备搬运到落区，组成一套再入段测量系统。测通所黄焕运带领落区几个年轻人，夜以继日干了两年，完成了计算机实时引导程序设计，解决了及时捕获和跟踪再入目标的难题。这一点很关键。我们的系统从单个部件上看，没有一个是最好的，但是这些设备或部件集中起来，扬长避短，构成一个系统，总体效能确实管用。

问：这套设备在导弹试验中成功捕获到再入段目标了吗？

答：935 落区的首次测量失败了，那是 1977 年 9 月，所有设备都没有捕获到目标。当时是凌晨，新疆地区太阳还没升起来，天空背景比较暗，很容易观察到目标，很多人在屋外用肉眼都看到了导弹再入的壮观景象，但是作为再入段主要外测手段的七台电影经纬仪全部没有捕获到目标，这个结果完全出乎大家的预期。

辛辛苦苦干了两年是这个结果，同志们心里不是滋味，埋头分析数据，查找失败原因。这次再入试验测量对落实"三抓"任务、完成洲际导弹全程飞行试验举足轻重。当时有一些议论，有人认为方案有问题，有人认为这套系统不行，瞎凑合……这些话无形之中又给攻关组加大了压力，攻关组八个人最后只剩下三个人。

1978 年春节刚过，第二发定型试验还上不上再入测量？935 落区撤不撤？争议很大。我认为不能撤，所以一面对上据理力争，一面又跑去落区给攻关组打气。我说：要尊重科学，试验失败是正常的，关键不要气馁，相信我们的方案是正确的，要有这个信心。1978 年 4 月 16 日，第二发试验导弹准确进入 935 落区上空，当飞行到 290 秒左右时，935 落区再入测量的光学、遥测、雷达等所有设备全部工作正常，报告"发现目标"，情况之好真是出人意料。

那个年代，立功受奖卡得很紧，名额极为有限。试验成功后，上级给 935 落区四个立功名额。而这个场区有数百名官兵，包括七个测量点、后勤保障、参试单位等，基地领导把其中两个名额给了测通所，一个给了负责再入测量方案设计的成求青，另一个给了负责计算机程序设计的黄焕运。在国防科委召开的总结大会上，钱副主任多次表扬测通所，他都还记得成求青的名字。

后来，中央军委决定，东风四号导弹尽快完成定型试验装备部队。为此，国防科委要求测通所提供全弹道测量数据作为鉴定制导、引爆系统精度，以及弹头再入散布和分离后效应误差的依据，再入测量方案也作为整个测量系统的一个重要组成部分，参与东风四号导弹的正式定型试验。

1978 年 7 月 31 日，东风四号导弹从东北基地起飞，经过内蒙古、陕西、宁夏、甘肃等地，然后在新疆西南某地准确落地，华北基地测量站、东风基地测量站、库尔勒站等进行了接力式跟踪，导弹进入再入场区光学仪器跟踪范围，各点号先后报告发现目标，再入测量再次获得成功。测量技术的突破，对我国第二代战略导弹的研发产生了重大影响。

问：刚才讲到测控网建设中的几大块工作，您认为关键是什么问题？最大的挑战是什么？

答：所有的测量，难度就是精度要求太高，这是我们面临的最大挑战。

随着导弹命中精度的不断提高，测控的要求也越来越高。过去导弹的精度要求 10 公里，现在是几米，1 万公里的误差仅几米。在这样的精度要求下，测量设备要把它的数据测下来，用来分析导弹的精度，那这套地面系统的精度要求就得比导弹制导系统的精度再高三倍，地面测控的压力有多大，可想而知。

东风四号导弹试验研制的一期工程，关键点测量的精度要求是 0.2 米 / 秒。154 一期工程就是为东风四号配套研制的。两台 320 计算机加上雷达、连续波短基线干涉仪，还有时统通信、108 乙计算机，一期工程相当于建立了一个计算机网。那个时候还没有计算机联网的概念，但实际上我们做了一个计算机联网，这在全中国是最早的。

东风五号导弹全程试验的要求更高了，测速精度要求达到 0.05 米 / 秒，现有的这些设备又不够用了，所以就接着研发了 154 二期工程长基线干涉仪。这是一个真正实现了全连续波的系统，相当于美国当时的 MISTRAM 系统。这个一期工程提了，但是没有实现的方案，后来在二期工程里实现了。

154 二期工程在 25 基地和 20 基地各建了一套，用两套 154 设备构成一个高精度测量带，来解决高精度测量的问题。后来随着导弹射程的增加，东风五号导弹上马，这个精度又不够了，怎么办呢？我们就又上了 157 工程。

157 工程是一个多站系统，测量距离差和距离差之间的变化率。用它再设几个地面站，和 154 二期工程两个站联合使用，来保证测量精度达到 0.03 米/秒。后来，改进型提出了 0.02 米/秒的要求，我们又在数据处理上加了一个精度工程，专门研究怎么提高系统精度，最大的问题是电离层。电波穿过电离层是要起变化的，怎么修正？设备改进基本上到头了，那么就只能用数据处理的方法，把数据修正得更精确。

修正数据首要的就是把环境研究得更清楚，所以我们启动了一个精度工程，陈炳忠任总工程师，他牵头组织队伍来专门研究解决这个难题，主攻电波修正，试验结果最后达到了精度要求。

另外随着技术的发展，自动化程度、可靠性的要求也逐渐提高。整个测控系统完成了国家批准的十几个大型工程，光学的有 150、160、170、180、331、718，无线电的有 154 一期、154 二期、157、158、159。这就有 11 种了。还有单脉冲雷达，包括 154 单脉冲雷达、154 车载单脉冲雷达等，十几个型号，每一个都是国家的专项。

从整个测控系统建设来讲，国家在财政这么困难的情况下，做了大量的投入，我们绝不敢掉以轻心。值得骄傲的是，没有一台设备是引进的，所有设备都是我们自己研制的。

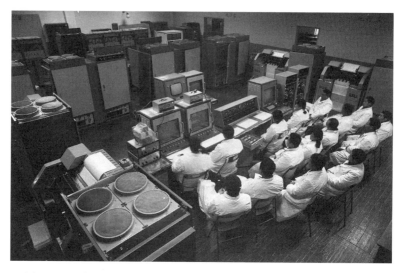

新装备的 320 计算机参与实践一号卫星任务（1971 年）

自研设备中，对于计算机的研制，我们把要求告诉研发单位进行委托设计。15 所和国防科大（其前身为哈军工）是主力单位。最早的计算机是 780，后来有 717、108、320，还有最后一套整机，和美国的 780 性能相同，我们叫 2780。讲到计算机，当时国内最好的计算机都是我们先提出来研制的，也都是我们最先用，对我们国家计算机的发展起到了很大的促进作用，尤其是工业控制机。第一台晶体管计算机，数据处理的专业机 441B 通用机，441D 遥测专用计算机，都是慈云桂教授设计的。可以这么讲，这个机器就是现在的系列机型的前身，后续系列机型都是在此基础上发展起来的。

问: 早期的测控系统建设，基本上跟着型号任务的需求走，这个状况是怎样改变的？

答: 测控网的规划论证和建设，在导弹航天测控系统的发展历程中，是一件十分重要、对整个系统的发展有深远影响的事情。但是从 1958 年丌始建设测控系统，一直到 20 世纪 70 年代初，基本上是处在一种每试验一种新的导弹或卫星型号，就要研制一种新的测控设备的状态。测控一直跟着型号跑，进度总赶不上型号的要求，使得我们很被动。这既不利于测控技术的发展，又有悖于"节省投资、综合利用、提高效率"的原则。

为了改变这种局面，1973 年 9 月，国防科委钱学森副主任在提出建设测控网的同时，也强调"要总结经验，从总结经验中形成一个概念"，要在全国建立一个测控网。测控网规划论证和建设的具体工作实际上是从 1975 年开始的，国防科委让测通所牵头做。我们组织论证制定了《中国航天测控网初步设想》，勾画了航天测控网的轮廓，阐述了建立航天测控网的必要性，以及测控网的概念、任务、要求、构成和需要展开的主要技术工作等；接着，我们又提出了航天测控网方案建设的初步意见，计划在已有测控、通信能力的基础上，远近结合，全面规划，弹星兼顾，综合利用，逐步形成一个布局合理、工作协调、适应性强的弹星测控网。

测控网的建设是在总体规划的基础上，结合试验任务，分阶段组织实施的。我们先后完成了整个测控网的规划论证和总体设计，并以酒泉、太原、西昌三个发射场为中心，对主动段测量航区、卫星测控网、再入落区、远洋测量船队、测控中心、数据处理系统等测控通信建设方案进行了技术论证，提出了无线电外测、遥测、遥控、计算机、通信、光学等设备的研制任务，实施了系统集成、联调工作。根据航天测控波段的划分，对计算机与指挥控制显示系统、信息传递格式与要求、数据处理规范、地面遥测参数记录、定时校频、高中精度测控系统、精度鉴定、电磁兼容、C波段微波统一系统等关键技术进行了大量调研论证和研究工作。花了将近十年的时间，到1984年4月，中国地球同步通信卫星发射并定点成功，才标志着中国航天测控网已初步建成。

测控系统的建成有一个很重要的作用，就是规划协调了测控和任务之间关系。通过对发射场、落区以及测控设备的布局进行统一规划，使测控设备不但能够适应多场区、多射向、多弹道的导弹飞行试验的特点，还能够适应不同发射倾角、不同运行轨道卫星发射运行的要求。另外，测控网的建设中还强调了"三化"，即标准化、系列化、通用化，在这方面做了很多工作。强调了机动性，包括遥测机动、海上机动、落区机动，建立了指挥系统、综合数据处理系统。通过测控网的规划论证和建设，建成了高精度测量带和中精度测控网，形成了一个统一的、完整的测控体系，摆脱了被型号牵着鼻子走的被动局面。

问：我们现在建成的导弹航天测控网，和美国、俄罗斯的相比较，有什么特点？

答：我的评价是，中国特色、世界一流的导弹航天测控网。因为地域限制，我们采用特殊弹道试验，国外没有这种特殊弹道试验，所以没有那么高精度的要求。我们现在这套导弹测量系统的精度比美国的高，不是高一点，是高一大截。

因为我们卫星测量系统建得比较晚，所以很多新的技术他们没有，我们先用上了。总体来讲，整个测控系统应该是世界一流的水平。中国特色，就是我们的技术是根据中国的情况逐步发展起来的，不是照搬国外的东西，而是有我们自己的特点。

我们是在国家经济技术比较落后的情况下研制尖端技术的，要求是什么呢？是总体性能最优。也许单个设备的很多技术我们赶不上国外，因为工业基础落后、技术不先进，根本做不到每一台设备都比别人好。初期规划的时候，我们借鉴过美国、苏联等国家的一些想法，但是我们的技术基础跟他们不一样，所以实现的技术方案就不一样。

比如157工程，连续波定位非常困难，比相技术——也就是比相定位——要求相位的精度很高，当时的无线电元器件的水平根本就达不到。没有办法，只能在批量的元器件里面优中选优地挑，只不过故障率高一点，需要经常维修。

再比如，就说数传机。我曾经听有些同志讲：过去的数传机太笨了，不就一个调制解调器嘛，搞出那么大个家伙。我说这些同志不太了解历史。当时我们的情况是：通信条件不行，误码率很高；计算机也不行，满足不了信息传输误码率的要求，以及传输数据处理量的要求。所以，我们就把编码纠错的功能以及解决误码的功能都交给了数传机来完成，数传机当然就大了。SCR3、SCR4都很大，SCR4有四个机柜。这样一来，虽然计算机的容量和运算速度都不怎么行，但是任务完成得都很好。当时如果不搞这个大家伙，任务根本没法干，误码率太高。

那时候的计算机没有人机对话能力，更没有什么高级语言、操作系统，只有几个控制开关。程序员写出源代码后，拿给穿孔员在穿孔纸带上打孔，再由光电输入机读到计算机里。现在看很落后，但是这样做的优点是节省内存，如果不这样干，存储容量根本不够用。美国人曾经到我们26基地参观，看过320计算机，根本就不相信320计算机能够完成整个卫星的运行测控，他们认为按照320计算机的速度和容量，很难完成这些任务。我说我们只有这东西。而且我们做到了，这是很不简单的。

国外的基础和条件很好，他们干起来容易些。我们的基础差，条件也差，但我们能把这事儿办成，就是本事。本事脱离不开社会的现实，脱离了社会的现实就谈不上成就。

控制计算机中心320计算机技术人员工作场景

比如载人航天初期的测控覆盖率，我们只有14%，国外是27%，因为我们没办法做到全球布站，一是没有那么多钱，二是国际政治大环境也不允许。但是，我们的测控系统还是很好地完成了任务，因为我们在技术上有独到之处。

有一个关键的做法，就是器件双备份方案。元器件可靠性不稳定怎么办？建立备份，这个坏了用那个，包括器件级的备份、部件级的备份、整机的备份，就是用这样的办法来保证整个系统的可靠性。

在经济技术比较落后的国家发展尖端技术，必须走自己的路，不走自己的路就没法干。在可靠性上，我们是下足了功夫的。没有可靠性，什么都不用谈。有些办法比较土，但是土办法能解决大问题。别人能做到的事，我们都做到了；我们能做到的事，别人不一定能做到。比如说 0.02 米 / 秒的测量精度，除了我国以外，全世界没有任何一个国家达到；再比如陆海空天一体化的航天测控网，全世界也只有我们了。

4.4 这个网是完全凭着自己的力量建起来的

问：有关测控网的最后一个问题，请您简要总结一下导弹航天测控网建设经历的几个阶段。

答：如果总结归纳的话，我们国家导弹航天测控网（系统）的发展，大致上可以划分成三个阶段。

第一个阶段是初创阶段。从 20 世纪 60 年代初到 70 年代初，我们白手起家，创建起了导弹测量控制系统和卫星观测网。这一阶段，我们国家在光学测量和无线电测量技术领域取得了零的突破，自主研制出 150 工程、154 一期工程、154 二期工程等一系列光学和无线电测量系统，完成了近程、中程、中远程和远程导弹飞行试验以及东方红一号、尖兵一号等卫星的测量控制任务。

第二个阶段是导弹卫星测控网的建设阶段。从 1973 年钱学森提出测控网的概念开始一直到 20 世纪 80 年代末，我们完成了测控网的规划和论证，并在此基础上建成了高精度测量带、远洋测量船队、同步通信卫星发射测控系统，完成了以东风五号远程导弹、潜地导弹以及通信卫星研制试验等"三抓"任务为代表的一系列导弹飞行试验和卫星发射运行的测控保障。

第三个阶段是导弹航天测控网的发展阶段。在这个阶段，我国测控技术的进步可以用突飞猛进来形容。从 20 世纪 90 年代初开始至今，我们建成了以统一 S 波段测控系统为骨干的、全球布局的载人航天测控网，为圆满完成神舟一号到后续神舟系列飞船载人航天任务提供了可靠保障。导弹航天测控网是载人航天工程"三步走"发展战略稳步推进的基础。我们还突破了远距离测控技术，构建起了全球布局的深空测控网，确保了嫦娥一号到嫦娥五号任务的完成。我们还建立起了以天链中继卫星系统和北斗卫星导航系统为基础的天基测控网。测控系统实现了陆海空天一体、全球互联互通，正在向能力更强大、性能更安全的目标迈进。

我们的导弹航天测控网就是这样一步步发展壮大起来的。

从 1960 年老 20 基地用苏联进口设备建起咱们国家第一套靶场测量系统算起，测控网已经走过了 60 多年的发展历程，我们建立起了一套完整的、具有中国特色的、总体指标和能力达到世界先进水平的、陆海空天一体化的导弹航天测控网，圆满完成了历次试验任务，从来没有因为测控系统的失误而使任务失败，这是一件非常了不起的事情，是测控系统值得骄傲的地方。

测控系统走出了一条我们自己的发展道路。这是一条必然的道路，是由我国国情所决定的。我们是在一个比较封闭的历史时期，在一个经济技术基础比较落后的阶段，建立起这样一套尖端技术配套系统的。花了不到国外十分之一的投入，做成了同样的事情，达到了同样的测控效果。最让我感到欣慰和自豪的一点就是这个网是完全凭着自己的力量，独立自主、自力更生建立起的，所有设备都是自主研制的，这一点很不简单。

在每一个阶段，为了满足任务的需求，很多情况下，基础条件其实并不具备，包括元器件水平、计算机的运算速度和容量等。但是，通过总体优化、协同合作、统筹兼顾，我们弥补了基础条件的不足，最终集成的系统从整体性能上讲，具有世界先进水平。

问：您反复强调走独立自主、自力更生发展道路的重要性。为什么这一点如此重要？

答：20 世纪 50 年代国防部五院成立之初，聂荣臻元帅为五院提出的建院方针就是：以自力更生为主，力争外援和利用资本主义已有的科学成果。这一方针得到毛泽东主席和周恩来总理的批准。毛主席说过，我们希望有外援，但我们不能依赖它，我们要依靠自己的努力。

这一方针，是半个多世纪以来中国导弹航天事业发展的根本指针。测控系统几十年来的发展，一直遵循着这个根本指针。我可以这么说：我们国家整个测控系统所有的测控设备，除了20世纪80年代以后引进了一部分计算机以外，都是自己研制的，主要测控设备没有进口，没有买任何一台、一套。而且这些装备里面的器件、材料、软硬件，都是自己研制的。我举个例子，远望一号、远望二号是20世纪70年代研制的，21000多吨的测量船，船上所有的上百套设备，雷达、光学、计算机、遥测、遥控……全部都是自己研制的，没有一台进口设备。船上只有钢板是进口的，那时候国内还没有高级的钢板。

这一点很不简单，很值得我们骄傲。测控系统这样做，不仅仅是建成了工程系统，满足了我国导弹航天事业发展的需要，重要的是带动了我国光学、信息产业的发展，更可贵的是培养了一批这方面的人才。国内光学、电子领域最先进的技术，国内最好的计算机、最好的雷达，都是我们测控系统首先提出研制需求，也是测控系统首先使用的。

之所以要坚持走独立自主的发展道路，原因很简单。一方面是我们要的东西人家不给，只能自己研制。想当初，苏联曾经答应给我们原子弹样品的，后来不给了，就逼得我们自己研制，结果也很快研制出来了。1964年第一颗原子弹爆炸时，毛泽东主席就曾经说过，应该给赫鲁晓夫一个大勋章。

另一方面，即使人家给，我们也未必买得起这么多东西。我们靠自己的力量建立起一个陆海空天一体化测控网，为国家节省了大量的经费，一元人民币的效益大概相当于一美元的效益。而且这个系统，是世界一流的。

导弹航天事业刚起步的时候，中国是一个经济、技术都比较落后的国家，完全照搬外国人的东西是不行的，国情也不允许。即使现在国家的经济实力上来了，我认为关键技术领域还是要坚持走独立自主的道路，核心技术我们依然要坚持自己搞研发。尖端技术不可能也不能靠别人恩赐。中国人不笨，别人能做出来的东西，为什么我们自己不能做出来？

问：听说，曾经有几次准备进口测控设备，但您坚持要自主研发，能具体讲讲吗？

答：我给你们举两个例子。

一次是 20 世纪 70 年代末，我们要组装车载雷达，准备进口五台法国的阿特拉斯雷达，分给海军一台、空军一台、总后一台，还有我们国防科委两台。因为分给了我们两台嘛，国防科委就叫我去跟法国人谈判，我跟法国人谈了两天。谈回来以后，我给国防科委写了一个报告，说我们不要。国防科委问为什么不要。我说：他们就给一个裸机，别的什么也没给，光给雷达不给技术，要这干啥，我们不需要。我们已经有 154 雷达了，而且我们的 154 雷达不比他们的差。但是钱我要，我就把买阿特拉斯的这笔钱申请下来，给了 14 所研究车载雷达。1982 年执行潜地导弹试验任务的时候，海军基地配了一台 154 雷达、一台阿特拉斯，最后 154 雷达跟上目标了，阿特拉斯没跟上。当然也存在偶然性，但是起码说明我们的不比他们的差。

再一次就是从欧洲引进 EOTS 光学电影经纬仪。我们下属的基地同样一台也没要。我们用这笔钱研制成功了 331 激光电影经纬仪，功能不仅有电视跟踪、红外跟踪，还有激光测距，功能比 EOTS 全，性能也不比 EOTS 差，花的钱只有进口设备的一半。关键是，技术是我们自己的，这些技术花多少钱都买不来。

我们从一个卫星的中精度测控网、导弹的高精度测量带，一直发展到测量飞机、中继卫星天基测控，最后完成以载人航天为代表的天地一体化的全球测控网，这一整套系统，所有的设备全部是自行研制的，其中只有计算机在 1980 年以后是集成的，就算集成，也是自己集成的，主体设备全部都是自己研制的。

问：坚持走独立自主的发展道路的根本是什么？

答：单单强调独立自主、自力更生还不够，一定要建立完善我们自己独立的研制体系，建立一支相互支持、大力协同、稳定的研制队伍，这才是根本。让所有研制能力，包括人才培养、设备研发等能力充分发挥作用，对保证任务的完成至关重要。

无论在测通所所长还是在国防科工委副主任的岗位上，我都把培养研制队伍作为重要工作来抓——要建设一支测控设备研制的国家队。有钱了，设备也许可以买，但是钱买不来关键技术，钱更买不来人才。我们后来之所以能够比较自如地完成各项大型工程，就是依靠自己的研制队伍。比如光学雷达、遥测遥控，还有数传、通信，测控网所有的大型设备，全部是自己研制的。我们在国内选了 10 个研究所，其中包括光学、无线电、遥测等专业力量，组成测控的国家队。我们靠自身的力量，发展起中国自己的导弹测控技术。

载人航天工程启动时，测控系统很快就进入了状态。这要归功于长期以来建立的这样一支相互支持、相互协作的研制队伍。每当任务下来时，大家都很清楚自己该干什么，立马就可以把力量组织起来，而且相互之间的配合也很默契。

像航天这类高技术领域，不能打一枪换一个地方，这里面既有技术创新，也有质量要求。有些事情不是用钱可以衡量的。这支队伍要有一股团结协作、奋力拼搏的精神，这种精神本身就是非常重要的宝贵的财富。

再讲得远一点，不仅要建设专业人才队伍，培养人才也非常重要。全国已有 20 多所高校设置了与航空航天类相关的学科，还有相关的电子科学与技术、控制科学与工程、计算机科学与技术、信息与通信工程、机械工程、仪器科学与技术、光电技术等专业，都是国家航天事业发展的人才库和后备力量。我们应该和高水平大学和一流研究机构建立良好的沟通关系，起码我们要知道教授的实验室里有什么新成果，知道他们培养了什么方向的高水平专业人才。

问：建设专业化的测控国家队，这与我们航天的研制体系有很大关系吗？

答：当然，测控设备研制队伍的建设，与我们建立的研制体系有很大关系。形成自己独立的研制体系很不容易，研制单位自己的努力和我们的培育扶持都很重要。当时我把这 10 个研究所叫作测控国家队，它们从测控起家，现都做得很大了。这套研制体系对咱们国家整个测控系统的发展起到了很大的作用。

我的指导思想就是，设备总体一定要坚持专业化。就是说，一个所的研究方向，一定要让它坚持下去。比如说，10 所的连续波雷达，14 所的单脉冲雷达，长光、西光、成光的光学方向，只要有这些方面的任务，就直接下到这些所，当时我们就是这么做的。

还有单脉冲雷达，154 单脉冲雷达、154 车载单脉冲雷达等，十几个型号，每一个型号都是国家专项支持的。无论是在多么困难的条件下，国家都做了大量的投入。所以对我们来讲每一项工作都要尽心尽力地去做。

任务是怎么下达的呢？需要什么设备，我们提要求，提出来以后向国家申请专项，立项的钱没下来之前，任务就已经下到相关的所里了，所里先干起来。经费来了之后怎么办呢？每次任务下来，国家给我们多少钱，我们就给研制单位多少钱。到任务完成的时候算算账，多了就用来完成后续的任务，不够了就再帮着申请。那个时候没有像现在这么复杂，没有合同之类的概念，大家谈好了怎么干就怎么干。后来才慢慢开始实行合同制，按照现在的说法，这可以叫作计划指导下的合同制。

我有一个观点，就是技术要有一个积累的过程，不能今天做这个，明天做那个。所以每一套系统任务下来以后，都是按专业分工，该谁干的就让谁去干，过去积累的技术、经验还有教训，都可以用上，而且通过对标新的要求，还能有新的提高。这个办法实际上是最好的办法。我们测控国家队，就是这样通过工程任务压担子，慢慢培养建立起来的。这是一支能打硬仗、敢于攻坚克难的研发队伍，直到今天，这支队伍依然是国家测控领域的中坚力量。比如14所，最开始是研究扫描雷达的，起步时技术含量不是很高。后来工程任务不断提出新要求，比如研制单脉冲雷达，解决测控系统的关键设备问题。现在10所、14所、15所都是很强的研究机构，都是在目标任务下一步步慢慢成长起来的。

问：这样一个国家计划指导下的研发体制，它的优势是什么？

答：这样做的好处就是有利于技术积累，一代一代设备研发过程中的技术积累都能充分发挥作用，不需要另起炉灶。从一开始就做这个设备，一直做，一直做，肯定越做越好。所以我一直不主张打一枪换一个地方，我主张专业化分工，我认为我这个思想今天来看也是对的。

这种做法虽说是计划经济时代的产物，但是提倡市场经济，不等于不要计划，尤其是这样一种有计划的国家行为。有计划地建设一支长期协同发展的研制队伍，对我们这个系统来讲还是很有必要的。因为像这些高技术装备，技术含量很高，经费投入也很大。往往投入了大量的科研经费，才能取得一些小小的技术进步。今天让这家做，明天让另一家做，就需要重复投入经费研发技术。完全搞市场竞争不是个办法。有的单位没有这个能力，也可以把价格压得很低，但中标了以后做不出来。最后钱也花了，东西却做不出来，所以不能这么干。在统一调控下建设高水平的研发体系，是保障我们事业成功的一个重要基础。

当然，自行研制肯定不是一条一帆风顺的道路，要爬坡过坎，要花大力气。但是，不坚持自行研制，肯定要吃更大的苦头。15所在这方面就有着深刻的教训。

问：1986年，您在主持国防科工委的一次会上明确提出，整个测控系统的总体工作分三个层次，这是出于怎样的考虑？

答：测控系统从一开始就是这么做的，只是没有人明确提出这个划分。1986年，国防科工委做了一项很重要的决定，就是在各个基地成立技术部，目的是保留技术骨干。但是也有人提出问题：技术部干什么？是不是一些系统总体方面的工作，他们也可以干？我一听，感觉到这个想法有问题，就把各基地的司令员召集到一起，开了一次会。会上统一思想：成立技术部，不是干系统总体的事儿的。

整个测控系统的总体工作分成三个层次：第一个层次叫系统总体，就是整个大系统的总体，由测通所负责；第二个层次是设备总体，或者叫研制总体，是系统总体提出要求以后，设备本身的研制工作也要有人牵头，这项总体工作由各个研制单位负责；第三个层次是应用总体，就是这些研制出的设备拿到基地以后怎么用，这里头也有很多总体工作要做，这件事儿由基地管，这就是各基地技术部的事。

三个层次，不能说哪一个更重要，都很重要，各有各的要求。如果大总体分散的话，就变成阎锡山的小铁路了，各自为政。1986年在国防科工委开的这次会上，明确的就是测控系统总体工作三个层次的划分。系统总体测通所不能变。基地技术部是"应用总体",这四个字就是基地技术部的定位。

这个划分,对系统总体、设备总体和应用总体三方都是一个约束,不能随便越界。比如说,测通所有时候想做点设备总体的工作,我批评过他们。最典型的就是计算机集成化之后,测通所有时候就想做一些计算机集成的工作。一次,在招待所开会讨论计算机的事情,测通所抛出个方案,把人家15所的工作做了。我说:这不行,这不该你们管。分工一定要清楚,这是人家15所的事儿,系统总体越界去干设备总体的事儿不合适。测通所本来就在大总体层面,想做这方面的事儿太容易了,如果不把这个倾向管住,人家还怎么做事?既然认为确定下来的规矩是合理的,大家就都要按规矩来,谁都不可以违反。

问:您为什么对总体工作一直那么重视?

答:从系统工程这个角度来讲,一个系统的优化,首先是从科学的顶层设计开始的。顶层设计的好坏,直接影响整个系统的发展。也就是说,考虑体系优化,首先要做好顶层设计。所以,以系统工程理论为指导,在系统建设方面要抓好两件事。第一件事是顶层设计,总体优化。任何一个系统工程都必须有一个强有力的顶层设计机构,总体不可以分散。第二件事是科学地集成和创新,就是用国内最好的产品、最好的技术集成一套设备或一个系统。在大型系统的建设上,应该参照这样的经验,把总体加强。没有总体,就谈不上体系,谈不上系统建设。

以测控系统的建设为例。测控系统的总体工作最早是在国防部五院。国防部五院的一分院七所三室是外弹道测量研究室,负责外测系统的技术抓总工作。根据东风三号任务的测量要求，150 工程上马。当时国防部五院的主要任务是导弹研制，任务已经十分繁重，再负责外测系统的抓总，投入 150 工程，会分散不少精力。加上测量设备终究是要交付给基地操作使用的，如果测控总体工作由基地管，就可以减少测控设备的研制与使用之间的矛盾。

最后，国防部五院和基地经过多次协商，最终决定把七机部一分院承担的 150、153 工程抓总工作移交给老 20 基地，负责相关工作的技术人员也都到了老 20 基地。1965 年 5 月 15 日，基地在这些人员的基础上，成立了测量设备研究所。这个所就是测通所的前身，负责整个导弹试验的测控总体。

用钱学森系统工程的观点看问题，不论是哪一个系统工程，都要有顶层设计，也就是系统总体，就是大系统怎么建。这就需要有一个总体单位专门来研究这件事情，专门负责体系设计方面的工作。只有这样做，才能把握住系统发展的方向。

问：回过头来看测控系统六十多年的发展道路，除了您前面讲到的三条经验之外，还有什么经验值得总结的吗？

答：回顾我们国家导弹航天测控事业发展的道路，如果说总结经验，可以写出很多条，但我认为最重要的有四条。我前面已讲到三条：一是坚持走独立自主、自力更生的发展道路；二是建设一支强有力的测控国家队；三是顶层设计，总体优化，以系统工程为指导的技术路线。除了这三条之外，另外还有一条也很重要，就是我们国家导弹航天事业的发展有一个稳定的、长远的、实事求是的发展规划。

我们的建设，基本上都是按照规划进行的。坚持科学地制定长远规划，并且一以贯之，按照规划一步一步向前推进——这也是一条非常重要的经验。以测控系统为例，20 世纪 60 年代做过七年规划，70 年代做过导弹航天测控网发展规划，几乎每五年就有一个规划。有了规划，很多事情在深入思考的基础上都有一个比较好的长远计划，即使今天看来也都是很了不起的。

所以，围绕国家导弹航天事业发展战略，加强前瞻性研究，明确发展方向，制定发展规划，坚持有所为、有所不为，按照规划指导系统创新和技术进步——这是我们测控系统无论在承担"两弹一星"、载人航天这样的国家重大任务，还是一些型号试验任务的时候，都能立于不败之地、无一失误的重要原因。

我们的测控系统到今天能够发展得比较好，主要就有这几条有益经验。

问：您对测控系统未来的发展有什么期待？

答：测控系统的发展有目共睹，但也要认真分析存在的问题。要创新、要突破，首先要了解自己的问题在哪里，这是长远发展必须面对的课题。

目前看，有三点我们要予以重视。

首先，在体系创新上不够。整个测量体系，从导弹测量到航天测量，我们和国外走的基本上是同一条路线。我们在理论方法研究方面还比较薄弱，没有理论和方法的研究作支撑，体系是难以创新的。未来发展的要求越来越高，要想办法在体系上有所创新。

其次，平战结合、统筹规划不够。从客观上来讲，过去没有提出这方面的明确需求，测控系统基本上是整个试验体系中的服务配套系统。随着未来空间安全要求的提高，纵观测控系统的发展，对平战结合这个问题的思考和研究要加强。

第三，技术基础的建设有待加强。有些关键元器件、材料依靠国外进口，这一直是我们发展的瓶颈。尽管一些大型系统工程也带动了各个研制厂所基础建设的发展，但是从未来发展的角度来看，还是不够的。基础不牢，会制约未来发展的空间。

未来对测控系统的发展有着强烈的需求。我认为未来工作中有这么几个方面值得重视：一是载人航天的后续任务，包括以载人为核心的载人登月飞行后续任务的发展，会对测控系统提出新的要求；二是深空探测还有很多课题需要研究；三是空间安全。这三个方面对测控系统都有非常高的新要求。

以这三个方面大需求为牵引，我认为有以下工作要做。

一是力求在测控理论研究和体制创新方面有所突破。怎么创新，还要靠大家出谋划策。在加强理论研究的基础上来探讨新的测控体制。

二是要进一步提高天基测控能力。天基测控技术领域有大量工作要做。

三是要统筹规划。在现有能力基础上，完善发展以空间安全需求为目标的测控系统建设，主要是提高空间目标机动能力和安全保密抗干扰能力。

四是要特别重视软件技术的研究和发展。整个软件技术，包括各种理论、方法在内，都要高度重视。从未来发展看，单凭硬件是不行的，硬件发展到一定程度，如果没有新技术领域的突破，差不多就到头了。但软件的潜力还很大，我国的软件优势不仅是计算机软件，而是整个软件系统。我认为通过软件这个领域的发展来提高测控能力，会有比较大的作为。

五是关键技术的研究要加快、加强。软件无线电技术、天地一体化网络技术、再入目标物理特性测量技术、天线合成技术、多目标测量技术、信号处理技术、高速数传编码调制技术等，都是测控系统发展的基础。没有基础的发展，就谈不上系统的发展。

六是自主可控。关键元器件的研制生产要立足于国内，通过国家特高新元器件专项的带动，解决测控系统关键元器件的问题。

总之，我相信，通过大家的共同努力，中国测控系统的发展将会进入高质量、高效益发展的新阶段。

4.5　我们要有自己的远洋测量船

问：基地的第一个七年规划超前提出了建造远洋测量船的设想，当时是出于什么考虑？中央确定把远程导弹全程飞行试验列为"三抓"任务第一抓之后，建造测量船的任务是怎么推进的？

答：远程导弹全程飞行试验是中央确定的"三抓"任务的第一项。之前，我们进行的近程和中远程导弹试验都是在我们自己国土上打的。随着我国导弹技术的发展，导弹的射程不断增加，从近程、中程再到中远程导弹，我们采取了落区不动、发射场和发射点不断后退的办法，先从西北退到华北，后来又从华北退到东北。

但是东风五号远程导弹打全程试验，射程是中远程导弹的两倍到三倍，达到了一万公里以上。受到我国陆地面积的限制，发射场已经"退不动"了。前面我说的比如高弹道、低弹道试验，就是研制部门针对我国国情设计的一系列用来检验武器性能的特殊弹道。

也就是说，受到国土陆地距离的限制，我们最初进行洲际导弹遥测弹试验时，只能修改它的弹道。打高弹道，最高点离地面大约 3800 公里，用来模拟检验它的射程；打低弹道，用来模拟检验导弹精度和制导状况。但是这两种测试方法都存在问题，没有进入一种完全实战状况的检验，不能够完全真实地反映远程导弹落点的准确性。所以，为了检验远程导弹的主要技术性能，必须进行全程试验。

通信卫星、航天工程上马后，对测控技术的要求就更高了，需要实时提供跟踪、通信和遥测数据，要求测量设备更加精密和复杂，也要求测量跟踪与发送控制指令更加及时和频繁。

东风五号打全程，射程延伸到公海之后，仅仅靠陆地跟踪站远远不能满足上述要求。要解决陆上设备作用距离不够的问题，就要填补陆地之外海洋测量的空白，必须在公海上设测量站。要在公海上设站，远洋测量船是最好的方案。既可以根据发射任务的需求，随时出发开到大洋去，又可以尽量靠近所需要测量的弹道和落区。因此，远洋测量船是我们导弹航天测控网的一个重要组成部分。

海洋占了地球总面积的70%，充分利用海洋资源进行卫星发射、空间探索、导弹溅落试验等，是人类发展宇宙航天技术的必然选择。

20世纪50年代末，美国、苏联和法国都在使用远洋测量船开辟海上试验靶场。美国的陆地条件最好，在东海岸佛罗里达州的卡纳维拉尔角建立的导弹试验靶场可以满足射程一万多公里的洲际导弹试验需要，尽管卡纳维拉尔角地理位置偏僻，位于美国本土纬度最低的地方，但它面临浩瀚的大西洋，全部航区在海上，沿途还有一系列岛屿，可以设置跟踪测量站，把落区设在小岛附近的海面上，对导弹再入段的观察定位很方便，配上远洋测量船就可以使航区不断延伸，一直可以延伸到印度洋。

当然，远洋测量船技术很复杂，是建在海上的移动测控站，要解决的技术难题很多。首先是船体的稳定性，要解决船舶受海风、海浪冲击产生的摇摆漂移状态的问题；其次，船在海上航行时的位置和姿态不断变化，必须提供准确的测量坐标和姿态，作为测量设备捕获目标与稳定跟踪的参考基准；再次，船体空间十分有限，要安装众多的无线电设备，以及加密铺设的电缆等，电子兼容和视角遮挡问题也是必须解决的难题；还有，船上设备系统庞杂，对电路设计技术要求很高，必须逐级设计，层层把关，将出现的电磁干扰控制到最低水平；除此之外，船在海上长期航行，高温、高湿、海浪、盐雾等问题要解决，必须全面具备航海通信、气象保证、安全作业等技术手段。因此，测量船的建造是一项非常复杂的系统工程。那时我国这方面技术几乎处于空白，一切都需要从零开始，任务十分艰巨。

问：有资料介绍，早在 1965 年中央就提出要建立远洋靶场测量船，可是到了 1980 年远望号测量船才具备执行任务的能力，从论证到研制历时 15 个年头。您作为测量船工程最早参与论证的专家，可否讲讲为什么花了那么长时间？

答：我国建造远洋测量船的起步，从时间轴上说，确实是很早的。当时国内大的政治环境以及本身技术的复杂性，给测量船的研制带来了巨大的困难。从 1968 年启动到 1980 年具备执行任务的能力，测量船的研制工作历时 12 年，如果加上前期论证，那就是 15 个年头。

研制远洋测量船的任务代号之所以叫 718 工程，是因为国防科委会同总参等有关单位对测量船论证方案进行审查并上报中央军委是在 1967 年 7 月 18 日。1968 年 6 月 17 日，毛泽东主席、周恩来总理批准经中央军委审定的计划之后，研制工作就正式启动了。

当时中央军委提出测量船的任务和使命，总结起来有这样几个方面：首先，要保证我国远程导弹、潜地导弹、反导导弹等尖端武器全程测试时的观测、遥测和安全控制；其次，要保证我国载人飞船、人造卫星的跟踪、观测和海上回收；第三，还要承担试验海区的安全保障、指挥通信联络、海洋水文气象调查和后勤供应、打捞救生等任务。

　　远洋测量船的研制方案是测通所经过将近两年时间的调研后提出的。那时测通所还隶属老 20 基地，因此基地除了负责船上测量和控制系统研制工作的抓总协调外，受国防科委委托，还负责整个 718 工程的组织、协调工作。

　　1967 年 7 月 18 日，测量船论证方案审定会一结束，基地立即从机关和测量设备研究所抽调 38 人，在 9 月份成立了 718 工程工作队，最初是方俊奎任队长，上官世盘任副队长。工作队初步论证了测量船的主要任务、测量船总体战术技术指标和各大系统组成方案。具体工作由上海航天局下属的研究所做。

　　受"文革"影响，工作队的名称和成员也不断变化，多次调整。王立春、刘富魁等测量船工程的技术骨干是在 1968 年底加入进来的。1969 年 9 月，又调整为 718 工程组，由 22 人组成。1971 年 1 月，基地为加强 718 工程力量，从测量设备研究所抽调人员组成 718 工程办公室，下设总体、设备、计算机、数传、时统通信共五个组，由王积江担任办公室主任。

　　测量船技术复杂，加上人员流动频繁、"文革"干扰等因素，进展十分缓慢。1970 年 12 月 15 日，周恩来总理主持中央专委会会议并听取了 718 工程研制情况的汇报之后，决定将 718 工程列为国家重点项目，并明确了工程五大系统研制分工的抓总协调单位。为了加强对 718 工程的组织领导，成立了一个 718 工程领导小组。领导小组层级很高，有利于整个工程的推进，但是技术上的全面抓总协调，包括组织计划、上呈下达等工作，还是由基地 718 工程办公室具体负责。

　　但是工程一波三折，正当 718 工程的部分设备项目陆续上马，各项工作逐步步入正轨的时候，1971 年又发生了"九一三"事件，718 工程进展又严重受挫。有人将 718 工程称作"贼船"，要将设备砸烂。部分技术人员被遣散，部分工程设计也被迫停顿。718 工程面临是否下马、是否继续研制下去的问题，工程一度瘫痪。

紧要关头，周总理知道了此事，委托叶剑英元帅于 1972 年 4 月 8 日再次召开中央军委办公会议，听取 718 工程的汇报。718 工程还要不要进行，大家要统一认识。叶剑英请钱学森讲讲为什么要建造航天远洋测量船。钱学森态度非常坚定，他说：如果不经过全射程试验，是不足以完全检验导弹的技术性能的；我们的导弹必须搞全程试验，没有远洋测量船是无法进行的。在听完各方面的意见后，叶帅总结说："看来国家需要，军队需要，718 工程只能上，不能下，有困难要硬着头皮上。"

718 工程这次可以说是"死而复生"。国务院、中央军委再三督促，1974 年 5 月，测量船的总体设计方案审定通过，718 工程研制工作逐步全面铺开，但是各项工作进展仍十分缓慢。

"文革"结束后，张爱萍将军复出并主持国防科技工作。1977 年 9 月，在测量船工程进行到关键阶段时，他专程赶到上海主持召开 718 工程协调会。他在会上特别强调，当务之急是洲际导弹研发，要在 1980 年前完成全程试验的定型任务。因此务必在此之前完成 718 工程，在 1979 年 12 月 31 日之前，完成测量船队出海执行任务的一切准备。谁完不成任务，就学诸葛亮"斩马谡"！

这一招还真灵，很快全国都动员起来了，718 工程的各系统工作都按倒计时排进度。测通所党委决定，为加强测量船的测控通信总体技术工作，派出了一支由70多名技术骨干组成的测量船现场工作队，由王积江任队长，同时还抽调104人去了不同的站点，如东风发射首区、银川测量站、太原卫星发射基地等，承担技术协调和相关技术工作。尤其是到718工程一些短线项目的研制单位，督促检查研制进度，协调研制过程中出现的各种技术问题。

这段时间，各条线都在拼命干，计算机24小时工作，白天用来联调，晚上调试软件，每天技术人员轮着工作。

海上的测控系统建设，就是从718工程开始的。

远望号测量船的研制工作前后历时15年，很多事情现在回过头看是不可想象的。船上安装的设备有2000多台套，船上的测控系统中心计算机开设了60多个通道。可以说，测量船是一座集高精尖设备于一体的移动航天测控城。

问：1967年测量船规划论证时，您提出"两船合一"的建议方案。请问什么是"两船合一"？这个方案后来又是怎么落实的？

答：1965年，根据我国战略导弹发展计划，基地在七年规划里提出要研制导弹靶场测量船，为的是在海上进行落区测量。后来中国科学院701工程处——它们主要负责卫星测量——也向中央写了一个报告，提出要建卫星跟踪观测船。国家海洋局也提出一个方案，要新建海洋调查船。这样就有了三个方案。

这三份报告都到了国务院。1965年8月的中央专委会会议之后，把"统一论证、提出计划"的任务交给国防科委。三方都要船，到底怎么弄？国防科委把论证工作交给了 20 基地。20 基地由张贻祥副司令牵头，把具体工作交给了我。我随着张贻祥副司令调研了一遍，去了国防部五院、中国科学院等相关单位，主要目的是了解不同需求，回来后就开始着手论证。718 工程规划就是从这儿开始的。

调研论证做了将近两年，1967 年我执笔完成了将导弹测量船和卫星观测船合并为远洋测量船的方案，简单说，叫"两船合一"方案。后来又在这一报告方案的基础上，代国防科委向中央起草了报告。作为可行性方案的一部分，我还把测量船从总体方案到性质、任务及船上所需要配置的测量设备、人员等，都一一写在了报告中。

1967 年 7 月 18 日，国防科委邀请总参谋部、国防工业办公室等有关单位，对基地、六机部以及中国科学院提出的测量船论证方案进行审查，向中央军委提出了研制综合性远洋测量船的建议。

"两船合一"的综合远洋测量船方案在这次审定会上确定了下来。"综合"的意思就是涵盖了导弹测量和卫星测量功能。海洋调查船上马了"向阳红"系列科学考察船。

718 工程最早的规划是 5 种型号、6 艘船，大部分在上海地区建造。其中包括 2 艘测量船、1 艘科学考察船、1 艘打捞救生船、1 艘救援拖船和 1 艘油水补给船。后来考虑到试验海区落点测量方案的变化且要保证在航率，又增加了 6 艘船。到 1980 年，已完成 5 种型号、12 艘船的研制任务，包括 2 艘远望号测量船、1 艘科学考察船，以及打捞救生船、救援拖船、油水补给船各 3 艘。后来海军又有扩充，出海执行任务时是 18 艘舰船组成的一支庞大的远洋测量船队。

现在测量船的序号已经到了远望七号。除了远望四号是向阳红 10 号科学考察船改的遥测通信船以外，远望三号、五号、六号、七号都是我们国家自行研制的，远望七号的排水量已经达到 27000 吨。我还开过玩笑说，不能再大啦，再大就成航母啦。

问：有人把远望号测量船称为"浮动的国土"和"海上科学城"，可见 718 工程规模之大、技术要求之高，前所未有。您能介绍一下技术上最大的挑战是什么吗？

答：是的，建造这样技术先进、专业性强、系统复杂的测量船，我们从来没有干过。这样庞大的测量船，不是简单地把地面上的测量设备装到船上就万事大吉了，而是要解决一系列复杂的技术问题，才能既适应海上船上的特殊环境，又满足测控任务要求。这是一个全新的技术领域，在完全处于被封锁的国际大背景下，我们除了看到几张国外船体外形照片之外，其他几乎一无所有。

718 工程规模庞大、专业面广，是一项系统关系错综复杂的综合性大型工程。整个工程包括测量船总体建造、动力和船姿、通信、测量和控制、水文气象等五大系统，这五大系统分别由六机部、六机部第七研究院、总参通信兵部、基地以及远洋水文气象保障领导小组负责抓总协调。

为了全力抓好 718 工程，1972 年 2 月，基地决定将 718 工程办公室划归测通所。为此，测通所成立了第三研究室，由王立春任主任，对外仍以718工程办公室的名义开展工作。

到了1974年8月，测通所提出的船上测量控制系统总体方案才经国防科委复审通过。方案中测量控制系统由10个分系统组成，包括单脉冲测量雷达、激光电影经纬仪、遥测、微波统一系统、双频测量、遥控、水声测量、船体变形测量、数据处理中心以及控制中心分系统等。

测量船是一个弹性体。在海上移动测量，最大的难题是如何保证测量精度。解决的办法就是把变形、动态数据都测出来，让系统去修正。另外一个问题是频率，即电磁兼容的问题，这在我们设计的时候就考虑了。我们总要把事情做踏实，所以验收阶段陈芳允先生去做了电磁兼容测试，最后测试结果是电磁兼容没有问题。

为测量船研制设备很不容易。比如说，船是个摇摇晃晃的东西，但是这些测量设备必须平稳，摇晃怎么测量？一开始也提出过将陆上测控设备（比如154-Ⅱ乙单脉冲雷达、160电影经纬仪以及中低速率遥测等）改进后装船的方案，但很快就被否定了。如果这样做的话，这些测量设备一方面不能适应船上特殊环境的要求，另一方面也满足不了测量的要求。因此，数据准不准确、跟踪准不准确，是个大问题，光是稳定系统就是个很复杂的系统。我们采取了伺服稳定，就是各个伺服系统自己纠正，跟着船摇，把数据传给伺服系统，让它纠正，跟船一致。这一套复杂的系统经过反复论证才终于明确下来，所以雷达、激光电影经纬仪、变形测量设备以及双频多普勒测速定位设备都是为测量船专门研制的。

还有船体变形问题。船是刚性的，会变形、扭曲。不同方向的扭曲测量也要准确，然后把这个数据传输给设备系统自动修正。所以测量船是在海上、在一个动态条件下完成精确测量的任务，这本身就是一个大课题，也是技术上的一个大挑战。

问：测量船上测控系统的核心是计算机，可以说是船的"大脑"，当初为什么要由两家单位各自研制？这样安排是出于哪方面的考虑？

答：测量船是一项复杂的系统工程，计算机是船上测控系统的"大脑"。根据总体方案，远望一号、二号两艘船上需要各装两台计算机。这四台船载计算机可以说是测量船的核心，因为它们不但把船上的测控、通信、船位船姿、气象等各大系统联系在了一起，还要负责弹道、轨道以及遥测数据的实时及事后处理，再传输给其他设备进行跟踪，所以必须具备高速的运算能力。运算速度要求达到 100 万次 / 秒，要求双机系统双备份。系统设计对这几台计算机的技术指标提出的要求相当高。

当年我国集成电路技术不过关，计算机研发水平不高，如果不突破这些瓶颈，没有高速度的运算能力和大容量的计算机，就无法完成远程导弹的全程试验任务。

从 108 乙计算机开始，测控计算机系统一直是十院 15 所在负责研制，他们有经验，所以船载计算机一开始也自然是想让 15 所干。我找 15 所谈，提要求说，我们需要每秒运算 100 万次的固体组件计算机。15 所认为技术难度太大，主张降低指标，因为他们只能做分离器件、晶体管每秒运算 50 万次的计算机。后来我就去找哈军工的慈云桂教授，慈云桂说他们能干，不降低指标。慈云桂教授对测量船中心处理计算机的要求是了解的。他是 1969 年 11 月方案论证会的专家之一，此后又参加了 718 工程系统结构初始方案的论证。

到了 1970 年的上半年，大概是 3 月，罗元发同志主持召开任务分工会议。就在会前两小时，十院唐士吉副院长在国防科委的大楼里找到我。唐副院长是老红军，人很敬业，分管测控这条线的工作。他说："老沈，这个计算机可都是我们 15 所干的，怎么这回给哈军工干了？那我们干啥？"他有意见。我说："这事你可不能怨我。我先找到你们 15 所的，15 所说技术难度太大，要降指标。我这才找到哈军工，哈军工说他们能干。"唐副院长说："那这事我们 15 所也得干。"这一下子就把事儿顶到那了。

我一看马上要开会，请示领导来不及了，718 工程不是要造两艘船吗？每家各两台，一家管一艘船。那时候决定事情不像现在讲这么多程序，没那么复杂，所以这是临时决定的。这样，在会上，罗元发同志就宣布了：百万次计算机一家两台，远望一号的计算机由哈军工研制，代号 151，远望二号的计算机由 15 所研制，代号 260。两家单位还成立了联合领导小组，四机部刘寅副部长任组长，国防科委四局局长李国枢任副组长。

就当时来讲，我们的考虑是，在国产计算机上采用固体组件还是头一次，而且运算速度要达到每秒 100 万次，这是有风险的，两家干相对稳妥，万一这家干不了，还有另一家呢。结果两家都干成了，而且这几台计算机在设计上采用了很多先进技术，比如说多流水线、微程序设计、高速算法、高速缓存、指令缓冲等，这些技术在我国计算机领域中是比较先进的，采取的一些措施也便于以后的维护和后勤保障工作。

这里也有个故事。动乱年代，人才和知识都不受尊重。1969年，慈云桂教授曾经被"造反派"羁押了三个多月，151任务下达的时候，他还在"监督劳动"。领了151任务后，他就带着20多人的一个团队，躲进了上海嘉定的一家偏僻的旅馆里，开始了紧张的设计工作。之后又经历了学院南迁长沙，计算机系借用破旧的养鸭棚改建了实验室。从调研、设计到解决集成电路的质量问题，科研人员夜以继日地工作，这样到了1974年的夏天，总算完成了各种试验模具和全部生产图纸。151计算机样机生产是在738厂，慈云桂带着40多名科研人员来到了北京。工厂在酒仙桥，他们没有地方住，就在操场上用油毛毡搭了个棚子。热的时候棚子里像蒸笼，冷的时候棚子里又冻得够呛。他们买了炉子却没有煤烧。调试阶段，研制人员的生活真是苦不堪言。

验收的时候，测通所有一位同志负责考核计算机。我告诉所里，要用最严格的程序去考核，各个环节都要检查到位，不能有任何问题。他编了一个高阶微分方程作考题，一到151计算机上，卡在那儿了，"打"回去又干了三个月，再测试，还是没过，弄得慈云桂教授很没面子。我说：这有什么关系，再改进就是了，哪有一定要一次通过的？他们自己测试都是过了的，但是我们这题出得难，对计算机性能要求就更高。1978年10月，测试终于过了。

问：通信系统是 718 工程五大系统之一，在上万公里内要确保对船队调度指挥的万无一失，责任重大。系统采取了什么方法来保障岸船、船船之间的通信畅通？

答：测控和通信系统是连在一起的。从建设靶场开始，我们的试验通信系统就包括了通信，也包括了数传和时统。

岸船之间、船船之间的通信，当时是一个相当困难的问题。未来出海的远洋测量船队除了测量船主船之外，还包括科学考察船、打捞救生船、油水补给船、救援拖船和护航的驱逐舰等，由十几艘船舰组成，还有船载直升机等。要使远洋测量船队与国内的测控、指挥系统连成一体，保证远洋测量船与国内靶场之间的数据交换和高精度的时间同步，同时保障测量船队之间的指挥、调度，包括对直升机、打捞快艇等舰船的通信联系，需要建构一个在上万公里内信息传输畅通无阻的导弹航天测控网，而通信在其中起到的作用就如同人体神经一样重要。

早在 1966 年底，有关部门就有了初步的通信系统方案框架。之后，测通所方俊奎、边居廉和贺瑞法等通信技术专家专门到上海等地进行了长时间的调研、分析、论证，认为船上通信可采用多种手段，岸船通信以短波为主、超长波为辅，船船通信采用短波、超短波相结合，岸上通信以有线为主、短波为辅，个别台站采用微波手段——这样可以满足国内对远洋船队的指挥和通信要求。同时也找到了一些保证数据传输质量的技术途径。

我们的想法就是，有什么用什么，国家有的，就利用国家已有的。我们把微波、超短波这些专用设备做好。时统、数传设备，我们自己建，自己研制。其他常规通信的设备，我们就利用已有的通信网，建设的时候就一起建。

总体方案中有些项目需要总参、邮电部、海军等单位出面组织才能完成。1970年12月15日，中央专委会决定成立全国性的专门机构，通信系统建设由军委通信部协调抓总，总体技术工作仍然由测通所负责。

通信系统的总体方案形成后，一些主要设备的研制单位也初步落实了。当时的通信基础太薄弱，技术十分落后。要在一定时间内把国内相距上万公里的许多台站连接起来，形成一个整体，和在西太平洋上远航的测量船队进行信息交换，其难度很大，任务很重。

比如，时统、数传是我们试验通信的特点。时统对测控来说非常重要。在测量船建设中，时统也是一个非常重要的系统。开始做数传时，我们就考虑了怎么和计算机匹配，SCA3、SCA4是体积很大的设备。为什么大？就是因为当时计算机的能力比较弱。现在技术发展了，很小一个模块就能解决的问题，当时需要一个机柜才行。我们用的已经是全国最好的计算机了，一直到1980年，全国最好的计算机都在我们那儿用，但还是满足不了我们数传的要求。所以就把一些通信需要计算的工作也交给通信系统自己解决，主要是为了减轻计算机的负荷。这是从总体设计角度考虑的。前些日子还有人说：你看当时多笨呀，做个SCA，这么大一个机柜。我说：你们根本不知道历史！如果不把计算机的功能转加到数传上，计算机的速度根本不够。数据过滤以后的跳点什么的，都是在数传上完成的。不然一个调制解调器为什么要做得这么复杂?

到了 1979 年底,718 工程通信系统完成了岸船所需的 200 多种、2000 余台套有线和无线通信设备的研制任务,改造、建设了六个短波通信台站和一个超长波台站,建成和改造了国防科委试验指挥所和渭南卫星测控中心以及三个试验基地的通信设施。连接指挥中心、测量台站、试验基地的数百条通信线路架设完毕,为执行洲际导弹试验任务做好了充分的准备。

问:718 工程启动后,中央明确提出要同步建造测量船基地,您参加了勘察选点工作。可以谈谈测量船基地组建的一些情况吗?

答:为了保证测量船的指挥训练和后勤补给,测量船基地的建设必须同步进行。1973 年,国务院和中央军委在《关于 718 工程研制工作问题》的批示中明确了 718 工程测量船的建设,要同陆上测量站建设结合起来,还要把远洋使用和近海作为卫星活动观测站的使用结合起来,统盘规划;根据国内已建成的跟踪台站布局,测量船基地在长江下游建设为宜,以保障两艘测量船执行洲际导弹、通信卫星试验任务的驻泊、补给和训练,并作为经常性的卫星跟踪观测站使用,以弥补胶东、闽西与湘西地面跟踪站之间的空白,使低轨道卫星的跟踪测量范围扩大到东海海域以东的日本九州、琉球群岛和我国台湾一线的上空。

1973 年 9 月,海军副参谋长刘华清和基地江萍副司令,以及国防科委四局的李国枢局长等,带领勘察组对长江下游的南京、镇江、江阴等 11 个点进行了现场勘察。

这次现场勘察我也去了，看了几个地方后，大家认为江苏江阴的黄山和肖山段条件比较理想，建议建在那儿。我们选址有几个要求：第一是要在淡水系，因为海水腐蚀性太强；第二是离海不能太远；第三是要有比较深的港口区。几个条件综合在一起，就选在江阴了。后来又请海军后勤部设计局和华东师范大学河口研究所的专家对这两地的码头港池进行勘察论证。肖山这一段的水流不平稳，有涡流，不宜船舶进出或驻泊。这样，就将固定码头和浮动码头确定建在江阴的黄山段。那时候江阴给我的印象比较落后，全江阴楼房都很少，就是一个大农村。基地在那建的几幢楼，是当时江阴最好的房子了。

1974 年 10 月，中央军委批准了测量船基地方案，要求抓紧时间设计施工，争取在 1977 年建成。这个时候，测量船基地建设的时间已经很紧了。为了及时跟上 718 工程建设的进度，江阴县政府动员 2000 多名民工和部分船只参加"大会战"。劳动条件十分艰苦，建筑工人凿山铺路，筑堤建坝，风雨无阻，昼夜施工。结果用了不到三个月的时间，建成了一条 1300 多米长的围堰大堤，又在这个大堤上，打夯加固，建成了一个长 440 米、宽 15 米的钢筋混凝土的码头。到了 1979 年，测量船驻泊、补给、检修等一系列活动所需的配套设施都已经陆续建成了。

测量船和测量船基地建成之后，按预先的设想是交给 95 指挥部，归海军建制。当时领导认为船都应该归海军来管。后来，国务院和中央军委明确，测量船及测量船基地由海军和国防科委双重领导，以海军为主，基地的测量任务和测量船使用、测量设备的维修以及技术人员的培训由国防科委负责。在测量船基地建设的同时，又从海军和国防科委抽调了一批航海、测控技术干部进行培训，到设备研制厂所学习掌握设备的操作技能，这些技术干部组成了一支特殊的海上航天测量队伍。

但是没多久，海军就发现，他们对测量专业不太了解，管理测量船基地有很多困难。为了有利于基地的全面建设和协同执行导弹、卫星测控任务，1977年1月，中央军委决定，测量船基地由海军划归国防科委领导。1978年10月，国防科委正式成立了测量船基地，也就是23基地。

问：测量船"远望号"的名字是怎么来的？测量船下水后，船上2000多台套测控与通信设备的研制、安装、联调和校飞都是测通所抓总的吗？

答：测量船船体是由江南造船厂制造的，测量系统则是我们提出要求，委托各个研究所研制。所有指标都是我们提的，包括船体的布局也是由测通所设计的。最早提规划的时候没有那么具体、那么细，但总体方案把这些因素都考虑了，指标必须达到要求，这是最重要的问题。

1975年6月，在江南造船厂成立了测量船研制、建造、使用三结合工作组，成员来自江南造船厂、第七研究院708所、老20基地、东海舰队、总参通信兵部等单位。基地派测通所718工程办公室主任王立春代表测量设备使用方，参加了三结合工作组的工作。

1975年，各型船舶相继开工建造。在随后近两年时间里，测量雷达、双频测量、遥测等各分系统方案分别通过审定，进入研制生产阶段。

经过江南造船厂及相关单位的不懈努力，两艘测量船先后于1977年8月、10月顺利下水。

1977年9月29日，国防科委在上海隆重举行测量船命名大会，两艘测量船分别被命名为"远望一号"和"远望二号"。"远望"这个名字可是有来头的。测量船研制过程中，大家一直在讨论给这两艘船起什么名字。最初它们分别被命名为"东海号"和"北海号"，因与国家商船船名重复，有关方面请求重新命名。后来起过很多个名字，大家都不是很满意。最后是聂力提议，用毛泽东主席手书、叶剑英元帅创作的七律《远望》来命名，寓意是站得高、看得远，既要承前启后，也要高瞻远瞩、放眼未来。在船头两侧的"远望"两个大字，就取自毛泽东主席的手书。

1978年12月，两艘远望号测量船先后出海试航，初步考核了船舶、动力等系统的性能，其续航能力均达到1.8万海里。

远望号不光是一艘船，它的分系统包括了测控、光学测量、计算机、通信、雷达、水声遥测等。测量船的设备总体要求是测通所提的，单体设备研制由各个单位负责，安装调试都是研制单位的事，比如说变形测量的数据修正。我们只管最后的结果是不是达标。整体由测通所抓总，涉及总体的一些软件数据处理方法，也是由我们提的。测通所的刘富魁、王立春还分别参加了两艘远望号测量船试验试航领导小组。

1979年12月，初步完成测控系统的联调和各大系统的总联之后，又进行了为期40天的近海演练，对测控、通信系统进行了联试校飞。之后又抓紧时间编制了包含 10 万多条程序的测量船实时应用软件，为全系统正确运行打下了基础。1980 年 3 月，两艘测量船再次出海，按正式执行测量、通信、打捞任务的程序进行演练，进一步检验了测控、通信等系统方案的正确性和设备的可靠性，锻炼和提高了组织指挥能力。

远望号测量船是集体智慧的结晶，是成千上万人自力更生、大力协同、联合攻关的成果，全国有 20 多个省市、35 个部委、1100 多家厂所和院校的数万人参与了测量船的研制工作。远望号测量船的建成，填补了中国海上测量的空白，形成了从陆上到海上的测控通信网，扩大了导弹、卫星测量的范围，为导弹航天技术以及海洋调查事业的发展做出了重要贡献。

对我个人来说，我的主要工作还是在测量系统，尤其是远望号测量船。这么大的系统，没有用外国的一台设备，所有的设备、元器件，都是我们自己研制的。我一直认为，这是我一生中最值得骄傲的事。

问：在几艘测量船里，远望四号比较特殊，是用向阳红 10 号改装的，有什么原因吗？

答：向阳红 10 号是一艘远洋综合科学考察船，于 1979 年建成。1984 年发射同步试验卫星的时候，它承担的是卫星定点区域气象预报和通信联络任务。到了 20 世纪 90 年代初，第二代气象卫星以及第二代通信卫星的发射，都需要海上测控支持。但当时只有两艘测量船，远望三号还在方案设计阶段，海上测控能力远远不够，于是国防科工委在 1990 年 9 月批准租用向阳红 10

远望四号测量船

号，并将其改装成遥测船，放在南太平洋。1991 年 12 月向阳红 10 号执行了第二颗东方红二号甲卫星发射的海上测量任务。

　　为什么向阳红 10 号变成了远望四号？这里有个故事。载人航天工程上马以后，国家计划新造一艘遥测通信船——远望四号。但是新建一艘船成本太高，我们决定改造一艘船。经过评估，大家一致认为将向阳红 10 号改装成遥测通信船，既快速又经济。于是我们调整方案，花了 1000 万元，把一直租用的向阳红 10 号买了下来。1999 年，在江阴澄西船厂把它改装成为一艘遥测通信船。远望四号就是这么来的。执行"神舟"系列飞船的远洋测控任务，远望四号都是重要的一员。前前后后，改造整艘船共花了不到 1 亿元。本来远望四号的预算是 4 亿多元，这样就等于我们节省了 3 亿多元，满足了在南太平洋设一个站的需求。那时候载人航天工程的经费很紧张，能省点钱就省点钱。

远望号测量船一共七艘，其中只有远望四号是海洋调查船改造的。远望一号退役之后被江南造船厂要走了。因为远望一号和二号是江南造船厂造的，被收回去作为爱国主义教育基地。远望四号现在被当了靶标，用作目标船，这是因为慢慢地，全球测控网比较完善了，南太平洋这个点就不需要了。

4.6 东风五号打全程，
第一抓取得开门红

问：在测量船工程艰难推进的同时，东风五号全程试验任务的推进是不是也如此曲折？为什么把东风五号全程飞行试验列为"三抓"任务的第一抓？

答：这个要从整个国家战略大局考虑。从导弹来讲，洲际导弹的威慑力是最厉害的，这个是世界强国都要研制的。东风五号是我国自行研制的第一代战略导弹，是一种两级火箭推进的新型导弹，研制工作经历了十多年，设计射程为 12000 公里。

东风五号远程导弹的设计和研制，要采用许多新技术，难度很大。1965 年 3 月，东风五号正式列入型号研制计划。设计方案在 1968 年 1 月完成后，还有许多技术问题没有完全弄清楚，有些技术方案也在探索中。直到 1970 年初完成技术设计，才正式转入初样研制阶段。

那时正值中苏关系全面恶化时期。1969 年 3 月，苏联入侵珍宝岛，公然挑起武装冲突，边境形势严峻。东风基地靠近中蒙边境，处于战备第一线。特殊的历史、地理环境，直接影响研制进度，只能打特殊弹道进行飞行试验，给东风五号的定型带来很大风险。

直到 1980 年，东风五号才进行了第一次全程飞行试验。从 1971 年 7 月东风五号远程导弹首次低弹道飞行试验到首次全程试验，前后花了八年左右时间，其间攻克了无数的技术难关，可以说是千锤百炼。后来中国运载火箭技术以此为基础发展推进。东风五号一直是中国运载火箭家族中的核心型号。此后的长征二号、长征三号、长征二号 E、长征三号 A 和长征二号 F 等型号都是在东风五号远程导弹技术基础上演化而成的。因此，东风五号远程导弹的研制成功，对我们国家来说，不仅有巨大的军事政治和外交意义，也有极大的科技价值。

问：您刚才谈到，在 1980 年打全程试验前，东风五号在基地进行了多次特殊弹道的试验，什么是特殊弹道试验？

答：不光是之前进行了多次特殊弹道试验，这次东风五号全程试验是我国战略武器研制最重要的一次试验。导弹全程飞行试验可以检验全程状态下弹头的落点散布和弹头的战斗能力，只有全程试验才能最真实地反映远程导弹落点的准确性。

前面讲再入段测量难度的时候讲到过这个问题，这是由我国的地理条件决定的，是一个很大的技术问题。在 1000 多公里范围内，要模拟 1 万公里的远程导弹飞行状况，就只能在射程设计上想办法，高弹道、低弹道、卫星弹道等这些特殊形式的飞行试验被统称为"特殊弹道"。打高弹道，考验射程；打低弹道，分析测量制导精度。对测控系统来说，要鉴定本身制导精度很高的导弹系统，就需要比它的精度再高至少三倍，这是最基本的。只有我比你高三倍，我才能鉴定你。

因此，特殊弹道试验对测量测控设备精度的要求就非常苛刻，尤其是再入段，不仅要测弹道，还要测再入目标的物理特性。因此，再入测量比首区测量复杂得多。

在东风五号全程飞行试验之前，测控系统通过特殊弹道试验，在我国本土完成了导弹总体设计以及分系统设计的试验鉴定。高弹道、低弹道等这些特殊形式的飞行试验的射程只有全射程的10%到20%，弹道最高点远远高于或远远低于全程弹道的最高点，弹道程序也有很大差异。因此，特殊弹道试验对弹道实时测量精度的要求非常高，尤其是关机点的测速精度和定位精度，要比中程导弹高出十倍以上。而且，由于弹头速度高，再入段目标捕获和弹道测量难度也大大增加。

这些特殊试验所带来的难度和压力，基本都落在了我们测控系统，因为测量精度起码需要再提高三倍以上。为什么国家在测控系统建设上花这么大力气，花这么多钱？原因就在于此。我们是靠打特殊弹道来定型的，不是靠全程试验来定型的，因此压力最大的是测控系统。

另外，为了提高导弹命中精度，特殊弹道试验得到高精度外测数据后，还要采用误差系数分离的方法，分离出导弹制导系统的误差系数，以此推断导弹全程飞行的落点精度。

问：东风五号在打特殊弹道试验时，两次低弹道试验均告失败，是什么原因？和当时局势有关，还是技术不过关？

答：和局势没有什么直接关系。1972 年 11 月和 1973 年 4 月，东风五号在基地打了两次遥测弹低弹道试验，都没有成功。第一次飞行试验，是由于电爆管短路，插头脱落，未能点火，导弹自动紧急关机，中止了发射；第二次试验，导弹飞行 43 秒时，控制系统突然断电，导弹失稳自毁。这两次试验失败的主要原因是产品质量和可靠性问题。一方面，客观地讲，产品质量的稳定需要一个过程，初期试验失败是正常的。另一方面，"文革"时期七机部受到很大冲击，这肯定会影响到产品质量。

低弹道试验失败，主要是产品的问题。低弹道试验轨道高度最高的地方不超过 300 公里。轨道很低的话，起飞段和再入段都是在同一大气层里面，所以飞行时间也比较长，因此整个飞行环境很差。为什么高弹道顺当，低弹道不顺当？失败可能和飞行环境有关系。但是我不确定，因为提供数据是我们负责，事后数据分析不是我们承担，探究原因是研制部门的工作。

试验失败，总体讲是因为技术不够成熟。一个型号从研制试验到稳定，需要相当长的过程，不是这么简单的。这次试验之后，研制部门对导弹做了十多项重大技术改进，又做了大量的地面试验。1974 年 6 月，东风五号导弹第二批开始投产。1978 年 10 月至 1979 年，东风五号第二批导弹遥测弹在基地进行了两次低弹道飞行试验，均获得了成功，同时模拟了导弹射程的再入环境。1979 年 1 月，在岢岚基地打高弹道飞行试验，从地下井发射，也取得了成功。试验证明，东风五号导弹的总体方案是正确的，战术技术性能可靠。这样，从技术上讲，全程飞行试验的条件已经成熟了。

问：全程飞行试验对测控系统是一次大考，有哪些新要求？测通所是如何推进的？

答：远程导弹全程飞行试验是"三抓"中的第一抓，也是我国战略武器发展史上一次规模空前的科学试验任务。这次任务规模之大，协作面之广，航区之长，技术之复杂，要求之高，参试测控站以及参试设备之多，是以往历次试验任务所没有的。打全程飞行试验对测控系统确实是一次大考。

1978 年 4 月，国防科委在北京召开了远程导弹、同步通信卫星发射测控设备任务落实和进度协调会。这次协调会规模很大，全国各省区市的领导以及各大部、国防科委各基地和测通所的代表都参加了。会上部署，在 1980 年前完成远程导弹定型试验，同时对发射同步通信卫星的测控系统进行协调，要求各单位绝不能由于本单位的原因而让"三抓"任务误点。

根据中央专委会和国防科委的各项指示要求，测通所党委立即做了研究部署，提出总目标：完成好"三抓"测控通信总体任务，只准成功，不准失败。测通所党委把"三抓"任务列为所有工作的重点，而远程导弹全程飞行试验测控通信总体任务又是"三抓"工作中的重中之重。

当时，测通所刚刚从东风场区搬迁到洛阳，由于基建工作起步晚，大家的吃、住、交通、后勤供应情况都非常困难。

那时几项任务交织在一起，测控网的技术论证还没结束。这件事在测通所由陈炳忠、冯汝明、罗海银等同志具体负责。他们加班加点，在很困难的条件下，抓紧完成导弹航天测控网的技术论证工作。论证工作一结束，我就在所内组织技术力量，加快推进测控网建设的各项任务。

测通所负责全程试验测控总体方案。陈炳忠、罗海银、边居廉等同志制定的远程导弹全程飞行试验测控通信系统总体技术方案，1978年10月经国防科委批准。

这个测控方案将全程飞行试验测量分为主动段、自由段和再入段。主动段测量这一块大家比较成熟，弹道测量任务由酒泉、银川、岢岚站承担；自由段由岢岚、长春、胶东、渭南等站承担；再入段弹道测量任务由两艘远望号测量船、两架遥测直升机和三艘辅助船承担。

总体室主任陈炳忠（右）介绍580任务测控通信系统总体方案（20世纪70年代）

　　为了确保每段有两个到三个站同时跟踪测量，在东风五号长达上万公里的航区内，一共部署了20多个测控站和上百套大型设备，组成一个以计算机为节点，由通信、时统、数传和指挥调度等分系统联动组成的完整的测控系统，包括引导、测量、计算机监控显示和安全控制等功能。要将如此庞大的一个系统组成一个有机整体，在远程导弹全程飞行试验期间高效运作，不能出任何问题，这是一项非常艰巨的任务。

　　因为对象变了，为了适应更高精度的测量，虽然一些机动站做了调整，但基本上还是以测控网为基础的。当时首区主要的测量手段就是154二期工程。远程导弹全程飞行试验要求主动段弹道 X、Y、Z 三个方向的速度精度都要优于0.05米/秒。单靠两套154二期工程是不够的，测量精度达不到要求，但也不可能再花那么多钱增加一套154二期。怎么办？我们设计了一个高精度多站制测量系统，就是157工程，从而弥补高精度测量带的不足。

　　在任务准备过程中，测控总体工作经受住了考验，154二期两站联用就是一个例子。两站联用的关键问题之一是弹上应答机天线增益和方向图覆盖问题。弹上天线既要有足够大的覆盖面，又要有足够的电平以获得所需跟踪段落的数据。经反复研究磋商，决定在二级火箭上安装一副宽波束圆极化天线。但有人提出电平不够，强烈要求更改测控方案。测通所技术人员实事求是地计算分析情况，耐心解释，反复做工作，基地最终接受了这一弹上天线安装方案。实践证明，这一方案是正确的。

问：末区的测量，也就是再入段弹道的外测和遥测，是不是难度更大？还有，落点精确定位测量的难点是怎样解决的？

答：首区测量设备用的是 154 加 157，末区主要用测量船测量。虽然这个方案并不是一个最理想的方案，但是受到各方面条件的限制，再增加设备花钱太多。我们的原则是满足远程导弹全程飞行试验的基本要求。最终我们还是很好地完成了任务。

再入段测量只能用远洋测量船了，执行任务时去了两艘测量船。

这次全程飞行试验对远洋测量船队的要求非常高，要求海上测量船队完成导弹再入段的外测和遥测。也就是说，第一，外测，火箭的外弹道轨迹要测出来；第二，遥测，导弹进入再入段以后的遥测数据一定要测出来，其中包括溅入水中的导弹数据舱，也就是内弹道参数；第三，落点，弹头溅落海上的落点位置要精确定位，并打捞回收弹头数据舱。弹头数据舱是评定试验成功的标志，对东风五号导弹的定型至关重要。

根据多年测量的经验，加上测量船上的这些新研制的设备，只要测量船能抓住目标，我们对完成再入段的外测和遥测还是有把握的。

难就难在准确报出落点位置。海上试验的特点就是肉眼捕捉不到弹头落点，落点痕迹瞬间消失，这是海上试验和陆上试验最大的不同。为避免发生打捞不到数据舱而被别人抢去的最坏情况，数据舱安装了自动引爆系统，溅落后两小时内若不及时打捞，就会自爆。因此，测控系统能否获得落点的测量数据，成为评定试验是否成功的关键标志，更关系到东风五号能否定型。我们的方案是把四部日雷达改造成测水柱雷达，解决了落点测量的难题。

针对落点测量，曾经提出过两种方案。第一个是水声测量。把声呐设备放入海底，然后在周围布几个站。弹头掉进海里，总是有声音的，通过计算时间即可找到弹头的落点。这种测量方案精度很高，但是技术很复杂。第二个是航测方法。在弹头上装上一种染色剂，使弹头入水后染色剂溶化，在方圆近百平方米的海面上染出一片有颜色的区域，然后用直升机进行定位，推算出落点具体位置。这种方案也有缺点：环节多，操作复杂，精度很低，误差较大。这两个方案在1969年就已经有了，也有过一些相关试验。

1977年10月，测通所刚从东风场区搬到洛阳，这时，由于580任务的试验海域有了新的变化，新选定的试验海域水深达6000多米，测量效果先不说，声呐设备根本无法放在海底。另外也还有一系列的技术问题无法解决。这样，原来论证过的落点测量方案也必须改变。

这时有人看到一份资料，提到国外测导弹入水的位置，采用的是雷达测水柱的办法。方法很简单，但具体怎么测，没有任何资料。这时已经是1977年的秋天了，离执行全程飞行任务也只有两年多的时间了。

这个任务交给了雷达组的张传孝，他是雷达组组长。雷达组有十几个人，大多是1965年前大学毕业的老同志，但当时大家手头上还有很多工作要做，而且对这个新任务心中也没底。张传孝自己扛起了这个任务，开始做方案论证。当时他爱人也在测通所，正在负责远望号测量船上 180 雷达的总体方案工作，而且也到了研制的关键时刻。夫妻两个人常年出差在外，家里两个孩子没人照顾，张传孝只好把老大送到马鞍山的岳母家，把老二交给哈尔滨的老母亲来带。

论证方案做出来后，先在北海舰队利用 354 和 352 甲舰载雷达进行实测水柱试验。试验队每天早出晚归，整整干了一个月时间，拍摄了大量资料照片，掌握了各种水柱的特征。要准确捕获目标，只有 10 秒左右的时间，关键问题是提高雷达的转速。我们的雷达天线转速太低，国外先进的雷达每分钟可转 60 圈，354 雷达每分钟才转 8 圈，反应太慢，等发现目标，水柱早没了。

1978 年底，在广东召开的 718 工程会议上，水柱雷达方案的可行性得到了认可。接下来，雷达组就把工作重点放在了改进雷达转速上。技术难度大，时间又紧，研制厂家派了技术最好的工程师来完成旧雷达改造，终于成功使海军的 352 和 352 甲雷达由原来的每分钟 20 圈提高到 30 圈，354 雷达由原来的每分钟 8 圈提高到 20 圈。

这四部雷达分别被安装在打捞一号、打捞二号、向阳红五号和拖船上。全程试验那天，弹头落水时，四部雷达几乎同时捕获到了目标。张传孝坐在打捞二号船上，导弹弹头落点离船只有 19 公里，也就是 10 海里多一点，各项数据测量都很成功。

问：此次远程导弹全程飞行试验，对我国第一代战略导弹的定型意义重大，测通所是如何确保圆满完成试验任务的？

答： 东风五号远程导弹全程飞行试验规模空前。试验包括测试发射、陆上测控、海上测量、海上护航与通信、气象、水文、航空、后勤保障以及组织指挥等十多个系统，涉及导弹研制、试验靶场、工程测绘、航空保障、海陆通信、水文气象、测量船基地、远洋测量船队、护航舰队等十个方面，直接参加试验任务的单位有 600 多家，各类参试人员达 7 万多名。

洲际导弹全程试验成功与否，关系极大，中央对这次试验十分重视。1979 年 2 月，中央专委会会议办公室专门召开全程试验准备工作会议，安排落实了需要完成的 71 项工作，要求各单位采取有效措施，保质、保量，按时完成任务。3 月 26 日，中央专委会会议专门重点讨论洲际导弹全程试验问题，并批准了国防科委提出的试验实施方案，中央领导都做了指示。会议要求全程试验一定要周到细致，认真组织，积极抓紧，争取第二年 4 月到 5 月试验成功。

1980 年 2 月初，中央军委批准了国防科委关于东风五号远程导弹全程飞行试验的报告。国防科委立即召开远程导弹全程飞行试验工作会议，对 580 任务进行具体部署。张爱萍副秘书长在会议上提出，要把最有经验、最有技术的同志调到试验第一线去打头阵。测通所党委为贯彻落实中央领导指示精神，全力以赴抓好 580 任务的测控通信总体工作，要求这次任务"只准成功，不准失败"。春节前夕，测通所党委召开了全所动员大会，我在会上做了动员报告。测通所派出精兵强将，赶赴 580 任务的第一线。参加这次任务的有 116 人，组成五支工作队。

5 月 18 日，东风五号远程导弹第一发全程飞行试验成功，"三抓"任务中的第一抓取得了开门红，测通所派出的五支工作队均圆满完成了任务。

4.7　第一次上船，
就出海执行580任务

问：刚才提到在580任务中，您带领工作队随远望号测量船出海执行任务，听说您本人事先没有出远洋执行任务的准备？

答： 本来这次出海执行任务没有我的事儿，测通所王积江副所长一直在负责测量船的事情。

测量船建成以后，1980年初，远望一号、二号两艘测量船在江阴基地验收，我是验收小组技术组的组长。验收工作从1月一直持续到4月下旬，差不多三个月，我们对两艘船的总体和各个分系统进行了全面验收。

验收工作快结束时，23基地田震寰司令到我屋里聊天，动员我到23基地去，我说我在测通所搞技术挺好。最后他说：那你上船去执行任务吧。那会儿1979年，近海演练已进行了多次。我说：我不需要上船，我们王积江副所长已经在船上了，而且几次近海演练我都没参加。田司令是718办公室主任，他给国防科委发了电报，要求我上船。这是我后来才听说的。

我回到洛阳之后没几天，测通所收到国防科委发来的一个电报，任命我担任编队副参谋长。这是命令。

春节一过，测通所的五支工作队就先后出发了。王世成所长带队去了东风首区，张朝仁政委和熊思义带队去了银川，陈炳忠、刘富魁等在国防科委指挥所，还有几位同志在26基地渭南测控中心，我和王积江副所长带的工作队上了远望号测量船出海。这也是我这一生中唯一一次出远洋执行任务。

问：您是哪一天登船出海的？据说那天在上海吴淞口举行了隆重的出征仪式，您还记得当时的情景吗？整个测量船队由哪些船舰组成？

答：两艘远望号测量船是在 1980 年 4 月 24 日清晨 5 时左右离开江阴码头，赶赴舟山集结地的。

你们说的仪式应该是 4 月 27 日上午 10 时，王震、耿飚、张爱萍等领导同志一起登上海军导弹驱逐舰，在吴淞口检阅整个远洋测量船队和 2800 名参试人员。

1980 年 4 月 28 日到 5 月 1 日，远洋测量船队根据中央军委指示，从舟山集结点分成两个梯队启航，在导弹驱逐舰的护航下，浩浩荡荡驶向太平洋。

这次出征编队规模很大。海军出了 16 艘船，跟我们 2 艘测量船一块儿组成一个船队。整个远洋测量船队由 5 种型号共 18 艘舰船组成，包括 2 艘测量船（远望一号和二号）、2 艘科学考察船、2 艘打捞救生船、3 艘救援拖船、6 艘驱逐舰和 3 艘油水补给船，另外还有 4 架直升机。其中，测量船和科学考察船负责再入测量，打捞救生船负责落点测量，救援拖船负责救援，直升机负责遥测、航测和打捞。

1980 年 5 月 1 日下午 1 时，远洋测量船队从舟山朱家尖锚地起航。1 时 50 分，编队总指挥正式下达命令：2 时准时起航出发，执行我国首次东风五号远程导弹全程飞行试验测量任务。

远望一号测量船

出海那天，东海风平浪静。向阳红万吨轮在前面破浪开路，两艘洁白的远望号测量船齐头并进，驱逐舰在侧布阵护航，打捞救生船、油水补给船、救援拖船一路紧随，编队18艘舰船浩浩荡荡驶向太平洋。

问：有资料讲，远望二号出海的时候，计算机的程序还没调好，是您带领大家在航行途中编好的，有这回事吗？

答： 不是这样，计算机程序在出发前都编好了，因为在江阴基地验收的时候都验收完成的。后面要做的就是优化，不断地优化，及时把出现的问题解决掉。

我们测控系统有个特点，虽然当时设备比较落后，包括测控设备、计算机等，但是我们每次任务都完成得很好。我认为其中最关键的一点，就是充分发挥人的作用。每次任务之前，我们都要用大量的时间去做计算机的优化，包括开机"烧"，换元器件，反复地测试，不断地实现系统优化，确保任务关键时刻不掉链子。

充分发挥人的主观能动性——这也是我们在经济技术条件落后的情况下完成"两弹一星"任务非常宝贵的一条经验。

问：远洋测量船队从出舟山港出发，到抵达南太平洋，航行了20多天。这次航行的路线是怎么规划的？您能回忆一下出海执行任务的情况吗？

答：远洋测量船队的总指挥是海军副司令员兼参谋长杨国宇，他主要负责船队航行期间的指挥，整个航行期间任务执行的相关事务由海军主要负责。到了试验海域，指挥权就交给了23基地的田震寰司令，他是负责测量的总指挥。

远望二号测量船

我当时是编队副参谋长，是整个测量编队的预备指挥员。指挥员在一号船，我在二号船。如果一号船发生状况，由二号船预备指挥员接替指挥。

出海前，上级给我们每个出海参试人员发了一张表，填上姓名、家庭成员、单位、住址以及收信人的通信地址。临上船，又给每人准备了一条殡仪袋，那就是要大家做好牺牲准备。

测量船队先是经过琉球群岛的宫古海峡，穿过日本海进入太平洋，然后从关岛东部海面直奔赤道，穿过赤道后再折向东，最后在 5 月 8 日到 12 日期间先后抵达预定试验海域。

海上风浪大，很多人晕船，吃不下东西，吃了就吐，睡也睡不好，一路上没少受罪。晕船的事我在上船前还真担心过，可是没想到我这人不晕船，一点事都没有。

到了预定试验海域，大家必须立即振作起来，因为很快就要执行任务了，任务前还得检查设备、测试联调，进行任务演练，熟悉试验海域的情况，有很多准备工作要做。

5 月 13 日和 16 日，我们进行了两次全区合练，及时发现了海浪以及同频设备对测量雷达存在的干扰，以及其他一些问题，但很快都解决了。

问：这是我国远洋测量船队首次出海执行试验任务，引起了国际社会极高的关注，有些国家派出了飞机、舰船进行跟踪侦察。船队在海上执行任务期间经历了怎样的干扰与惊险？

答：是的，这次远洋测量船队首航太平洋，执行 580 任务，是中华人民共和国成立以后，中国军队第一次进行如此大规模的远洋行动，而且执行的是中国首枚远程导弹首次全程飞行试验任务，必然引起世界各国的高度关注。为了预防万一，船队临行前，李先念副主席还专门到靠近试验海域的新西兰和澳大利亚进行外事访问，远洋测量船队一旦出现什么意外，就停靠新西兰和澳大利亚的码头。

但是，由于首航太平洋这件事太大了，有些国家派出了飞机、舰船对我们进行跟踪侦察。我们在航行过程中，最难对付的就是那些闻讯赶来的外国侦察飞机和侦察船舰。

我们的船队过了台湾海峡，进入关岛海域，日本飞机、美国飞机，还有澳大利亚船、新西兰船，就开始整天在旁边转悠。过宫古海峡时，几乎天天都能看到几十架次飞机在船队两侧来来去去，还时不时低飞。日本飞机从我们船上飞过的时候，飞得很低，连驾驶员的面孔都看得清清楚楚。有时候这些飞机还往海面上投放各色各样的漂浮探测器，采集数据。

过了日本海，船队靠近澳大利亚一带海域时，岛屿上又起飞了好多架飞机，跟着我们的编队一直到达预定落区。飞机每天定时来回两三次，在落区上空盘旋，侦察我们测量船队海区作业的情况。

测量船队第一批舰船抵达试验海域是在 5 月 8 日。1980 年 5 月 9 日，新华社受权向全世界发布公告：

中华人民共和国将于 1980 年 5 月 12 日至 6 月 10 日，由中国本土向以南太平洋南纬 7 度零分、东经 171 度 33 分为中心，半径 70 海里圆形海域范围内的公海上，进行发射运载火箭试验。中国舰船和飞机将在该海域进行作业。为了各国过往船只和飞机的安全，中国政府要求有关国家政府通知本国船只和飞机，在试验期间不要进入上述海域和海域上空。

到了试验现场以后，来了两艘船，一艘是新西兰的，一艘是澳大利亚的，一艘跟着远望一号，一艘跟着远望二号。距离也就四五百米。我还记得其中一艘船叫作诺罗威号。这两艘船一直跟着我们，我们到哪儿，它们就跟到哪儿。我们的旗手就跟对方打旗语说，我们正在执行任务，请他们离开。他们也给我们打了个旗语说，他们也在执行任务，后面还有一句话是说，他们对我们没有妨碍。意思就是表个态，我跟着你，但是不妨碍你。弄得你也没脾气。杨国宇司令想了个招，邀请新西兰船船长到他的船上做客，临走前，还赠送了青岛啤酒、香肠、水果等食品。对方十分高兴，回去后派直升机给我们送来一些小工艺品作为答谢。我们用交朋友的友好态度来保证导弹试验任务的安全。

东风五号第一发是 18 日打的。那天，我们还是采取了一点办法，我们的船事先都不在测量工位上，但是离开测量工位都不太远。在任务前，船队突然展开，在预定海域就位。

5 月 18 日执行任务那天，一开始还是比较顺利的，可是，距离发射只有 20 分钟的时候，突然出现电磁干扰，比之前出现的都要厉害，船队与渭南卫星测控中心的联络受到了很大干扰，海上船与船之间的通信联络也很费力，调度听不清，电报发不出去，更谈不上数据传输了。田司令十分沉着冷静地说：不予理睬，按我们预定的第二方案办。说来也怪，本来是上午 10 时发射的，到了 9 时 52 分，正要执行第二方案的时候，对方的强频率干扰突然消失了，大家都长长地吁了一口气。就在这期间，我们的导弹打过来了。

国外飞机、舰船的密切跟踪监视，还是给我们带来了不少困扰，但是有很多情况我们事先已经想到了，准备好了预案，所以任务还是很顺利地完成了。

问：5月18日这天，东风五号远程导弹从东风基地发射升空，30分钟后导弹飞抵太平洋试验海域。测量系统跟踪上目标顺利吗？您在现场看到了什么？

答：东风五号远程导弹一共是两发。第一发导弹5月9日转运到发射基地，第二发导弹5月14日转运到达，分别在工位上完成发射前垂直状态下的测试检查，同时基地测控通信等系统也完成了联试和校飞。

执行这次全程试验任务的，除了远洋测量船队，还包括在首区、航区、落区承担测控和通信任务的18个测量站台，有40多种、190多台套主要参试通信设备，整个测控系统十分庞大。

发射准备是在首区号令下进行的。18日上午9时30分，发射程序进入"30分钟准备"。10时0分23秒，东风五号如期发射。按规划路线，导弹飞过甘肃、宁夏、内蒙古、陕西、山西、河北、山东以及渤海、黄海上空，飞越太平洋之后到达预定海域。

数据传输的顺序，首先是发射首区的光学、无线电测量设备迅速捕获并跟踪目标……接着，设置在岢岚、长春、渭南、胶东等各站点的测量仪器相继跟踪上目标。发射区把导弹起飞和初始段的飞行参数传至发射指挥中心，同时，通信系统将导弹起飞时间、弹道参数和遥测数据传递到渭南卫星测控中心、华北导弹试验基地和北京试验指挥所。

渭南卫星测控中心的地位举足轻重，要完成中心与测量船队的岸船通信，中转指挥所对测量船队的实时指挥通信，汇总和交换发射场、测控站、测量船的测量数据，还要向各测控站发送数字引导信息，完成引导数据计算、落点预报计算和弹道事后计算等任务。

当天的天气，据说发射场是碧空万里，但南太平洋再入区的上空有大块的云团，还下起了雨。

远洋测量船队收到导弹起飞信号两分钟后，船上航测直升机立刻进入起飞待命状态，大约20分钟后，远望测量船的雷达、遥测仪、双频测速仪等设备就相继发现并跟踪目标。尽管天气情况不理想，718激光电影经纬仪仍准确获取到了弹体爆炸、弹头飞行的实况。船上遥测设备在黑障区信号中断时，由中心计算机以数字引导跟踪上了目标。计算机利用两船测得的外弹道数据，实时推算出较准确的弹头落点，实现了外推落点的间接测量。

30分钟后，听到一声巨响，数据回收舱从弹头内弹出，很快张开降落伞，入水时激起一股巨大的水柱，足足有200多米高，非常壮观。担负弹头落点测量任务的180雷达、测水柱雷达和航测相机均圆满完成了测量任务，测量精度之高，大大超出了预期。

打捞直升机在导弹起飞22分钟后，就从海军打捞船上起飞，一直在船的上空盘旋待命。接到弹头的准确落点信息后，打捞直升机以最快速度冒雨飞行，在航测直升机的引导下，于10

渭南卫星测控中心指挥大厅（20世纪80年代初）

时 40 分发现数据舱。直升机悬停在海面上空，距离海面大约 30 米，潜水员顺着软梯下到海里，只用了 5 分 30 秒就完成了打捞数据舱的任务。

打捞数据舱的时候，两架外国飞机就在附近超低空盘旋，还投下两个声呐浮标。数据舱被打捞起来后，其中一架外国飞机迅速下降，捞了一桶被荧光剂染绿的海水就飞走了。

5 月 21 日 11 时左右，按计划进行东风五号远程导弹第二发全程飞行试验。但第二发没成功，弹头没有到达试验海域就下来了，但是发射和测量系统都完成了任务，取得了弹上仪器工作状况和分析故障所需的各种数据。大家还想，怎么也得再打一发吧，但是很快就接到通知说，任务完成，撤。那就撤吧，测量船是在 1980 年 6 月 1 日返回到长江口的。

在整个东风五号远程导弹全程飞行试验期间，测控、通信系统出色地完成了任务，获取了导弹试验以来最完整的再入段测量数据。这表明我国的测控通信能力又上了一个台阶，提高到了新的水平。

4.8 "巨浪"一出水，
首区测控即捕获目标

问: 1984年10月1日国庆35周年阅兵式上，巨浪一号潜地导弹首度亮相，引起全球震动。这项被称为9182任务的绝密工程的背景您了解吗?

答: 从核潜艇发射的导弹，叫作潜地导弹，也叫海基导弹，它是从潜艇上发射、打击陆地上目标的战略导弹。在陆上发射的叫陆基导弹或者地空导弹。潜地导弹是在水下，从潜艇上发射的，因此研制的难度远远大于陆基导弹。

1977年9月，巨浪一号潜地导弹的研制和首批次海上飞行试验被中央列为"三抓"任务之一，任务代号9182。但相关的研制工作，此前已经进行了十多年。

潜地导弹的研制与固体火箭技术的发展紧密相关。从20世纪50年代后期开始，经过十多年的探索，到60年代后期，固体火箭发动机技术取得了突破性进展，我国固体导弹的研制有了坚实的基础。

跟踪测量巨浪一号潜地导弹
（1982 年）

1965 年 8 月，中央专委会第十三次会议提出"争取提前研制出固体导弹"的要求，固体火箭研究院即四院着手制定了固体导弹的发展规划，决定试制一枚单级近程地地固体导弹。但是到了 1967 年 1 月，国防科委决定取消原定的研制任务，改为研制潜地导弹，把它作为导弹核潜艇武器系统的一部分。正式定名为"巨浪一号"是在 1972 年。潜地固体导弹采用两级火箭发动机，在水下发射，直接越过了单级这一步，难度非常大。我们预研基础薄弱，又处在十年动荡时期，技术力量严重不足，工作开展十分困难。

1967 年 10 月，七机部四院根据国防科研体制调整改组的要求，将固体火箭研究院调整为固体火箭发动机研究院，固体导弹的研制任务转到了一院。半年之后，1968 年 4 月，一院副院长屠守锷主持巨浪一号方案汇报会，全面审定总体和分系统的技术方案。但决定开展初样研制已经是 1970 年的事了。

潜地导弹研制的总设计师是黄纬禄。巨浪一号采用固体推进剂，与液体导弹相比，要解决的新问题、新技术太多了，比如水下弹道的水阻力问题、弹体在水中的密封问题，还有潜艇的晃动或海上发射平台调平的基准等难题。研制工作面临很多困难，加上其他方面的原因，研制进度缓慢。

潜地导弹被列入"三抓"任务后，研制工作加快了。在半年多的时间里，试样设计基本完成，在初样研制后期又进行了弹体与地面设备对接合练，包括全弹振动、全弹热分离、全弹公路运输、底部防热与全弹匹配等大型试验。这为巨浪一号海上发射试验打下了坚实的基础。

巨浪一号潜地导弹的定型试验最后是在 1987 年 9 月完成的。9 月 15 日和 9 月 27 日分别打了两发，发射试验都获得了成功。这个定型试验的结束，标志着我国第一代潜地导弹的研制走完了全程。

潜地导弹飞行试验获得成功，我国掌握了导弹核潜艇水下发射技术，也成为世界上第五个拥有导弹核潜艇的国家，国防实力得到了显著增强，这对提升我国战略防御能力十分重要。

问: 对于潜地导弹采用的固体火箭发动机，固体燃料是关键，能为我们介绍一下这项关键技术是如何突破的吗?

答: 潜地导弹的发展，关键依赖于使用固体推进剂的固体火箭发动机，要研制出这种固体火箭发动机，首先要解决燃料问题。可以这么说，中国固体导弹的发展，是从探索新型火箭燃料技术开始的。这项工作和基地、和我个人的专业领域没有关系，但对我们国家的战略发展、对我们国家的工业进步都具有十分重大的意义。

固体燃料的优点一是推力大，二是浇注燃料可以在火箭生产的时候完成，发射前就省略了加注燃料的环节。对固体推进剂的调研和研究，1956 年国防部五院成立后不久就开始了。1957 年底，科技人员从国外的零星报道中找寻有用的技术启示，确定固体火箭发动机的关键是固体复合推进剂，首先要找到一种物质，可以采用浇注的方法在发动机壳体内成型。最终，五院把聚硫橡胶的研究作为突破口。

1957 年底，国防部五院和中国科学院长春应用化学研究所合作，以最小原料量对这种危险的原料进行反复试验。第一根固体复合推进剂药柱，是靠人工揉制的方法制成的。1962 年，国防部五院在西安成立了固体火箭发动机研究所，建成了一条复合推进剂浇注的试验生产线，完成了一台试验发动机的浇注装药。

固体发动机研制过程，是一个典型的技术创新过程。固体火箭发动机由于结构简单、体积小、可靠性高、灵活机动等一系列无可替代的优点，对战术与战略导弹、运载火箭末级、航天器远地点发动机都极为重要，在现役各种战术、战略导弹中，采用率占90%以上。科技人员当时对一些基本概念不太清楚，也没有可以直接借鉴的资料，只能靠反复研究、不断试验，一步步研制出具有世界水平的固体火箭发动机。

问: 巨浪一号发射试验鉴定方案中, 有陆上试验和海上试验两种, 后来为什么只在海上做了飞行试验? 这对测控系统有什么新要求?

答: 最早制定的巨浪一号发射试验鉴定总体方案, 分为陆上试验和海上试验两种方案。后来考虑到我国两艘远洋测量船当时已完成了试航任务, 1980 年初, 又编队完成了 580 任务的近海演练, 有能力承担潜地导弹海上落区的试验任务, 就没必要再进行陆上试验了。取消陆上试验, 还考虑到导弹飞行时途经重要城市的安全隐患问题。

国防科委和海军反复研究, 决定不再建设专用的陆上落区, 而是直接在海上开展飞行试验, 进行海上再入测量和落点测量。这也充分发挥了远洋测量船的作用。

实践证明, 这一决策是非常正确的, 不光节省了大量人力物力, 而且可以集中力量保证首区试验设备与测控系统的建设, 也确保了飞行试验任务按时间进度要求顺利推进。从测控技术要求考虑, 也简单多了, 因为首区测控系统只需对某些因射向改变而难以满足试验要求的测控、通信系统方案及设施进行一些必要的改造就可以了。

问: 潜地导弹水下发射试验之前, 在测控通信总体方案的设计方面, 测通所做了哪些工作?

答: 潜地导弹水下发射试验是一次跨兵种联合试验任务, 整个任务由国防科委主管, 海军配合, 由于参试人员、设备、舰只数量众多，技术难度大，需要各系统、各单位相互配合，统筹安排，以保障试验任务的顺利完成。

潜地导弹水下发射试验是国防科委科技部海军局聂力副局长分管的。1980年4月，出海执行580远程导弹全程飞行试验之前，聂副局长又找我谈了测通所参加潜地导弹测控通信总体工作的事。远洋测量船出发后，聂副局长在江阴就地召开了一次座谈会，指出潜地导弹试验任务的重点是首区，测通所要协助海军做好测控通信的总体方案和技术协调，要求测量船再次出海配合任务。

1980年10月，国防科委科技部下达了《关于承担潜地导弹任务的通知》，对测通所的要求是：为使准备工作做充分，技术工作要做深做细，请你所协助机关做好试验技术方案审查，测量通信总体技术方案、参加试验和事后分析等工作，列入你所任务，组织力量，指定专人负责。

根据上级指示，测通所党委确定由我主抓这项任务。为此，我做了任务的全面计划安排，从各室抽调精兵强将组成专业配套的技术骨干队伍，立即投入海军试验基地的测控、通信总体技术方案的修订和审查工作。

1981年4月，国防科委聂力副局长、专项办公室负责人袁林祥同志专程来测通所检查工作进展情况，又给所里增加了"基地间信息交换流程技术方案"和"基地间试验通信技术方案"两项任务。借此东风，所里召开了动员大会，张朝仁政委动员，我对任务做了具体安排，明确了各室分工和计划。紧接着，我又带领工作队到了海军基地第二试验场，讨论和修改测控通信总体技术方案。

1981 年 5 月，国防科委在北京召开潜地导弹海上飞行测控通信方案审查会议，测通所边居廉、王文相汇报了《潜地导弹海上飞行试验通信组织实施方案》。会后，测通所刘文喜还随同国防科委张蕴钰副主任去锦西、大连、山东半岛进行技术考察。

此前成立的由国防科委和海军主要领导组成的潜地导弹海上试验领导小组，承担整个试验的行政和组织指挥任务。1981 年 10 月，国防科委任命导弹总设计师黄纬禄担任潜地导弹海上试验总师，我和核潜艇总设计师黄旭华、海军潜地导弹试验部队参谋长谢国琳任副总师。试验总师和副总师承担试验中的技术协调工作，我主要负责测控系统的工作。

1982 年，9182 任务进入关键时期，试验导弹的检验和测试都做完了，发射工作基本就绪；另外，首区的测控通信正在校正联试。这段时间我特别忙，两次带队参加了在北京召开的任务工作会。9 月那次会议是任务实施阶段的工作会议。军委副秘书长兼国防部部长张爱萍代表军委和国务院发布了任务动员命令。会后，我直奔大连首区，那里已经有从测通所各个专业抽调的八名同志组成的总体工作队。此外，测通所还有七名同志随远望二号测量船到了试验末区，另外五名同志去了渭南中心和北京通信台。

问：在制定测量通信总体方案时，海军基地提出要再建一个中心，听说后来海军基地接受了您的建议，修改了这个方案？

答：是有这回事。1980 年上半年，海军基地提出了一个建设方案，向国防科委申请 3000 万元再建一个中心，用于测控和通信指挥。因为测控系统是我的专业领域，国防科委领导就给我打电话，让我尽快赶到海军基地。当时我正在 27 基地执行任务，接到电话，我就匆匆忙忙地赶过去了。

当时海军基地已经有两个中心了，一主一副，这个计划建的是第三个。我了解基本情况后，当天就帮海军基地修改了方案，写了一个材料提纲。第二天，在跟基地领导和相关部门的同志座谈的时候，我提了一个简化原有方案的建议，不仅不需要建新中心，原有的两个中心也应该合成一个，这样更合理。我的主要观点就是，整个场区并不大，测控和指挥是一个系统，集中在一个中心，更便于统一管理。座谈下来，基地领导觉得我的建议是对的，大家都是从工作出发，为了国家利益，我的建议他们马上就接受了。

这样一来，海军基地的布局要做些小的调整，特别是软件工作，要重新编写，工作量很大。于是测通所抽调了二三十位同志到海军基地去协助编写海军基地测控系统的程序软件，帮助海军基地把整个测控系统捋顺了。

海军基地最早组建试验基地的时候，是老 20 基地的一部分，但很快就独立了，所有的海上导弹，包括潜地导弹、舰舰导弹，不管是防御的还是进攻的，都在那儿试验。从那以后，测通所和海军基地建立了业务联系，后来又有很多合作，经常一起学习、交流。遇到一些大的任务，测通所都会派出力量支援。技术能力是在试验任务中锻炼出来的，毕竟我们执行大型试验任务更多，技术能力更强。9182 任务，是海军试验基地第一次执行任务。

问：潜地导弹水下发射试验难度很大，一发成功，一发失败。在试验现场您看到了什么？测控系统的表现怎么样？

答：巨浪一号潜地导弹水下发射试验，就是前面说的代号9182的绝密任务，但实际上还包括9185和9188。

水下发射试验是在公海上进行的。发射前，按照国际规定要发布公告，告知在导弹预定落点的海区内禁止所有船只通行。1982年10月1日，新华社受权向全世界发布公告：

中华人民共和国将于1982年10月7日至10月26日，向以北纬28度13分、东经123度53分为中心，半径35海里圆形海域范围内的公海上发射运载火箭。为了过往船舶和飞机的安全，中国政府要求有关国家政府通知本国的船舶和飞机，在当地时间每日9时至17时不要进入上述海域和海域上空。

新华社公告一发布，全世界都知道中国要进行潜地导弹的试验。中央专委会对此非常重视，要求一切为试验做准备的项目，必须在1982年9月30日晚12时以前完成，包括巨浪一号导弹总装测试、气密性检查、潜艇改装和固体发动机填充以及最后的综合测试。中国海军动用近百艘舰船配合这次公海试射，各类参试人员近3万人，二线工作人员近4万人，地域跨度约3000公里，规模空前。

航天部二院为这次试验准备了三发导弹。但是这次试验难度很大，9182第一发没成功，9185也没有打好。真正过关的是9188。

9182第一发是1982年10月7日15时14分打的，也是我国第一枚巨浪一号潜地导弹的首次水下发射试验。导弹弹出水面正常，但在空中点火不久后姿态失控，在空中翻滚自毁，第一发导弹发射失败。

发射失败后，国际舆论一片哗然。大家的压力都很大，也很紧张，必须在最短的时间内查明首枚导弹发射失败的原因。因为事先宣布了导弹预定落点海区的禁海时间，巨浪一号潜地导弹再次水下发射，必须在规定时间内进行。总设计师黄纬禄更是连续多日不眠，组织有关技术人员查找问题，终于找出了原因，并对第二枚导弹发射采取了相应的改进措施。

9182第二发是在第一发失败之后的第五天打的。1982年10月12日，一切准备就绪，首区各测控设备的天线、镜筒对准预定的导弹出水点位置。巨浪一号潜地导弹一出水，首区测控设备立即捕获到目标并进行跟踪测量。落区实时传回了弹头命中预定海域的消息，我们在现场马上知道，第二发打成了。

这次水下飞行试验中，测控、通信系统表现很好，圆满完成任务。我印象很深，我们在试验现场配了两部雷达，一部是国产的154，另一部是法国产的阿特拉斯。最后，154圆满完成了任务，阿特拉斯啥也没看见。

问：您说"真正过关的是9188"，还试射了9182、9185，能介绍一下具体的过程吗？这几次试验对巨浪导弹最终装备我国核战略部队有什么重大意义？

答：我国自己研制的第一艘核潜艇"长征一号"在1974年8月1日正式编入海军序列。核潜艇制造技术工艺非常复杂，涉及航海、导弹、计算机、核反应堆等几十个专业学科，它的发电量巨大。核潜艇内各种管路、电缆错综复杂，连接起来可以环绕地球一周多。艇内安装各类设备数千台，各种仪器仪表、指示灯和大大小小的阀门成千上万，零部件数以万计。入列后，核潜艇的各个系统，特别是动力系统，需要在海上进行长时间的联合试验和巡航，不然无法投入实战。

用核潜艇发射潜地导弹不是一件容易的事。不光是导弹发射本身，还要检验核潜艇各个系统的匹配程度，如发射系统、导航系统的操作性能，还有舰载计算机系统的运行，难度很大。执行9182任务时，巨浪一号水下发射试验是用常规动力潜艇打的，那是为了检验潜地导弹的设计方案和战术性能，测量导弹发射飞行的各种数据，为巨浪一号定型做准备。

到了9185试验任务时，我国自己研制的导弹核潜艇差不多有十多年海上航行的记录，设计方案、制造工艺、战术性能等各方面技术也成熟了。1984年4月，海军在渤海海域用核潜艇发射了四枚巨浪一号模型弹。试验结果表明，核潜艇发射系统设计正确，操纵性能也较好，能够满足发射条件要求。

但是1985年9月，9185任务首次在核潜艇上的试验，也没有打好。这次试验虽未取得成功，但证明了核潜艇总体和发射动力系统工作正常，获得了比较完整的数据和资料，这对于进一步研究导弹的水下动力学环境具有重要的价值。

研究人员确定了故障原因，并对定型试验采取了有效的技术措施。最后，9188改成水下发射、水面点火，都成功了。再以后，慢慢地，一步步把技术问题解决了，水下点火也成功了。整明白了这个原因也很简单：导弹在水下点火，出水的时候，水介质和空气介质不一样，介质的转换，会对弹体产生很大的干扰。弹体如果强度不够的话，就容易出问题。

至此，中国核潜艇潜地战略导弹定型试验获得了成功，同时中国的科研团队也走完了第一代潜地导弹研制的全过程。这是中国舰艇及导弹事业史上的重要一笔。

4.9 我国从此有了自己的通信卫星

问: 什么叫地球同步通信卫星？

答: 通信卫星，就是用作无线电通信中继站的人造地球卫星。中继站卫星上安装了通信转发器、接收天线和发射天线，可以接收地面站发送的电话、电报、传真、数据和图像等信号，对其进行放大、变频后，再用发射天线把信号传送到另外的地点，实现地球上两个地点之间的通信不受时间、地点、距离等因素的限制，所以用途广泛。

地球同步轨道是指航天器绕地球运行的周期与地球自转周期相同的轨道。采用地球同步轨道的通信卫星，被称为地球同步通信卫星。地球静止轨道是地球同步轨道的一个特例，位于地球赤道上方约3.6万公里高空，倾角为零。目前，大多数通信卫星都运行在地球静止轨道上。如果一颗卫星在这个轨道上运行，从地球上看，它好像是不动的。这样的卫星就被称为地球静止轨道卫星。

把中继站卫星定点在赤道某一地区上空，卫星天线指向特定地区，就可以实现两地之间的连续通信。如果在地球静止轨道上每隔120经度放置一颗卫星的话，就能实现除两极之外的全球通信。换句话说，可以利用三颗等间隔放置的地球静止轨道卫星实现全球通信。

但是，地球同步轨道资源有限，只有一条。如果这条轨道上运行的卫星超过一定数量，卫星之间会发生碰撞或者干扰，所以世界无线电组织规定，卫星之间必须间隔一定的经度，整个轨道上只能容纳一定数量的卫星，一旦达到这个数额，任何国家都不能再往同步轨道上发射卫星了。很明显，同步轨道是不可再生资源，一旦占满，再想发射就没有机会了。

美国人在通信卫星方面起步比较早，技术也处于国际领先水平。1958年，美国发射了世界上第一颗通信卫星——斯科尔号。1965年，美国主导Intelsat（国际通信卫星组织）发射了通信卫星1（Intelsat-1），这是通信卫星进入实用阶段的标志。到1983年，全世界已经向静止轨道发射了149颗卫星。可惜，没有一颗是属于中国的。

1978年春，邓小平同志主持中央工作时，希望我们能进一步加快研制和发射通信卫星的进程，以便利用电视教学来解决师资不足问题。他还说，如果来不及，先从国外买一颗通信卫星。结果也没买成。

问：听说早在东方红一号卫星打成后，中央就决定要开展地球同步通信卫星试验任务，这个动议提出的时间算是很早的吧？

答：是的，从起步上说，我国通信卫星只比美欧晚了一步。1965 年，中央专委会就已批准建立我国的卫星通信系统，认为利用卫星进行通信，对我国这样一个幅员辽阔、地形复杂的国家来说，是解决国内通信问题的有效手段之一，也是发展电视广播的重要措施。

1970 年我国第一颗人造卫星东方红一号上天后，解放军通信兵部为了改变中国通信技术落后的面貌，向中央军委提出充分利用通信卫星功能在国内实现信号覆盖，特别是对边远地区省份的信号覆盖，完成电视节目转播、广播节目传送，以及完成潜艇和远洋测量船通信，实现国内边远省区的军事通信等任务。

国防科委、七机部、邮电部以及总参通信部也分别向中央、中央军委和国务院提出了发展通信卫星的需求。1970 年 6 月 3 日，中央军委决定，由国防科委着手安排东方红二号卫星即通信卫星的研制工作。国防科委把通信卫星以及相应的地面测试、试验、接收等设备交由上海航天局负责研制。七机部一院和空间技术研究院也分别组织队伍，开展运载火箭和通信卫星新技术的研究。

但是，因为正处在"文革"时期，一些不切实际的高指标被提出来，再加上其他任务安排很紧，这方面的工作无人负责，通信卫星工程在此后几年一直徘徊在方案探索阶段，进展缓慢。1974 年 2 月，七机部召开的年度计划会议，提出了科研生产的奋斗目标是"五弹三星"，包括东方红二号通信卫星。

1974 年 5 月，已重病缠身的周总理对通信卫星研制工作做了批示：先将通信卫星的制造协作和使用方针定下来，然后按计划分工，做出规划，督促进行。6 月，国家计委召开会议，就研制通信卫星的问题做了明确分工。

1975 年 2 月，国家计委和国防科委联合提交《关于发展我国卫星通信问题的报告》。3 月 31 日，中央军委第八次常委会讨论通过了上述报告，并转报中共中央。毛泽东、周恩来圈阅同意。

这样，卫星通信工程终于正式列入国家计划，摆脱了过去几年的停滞状态。由于中央军委批准《关于发展我国卫星通信问题的报告》的日期是 1975 年 3 月 31 日，卫星通信工程便被命名为"331 工程"，由国防科委抓总。1976 年 5 月 18 日，国务院、中央军委批准成立了 331 工程领导小组。1977 年 9 月，331 工程被列为国家重点任务。

从测控的角度，为了完成东方红一号卫星任务，我们提出了航天测控网的概念，建了多个卫星地面观测站。当时只有观测能力，没有控制能力，所以叫"观测站"。一期工程完成了七个站的建设。二期工程又增设了几个站，同时还增建了前置站、活动站、回收站等，最重要的是增加了控制功能。因为尖兵一号返回式卫星要返回预定的落点，除了要求精确测量，还必须实施精确控制。这两期工程完成后，卫星测控网的格局基本上就确定下来了。

为了 331 工程，也就是同步轨道通信卫星试验任务，我们新研制了两套C波段微波统一测控系统，代号是 155 和 450-1，分别放在渭南站和闽西站。155 和 450-1 的研制成功使卫星测控迈上了一个新的台阶。

到 20 世纪 80 年代初，我们初步建成了中国近地轨道卫星测控网至地球静止轨道卫星的测控系统。这套测控系统圆满完成了近地轨道科学实验卫星、返回式卫星、太阳同步轨道气象卫星和地球同步通信卫星等测控任务。

问：331 工程包括测控系统在内有五大系统，为什么说运载火箭的研制和精确的测量控制技术是保证工程成功的核心？您能为我们解读一下吗？

答：331 工程包括通信卫星、运载火箭、测控系统、地面通信应用系统和发射场等五大系统，任命了五位总设计师：通信卫星总设计师是孙家栋，运载火箭总设计师是谢光选，测控系统总设计师是陈芳允，地面通信应用系统总设计师是刘永峻，整个卫星通信工程五大系统的总设计师是任新民，常被称作"总总师"。国防科委副主任马捷担任总调度指挥，负责组织、管理和协调工作。

1975 年的时候，国家计委和国防科委联合向中央上报有关发展我国卫星通信问题的报告，特地提出了运载火箭研制和精确测量控制技术的问题，认为这是完成整个通信卫星工程的核心。这实际上也是我们迫切要破解的技术难题。

长征系列运载火箭是从 20 世纪 60 年代后期开始研制的。打东方红一号卫星时，用的是长征一号运载火箭。长征一号是在两级中远程导弹的基础上加了一级，增加了固体第三级。长征二号是以洲际导弹为原型研制的，大概是在 1970 年吧，设计目标是发射重型返回式卫星，要求近地轨道运载能力达到 1800 千克。后来又从长征二号发展出了五六种型号，如长征二号 C、D、E、F 等，它们是一个庞大的家族，有不同重量、不同轨道载荷的发射能力，可以发射近地轨道卫星、同步转移轨道卫星，也可以发射载人飞船，在长征系列大家庭中是个举足轻重的核心型号。

而发射同步轨道通信卫星的运载工具，必须是大推力火箭。长征三号的设计目标是多用途运载火箭，全长约 45 米，直径 3.35 米，起飞重量 200 多吨，起飞推力超过 2900 千牛，地球同步转移轨道运载能力为 1600 千克，它可以将 1500 千克左右的通信卫星送到近地点 200 公里到 400 公里、远地点约 36000 公里高的地球同步转移轨道上。

要达到这个指标难度很大，技术方案一直到 1977 年 10 月才确定。331 工程的运载火箭是一枚三级液体火箭，第一级、第二级以远程液体火箭为原型进行修改设计，第三级采用液氢液氧低温推进剂发动机。酝酿这个火箭方案时，有两种设计思路，一是在洲际导弹基础上加装常规推进剂第三级，组成三级火箭，另一种是采用液氢液氧的第三级方案。但是分析下来，如果采用洲际导弹加装常规推进剂的方案，发射通信卫星的运载能力只有 275 千克，而加装液氢液氧第三级的方案可发射 550 千克的通信卫星。两者相差悬殊。

加装液氢液氧的发动机，我们通常就称其为氢氧发动机，技术复杂，研制难度比较大，早期只完成探索性质的试验工作，基础还比较薄弱。考虑到这些因素，再加上研制周期长，工作量大，怕跟不上任务要求，七机部召开的规划会议上，还是初步决

定采用保守一点的方案，即利用洲际导弹加常规推进剂第三级作
为发射通信卫星的运载火箭。

**问：是什么时候才最终确定上氢氧发动机的？据说航天界有
一个任新民老总为氢氧发动机"一字千金"请命的故事，有这回
事吗？**

答：这要先从氢氧发动机说起。这种新型液体火箭发动机技
术，是用液氢液氧作推进剂的，20 世纪 60 年代初才开始应用。
这种发动机性能优越，技术先进，燃烧产物无毒，真空比冲可达
到 420 秒至 470 秒，比一般常规发动机的比冲要高 50% 以上，
代表了世界航天技术的前沿技术。

美国在 20 世纪 60 年代初就研制出了氢氧发动机，苏联随
后也研制成功，但一直保密，直到我们自己的氢氧发动机研制成
功的时候，还不知道苏联人其实已经搞出来了。

任新民任老总是极力主张研制氢氧发动机的。任老总是
1956 年最早接受钱学森院长邀请加入五院的一位杰出科学家。
1965 年，在任老总的主持下，七机部一院 11 所——也就是液
体火箭发动机研究所——成立了一个预研小组，开始对氢氧发动
机的有关问题进行一些探索性的工作。到 1970 年，理论调研结
束后，成立了专门的研究室，开始着手制订氢氧发动机的预研
计划。1971 年 1 月，进行首次液氢液氧燃烧试验，取得了成功，
初步掌握了液氢液氧发动机的基本性能。1974 年，研制的第一
台液氢泵首次试车成功，这是氢氧发动机预研工作阶段的一个标
志性突破。

沈椿年（左一）、任新民（左二）、刘纪原（左三）和沈荣骏（右一）在发射场
（20世纪90年代）

因此，在中国研制氢氧发动机的过程中，任老总自始至终起着至关重要的作用。他认为，对中国未来空间技术的发展而言，氢氧发动机这一关是无论如何也躲不过去的，使用常规推进剂发动机的运载火箭很难胜任发射地球同步轨道卫星的工作，要想进一步发展中国的空间技术，首先必须把氢氧发动机搞出来。作为液体火箭发动机专家，任老总当然知道研制氢氧发动机的难度，但他相信只要突破这个难点，中国的空间技术就将有一个巨大的飞跃。因此，他不但主张搞，还主张抓紧时间搞。他有一种紧迫感：国外已经成功了，中国本来就起步晚了，如果再拖下去，距离世界水平就更远了。

1974 年 8 月，七机部召开的"748"会议上，专家们对前面提到的"两种设计思路"展开了争论。运载火箭第一级、第二级以洲际导弹为基础，大家基本上没意见，争论的焦点在于第三级。第三级动力装置究竟是采用新型液氢液氧发动机，还是采用常规可贮存推进剂发动机？专家们各抒己见，互不相让。会议只好决定两种方案并举。从排序上看，常规方案略占上风。11 月 21 日，七机部将洲际导弹加常规第三级的火箭命名为长征二号甲，将加氢氧第三级的火箭命名为长征二号乙。这两种方案各有利弊：常规方案技术难度低，研制周期短，但火箭运载能力受限制，不能兼顾长远发展的需要；氢氧发动机方案正好相反。

接下来，氢氧发动机预研工作抓得很紧，进展也比较顺利，所以在 1976 年 2 月国防科委召开的 331 工程大总体论证会议上，排序换了，决定运载火箭第三级采用氢氧发动机方案，常规推进剂三级火箭作为备份方案。

1976 年 7 月，国防科委召开 331 工程大总体协调会，进一步明确氢氧发动机方案的具体实施步骤。

但这个方案获得批准之后却出了意外。1978 年 1 月，氢氧发动机在一次试车时，发生了爆炸，当场有十几人受伤。所以排序又变了。在上海延安饭店召开的关于卫星通信工程的工作会议纪要稿中，常规推进剂发动机方案被定为第一方案，"氢氧发动机为另一方案"，实际上就成为备份方案了。

任老总得知这一消息后，很不高兴。马上跑到国防科委找到马捷副主任，据理力争。他坚持认为氢氧发动机比常规发动机要先进得多。他讲到，航天技术在不断发展，氢氧发动机迟早要搞出来，既然非搞不可，晚搞不如早搞，何况我们有条件有能力搞出来，也一定能搞出来。马捷支持了任新民，几天之后，在国防科委科技部正式上报的方案中，氢氧发动机被列为"第一方案"，常规发动机则列为"另一方案"。仅这一字之差就决定了氢氧发动机的命运，也决定了中国运载火箭的发展方向。

任新民老总为氢氧发动机请命的"一字千金"的故事，就是这么来的，是我们航天界的一段佳话。

氢氧发动机的整个研制过程非常艰难，前后经历十多年。直到 1979 年后，氢氧发动机又改进设计，把"启动缓慢""次同步""燃气发生器鼓底掉盖"等问题都解决了，发动机的强度基本过关。到 1983 年 5 月，氢氧发动机解决了最后的发动机"缩火"问题，才通过各系统验收性试验，交付总装。

沈荣骏（左）、任新民（中）和气象专家骆继宾（右）在方案讨论会上（20 世纪 80 年代）

问：测控网二期建设的主要目标是提升通信卫星的精确测控技术，331 工程是怎么解决相关技术问题的？

答： 331 工程为解决精确测量这一关键问题提供了一个契机，因此，精确测量成为我们导弹航天测控网二期工程建设的一个主要目标。

我在前面已经讲过，导弹测量和卫星测量有一个很大的区别，就是导弹测量是一次性测量，而卫星测量是多次测量。与导弹测量相比，卫星测量精度要求并不高，多次测量可以拟合。因此，卫星测量要靠网，测量区域越宽，测量点的数据分布得越均匀，轨道就能测得很准，这是第一。

第二呢，通信卫星上天后，除了测量控制卫星之外，还必须解决卫星与地面的信息交流问题。无论是与地面上的人"对话"，还是广播电视节目的传送，都是在距离地球表面上万公里的地球同步轨道完成的。因此技术难度就更大了，跟踪、测轨、遥测、遥控，这些技术手段一个也不能少，也就是说，地面测控系统的功率必须增加，仪器设备的灵敏度要提高，必须有确保超远距离"对话"的设计方案，测量区域的布点要更均匀。

那时，我国中低轨道卫星的地面测控网已经建成。中精度测控网就是卫星测控网，是导弹航天测控网一期规划建设的内容，打第一颗东方红一号卫星时已经初步建成。以东方红一号卫星为主体的地面测量系统第一期工程的主要职能是跟踪测量和轨道计算，还不能对卫星实施控制。测控网的布局是由渭南卫星测控中心和东风、湘西、南宁、昆明、海南、胶东、喀什等七个测量站组成的。

　　1974 年发射的返回式卫星，对测控系统的要求又进了一步：测控系统不仅要使返回式卫星飞上太空，还要遥控指挥它对指定地域进行探测，完成任务后，再控制它从天上返回大地。要实现遥控和回收，对测控精度就有更高的要求，体系的规模也更庞大了，原有的七个测量站无法满足测控任务的需要，因此，技术复杂的二期工程就这样全面铺开了。

　　二期工程由跟踪测轨、遥测、遥控、数据处理、回收、时统、通信和调度指挥系统组成，是一期工程的扩充和发展。主要特点是实时性强，测量手段多，测量精度高。二期工程的建设提

上图 卫星返回后的回收场景（1974 年）

下图 卫星返回后吊装的场景（1974 年）

高了遥测能力，增加了遥控和回收功能。

二期工程除原有的渭南卫星测控中心和七个测控站外，又新建了长春、闽西、拉萨三个固定站，车载机动的第一、第二活动站和回收测控站等三个活动站，扩大了跟踪观测的覆盖范围。而且，西北导弹试验基地首区测控站既是导弹试验主动段测控站，也是东南方向近地卫星运载火箭的测控站，华北导弹试验基地首区测控站也是太阳同步卫星（气象卫星）运载火箭的测控站。二期工程还增配了大量的测控设备和各种回收测量设备，增强了测控手段，提高了测控能力。卫星测量网就是这样逐步建起来的，到进行通信卫星试验任务时，一个中精度的近地卫星测控网已经建成。

为了解决通信卫星在 3.6 万公里高空的地球静止轨道上运行时的精确测控问题，陈芳允先生在 20 世纪 70 年代初就提出了研制微波统一测控系统的设想，并为之付出了大量心血。331 工程立项后，为方便技术协调，1976 年 9 月，国防科委成立了 331 工程测控系统办公室，陈芳允任办公室主任。1979 年 8 月，国防科委批准了测通所提出的《331 工程测控系统总体技术方案》。1981 年 8 月，国防科委又任命陈芳允副所长为 331 工程测控系统总设计师，王积江副所长和 26 基地郝岩副司令为副总师，承担 331 工程测控系统的技术领导工作。

我国的卫星测控系统最早采用的是分散体制，各成体系，各自为战，也就是说外测、遥测、遥控等都是分开推进的，不同的系统设备分别由不同的单位研制、管理，每一项功能在卫星上都要有对应的收发天线。陈芳允提出的微波统一测控系统的设想，则是将各种信号调制在同一个载波上，收发一种载频即可传递多种信号，实现跟踪、测角、测距、测速、遥测、遥控、话音通信及数据传输等多种功能，大大简化了星上设备。这个方案在当时实现起来很不容易，最大的障碍是体制问题。如果要做统一系统，就要打破各单位的界限，把原来分散的部分集中起来，把大家统一在一起，其中有很多问题要解决。所以，微波统一测控系统的设想，在完成 331 工程即同步通信卫星发射成功时，才被应用验证是正确的。

1970 年，我国在四川西昌地区开始建设卫星发射场。根据卫星从西昌起飞到入轨测控的实际情况，决定要在陕西渭南和福建沙县（即后来的闽西站）建立测量站。这两个测量站用的主要测控设备就是微波统一测控系统，技术新，研制难度大。设备研制任务确定后，为确保成功，国防科委决定分两家做，一套由四机部十院抓总研制，另一套由七机部抓总研制。谁先研制出来就用谁的系统，用这种方法来确保研制进度。研制任务是 1974 年下达的，1981 年底两套系统先后出厂，分别安装在了 26 基地闽西站和渭南站。

问：331 工程通信卫星测控任务具体包括哪些内容？测通所主要承担了哪些工作？

答：这次通信卫星发射试验是在新建的西昌卫星发射基地打的，也是新建的发射场第一次执行任务，所以首区——也就是西昌卫星发射基地的测控通信系统很重要，必须抓紧时间尽快建设起来。

从 1970 年起，测通所为完成西昌卫星发射基地的测控通信系统建设，就开始了总体方案设计工作，先后投入 260 多人次参加这项工程。

通信卫星的测控分主动段和运行段两大部分，主动段测控由西昌卫星发射中心各测控站、26 基地陆上航区测控站以及远望号测量船完成，运行段测控由 26 基地测控站完成。

1979 年，主动段测控系统总体方案制定完成。主动段测控系统的主要任务是对运载火箭动力飞行段进行跟踪测量，接收和处理遥测参数，实时监视运载火箭飞行情况，在发生异常时实施安全控制。此后，我们相继完成了西昌、贵阳、宜宾三个综合大站的建设和设备配套，以及西昌指挥中心航区测量设备配套，增设厦门活动测量站，并且完成了运载三级二次点火后海上测量段两艘测量船的布局方案设计。

新研制的测控设备于 1982 年开始陆续运往各站安装调试。其中由长春光机所、四机部十院、西安光机所等单位研制的具有激光测距和红外、电视跟踪功能的 331 光学电影经纬仪，分别安装在咧别堡、西昌、喜德。它们与设置在发射场附近的 160 电影经纬仪和高速摄影机一起，拍摄火箭起飞状态及测量初始段弹道，为安全系统提供信息。

158 连续波雷达安装在贵阳。这种具有多站交会测量和单站定轨能力的统一信道中精度测量系统，是我国首套连续波单站测轨设备。159 短基线干涉仪安装在宜宾，与布设在西昌、宜宾的 154-Ⅱ乙单脉冲雷达一起，为运载火箭一级、二级安全控制提供所需的弹道信息。

331遥控设备安装在西昌指控站，负责火箭起飞后的安全控制。车载171单脉冲雷达（首次采用了双路单脉冲接收机和力矩马达驱动天线）安装在厦门站，和湘西站的154-Ⅱ甲单脉冲雷达一起，共同测量运载火箭第三级陆上飞行段的弹道。

另外，两艘远望号测量船上的180雷达负责测量运载火箭海上飞行段的弹道。配置在唰别堡、宜宾、厦门的Y7-1综合遥测设备，功能上可以兼容BWY-3和BWY-4遥测设备。在唰别堡还配置有450-2甲微波遥测设备。它们和新改装的遥测船以及两艘远望号测量船上的遥测设备，接力接收运载火箭一级、二级、三级火箭的遥测信号，并对卫星遥测参数进行监视。161甲引导雷达配置在贵阳、宜宾、西昌、厦门等测控站，作为雷达、遥控的引导设备。

可移动BWY-3大容量无线电遥测系统（20世纪80年代初）

到了 1983 年，测通所工作重点全力转向了同步通信卫星发射测控通信任务。

问：首区的问题解决了，运行段的测控任务 26 基地是怎样完成的？又遇到了哪些困难？

答：运行段测控系统的主要任务是快速捕获转移轨道上的卫星，并进行一系列测量和控制，使之建立远地点发动机点火条件，控制星载远地点发动机点火，使卫星进入准同步轨道；控制卫星实现同步定点，并对卫星实施长期管理。

与近地卫星测控相比，同步卫星的测控要求高、难度大、技术复杂。因此，运行段测控方案由 26 基地经过长期论证，到 20 世纪 70 年代末才形成。

根据这个方案，26 基地在二期工程的基础上对卫星测控中心进行了扩充。在主动段，测控中心要向航区 7300 公里 "接力跟踪链" 上的测控站、测量船提供引导信息和实现数据交换；在运行段，测控中心要完成轨道计算、星体各部件工作状况判断并生成所有控制指令，指挥测控站对卫星进行遥控。因此，测控中心必须具备一个强大、可靠的数据计算处理系统，形成一个沟通陆上通信和岸船通信的地球同步卫星测控网。

1983 年，在控制计算中心宋宝卿主任的带领下，渭南卫星测控中心对计算机系统进行改造和扩充，建成了一个由七台计算机组成的数据处理系统。其中，两台 320 计算机用作中央控制计算机，两台 717 计算机用作预处理计算机，两台 265 计算机用作数据处理计算机，一台 DPS-6 计算机用作显示设备的控制与管理，它的终端是 50 台显示屏组成的多屏幕显示器。改造之后，计算机系统的可靠性和稳定性大大提升。

渭南站和闽西站也进行了扩充，成为与近地卫星、同步卫星兼容的大型测控站。从卫星进入转移轨道，到实现同步定点以及长期定点管理，全部测量、控制任务均由这两个站完成。渭南站和闽西站的主要测控设备，采用了我国首次研制的具有创新性的 C 波段微波统一测控系统，即 155 系统和 450-1 系统。

我们的目标是打造既可靠又出色的通信卫星运行段测控应用软件。1983 年，由主动段信息交换软件、转移轨道软件、准同步轨道软件、同步轨道软件和模拟软件五大部分组成的包括 85 个"软件包"的全部软件设计完毕并通过考核验收。这套软件具有运行可靠、组装灵活等特点。在正常情况下，软件按照预定程序运行；在异常情况下，可快速实施故障应对。在运行段测控方案设计和测控应用软件设计中，郝岩、巫致中等提出的测控策略和指令链等概念，将测控过程系列化、模块化，从而使运行段测控方案与软件在自动化和测控精度方面达到了先进水平。

到了 1983 年底、1984 年初，这一复杂的通信卫星测控、通信系统已经全部建成。

问：有资料介绍，通信卫星首次发射没有成功，地面测控系统进行了全力抢救，是发生了什么问题？能否为我们介绍一下您所了解的具体抢救过程？

答：1983 年 8 月，331 工程的五大系统都已基本准备就绪，国防科工委随即在 8 月中下旬召开会议，研究部署通信卫星发射试验的有关问题，确定第一颗地球同步通信卫星即东方红二号卫星的发射时间为 1983 年底至 1984 年 4 月初。当时准备了三发火箭、三颗卫星，以确保一次成功，万一第一次不成功，接着组织第二次发射。

这次发射试验意义重大。1983 年 10 月，长征三号运载火箭和东方红二号通信卫星运抵西昌发射场，张爱萍副秘书长也专程飞到西昌检查通信卫星发射试验的准备工作并坐镇指挥。

这是新建的西昌卫星发射中心第一次执行发射高轨道卫星的任务；这也是我国研制的第一枚先进的低温高能氢氧运载火箭的第一次发射；并且，向地球同步轨道发射的是我国研制的第一颗试验通信卫星。所以有三个"第一"。

发射的时间原来定的是 1984 年 1 月 26 日晚上 8 时，谁知出师不利，1 月 26 日 12 时，就要准备加注液氢了，发射测试人员按照程序在对火箭进行第二次功能检查的时候，突然发现火箭稳定系统出现异常，判定是陀螺平台功能性故障，那就要更换平台。更换平台不是个小动作，必须从箭上卸下卫星整流罩和卫星。这就把发射推迟到了 1 月 29 日。

29 日正常发射，刚开始都很好，发射正常，跟踪也正常。各地面站的遥测、测轨数据不断传入测控中心的计算机，在太平洋上执行远洋测量任务的远望一号也及时捕获了目标。显示屏上，几百个工程参数均是绿色，很正常。

从理论上讲，一段时间的滑行后，再经过第三级火箭的第二次点火，卫星将进入预定轨道。

就在这时候，远望二号船突然报告："三级火箭二次点火失败。"第三级也就是氢氧发动机，它在第二次启动后仅三秒钟便突然熄火。火箭失去推力，只靠惯性往前滑行了一段时间。星箭分离后，卫星没有得到足够的推力进入同步定点所需的大椭圆轨道，转而进入了近地轨道，变成了一颗近地轨道卫星。这样的话，卫星上的太阳能帆板无法接收太阳能为卫星提供动力，卫星上的蓄电池只能维持 20 小时。一旦超过 20 小时，只能宣告发射失败。

要抢救卫星，就只能想办法改变卫星的轨道，当时真是十万火急。

问：卫星怎样才能被抢救回来？

答：当时我在现场，氢氧发动机第二次点火没成功，大家心里都不是滋味。

抢救卫星，首先要捕获卫星。这个任务落在了闽西和渭南这两个测控站头上，因为只有这两个站能够对卫星进行控制。渭南站是其中的一个重要环节。

要在不到一天的时间内抓住卫星，谈何容易。

这时候卫星的速度是每 90 分钟绕地球一周，那真是在太空中狂奔啊，转瞬即逝，而且有些圈次还根本观测不到。再加上卫星已失去控制，其轨道预报很难准确。说是"大海捞针"，一点也不夸张。

轨道数据算出来之后，基地副司令员、责任指挥郝岩指示调度指挥员许四林："马上通知渭南站、闽西站紧急进机房开机捕获！"卫星过境时只有五分钟的跟踪弧段，渭南站刚发现了目标，还没来得及转入自动跟踪，目标就消失了，闽西站也是刚发现目标，还来不及发指令，目标又消失了，指令没有发出去。

与此同时，飞行控制组的专家提出了建议，通过确定一个可能性较大的点火时刻姿态，点燃远地点发动机，抬高卫星运行的轨道。然而这个点火时刻的选择，必须以卫星在太空中的特定姿态为前提条件，只有处于规定的姿态才可以点火。由于这次发射失败，测控系统未能获取卫星的姿态数据，不知道卫星在空中的姿态，因此，即使抓住正在天上飞奔的卫星，如何确定其姿态？什么时间点火？仍然是两个重大问题，若点火时卫星的头部正好是冲着地球，那就可能会头冲下砸向地面，后果不堪设想。

自 29 日卫星发射以来，张爱萍副秘书长一直在国防科工委指挥大厅里坐镇指挥。接到测控中心的报告后，他果断指示："你们要做细致的工作，全力以赴，万一打到国外去，出了问题我负责。不怪你们，因为你们已经尽到责任，也尽到最后的努力了。科学试验嘛，希望成功，也允许失败！"

最后确定的应急测控方案是，为避免预报误差，采取多站多天线分区域捕获，提高捕获概率，赶在卫星进入不可见区和能源耗尽之前的第 13 圈点燃卫星上携带的远地点发动机，将卫星推入高轨道。

后来的事实证明，这是一个正确的决策。

最后是在 1 月 31 日卫星第 11 圈经过时被搜寻、捕获成功。闽西站发现并跟踪上目标，立即通过微波向卫星发出两条控制指令，卫星开始执行指令。第 11 圈的测量数据表明，卫星功能正常。同时，我们判定卫星当时的姿态是底部朝向太阳，自旋轴与其运行方向一致，可以在第 12 圈对卫星进行加旋控制，调整卫星姿态，在第 13 圈点燃卫星上的第四级远地点发动机，把卫星从濒临下坠的低轨道推向高轨道。

第 12 圈的任务是建立改变轨道前所需要的基准姿态，闽西、渭南两站准确地将一连串指令传入卫星上的计算机。第 13 圈最关键，卫星飞抵远地点的时候，测控中心下达了远地点发动机点火的指令，渭南站、闽西站再按规定补发一次。这次遥控很成功，卫星的近地点高度由原来的 321 公里升至 358 公里，远地点高度由原来的 747 公里升至 6507.9 公里。四级发动机点火成功，卫星进入大椭圆高空轨道运行，通信卫星变成了一颗可以长时期工作的科学实验卫星。

这样，我们第一颗通信卫星未能进入同步轨道，从这个意义上说是失败的。但由于 26 基地故障对策的及时运用和实施成功，东方红二号第一颗通信卫星被成功抢救，变成了一颗科学实验卫星。这番波折下来，我们具备了开展各种科学实验、获取各种宝贵数据的条件，为再次发射第二颗试验通信卫星积累了宝贵的经验。

问: 打第一发通信卫星之前，您已接到了调动命令，为什么专门申请留任了一段时间? 是不是"三抓"任务的收官之战 331 工程特别艰难?

答: 我接到调任国防科工委干部学校校长职务的命令，大约是在 1983 年 12 月。这是 331 工程进展到最后阶段的时候。一开始我不想去，"校长"我也没干过，我还是对测控技术这一行专业的事有兴趣。再说这时间也不合适啊，马上就要打第一发了，331 工程已经快到了收官阶段，同步轨道试验通信卫星测控总体是我管的，在这节骨眼上，任务压力又那么大，我不能这么一走了之，做事总得有始有终吧。我想把"三抓"中的最后一项工程抓好，做完再说。我找了国防科工委陈彬主任，我对他说了我的想法，他一听也觉得有道理。陈主任同意我先不到干部学校报到，等第一发打完再去报到。我就这样留了下来，在测通所主持工作到了 1984 年 2 月底。

打第二发的前一天，1984 年的 2 月 28 日，我在所里主持召开了最后一次党委常委会，然后到北京领导机关汇报了工作，也顺便到国防科工委干部学校报到。报到后，我马上乘任务专机到了西昌卫星发射中心的任务现场。这可是最后一次参加 331 工程了，我心情也特别激动，一下飞机，就和测通所在任务现场的同志们见了面。

为了确保这颗通信卫星任务的完成，测通所已经投入了巨大的人力、精力。陈芳允、王积江等 91 位同事，克服种种困难，长年累月殚精竭力，始终坚持在 27、23、26 等各个基地，国防科工委指挥所，还有北京、广州通信台等地，为这次试验任务做最后准备。

这次见面，感觉与平时还真不一样，知道我要离开，大家都有点不舍。那么多年来，在航天测控领域里，大家同舟共济，跌爬滚打，一起见证过许多惊心动魄的场景，经历过很多难忘的故事。

这次通信卫星发射试验，比 1980 年向太平洋发射远程导弹试验的场面更加庞大，情况更加复杂。试验涉及我国的 20 多个省区市，国务院的 30 多个部委，还有解放军各总部、有关兵种、九大军区以及所属的上千家单位。从陆地到海洋，在长达7000 余公里的航区内，配置有发射、测控、通信、水文、气象、运输保障、海上救援等多个系统。如此庞大而复杂的试验系统，尽管组织严密、计划周密，但涉及面广，牵扯的问题众多，暴露出的矛盾和问题自然也十分突出。

从测控的角度来说，试验通信卫星的技术要求特别高，难度也特别大。从首区的测控系统设计、微波统一测控系统的研制，到卫星总体测控方案的制定，都困难重重。从卫星发射到定点所要经历的主动段、运行段的测控，每进行一步，地面要向太空中的卫星发送成千上万条控制指令。其过程之复杂，实时性、准确性和连续性要求之高，信息传送之密集程度，都是历次试验任务前所未有的。

另外，测控通信系统庞大、复杂，包括首区和卫星测控中心、各测量台站、远洋测量船。整个系统有 3700 多台套设备，其中通信系统就有 2000 多台套设备、160 多条专用长途线路和多个专向无线电网络，重点方向还采用了双套电路，构成了一条长达数万公里的通信网络，还有数百个计算机程序构成的巨大而十分复杂的软件工程。

要完成这么巨大艰难的试验任务，没有航天人以报效祖国为神圣职责的航天精神，以及那种特别能吃苦、特别能战斗的一往无前的勇气，还真不行。这一点我有特别深刻的体会。因此，在这个节骨眼上，我必须和大伙在一起，打好这一仗。

问： 如您所愿，这次您到西昌，赶上了通信卫星的第二次发射。这次发射顺利吗？

答： 我到了西昌已过了春节。这年春节是 2 月 2 日。1 月 29 日打完第一发后，离春节假期已经没几天了。首射失败的当天夜里，西昌发射指挥部决定即将到来的春节不放假，任何单位不得擅自撤离，要求以各系统总设计师为主体，抓紧时间查找故障原因，以便确定下一步部署。

其实，大家谁也没有心思去想过年的事，承担 331 工程的全体参试人员都没有休息。第一发打得不顺利，尽管后来把卫星抢救过来了，但大家心里是很憋屈的。上级定了要打第二发，第二发能否打得顺利，心里还没底。第一次发射过程中暴露的一些技术问题必须解决，时间已经很紧了。

那时的西昌基地基本生活条件还很差，大部分科技人员都住在山上搭建的简易棚里，十几个人一间，上下铺，没有暖气，不仅阴冷潮湿，光线也很暗。大家都是坐在小板凳上，把大板凳当桌子用，不分昼夜地画图计算，查看资料，遥测参数，评估情况，分析故障，查找原因。尽管首次发射不是十分顺利，但运载火箭、卫星和地面发射测控系统绝大部分都经受住了考验，为下一次成功发射奠定了基础。

任新民老总的压力最大。当初力主上氢氧发动机并一直主持发动机研制的都是他，而现在恰恰就是氢氧发动机出了问题，再加上他又是 331 工程的总总师，任何一个系统出了问题，他都得解决，都得负责任。

测通所人员在 26 基地参加 331 工程合影（1983 年）

　　测量船上的遥测参数在故障分析中又一次发挥了重要作用。遥测参数显示，当火箭飞行至 940 秒，到达 400 公里高的停泊轨道，即运载火箭第三级第二次点火后大约 5 秒时，氢氧发动机涡轮泵转速、泵后压力、燃烧室压力等参数明显下降；又过了 4 秒，所有发动机参数全部消失。

　　通过对西昌指挥中心获取的遥测数据和地面试验情况的分析判断，专家团队发现，发动机第二次启动时，周围环境温度失常。这些参数表明氢氧发动机发生了严重故障，液氢供应不足造成涡轮烧坏，漏火后，又把电缆给烧坏了——这就是第二次点火失败的原因。

为了解决氢氧发动机二次启动故障、液氢供应不足的问题，科技人员提出了三项措施，但任新民都不满意。这样，第二发究竟还打不打，许多人都心中没数，国防科工委开会一时还定不下来。后来，任新民突然想出了一个新办法，用增设一个液氢旁路系统的办法来解决液氢供应不足的问题，确保液氢液氧正常的混合比例。这一招很灵，后来就是用的这个方法。

改进后的氢氧发动机在地面进行了六次短程试车和一次长程试车，都获得了成功。这70天，各系统真是连续苦战。3月28日，第二颗东方红二号试验通信卫星及运载火箭运达西昌。

这中间我回了趟干部学校。在第二颗通信卫星将要发射前，我接到国防科工委陈彬主任电话，说331工程的测控总体过去是我管的，让我住到黄寺国防科工委大院宿舍，每天到指挥所去值班。这样我从干部学校出来，又回到任务现场。

1984年4月8日19时20分2秒，第二枚长征三号运载火箭载着第二颗通信卫星从西昌卫星发射中心腾空而起，一级、二级发动机和三级发动机的两次点火十分正常，包括主动段、运行段、转移轨道、卫星定点在内，区间长达7000公里，测控通信系统均圆满地完成了各阶段的任务。

严格来说，通信卫星发射，进入地球同步轨道，需要经过多次变轨：第一步，火箭一级、二级发动机工作，将卫星送入近地点170公里、远地点450公里的小椭圆轨道，也叫停泊轨道；第二步，当带有末级火箭的卫星在停泊轨道上绕地球运行到与赤道平面相交时，三级发动机点火工作，使卫星进入大椭圆轨道，也叫过渡轨道或转移轨道，这个轨道在远地点赤道上空高度约

36000 公里，距近地点约 400 公里；第三步，当卫星在大椭圆轨道上经过远地点时，由地面测控系统发出指令，点燃卫星上的远地点发动机，使卫星沿赤道平面飞行，由椭圆轨道走上圆轨道，也称作准同步轨道。

点燃远地点发动机，把卫星推入准同步轨道及以后要完成的各项任务，都需要地面测控系统。我们行业里有句俗语：发射成功，回家庆功；卫星上天，测控值班。也就是说，搞测控的，要挑的重担还在后头。

点燃远地点发动机，把在大椭圆轨道运行的卫星推入准同步轨道，这一步很关键，风险也很大。地面测控系统要对其实施一系列跟踪测量和控制，并把握一个最佳时机，也就是只有卫星运行到远地点的那一时刻才行。而且只能一次点火成功，使卫星如期进入准同步轨道。如点火失败，卫星将彻底报废，甚至有可能被打回地面。所以，地面测控人员的操作很关键，务必一次成功，不能有任何失误。

4 月 10 日，卫星在大椭圆轨道上进入最后一圈飞行，各种数据表明，最佳点火条件已经具备，点火时机到了。当卫星接近远地点时，渭南卫星测控中心下令，闽西、渭南两站迅速把 R26 指令写入计算机。8 时 47 分，随着测控中心一声令下，闽西站首先向太空发出指令，10 秒钟后，渭南站按时补发指令，点火成功。

远地点发动机点火后，卫星工作正常，由转移轨道进入准同步轨道。经过 12 分钟的轨道测量，测控中心确定卫星此时的远地点高度为 35700 公里，近地点高度为 35468 公里。

问:后来卫星在太空中又突然发"烧"了,是怎么解决的?
331工程实现了我国通信卫星零的突破,这对我国航天事业的发展又意味着什么?

答:卫星进入准同步轨道不等于大功告成。接下来,还要通过地面测控系统,对卫星的轨道、姿态和运行周期进行一系列的调整、控制,使卫星自旋轴与轨道平面垂直,建立一个卫星漂移速度,让卫星向着最后的定点位置缓缓漂移,等到达预定位置后,再发出"刹车"指令,完成"定点捕获",使其停止漂移,完全与地球同步。

一开始,一切都很正常。漂移在准同步轨道上的卫星处在地面测控系统的掌控之中,令行禁止。但是卫星从进入转移轨道第四圈开始,卫星上的蓄电池温度急剧升高,也就是热失控。所谓热失控,是指蓄电池的温度不断升高,超出了设计值,而且蓄电池温度越高,太阳能充电越多,蓄电池温度就会更高,形成恶性循环。

这个问题非常严重。蓄电池温度急剧升高,不光有可能把蓄电池"烧"坏,还可能把整个卫星都"烧"坏,甚至引起爆炸。单说蓄电池"烧"坏了,卫星就没了能源,没了能源的卫星就要彻底报废,成太空垃圾了。

经过紧张的研究、讨论乃至争论,故障的症结找到了:蓄电池热失控与太阳光直射有直接关系。故障解决对策是对卫星进行姿态调整,使太阳能电池避开太阳的垂直照射,降低太阳能电池的功率,从而减少太阳能电池与镍镉蓄电池的电压差,使充电趋于缓慢。

这是一个风险很大的方案。调整卫星的姿态，既要达到使卫星避开太阳直射，制止蓄电池升温的目的；又要保证角度不能调得过大，以免卫星失去控制。若角度不够，就达不到目的；若角度过大，卫星就有失去控制的危险。调多少度算合适呢？

一个重要的参考标准就是卫星上红外地平仪的视觉宽度，也就是说，卫星调整的角度不能超过红外地平仪的视觉宽度，否则，卫星有可能失去控制。

红外地平仪的视觉宽度是25度。卫星总设计师是孙家栋，他下了命令："把卫星角度调25度。"调了25度之后，卫星蓄电池的升温开始趋缓但并没有停止，大家还是很紧张。孙家栋判断，应该下决心再调一下，最后升温会停止。当时又有两种意见，有反对、有支持。孙家栋坚持："立即再调5度！"因为来不及打印讨论纪要，测控中心的参谋拿出一张纸，写了一张字条：孙家栋要求再调5度。孙家栋拿起钢笔，毫不犹豫地在纸上签下了"孙家栋"三个字。指令发往太空，卫星上的蓄电池的温度果然停止了上升，还有所下降，大家也松了一口气。

但是，这只是解了燃眉之急，并没有从根本上解决问题。调整后的卫星姿态无法保证正常的通信工作。卫星定点时，需要重新选择一个最佳姿态，既能保证卫星的通信工作，又能接收太阳能供电以满足卫星的正常需要，还要保证蓄电池长期工作而不被"烧"坏。

卫星副总设计师戚发轫带着这个问题赶到北京五院，确定了试验数据：当太阳照射角为90度时，有可能保持能源系统的平衡，将温度控制在设计指标范围之内；当卫星与地球赤道平面的夹角为 80 度左右时，每天可工作 12 小时以上。根据试验数据，渭南卫星测控中心经过精密的卫星姿态计算和姿态控制量计算，组织渭南、闽西两个测控站对卫星进行了十多次姿态控制，最终成功解决了热失控问题，使卫星脱离了险境。

4 月 16 日 17 时，卫星一路惊险，终于漂移到东经 125 度赤道上空，测控指挥部决定对卫星实施"刹车"控制，完成定点捕获。

4 月 17 日，卫星成功开通了通信和电视传输功能。第二天，身在北京的中央军委副秘书长张爱萍与远在 3700 公里外的新疆党委书记王恩茂进行了即时通话，话语清晰，音质优良。

从此，中国有了自己的地球同步通信卫星，成为世界上第五个能独立研制、发射、控制静止轨道卫星的国家。

至此，"三抓"任务圆满收官。这项历时近十年的工程圆满成功，凝结了各级机关以及各系统研制单位、生产单位、试验部队数十万人的青春和汗水。在当时的种种技术条件制约下，克服了非常大的困难，圆满完成了任务，并且锤炼出了一支不怕困难、勇于攻关的成体系的技术队伍。令人欣慰的是，当年的很多年轻人，现在都已经是各领域的大领导、大专家了，他们依然在向年轻人传承着这种精神。

第 5 章

斩荆披棘再出发

1984年3月26日，我奉调任国防科工委干部学校校长。刚到干校，我印象最深的就是一个字：穷。我们借了60万元起家，干的第一件事儿是开发以太网。从那件事起步，科研促进教学，把办学水平提了上去，干校面貌发生了新变化。

　　1985年春，我被任命为国防科工委副主任，肩上的担子沉甸甸。为了留住国防科研系统的技术骨干，让技术人才更好地发挥作用，在全军编制紧缩的情况下，把各个基地的试验技术部成立起来，这是件开创性的事儿，得到了军委领导张爱萍的支持、称赞。关心基层，留住人才，切实解决基地的后顾之忧，克服重重困难，花了十年时间，26基地机关从山沟沟里搬迁到西安，从此我国的卫星测控事业迎来了发展新契机。

　　为应对未来信息战的发展，未雨绸缪，我到国防科工委后抓的第一件事，就是建立了我军第一个电子对抗试验基地。

　　卫星导航系统关乎国家军事、经济命脉，具有高度战略意义，我们当时的决策是对的。在双星定位系统的概念上，第一代北斗导航系统研发完成之后，我们提出了建立"二代导航"

和"三代导航"的建议，以"先区域、后全球"的发展思路，一步步向前推进，使我国的卫星导航系统达到了国际先进水平，是自主创新的又一成果。

利用航天技术优势，走出去，面向国际市场，承揽国外的卫星发射任务。1990年，发射亚洲一号卫星，首战告捷，标志着中国运载火箭正式进入国际航天发射市场。

在任职国防科工委副主任期间，我到现场坐镇指挥过27次发射。有过惊天动地的辉煌，有过惨痛的失败，也有过刻骨铭心的教训。那是"千人一杆枪，万人一发弹"的事业，干这个"买卖"，心脏不好不能干。戎马生涯七十载，能够亲身参与并见证中国导弹航天事业从艰难起步到突飞猛进，吾愿足矣。

5.1 看着那么多人，
我眼圈红了

问：您是什么时候知道要去国防科工委干部学校当校长的？有思想准备吗？

答：1983年秋末，听说要把我调到国防科工委干部学校当校长，我没思想准备。按理，干校校长是正军，从测通所调到干校，我等于没有经过副军级，从正师直接到了正军，那是大好事呀，官升两级啊。可我在所里干得好好的，我还是想要做我的测控啊。

我就跑到国防科工委，找到政治部的陆鑫副主任，他是分管干部工作的。我说："陆主任，我可不去啊，我在所里干得好好的，我没当过老师，也没干过学校，我在所里挺好，挺顺当的，我还是想留在所里干点事儿。"因为做了这么多年测控，"三抓"任务快结束了，工作重点开始转向第二代卫星和战略武器，我还有很多想法要实现。而且说老实话，我们做技术工作的对职务级别这些事儿没兴趣。陆主任说："让你到那儿去是提拔你，你就听组织的吧。"最后他说："你到时候服从命令吧。"他把这句话搁在那儿，我一听可能就没戏了，只好回去了。

1983年底，命令到了。但任务还没结束，我申请在所里再留几个月。

这几个月里，打完第一发通信卫星之后回到所里，我又写了一篇题目叫《导弹航天测控网的历史、现状和发展》的文章，在中国宇航学会飞行器测控专业委员会年会上做了报告。

我是想，做事要善始善终，不能虎头蛇尾。通过这个报告，对过去的工作做个总结，也谈谈自己对测控系统今后发展的想法，比如发展中继卫星、陆海空天一体化测控网等。这一去当校长，从此再也干不了测控这方面的事儿了，我心底里想要对测控系统有个交代。

后来我又去西昌，和同志们一起经历了通信卫星第二发一波三折的过程。

问：还记得离开测通所那天的情景吗？

答：到了 1984 年 3 月 26 日，我才动身去北京，到干部学校报到。在所里这么多年，走之前呢，我想着先到各区转一圈，到各室去看看，跟大家道个别。我还生怕大家送我，搞得不好意思，我跟大家说，走的时候不要来送。所以具体哪天走，没有告诉大家。

结果，离开测通所的那一天，也不知道谁泄露出去了，我一出门，就看见测通所洛阳那个院子里面人站得满满当当的，干部、战士、职工、家属、小孩儿都站在院子里送我。看着那么多人，我眼圈红了，鼻子也酸了。

大家一起干这么多年，一起工作，相处得很有感情。我什么也说不出来，只是一个劲儿向大家摆手致意。一上车，眼泪就掉下来了，心里很不好受。

问： 大伙儿都说，您当官没架子，在测通所工作八年，与同志们建立了深厚的感情，这是您舍不得的原因吗？

答： 说实话，我是真心舍不得离开他们，舍不得离开自己干了 20 多年的测控专业。从 1976 年进入测通所到 1984 年赴干校任职，我在测通所工作了八年，和测通所的同志们风雨同舟，休戚与共，为导弹航天测控事业的发展做了很多有意义的事，可以说度过了一生中非常难忘的一段岁月，也和测通所的同志们建立起了深厚的感情。

在测通所工作时，我和所里的同志，那可以说是整天混在一块儿。早上起来买早饭，要下一个大坡，大院门口有一个农贸市场，我经常拽着好多人一起出去买油条之类的。喊一声，大家骑上车就一起去了。当时大家关系很融洽，有空就一起打个牌，放松一下。打牌我们还有一个特殊的打法，打千分，四副牌一起打，这最早是 704 研究所创造的，测通所"发扬光大"了。

测通所大院里就一条主干道，夏天的傍晚时分，我穿着背心和大裤衩，拿把芭蕉扇，在道上散步，碰上谁就和谁聊天。上班时间只要不开会，我就到各个室里去转，和大家交流，有时往那一坐，天南海北都谈，那才能听到真话。当领导我有一个经验，那就是平时多和同事们闲扯，闲扯的时候能听到很多真话。会上听到的反倒是些官话。

平时和大家在一起，有问题马上发现、马上解决，就不会积累下来很多问题，这是个诀窍，平时多跟大家在一起就行了。有一件事儿挺逗的。那时有一台最新的从美国引进的计算机，谢金志每天晚上都在那儿加班。谢金志大家都知道，这个人很有学问，而且很爱钻研，但他脾气有些怪，得罪了不少人。结果就有些人来找我告状，我一听，我说："你少说，我天天晚上都看他办公室灯亮着。你回去就学学他，跟他一样，每天晚上亮灯就行了，别跟我说这些事儿。"看人要看别人的好，别老挑毛病。

我在老20基地当副处长的时候，还曾经有人在给党委提意见的时候，把我说成"只专不红"，专攻业务，既不参加下放也不"支左"，也不搞"社教"，这是培养修正主义苗子。当然，没有指名道姓，但是很明显的，这是指我，我也不好说什么。会后我写了一个报告，要求参加"三支两军"，这比在家干活舒服多了。结果上面就把我派到了农建十一师花海农场当军管组的组长。那军管组权限大得很哦。我干了三个月的组长，回来时碰见了江萍副司令，他问我到哪儿去了。我说去军管了。"谁让你去的？""直属党委。""回来！"江萍副司令马上说。我说那我回去拿行李，他也不让，结果行李还是别人帮我带回来的。

话扯远了，道理是一个道理，不管什么人、什么岗位，把自己的工作做到最好，这是第一位的。

问：测通所整体搬回北京，听说也是您直接找了军委领导批的，那事儿很困难吗？

答：是的，测通所往北京搬，国防科工委可是费了老大劲了。按理说，航天测控通信的总体所建在北京是应该的。成立的时候，测通所就设在北京左家庄。1966年先由北京迁往西北东风基地，1970年又从东风基地搬迁到陕西渭南、西安，两年后又迁回东风基地，五年之后，1977 年，又从东风基地搬到了洛阳，来回折腾，经历了数次搬迁。到了 1978 年，测通所最终归属国防科委直接领导。

改革开放之后，测通所规模大了，人也多了，任务日渐繁重。因为航天技术发展了，事业规模大了，国家对航天系统的要求更高，航天在国家发展战略中的地位也更加重要。大家都看到航天是国之重器，无论对经济建设、科技进步还是国防建设，都有巨大效益，航天已成为国家兴旺发达的一个重要标志。

测通所作为测量、控制技术的总体所，无论导弹研制、卫星发射，还是载人航天、深空探测，都离不开它。它承担的任务涉及全局性、综合性，技术也更复杂。放在北京，离国防科工委大院近一些，更有利于工作。航天系统的很多研究所都在北京，相互间的联系很密切。可是迁往北京，提了几次都没结果，原因就是进北京困难。

载人航天工程即将上马，那时我是国防科工委副主任。有一次，国防科工委派我就这个事找中央军委副主席刘华清。我说，国防科工委下面的一个总体所在洛阳，工作不方便。他说他知道。我说，测通所的工作主要在北京，最平常的日子，所里常年有四五十个人出差往北京跑，住在左家庄招待所，每天从洛阳往北京的火车上，都有测通所的人。我在北京住，有的时候半夜一点钟接到电话，说招待所没有床位，叫我给想办法安排住宿。我说，这不是个办法，接下来载人航天工程一上马，经常来北京的恐怕得有上百人。总体所，它的工作性质是全局性的，任务涉及很多个单位，很多事要在北京决定，还是放到北京来合适。我说完，刘副主席想了得有几分钟吧，因为这事儿是个大事，他得认真考虑。最后他说了两个字："好吧！"他是湖北人，"好吧"说的是湖北话。我很高兴，说："行！"

有了刘副主席的指示，我向领导报告后，马上让机关办理相关手续，特意嘱咐机关告诉相关部门，这个事刘副主席已经同意了，因为时间紧任务重，要求走程序的同时也开始安排搬迁工作。另一边，马上通知测通所开始搬迁工作。北京没有房子，办公就先租房子。国防科工委把建房子的事交给设计所，在新建的航天城内规划。海淀区的领导也很重视，专门派人到测通所了解情况，帮助解决家属安置困难。

三个月之后，总参出台明文规定，师级以上单位不能进京，卡死了，测通所是系统里最后一个进京的单位，关键还是921工程的需要和刘副主席的指示。

沈荣骏（左三）视察航天城建设情况（1996年）

5.2 群众的事情没小事

问: 国防科委干部学校是一所什么样的学校,之前您了解吗?

答: 之前还真不了解。一来,那时正好是 331 工程最紧张的时候,隔三两天要出差,每天有大量的业务工作要处理;二来,思想上有些抵触,也没去多想干校的事。

学校在北京怀柔。我去了之后才了解,这所学校历史不长,1978 年 3 月中央军委批准才创办的,原来是国防科委下面的一个培训基地。学校开办的第一天,开学典礼上,还是国防科委主任张爱萍副总参谋长去讲话的。

学校的主要任务是培养国防科委系统的初级、中级技术干部和指挥干部,以及承担国防科委技术、指挥军官的轮训和函授教学任务。我离开那里一年之后,学校于 1986 年升格为国防科工委指挥技术学院,后来经过好几次调整更名,现在叫航天工程大学,为各卫星发射中心、卫星测控中心、航天指挥控制中心和研究单位培养指挥员及高级工程技术人才。

“文革”中,国防科技工业系统的高等院校损失很大,1976 年到 1978 年,开始慢慢恢复。我们都很熟悉的哈军工导弹、原子弹和电子系于 1970 年搬到长沙,改名为长沙工学院。学校 1978 年重新划归军队序列,改建为国防科学技术大学,简称国防科大。慈云桂教授的团队和我们合作研制大型计算机的时候,正好是搬到长沙去的时候。

1978 年,邓小平在全国科学大会上的讲话中有两个观点对我国科学和教育的发展影响巨大，一句是"科学技术是生产力"——后来他又进一步提出"科学技术是第一生产力"——另一句是"科学技术人才的培养，基础在教育"。1978年之后，一批被撤销、停办的国防科技工业相关学校先后恢复办学。1985年前后，又先后新建了好几所相关学校，包括北航等在内，形成了国防科技人才培养的新局面。

问：上任后第一印象是什么？听说您抓的第一件事是改善教职工生活，是什么缘由让您下决心要从抓生活开始？

答：万事开头难。刚到干校，我印象最深的就是一个字：穷。我是三月底到的，马上就是五一节了，想给大家发点过节费都发不出来，结果一人发了五块钱的购物券，能到服务社买点东西。

学校因为穷，就有一些规定让人哭笑不得。开水供应凭票，而且有两种票：一种红票，是公用的，办公室打水用；一种绿票，是家用的，需要个人掏钱买。为了收票，还专门雇了个老师傅。有人用红票打水拎回家，背后就有人指指点点，说谁谁谁自私，用红票打水拿回家了。我找教员一聊才知道，学校没有煤气户口，托关系才要到点煤气罐，但数量非常有限，一户一个罐要用一个月。家里人口多的，煤气就不够用，只好用打开水来省气、省时间。听到这些，我感到很内疚。我来干校一直在食堂吃饭，原来家家户户还有这么多的困难。很多老教员，教了几十年书，连家里烧开水都成了问题，让我这个校长感到羞愧！

我跑到开水房去问收票的老师傅，一个月给他开多少工钱，他说80块钱。我问打水的人多不多，他说挺多的。我回来就找有关部门的负责同志，我说：从现在开始，取消水票，敞开供应，这点钱学校还是出得起的，开水房的老师傅也不需要再雇了。

还有班车的事儿。干校的子弟在怀柔县城上学，班车倒是有，可是孩子多，为了一辆车都装下，就把大巴车的车座给卸了，让孩子们都挤在一辆班车上站着。我看了以后挺难受，涉及孩子安全的事情不能马虎。我说：这一点钱就不要节省了，把座位都装上，一辆车不够就两辆。

大家进城办事也很难。机关干部进城还能派个车，教员常常只能跑很远挤公交。我每次进城，车到校门口车站那儿，只要看到有人等车，就让司机停下，能坐几个算几个，坐满为止。可是我才进几次城？即使坐满，才能捎几个？这不是办法，长期这样下去会影响教员和机关干部之间的关系，也影响教学。于是，我出了三条规定：周一到周六定时发班车；不管机关干部还是教员，一律坐班车进城；有急事单独派车。

类似的事情还有很多，我处理了不少。这些事情看起来都是些不起眼的小事，但处理不好会影响到干群关系，影响到单位团结，影响到工作干劲。群众的事情没小事。为官一方，就应该处处为这一方群众着想。

我认为，一个单位的领导，在条件允许的情况下，应当尽力把大家的生活条件、工作环境搞得好一点，让大家心情舒畅、没有后顾之忧地投入工作。当领导的，该担的责任应该担起来。

问：这句话太精辟了，群众的事情没小事。为了让干部学校的家底子殷实起来，您当时想了什么办法？

答：我问了干校分管后勤和财务的王瑞德副校长，得知干校每年的教学经费是 39 万元，科研经费一分钱没有，基建经费一分钱没有，当时的家底只有 5000 块钱。一个正军级单位竟穷到这个份上，是我万万没有想到的，所以我必须想办法让家底子殷实起来。

我前面说过，1984 年 4 月打第二颗通信卫星时，国防科工委陈彬主任给我打电话，说 331 工程的测控总体过去是我管的，让我住到黄寺国防科工委大院宿舍，每天到指挥所去值班。发射那天，国防科工委常委们都在，我想这回我得说说这事儿，于是就发了点牢骚。我说："陈主任啊，今天常委们都在，我有个事情要给你们汇报一下。我在基地干过，在研究所也干过，我还没见过干校这么穷的单位。一个正军级单位，只有 5000 块钱家底，怎么干？"接下来还有一句更厉害的，我说："如果国防科工委办不起的话，我的意见是解散，我这个校长也不当了。"我这人说话比较冲。

话是说出去了，就担心发完牢骚后没人接这茬儿，没想到陈彬主任一听坐不住了，他是四川人，乡音很浓，我现在还记得他的四川话。他说："小沈啊，不要发牢骚嘛，有困难给你解决嘛。"我说没有别的困难，就是没钱。我看着陈主任又说："今年的计划已经做完了，拨钱肯定是不可能了，这样吧，我借点行不行？"后勤部部长杨恬当时也在场，陈主任问杨部长："老杨，能不能给他们借点钱？"杨部长帮我说了句好话，说："行，没有问题，他的信誉好。他当测通所所长借了我们后勤 30 万元，走的时候他是还了钱才走的。全科工委只有他，借后勤的钱还了。"杨部长问我借多少，我思忖着 30 万元不够，就脱口而出："60 万元。"杨部长当即表示："行。"一下就借给干校 60 万元。

当时正好有一个进口仪器展览，展出的都是世界上比较好的仪器设备。我得到个信息，说展览结束后这些仪器不带走，就地处理。一借到这 60 万元钱，我就弄了两辆大巴车，去把那儿所有的仪器统统拉到了学校，开始搞科研开发工作。

一个学校没有科研不行，没有科研就没有生气。干校的科研工作就是从那件事儿起步的。科研促进教学，把办学水平提上去了，也为部队建设做出了贡献，通过科研还可以再创点收，这不是一举多得嘛。

问：借钱搞开发，抓科研搞创收，有压力吗？

答：没有什么大的压力，要说压力，主要是干校从来没有搞过科研，没基础，没条件，我也担心能不能干成。我们干的第一件事儿是开发以太网。当时国防科大、测通所、干校三家争这个任务，那两家实力都强，有人就说你们干校哪儿争得过他们。不过也有人替我们说话：有老沈在，别担心，他有办法。那两家家大业大，没太把这个项目当回事，以为干校肯定不灵，结果就轻敌了，项目被我们拿到了。他们没想到我这么认真，他们要认真的话，干校争不过他们。

听说争取到了以太网开发项目，大家开心之余还是有顾虑的，担心干不好。我说，从实力上讲，咱们是干不过人家，但是有一条：这个活儿对他们来讲是个小项目，不重视；对我们来讲可是个大项目，我们只要充分重视，就能把这个项目做好。

问：以太网开发项目是干部学校完成的第一个科研项目，平地起高楼，从客观条件上讲肯定有很多困难，这"楼"是怎么盖起来的？

答：争取到项目后，第一件事儿是组织队伍，找干活的人。那个时候正好有一批 1983 年的大学毕业生，下放到部队去锻炼一年，还有十天半月就该回来了。我从中间挑了七个人提前调了回来。干部处说，不差这几天。我说，不能等，马上调回来。回来后立马分配任务，直接把项目交给了他们。后来他们跟我说，校长对他们这么信任，如果这件事儿干不好，大家干脆跳怀柔水库吧。

学校连个实验室也没有，临时找了间平房，地上铺上塑料布，就当实验室了。我让清华毕业的冀卫卫当组长，负责这件事儿。冀卫卫有两个同学在中国软件公司工作，我说：你把他们请来指导我们。那时候是六天工作制，连续几个星期，礼拜天早上请来，晚上送回去。在他们的帮忙下，我们先把相关技术上的事儿基本理清楚了。

那时项目组经常加班加点，我平时也睡得晚，到了夜里 12 点，我肯定会再去实验室转一圈，到几个组都看一看。他们没有夜餐，我家老太太给他们做面条，一大锅，他们来人到家端去。

经过三个月的昼夜奋战，我们很快就把以太网这个项目干出来了。完成之后的第一个应用就是新华社的发稿系统。现在提起网络，人人都不陌生，天天都要用。可是在20世纪80年代，大多数人连网络是什么都搞不清楚，我们为新华社建起以太网发稿系统，搞了网络开发应用，这在全国还是很早的，在那个年代可了不得。

对帮助了我们的同行，我们总得感谢一下吧，我跟科研处处长说，给他们每人3000块钱的劳务费。那是1984年，工资才几个钱？科研处处长眼一瞪，问："这玩意儿行吗？"我说："按劳取酬，中央领导是有过讲话的，有事儿找我。"给劳务费，在全军大概我算头一个。

后来，因为干校没有科研编制，冀卫卫只好带着那七名毕业生成立了两个临时科研小组，每个小组都有几个人做骨干，其他成员临时从各个教研室抽调，做完一个项目回教研室，下一个项目再重新组织。教员们通过参加科研项目，学到了不少新知识，这对他们的教学也很有帮助，带动了全校的教学工作。

这样干了一年，到1985年3月我调离干校的时候，干校的科研收入已经达到130万元。

5.3 以其昏昏，使人昭昭，
这可不行

问：您说没干过学校，是外行，但听说您抓教学还是有一套的，是怎么从外行到内行的？

答：从 1984 年 3 月底来干校报到，一直到秋天开学之前，半年里我没在全校大会上讲过一句话。有时开大会，我索性不参加，参加了也不讲话。干事可以，话我不讲。原因很简单，我没做过教学，我得先学一学。以其昏昏，使人昭昭，这可不行。也许是长期搞技术工作养成的习惯，不懂的事我不轻易发表意见，也不喜欢去念别人写好的稿子。等我弄明白了再讲话也不迟。从当所长到当校长，再到当国防科工委副主任，我从来不让别人代写讲话稿，我的历任秘书也从没给我写过讲话稿。无论参加什么会议，我要么自己列提纲，要么打腹稿，自己怎么想的就怎么讲。

我到干校后，家属还在测通所。干校住房格外紧张，给我安排了一套老团职楼。一共三间房，一间作为办公室兼宿舍，一间作为常委会议室，还有一间是秘书的宿舍。每天晚上我看完新闻联播就开始啃教育方面的书，一直看到 12 点，天天如此。我先把苏联的几本教育方面的书读完了，再看国内的。我得先弄懂教育到底是怎么回事。自己都不明白，怎么讲话。

平时只要有空，我就到各教研室找教员、室主任聊天。教研室跑完了，我又去找部门领导和机关干部聊，做调查研究，掌握第一手资料。

问：通过读书和调研，您对干部学校的工作有哪些新认识？

答：干部学校规模本身不大，每年招收的学员也就千把人，教师职工加起来上百号人。到干校半年，几圈下来，情况也就摸得差不多了。当初创办干校的时候，办学的目标是以培养国防科工委系统的高层次指挥管理干部和高级专业技术人才为主的，学员层次参差不齐，办学经费又很困难，教学设施也落后，主要工作整天围绕教学转，没有科研，专业设置也没啥特色。

对一所学校而言，最重要的还是培养人，干校也一样。国防科工委系统的学校，培养高层次指挥管理干部和高级专业技术人才，当然就得强调工程性、应用性、专业性，围绕航天试验、常规兵器试验等领域来培养，专业设置也应该有自己的特色，要有前瞻性，比如试验指挥、航天工程、电子技术、测量控制、计算机等。

1984年9月1日开学前，根据学校的实际情况和我个人的一些想法，我归纳提炼出一篇比较完整的讲话稿，实际就是一个比较详细的提纲。开学那天，我第一次讲话，一口气讲了25分钟，从办学目标、专业设置到教学、科研、管理工作，以及干部队伍建设等几个大方面，结合自己对教学的理解，把学校下一步该怎么办、怎么发展全讲了一遍。

原来搞技术就得拼命钻研技术，现在当校长就得全力研究人才培养。接下来我开了课，给教员讲课，给学员讲课，在干校当了一年校长，授课40课时。我觉得学校工作大有干头，想把教学当作一项事业来干。1984年底，学校的科研工作局面已经打开。我对陈荣乡副校长说：我要抓教学了，明年的教学改革我来管，科研的事你们来抓。

在干校这一年，牛正中政委给了我很大的支持。他是位老同志，为人好，也很有水平，我很尊重他。当时我抓科研，学校里反对的意见不少，他站出来说话，反复做工作。我有什么想法，都事先找他商量一下。校长、政委，缺一不可。

5.4 感觉这肩上担子沉甸甸的

问：1985 年春，您被任命为国防科工委副主任，成为我军最年轻的大军区级的领导之一。那时候有什么故事吗？感到很突然吗？

答：是很突然，因为那时我任干校校长刚满一年，如果说从报到算起，实际上还不到一年。1985 年，春节刚过，国防科工委陈彬主任打电话让我去一趟，说有事找我谈。我琢磨了半天，也没想出来是什么事。我想，管他什么事，关于干部学校下一步的发展，我有些想法，刚好可以借此机会说一说，于是我就带了一摞材料去到陈彬主任的办公室。

一进门，陈主任就把中央军委任命我为国防科工委副主任的命令拿给我看。我说："这事儿我可干不了，我到干部学校才一年，就算我到国防科工委，也得在干校把屁股坐热了，把干校的事搞得差不多了再来呀。"陈主任说："军队干部队伍需要充实一批年富力强的年轻干部，这是党的十二大确定的新时期干部队伍四化建设的重要方针，把你放在国防科工委副主任的重要岗位，是军委首长对你的信任。"看我还有想法，他又接着说："你不要说了，下午就上班！"我说："下午上班不行，我还要交代一下学校的工作，我半天在国防科工委，半天在学校，这样行吧？"陈彬主任答应了。

从那时开始，我上午在学校交代一些工作，从基层领导一直到校领导，一级一级逐个和大家谈；吃完午饭，就到国防科工委上班，晚上再回学校去。这样干了半个月，直到3月26日才彻底离开学校。

之前发生过一个小插曲，事后想起来，两件事之间是有关联的。

年中的一天，我正在远望楼开会，军委副秘书长、国防部部长张爱萍的秘书通知我说，首长让我去。我就赶紧去了。去了之后，张爱萍也没说有什么事，只说找我聊聊。这一聊就聊了两个多小时，聊测控的技术，聊国防事业发展，等等，天南海北聊得很开心。走的时候，张爱萍说："你回去把刚才谈的这些给我写出来。"我回去之后，事儿一多，就耽搁了，没有马上写。三天之后，首长秘书的电话追来了，问我写了没有。我马上回复，第二天送过去。当天晚上，我把那天聊的主要内容写了四页纸，给首长送去了。事后我才知道，张爱萍副秘书长在我写的材料后面写的批语有一页半纸，我这是在接受干部考察。那时候领导考察干部，用的就是这种开放式的方法。

任命时我还不到49岁，在大军区一级领导干部中算是年轻的，自己也没有这个思想准备，组织上把我放到那么重要的全局性的岗位上，我感觉这肩上的担子沉甸甸的。

问：您上任的时候，已经是"国防科工委"了，之前是"国防科委"，机构名称变了，职能有没有什么变化？

答：有变化啊。过去整个军工系统分了两块：一个是国防科学技术委员会，简称"国防科委"，主要管"两弹＋电子＋计算机"，简单来说就是尖端技术装备；另一个是国防工业办公室，简称"国防工办"，管陆海空常规兵器。两个单位在一个大楼里办公。国防科委占了四层，国防工办占了两层。大伙儿相互之间也很熟。但是工作上分成两大摊，大家都觉得不方便，两家合并更有利于工作。新成立的单位简称"国防科工委"。这是1982年5月经中央批准，1983年国家机构改革的时候正式确定的。

"国防科工委"的全称是中华人民共和国国防科学技术工业委员会，它是以国防科委为基础，由国防工办、军委科技装备办公室合并组成的。国防科工委属军队序列，同时也是国务院的一个组成部委，挂了两块牌子，受国务院、中央军委双重领导。一块牌子叫中国人民解放军国防科学技术工业委员会，隶属中央军委，是中央军委统管全国国防科学技术的领导机关；另一块叫中华人民共和国国防科学技术工业委员会，是国务院统管其所属各国防工业部的国防科技和国防工业的领导机关，包括核工业部、航空工业部、兵器工业部、航天工业部。

我说过一句玩笑话，"上到导弹、原子弹，下到步枪、手榴弹"，全管。不光是部队的，还包括民用的。说得更通俗一点，除一机部以外，业务归口统管。后来，国防科工委将原先的政府职能交给国务院，国务院成立国防科工委。原防科工委保留军队职能并合并军内其他的一些装备部门，成立了总装备部。

到了 2008 年，国家机构又进行了一轮新的改革，根据十一届全国人大一次会议通过的《关于国务院机构改革的决定》，不再保留"国防科学技术工业委员会"的机构设置；将原国防科工委除核电管理以外的职责都纳入新成立的中华人民共和国工业和信息化部；同时，成立国家国防科技工业局，由工业和信息化部管理。

问: 当时国防科工委有哪些具体部门？您分管哪方面的工作？压力大吗？

答: 到国防科工委任职，压力怎么会不大呢？ 1985 年，国家面临新的发展形势，要求也更高了，工作千头万绪，压力肯定很大。

1985 年任命了四个国防科工委的领导：丁衡高任主任，伍绍祖任政委，我和谢光任副主任。我们四个人是同一批任命的。

简单说，国防科工委有南大楼、北大楼两摊子事儿。南大楼主要负责研制部门的工作，由丁衡高主任负责，谢光副主任协助。北大楼主要负责各个基地、直属院校和研究所的建设以及试验任务。丁衡高主任说他事情多，北大楼这边的日常工作以及试验任务方面的事儿，我熟悉，就由我负责。当时国防科工委政委是伍绍祖，他希望我帮他管管日常政治工作方面，他在核技术方面还有很多工作。

陈彬、伍绍祖、沈荣骏、怀国模（分别在前排左三、左四、右二、右一）等出席专题会议（20世纪70年代）

所以，从1985年到1988年，国防科工委司（司令部）、政（政治部）、后（后勤部）机关的日常工作我都干过一点。同时，我在南大楼还有一个办公室，主要是协助丁衡高主任处理航天方面的事务，协助聂力副主任处理电子技术方面的事务。一周里，我有四天在北大楼工作，两天在南大楼工作，两边都有办公室。

一个人管这么多事，压力不能说不大，但我这个人一向比较乐观，我不发愁。我的观点是，问题总有办法解决，办法总比问题多，不会把人憋死吧。事儿是多了，不是有句俗语么，"虱子多了不痒，债多了不愁"。

1988年以后，邢永宁政委、崔毅副政委上任，我算是卸下了日常政治工作这副担子。司令部、后勤部的工作和部队这块工作还是我分管。

问：刚一上任，正赶上1985年大裁军，对国防科工委系统工作影响大吗？

答：军队要走有中国特色的精兵之路，这是中央军委主席邓小平关于新时期军队建设的一个重要指导方针。1985年5月，邓小平主席在军委扩大会议上宣布了百万大裁军、精简整编的要求。

这次裁的主要是陆军。国防科工委系统在这次裁军中的压力并不大，没有遇到什么困难，几乎没有怎么动。首先，我们的部队不多，再加上精简整编的目的是建设一支现代化军队，国防系统的技术部队是现代化军队的一个重要组成部分，反而是需要加强的部分。

其次，在裁军期间，在全军编制紧缩的情况下，国防科工委对机构做了调整，把各个基地的试验技术部成立起来了，这是为了留住技术骨干，让技术人员更好地发挥作用。在军一级的基地成立了技术部，是正师一级的单位，负责各基地主要技术工作和研究发展规划。这样，就把基地主要的技术人员集中到技术部里来了。这个建议是我提的，就是为了培养和留住技术骨干。

问：据说，国防科工委系统也裁撤了一些测控站，遇到了困难吗？在这个过程中是怎样实现减员增效的？

答：是的，那个时候我们也实施了编制体制调整和精简整编，调整了一些测量站，但都是出于技术需要而做的调整。像26基地拉萨、昆明、海南、湘西、胶东等几个站，完成尖兵一号卫星发射任务后，在 1986 年到 1987 年相继撤销了。即使不裁军，这些站也在撤销的计划中。但与此同时，我们加强了长春、闽西、渭南、南宁、喀什等几个站和各活动站的测控能力。所以，整体上人员减了一些，但设备更新换代，测控能力非但没有减弱，反而得到进一步增强，形成了一个布局更合理、适应性更强的近地卫星测控网。

过去测控站的人数总体来讲偏多，减一点不影响任务，反倒更精干，效率更高。过去站里干的很多事情，有一大部分是自我服务。因为生活条件太差，加上地处偏远，没有可依托的地方力量，所以平日里养猪、种菜的活不少。我们参观的国外观测站，一个站只有十几个人甚至几个人，我们一个站有一两百人。通过这些年的发展，现在我们的体量也小了。

5.5　国防科研试验要吸引人，留住人，培养人

问：刚才您讲到基地设立试验技术部的事，是从哪一年开始的？当时是怎么考虑的？

答：我在前面讲了，在基地设立试验技术部，是为了留住技术骨干，让技术人才更好地发挥作用。

1985 年我到国防科工委工作后，发现了一个问题。各个基

地把一大帮技术干部搁在基层，同战士一起生活，强调干部与战士同吃、同住、同劳动。技术干部跟连队战士一起生活，自然不能特殊化，出操、劳动，都不能落下。这样一来，干技术工作的时间就相对少了很多，关键是没有技术研究的氛围，技术上很难提高。另外，基层单位开展技术工作的条件也不具备，资料、设备，什么都没有，不利于技术人员开展工作。有些技术骨干受年龄、职务限制，到一定时候就得转业走人。基地如何培养和留住技术骨干，成为一个亟待解决的大问题。

技术型部队，而且是尖端技术部队，首先要有人才，没有人才怎么行呢？国防科技事业是靠人做出来的，留不住人才，最终影响到的是国防科技事业的发展。为此，我和丁衡高主任思考、商量了许久，最后想出一个方案：在基地组建一个师级单位的试验技术部，把技术骨干集中起来，这样就把技术骨干的业务学习问题、保留问题和待遇问题都解决了。另外，技术部可以组织开展应用研究工作，提高应用水平。有了高科技设备，能不能真正发挥作用，还是要靠用设备的人，设备用得好不好非常重要。

方案报到军委，很快得到批准。这样，我们就在裁军期间，在全军编制紧缩的情况下，把各个基地的试验技术部成立起来了，保住了技术骨干。这件事得到了军委副秘书长张爱萍同志的支持，他称赞说，国防科工委搞了个技术部，是对基地建设的一个创造，国防科工委这个事儿干得好。这不是正式的表扬，是在场参加会议的同志打电话告诉我的，没有证据，算"野史"吧。

问：基层的这些问题是怎么发现的？在国防科工委工作期间，您一直主张政策要向基层倾斜，要留住人、培养人，能否谈谈这样做的初衷？

答：我这个人人缘很好，和基层的技术人员也好，基层干部也好，经常在一起聊天，因此他们也会经常和我说说他们的心里话，包括反映他们面对的人生难题。到国防科工委机关工作后，我经常去基层，到相关的一些团站去了解情况，站在他们的角度想想，确实是很难，这样下去不行。

我自己很有体会，在基层工作了那么多年，算算时间，光在基地就待了 18 年。改革开放前，国家经济困难，又长期处于政治运动和战备状态，那时的生活、工作等各方面条件的确很艰苦，好多该办的事没有能力办，特别是对基层"欠债"很多，对知识分子"欠债"也很多。

国防试验训练基地大多在戈壁滩和深山丛林里，没有社会依托，工作和生活条件十分艰苦。比如老 20 基地是 20 世纪 50 年代末建起来的，地处戈壁沙漠，本身自然环境就恶劣，加上几十年过去，工作和生活设施已经老化不堪，各方面条件亟待改善。一直到 80 年代初期，有些早期建的干打垒的房子还在使用，官兵日常的生活还是很艰苦。

基地承担载人航天发射任务后，我就对当时的基地司令员李凤洲说：如果基地还不把基础设施带动起、不把人才留住，到时候我就拿你们基地常委班子是问！经过这一二十年的建设，情况大为改观。如今 20 基地已经成为名副其实的中国航天城。

沈荣骏（左四）在试验基地（20世纪80年代）

改革开放后，随着国家经济情况的好转，物质资源就应该尽量向基层倾斜，逐步改善和提高基层的工作、生活条件，扎扎实实为专业技术人才办好事、办实事。国防科研试验要吸引人，还要留住人，培养人。你把人家吸引来了，不培养，不保留，人家来了又走了，有什么用？

问：其间还发生了其他故事吗？

答：有啊，1985年，我到国防科工委上任后去的第一个基地是白城常规兵器试验基地。

这之前，我一直在从事导弹和卫星的航天测控相关的工作，对军队常规兵器试验情况不是很了解。上任后，全军的基地建设都在我分管的工作条块里，我想对其他基地的情况好好调研一番，看看需要解决什么问题。

谁知，到了基地，看到那副破破烂烂的样子，我万万没想到，国家常规兵器试验靶场还这么艰苦。我对基地领导说："你们这是摆地摊呐？重新规划搞建设，国防科工委重点倾斜！"

常规兵器试验基地从驻地城市到试验靶场有一条数十公里的公路，从几十年前修完就一直没有维修改建过，路面破损得不成样子，试验和生活车辆通行很不方便，不光基地的官兵意见很大，试验任务也受到了严重影响。

基地提出重新维修扩建，机关有些人顾虑很大，用科研经费修路行不行？我说："不修怎么行？修路就是为了试验任务，科研和生活两用有什么不好？"后来，这条路经过维修扩建，整个面貌焕然一新。

在选择新靶场和靶场建设时，我对基地领导反复强调，在满足科研试验技术要求的同时，一定要考虑和照顾到基地的生活设施建设。每当讨论规划计划时，我总是极力主张向基层倾斜，基层不稳，根底不牢，留不住人。何况科研设施与基地建设是无法截然分开的，比如水、暖、电、道路、通信等都是这样。我提出，一定要通过完成科研试验任务，带动基地的基础设施建设，着力营造一个吸引人、培养人、留住人的良好环境。

像26基地从渭南半山腰上搬迁到西安，25基地技术部从华北黄土高原搬迁到太原，测通所从洛阳搬迁到北京这些事上，我都是积极支持、极力推动。对基层，对专业技术人才，我们能采取的措施，只要不违反政策规定，大多采取了。反而对机关相对苛刻一点。我总觉得，我们管部队，首先要面向部队，面向基层第一线，要优先解决部队的需求，再解决机关的问题。如果只想着把机关搞得舒舒服服，那部队不骂娘才怪，工作能做好吗？而且，加强基层建设一直是军委总的指导思想，国防科工委党委是坚决贯彻这一指导思想的。每年的基层建设费，我们不仅一分钱不克扣，还要加很多钱进去。那些年对外发射服务挣了些钱，这可是大家共同劳动的结果。我们先拿出一部分钱（多则几千万元，少则几百万元）给基地建安居工程，留住人才，然后再解决机关的住房问题。

前面讲的设立技术部的方案，也是同样的道理。基层难留住人，主要是因为没有开展技术工作的条件，加上编制很少，留不住人。国防科工委在调整编制的过程中，把技术人员从基层抽上来，抽到基地这一级，目的就是为他们的研究工作创造条件。

"关心基层，留住人才"这八个字，说起来很容易，但真正做起来很难。关键是站在哪个角度看这个问题。站在国防科研试验长远发展的高度来看，基层是发展的基础，人才是第一生产力。做什么事情都一样，光有上边的正确决策不行，事要靠基层去做，基础不牢，技术骨干保不住，就很难发展起来。

问：设立技术部，也是为了留住基层人才，那么在实施过程中，遇到了哪些困难？

答： 确实，成立技术部这事，听起来是好事，真正落实起来却很难。实施的过程中，也出现了一些偏差。20 世纪 80 年代初期，"尊重知识、尊重人才"的大氛围还没有形成，也存在对知识分子不同的理解。那时候基地的司令员，大部分是战争年代过来的，能打硬仗，但对人才工作的重要性不理解。

改革方案涉及利益的调整，有阻力很正常，也有一些基地、团站领导有私心。一旦成立了技术部，就意味着各个团站的技术尖子都要抽调到技术部去，技术工作主要由技术部来承担，团站的主要工作就剩下勤务保障了。面对权力和利益的重新配置，有些团站领导想不通，因此执行起来难度较大。有些单位的领导开始积极做工作，有的单位按兵不动，有的单位干脆表示反对。反对者也想要这个师级单位的编制，却不同意成立技术部。在一次基地领导会议上，我表态说：无论如何，技术部一定要成立，至于采取什么形式可以试验，求大同存小异，可以采用不同的方案，最后咱们再统一。

过程中有执行得好的，我就拿来做典型。也有几个执行得不好的，有个基地把几个站弄到一起搞了个"大杂烩"，还有的更糟，把发射团的一部分拉出来戴上个"技术部"的"帽"。我管它叫"半个发射团戴帽"，批了一通。还有更有意思的，就是不执行。他们的观点也很简单，技术骨干都抽出来了，自己就没有技术骨干了。

执行过程中我是很坚决的，技术部只能按要求建，不然就不给编制。还有个基地按兵不动，这次我是真生气了。到了这个基地，开班子会，会上我直接问他们："张（爱萍）副秘书长讲了，成立技术部是基地建设的重要部分，军委都同意了，编制也批了，你们为什么迟迟不建？"后来，这个基地很快也将技术部组建起来了。

这项工作阻力很大，但是因为阻力大就不去做工作，这更加不被允许。但部队这些老同志组织观念是很强的，最终还是会执行上级的决定。我相信，只要把思想工作做到位，基层还是以大局为重的。

之后几十年的实践证明，技术部在促进国防科研试验训练能力提升、保留技术人才、营造科研氛围等方面发挥了实实在在的作用。

问：听说 26 基地从渭南搬迁到西安的决定，也是在您力主下，由国防科工委决定的，为什么要搬迁呢？这个决定是怎么形成的？

答：26 基地的主业是卫星测控。26 基地于 1967 年组建，是国内最早做卫星测控的。基地司令员是王盛元，在老干部里，他是有技术水平的，我对他很尊重。他也是我的老首长，我到基地的时候就是在他的处里工作。筹建 26 基地的时候，是他带领 26 基地机关一队人从东风基地去了陕西的渭南。

26 基地建设选址，是由当年国内外大形势决定的，是"三线"建设时期"山、散、洞"的产物，强调靠山、分散、建洞选址，于是 26 基地就选在了渭南桥南的山沟沟里了，工作和生活都很不方便。

1985 年 8 月，我到 26 基地检查工作。在西北地区，人们把那种因雨水冲刷自然形成的高地叫作塬。26 基地就建在塬上。这个地方信息不通畅，生活条件很差，家属得不到安排，小孩上学又困难，专业人员不能安心工作。我去的时候，26 基地又提出了对渭南卫星测控中心进行更新换代的需求。请示过国防科工委的领导后，就考虑让他们搬到西安。我建议他们将测控中心与事后数据处理中心合并在一起，都建在西安。

西安是个省会城市，有很多技术部门，技术合作、建设的条件肯定比山沟沟里要强很多。而且正好，1982 年，为了跟上导弹航天事业发展的需要，国防科工委决定在西安建设统一的数据处理中心，当时是叫事后数据处理中心。

我的这个建议方案，是把测控中心与事后数据处理中心合并建在西安。这有很多好处。测控中心负责数据的实时处理，数据处理中心负责数据的事后处理，技术上很接近，设备完全可以共用一套。从技术角度讲，建两个中心没有必要；从集约化的角度讲，合并在一起可以带来很大的节省和便利。

问：为什么花了十年时间，26 基地才搬到西安？有什么困难或阻力吗？

答：军队的调动是一件非常严肃的事情，在部队，一个连换防都要上报，何况一个军级单位。每一步都要上报批准，过程复杂是正常的。

我回到北京后，1985 年 9 月 12 日，国防科工委在第六次办公会议上做出决定：在西安建设卫星测控中心，承担实时测控指挥和事后数据处理任务。就是把两个中心合在一块儿了，26 基地的这个中心相当于咱们国家整个测控网的中心。

但基地整体搬迁到西安，可不是一件容易的事，一步到位不可能，所以我提出让数据处理这一块先搬到西安。我的想法是分成几步走：第一步是在西安把测控中心建好，第二步是把技术部搬过去，最后搬26基地的机关。后来在西安征得一块地，位置不错，第一步就先安排下去了，然后慢慢地，基本上按这个思路一步一步办了。

1988年2月26日，中央军委批准26基地机关从陕西省渭南市桥南镇搬迁到西安市。1995年7月，搬迁工作结束，西安测控中心建成。从国防科工委办公会议上定下这件事，到最后26基地搬到西安，用了十年时间才完成。26基地搬到西安之后，桥南留作了教导队。

当时还计划把25基地搬到太原。太原已经开始盖房子了，结果只搬了技术部。有些历史机遇，一旦错过就没有了。

西安卫星测控中心指挥大厅

西安卫星测控中心现在发展得很好，"好"就是因为环境好。西安大学多、科研单位多，地方的技术力量也很雄厚，便于技术协作，航天测控技术也实现了更新换代，所以 26 基地搬到西安以后大变样了。

5.6 八年过去了，
　　　 到底还干不干

问: 我军电子靶场也是您力争建立起来的，为什么要建立电子靶场? 能谈谈这方面的情况吗?

答: 这事还得从头说。1985 年我上任，分管国防科工委各试验基地的试验任务和基地建设的事。这年中央军委的一号文件，就是要求建立"电子对抗靶场"，这是我到国防科工委后抓的第一件事。我们根据军委的要求筹建部队，从最初的论证到确定试验场的性质、任务、方向、体制，再到选点布局，一步一步开始进行规划和建设。可问题是，要建一个基地谈何容易，首先要有国家立项，再要有编制，还要有钱。

结果八年过去了，部队也组建了，靶场就是建不起来，一直没有立项，因此没有经费，部队组建得非常困难；也因为没立项，部队就没任务，大家也不知道还要不要接着干，一支部队就这样无限期地搁在那儿，拖着，悬着。

这件事本身很重要。未来战争是信息化作战，"电子对抗"

是非常重要的事，这个我是看得非常清楚的。这件事情必须干，而且是必须干好，不然到时候真打起来，我们就会被压制得完全没办法。尽管我们没有研究过国外军队具体是怎么做的，也不会有公开资料让我们知道别人是怎么干的，但这是现代战争的大趋势。

然而，八年过去了，基地一直没有成立起来，部队组建后，任务也不明确。你说这事急不急！当然，各方面的因素都有，主要还是国家主管部门没立项、没编制、没钱，我干着急也没有用。

问：电子靶场组建八年没立项，那后来又是怎么解决的呢？

答： 正好 1993 年吧，中央军委在京西宾馆组织高科技知识讲座，我主讲。也正巧了，讲座的主题就是关于电子对抗的，驻京军以上干部参加，中央军委副主席刘华清和几位主要领导也参加了。我心想，这回有机会说说这事儿。

讲课分成两部分，我讲了三小时，前两小时我基本上是按自己拟定的讲稿照本宣科，后半段讲一些未来的发展，我就脱稿了，我这个人不爱按稿子讲。本来主题就和组建电子靶场这事有关联，我就借机发挥了一下。我说，我到国防科工委干的第一件事情，就是落实军委 1985 年一号文件，组建电子靶场，部队组建的事，八年过去了，抗日战争都打完了，结果到现在还立不了项，我们部队在那儿干晾着，到底还干不干？！

坐在主席台上的刘华清副主席一听急了，问是什么原因。我说，试验基地不立项，我怎么干呀？刘副主席又问是谁的责任，我说计委。刚好国家计委也有两个人在那儿听课，我就点着他们说，计委不立项。刘副主席当时很生气，说去找他们。

一散会，总参一位副部长是我的好朋友，他就拉着我悄悄地说：老弟，你怎么这么将人家军啊，人家计委的人就在那儿坐着呢。我说，我就是说给他们听的。一支部队长期在那儿搁着，不知道干什么，这有多难呀。光说好话唱赞歌有什么用，我也不怕得罪谁，得罪就得罪，得罪也是为了事业，为了国家利益，能理解更好，不理解就拉倒。

事后，我又给国家计委甘子玉副主任打了个电话，我说：甘主任，今天对不起了，在会上告了你们一状，就是关于电子靶场的事儿。他一点也没和我计较，说：我也知道你们难，我再想想办法。

问：后来立项过程顺利吗？听说电子靶场选址也是您亲自定的？

答： 后来计委做了很多工作，终于给立上项了。

立项之后，我立马赶到试验基地，召开了一次现场办公会议，把所有该办的事一一定了下来。大伙儿都很急，要把耽误的时间给抢回来。

电子靶场开始选点的时候，原来打算搁到中原地区一个城市的边上。我说：胡闹，那里一马平川，而且人口稠密，怎么可以搞电子靶场呢？这个不行。我建议过黄河，到黄河对岸找个人少的地方。头一天晚上，我让他们把军用地图拿来，用红蓝铅笔在地图上选了一个点。

第二天，勘察组的人都去了。大家往那儿一站，一看，都说好得很。那里离黄河不远，离城里也不远，是一个高台，前面是

沈荣骏（左四）在试验基地（20世纪90年代）

黄河滩，后面有一个缓坡慢慢上去，再往后是山，各种地形都有，是一个绝佳的天然试验场。我说就定这儿了。

这样就把点给定下来了。把地点选在洛阳，是因为洛阳这个地方背靠大山，面向黄河滩，电磁环境很好。但这已经是1993年的事了。

问：大家都没有干过，这张图怎样画呢？电子靶场提供了一个虚拟环境，那是如何来模拟真实的作战情景，对武器装备进行验证的？

答：电子靶场试验基地，是个新事物，大家都没见过，也是一张白纸，要怎么画，只好根据我们的知识、经验画好这张纸，把任务、职责、编制、体制明确下来。

新靶场的基础是 33 基地，属于常规兵器试验的三场区，是以陆军装备试验场的分场为基础建起来的。他们也没有电子对抗的概念。每次去 33 基地，我都要强调，这是一个全新的概念，要纯粹按照电子对抗的要求建设，而不是常规兵器靶场的翻版。因为人的思想是有惯性的，我很怕他们依照惯性把原来的一些思路给带进去。

所以我去了很多次，除了选点，还整编制。当时 33 基地是一个师级单位，但下面还管了两个师级单位。一个研究所和一个技术部，还包括一些台站。

5.7 这关乎国家战略，我们当时的决策是对的

问：2020 年 6 月 23 日，北斗导航系统的最后一颗卫星上天，完成了并网，标志着我国全球导航系统工程圆满收官。这个系统的创建，是您和陈芳允先生倡导的，这次全球组网有什么重大意义？

答：我看到报道了。2020 年 6 月 23 日发射的这颗卫星也是在西昌卫星基地打的，是北斗三号全球卫星导航系统的第三颗 GEO（地球同步轨道）卫星，也是北斗组网的大棋局中的最后一颗卫星。这样，落子定盘，北斗三号组网卫星已全部到位，星

座部署也全面完成了。

GEO卫星采用的东方红三B（导航）卫星平台，是我国现役规模较大的卫星平台。承载能力强大，具备六大本领，包括无线电导航、星基增强、精密单点定位、功率增强、站间时间同步和定位等。

北斗三号一个鲜明的特色是有源定位和短报文通信，这是北斗系统的创举。通过两颗GEO导航卫星联手，不仅能回答用户"我在哪"的问题，还能告诉关注用户行踪的相关方"他在哪"，这个功能在搜救、渔业等领域的应用价值很高。北斗三号的短报文通信能力也很强，它的单次信息发送量可以达到120个汉字。这个很重要，如果在野外遇到突发情况，可以一次性把情况说清楚，还可以发送图片信息，应用很广泛了。

目前，我国卫星导航产业发展已经进入了高速度、跨越式增长时期，北斗导航系统在测绘、航天、航空、航海、矿山、运输、抢险救灾和国防建设等领域的应用价值越来越显著，北斗系统对国家安全和人民生活的各方面都有广泛而重要的影响。

北斗是一个大系统、大工程。从1983年提出，到2020年最后一颗卫星上天并网，花了30多年。这背后，有从事卫星研制、运载火箭、科学仪器、地基服务、功能开发等工作的数百家机构的参与，包括政府、高校、科研机构、企业数万名科学家和工程技术人员，他们为北斗升空、应用保驾护航付出了大量心血。

北斗系统从开发到今天全球联网的30多年，走了三步。第一步是北斗一代，它的基础，双星定位通信系统，由我和陈先生倡导。第二步，在北斗一代的基础上，我们又搞了北斗二号系统，即北斗二代。北斗二代是按照先区域、后全球的思路，一步步向前推进的。2020 年，北斗系统全部建成，这是第三步。北斗全球导航系统的建成，使我国继美、俄、欧洲之后，拥有了自主卫星导航系统。

问：在北斗系统诞生之前，我国也曾在卫星导航领域进行过探索。有个"灯塔计划"，您知道吗？后来下马了，为什么？

答：那还是由一个国家的科技水平和经济实力所决定的。

1959 年 12 月，美国首次发射了一颗子午仪导航卫星，为北极星潜艇提供导航服务。我们国家也开始对研制导航卫星有了构想。当时我国正在研制导弹潜艇，也需要导航与定位。海军就向中央军委提出了研制中国卫星导航系统的建议。

到了 1969 年 3 月 13 日，国防科委下达了导航卫星方案论证任务的通知，确定导航卫星代号为 691，即 1969 年的第一号任务。国防科委和七机部委托中国空间技术研究院进行了卫星导航系统的初步方案论证。方案采用双频多普勒测速，以东方红一号卫星为平台，类似于美国的子午仪卫星。

这颗导航卫星被命名为"灯塔一号"，1972 年开始设计，1977 年各项试验工作陆续完成，但在 1980 年 12 月 31 日，国防科委正式通知，撤销灯塔一号卫星的研制任务。

当时看来，灯塔一号总体设计是可行的。下马的主要原因，还是技术上不够成熟，导航精度达不到期望的精度，还有我们当时的运载火箭技术精度也达不到导航卫星要求的高入轨精度。当然，最重要的还是因为国家财力有限，当时正赶上国民经济大调整，大量国防项目下马，灯塔一号也是其中的一项。

"灯塔计划"推进了十多年，在理论探索和研制实践方面都开展了卓有成效的工作。虽然最终没有成功，但它为中国科学家积累了宝贵的经验。

问： 今天的北斗全球导航系统历经 30 多年的发展，从双星定位到北斗一号，又有了之后的北斗二号。您能谈谈它们之间的发展过程，以及当初和陈先生倡导研发双星定位系统的故事吗？

答： 前面聊到我和陈芳允先生的友谊的时候，聊过双星定位的事，没有具体展开谈。北斗导航系统的第一代，也就是北斗一号，是在双星定位的基础上研发的。双星定位系统的概念是陈芳允先生提出的。

说起北斗一号系统，大约是 20 世纪 80 年代初，我和陈先生，还有孙家栋，我们一块儿去美国访问，在参观时看见了一样新东西。一个是 CDMA（码分多址）技术，那时候刚出来，我们看出这家伙是好东西，将来发展应用前景会很好。在向对方了解这项技术的时候，偶然间听说，他们有一家运输公司在用两颗通信卫星给车辆定位。就这么一句话，启发了我。我就开始琢磨：怎么实现给车辆定位？

回来以后，我们讨论了一番，觉得这个思路不错，咱们也可以做。到了 1983 年，我把这事儿交给了陈先生，让他研究研究。陈先生是非常严谨的，他说：要做就要从原理上搞出一套东西来，建一个能够完全模拟的系统。我说：你领头做研究，我批经费。我们就成立了一个技术小组，攻关双星定位。

　　在这之前，陈先生研究过 GPS（全球定位系统），认为这套系统非常复杂，很难实现。陈先生根据我国当时的国情，提出利用两颗地球同步通信卫星上的一段频带，确定地面目标任一时刻的位置和海上船只的位置，实现定位导航的设想。测通所刘志魁当时是陈芳允办公室技术秘书，他做了相关分析和估算，得出结论：利用两颗地球同步通信卫星对用户进行定位效果最佳，其定位精度可以满足用户需求。双星定位系统最初的概念就是这么来的。

　　国内航天界和有关科学家中也有人再次提出研制中国的卫星导航系统的问题。当时有两种意见，其中一种意见是利用通信卫星，我不同意。我的意见是不能依附通信卫星，导航系统应该是个独立的系统。我们提的"双星定位"方案叫"2主1备"，即两颗主星、一颗备份星。由于卫星相对于地球是固定的，理念上，两颗卫星可以确定平面位置，而且两颗卫星可以完全覆盖包括中国领土及近海的范围，然后再用别的办法来测层高。这就叫"双星定位"。这样的系统，导航计算量大大降低，因而它的成本也较低，维护费用也不高。

　　我们的这一系统与美国 GPS 全球定位系统和俄罗斯的全球卫星导航系统 GLONASS 相比较也有优势，美、俄的卫星系统具有导航定位能力，但无通信功能，又都需要多颗卫星才可实现。美国系统是18颗卫星，而"双星定位通信系统"仅利用两颗同步定点卫星，就可以覆盖很大范围地区，且有通信功能，能同时定位、定时，精度也够用。

　　如果要研制诸如美国的 GPS 系统和俄罗斯的 GLONASS 系

统之类的导航系统，耗资巨大，当时我国的经济状况无法支持如此庞大的支出，况且，我们当时的卫星技术也达不到这个水平。

问：由于经费问题，项目研发遇到不少困难。又是您在国防科工委副主任任上，大力支持促使研究获得了成功，能讲讲这个过程吗？

答：我在前面已经说过，从美国回来后，我和陈先生商量研究双星定位系统，那是 1983 年，当时我还在测通所当所长，陈先生是副所长，我们在一起工作。刚开始的时候，没什么大困难，多次一起探讨过方案，给他提供一些条件。但在圈内还没有人意识到这种超前想法的优越性，所以测通所完成了这项技术的实验和测试之后，研发工作暂时搁置了。

到了 1984 年，陈先生退居二线后，对这个课题的研究一直没有放弃，也有些苦恼，最大的困难还是研究经费的事。那时我已担任国防科工委副主任，我们在一个楼上班，他来找我商量。我就出面把国防科工委计划部同志找来开会，支持陈先生的双星定位系统的研究。后来项目是 1986 年 7 月立项的，是国防科工委正式下文批准的，叫"双星快速定位通信系统"，是个预研项目。与此同时，这项研究成果也引起了总参测绘局的兴趣，所以，预研工作重新启动之后，由测通所抓总，总参测绘局参加。相当于测通所是研制方，测绘局是使用方。

这个项目前后批了 300 万元经费。用这笔钱，花了三年的时间，陈先生把一套北斗一代演示系统做出来了。为稳妥起见，在沙河卫星通信站，在两颗在轨东方红二号甲通信卫星及其地面

测通所总体技术人员在北京沙河双星定位试验现场介绍演示情况（1989 年）

通信站现有设施的基础上，搭了一个试验平台，建了一个演示试验系统。

　　1989 年 9 月 25 日，在国防科工委司令部测控部的组织领导下，总参测绘局、成都电子部 10 所、中国计量院等单位，一起在北京进行了"首次双星快速定位通信系统"的功能演示。临时机房不到 30 平方米，有信号接收和定位计算中心两套系统。试验时要定位北京某地用户的精确地理位置，只需要几秒钟，显示屏上就有了结果，与档案记载的误差在 20 米以内。首次演示获得了理想的数据，试验结果超出了预期，相比当时的短波授时精度高出两至三个数量级，还能进行简单的双向报文通信。

　　演示系统成功后，我把总参的领导请去看了。后来江泽民总书记也去了一趟。当时我们还没有定位卫星，平台是利用通信卫星做的。我记得，还讨论了一件事儿：到底是用通信卫星还是自己单独搞卫星。后来大家觉得，导航卫星作为一个独立的系统，依附通信卫星不合适，所以还是单搞。看完了回来，我就说那我们就上马，正式干这个事儿。

问：您讲的这个事儿，就是北斗一代系统吗？为什么称"北斗"？后来是怎样推进的？

答："北斗"在中文里意思就是指北极星，自古就是定方向的标尺。

1993 年，双星定位通信系统被列入国家"九五"计划。列入计划并不意味着正式立项、批经费。当时中国的载人航天计划正在大规模推行，国家确实难以再投入更多的资金进行导航卫星研制。而此时双星定位系统的预研已经进行了十年了，各项准备工作，包括方案、技术都已成熟，马上就可以干了。

1994 年，我国正式立项开始建设双星快速定位通信系统。当时，另外两个卫星计划已经立项，两个计划分别有一颗备份星指标。经过几次协调，这两个计划的备份星指标分给了北斗一代试验导航卫星使用。这样，北斗一代计划的最初立项不再需要单独划拨资金，北斗一代也就得以正式立项。这就是北斗一号试验卫星导航系统计划的由来。

2000 年 10 月 31 日，第一颗定位卫星发射成功，标志着中国建立了自主的第一代卫星导航定位系统，也就是北斗一号试验卫星定位系统正式启动。遗憾的是，陈老先生却在这年的 4 月辞世了，没能看到他设想的双星系统建成并投入使用。

同年 12 月 21 日又打了第二颗导航试验卫星，第三颗北斗一号备份卫星也于 2003 年 5 月 25 日发射成功。

北斗一号试验卫星定位系统的成功研制，标志着中国成为继美、俄之后，第三个拥有卫星导航系统的国家，解决了自主卫星定位系统的"有""无"问题。它是一个成功的、实用的、投资很少的初级起步系统。该系统建设之初的目标是为军事应用服务，但自 2003 年起，该系统正式对民用领域开放。

北斗一号系统后来在我国国防建设和经济社会的发展中发挥了积极的作用。2008 年，汶川地震，震中映秀地区一度音信断绝。地震 20 余小时后，第一支救灾部队突破死亡线，进入映秀。从震中传出的第一条消息，就是借助北斗导航系统发出的短信。此后，指挥部紧急调配了 1000 多台北斗终端，为灾区一线和指挥部建立实时信息通道，包括实时的监控定位、导航、远程监测等。

问：后来上马的北斗二号系统，有什么背景吗？与北斗一号的区别是什么？

答：陈先生完成的"双星定位"是今天北斗导航系统走出的第一步，最重要的是解决了导航定位"有""无"的问题，北斗一号导航系统有它的优势，仅用两颗卫星就可以进行导航定位，投资少，用户设备比较简单。

但北斗一号是 20 世纪 80 年代提出的概念，当然有许多不尽如人意之处，而且它只是一个试验性的区域导航系统，不能全球覆盖，用户数量有限，每秒只能接纳 150 个左右的用户，这在很大程度上限制了应用。同时它也还存在定位数据实时性差、定位时间偏长等不足。而且北斗一号系统过多地依赖中心控制站，生存能力不强，一旦中心控制站受到攻击或出现故障，系统就会立即瘫痪。

在北斗一号上马之后，我一直在琢磨北斗二代系统的事儿。1999 年，科索沃战争爆发，以美国为首的北约大量使用了 GPS 精确制导武器。这种高科技武器，让我们深受震动。

那时正在编制的国家中长期科技发展规划，将包括卫星导航应用在内的项目列入国家重大专项。卫星导航系统是国家重要的空间基础建设，发展自主性的卫星导航系统对我们国家的军事与经济意义重大。

当时中国政府正在与欧盟谈伽利略卫星导航计划的合作问题，由国家科委和欧盟谈，2003 年底签署了合作协议，花费了两个多亿美元。最后，伽利略系统只解决了中国民用问题，还有一条是"合作可以，技术不给"。和俄罗斯的合作是国防科工委、总装备部去谈的，俄罗斯正缺钱，当然很高兴，但是有一条是一样的：合作可以，技术不给。

谈判回来后，我一听，这怎么行？我就和孙家栋商量，共同给总装备部领导写了一个报告。这份报告是 2002 年的 8 月初提的。

我和孙家栋院士是老熟人，也早就在一起工作了，我们关系一直都很好。他是我国卫星技术领域的一位资深专家。孙家栋是哈工大出来的，留苏回国后到五院研究导弹，后来又研究卫星。

沈荣骏（右一）与孙家栋（右二）（2005年）

研制东方红一号卫星的时候，他负责卫星总体设计，我是做测控的，我们的工作是密不可分的关系，合作得很好。后来北斗二代上马，曾经也有建议让我负责，因为北斗一代是我和陈先生以测通所为主完成的，北斗二代的建议报告是我和孙家栋一起写的。但是，这里头有个军口、民口的问题，所以还是放在航天科技集团，由孙家栋来当总设计师。有很多事是我们一起商量定的。

这个事，到今天孙家栋还老要和人解释。他是一个个人品质很好的人，所以他觉得一定要解释。这些是后话了。

问：这份报告提出了什么建议？落实了吗？

答：我们这个报告总的思路是建立"二代导航"和"三代导航"，分两步走，即先区域、后全球。首先建一个区域系统，解决国家的急需。这是北斗二代，相对容易。北纬是5度到55

度，东经是 70 度到 110 度，把我国和东南亚地区都覆盖到了。北斗三代是全球系统。两个系统都不简单，但是分步实施相对容易实现。对我们国家和周边区域来讲，两个系统定位还有两个好处：一是精度更高，二是可靠性更强。

这个报告领导批了。2004 年 8 月 30 日，国家批准北斗二号立项，在当时没有公开报道。2009 年 11 月，国务院常务会议通过了《中国第二代卫星导航系统重大专项实施方案》，正式批准建设自主性北斗全球卫星导航系统，确定了"军民共用、协调发展、需求牵引、技术推动、统筹规划、滚动建设"的工作原则，明确了统筹军用与民用的总体要求。

北斗二代导航系统由 35 颗卫星组成，包括 5 颗静止轨道卫星和 30 颗非静止轨道卫星。根据"先区域、后全球"的建设思路，北斗二代卫星导航定位系统的建设分为两个阶段：一期工程计划在 2012 年前完成 12 颗北斗二代卫星的组网，实现区域覆盖；二期工程则是在此基础上完成的，由 5 颗地球静止轨道卫星和 30 颗非静止轨道卫星组成北斗卫星导航定位系统，实现全球覆盖。

北斗二代第一颗卫星是在 2007 年 4 月 14 日发射成功的。到 2011 年底，10 颗卫星组成的北斗二代系统开始了试运行。2012 年 12 月 27 日，北斗卫星导航系统正式提供区域服务，成为国际卫星导航系统四大服务商之一。

与北斗一号相比，北斗二代的技术当然更先进了，导航精度也更高。

问：北斗三代是什么时候组织启动实施的？在哪些关键技术上有突破，使我国卫星导航系统达到国际先进水平？

答：北斗导航系统是国防科工委负责组织实施的，立项之后就是航天部门负责研制了，两总系统，总设计师、总指挥都在航天科技集团。全国参与配套工作的单位就多了，元器件主要是由电子工业部门完成研发的。

在北斗二代正式提供区域导航定位服务前，北斗三代全球导航系统的论证验证工作已经开始，我也参加了几次会，确定的建设目标是高性能、高可靠，独立自主，开放兼容。

北斗全球卫星导航系统是我国科技领域中长期发展规划的重大专项之一，它的技术要求更加先进。相对于北斗二代，北斗三代将服务区域扩展至全球，实现了下行导航信号升级与改造等关

沈荣骏在智慧北斗精准应用峰会上（2017 年）

键技术突破。系统建成后，我国卫星导航系统达到了国际先进水平。

2018 年，成功实现了一年 19 星的发射，这也是史无前例的。北斗三代全球导航系统不仅提出了国际上首个高中轨道星间链路混合型新体制，形成了具有自主知识产权的星间链路网络协议、自主定轨、时间同步等系统方案，而且研发和建立了器部件国产化从研制、验证到应用的一体化体系，包括核心部件在内，全部实现国产化。

问：与美国、欧洲和俄罗斯的系统相比，北斗的优势和创新体现在哪儿？我国科学家又是如何攻坚克难的？您能讲讲其中发生的故事吗？

答：北斗导航系统，与欧盟的伽利略系统、美国的 GPS 系统、俄罗斯的 GLONASS 系统相比较，技术相当，还比这些系统多了一个区域系统，可靠性更强。

到目前为止，北斗系统是我们航天工程里规模最大的一个系统，还有一个很重要的特点——所有的技术，所有的元器件，都是国产的，完全独立自主。北斗非常成功，进展一直很顺，没有什么卡壳的事儿。

北斗一代的国产化是从太阳帆板做起的，好比第一个"吃螃蟹"的。那时只能硬着头皮上。

起步阶段，遇到最难的问题就是高精度星载原子钟。卫星在太空定位，主要用时间计算空间，卫星里的原子钟决定着测距精度，频率要求很精准，如果时间不准确，定位就不可能准确。如果存在 1 纳秒也就是十亿分之一秒的时间误差，就会产生 0.3 米的卫星测距误差，这是一个决定性的问题。此前，瑞士一家公司承诺出口原子钟，但只肯给我们提供比伽利略系统所用的低一个数量级精度的原子钟。北斗团队不干，瑞士公司就终止了合作。北斗团队自己上马，独立研发。一开始，还是老办法，先在批量的元器件里选满足要求的、最好的来用，技术路线对了，再一步一步往前走。最终，北斗团队自主研发的原子钟，部分指标超越了 GPS 和伽利略系统。一系列的技术问题，解决起来都不简单。你们想想，1986 年提出，到 2020 年才完成，30 多年，北斗走的就是一条自主创新之路。

北斗系统的成功表明，要掌握高科技发展和国际竞争的"命门"，唯有走自主创新的道路。从目前的情况来看，卫星导航系统关乎国家军事、经济命脉，具有高度战略意义，我们当时的决策是对的。

5.8 这是个一举多得的好事

问：我国航天系统在哪一年开始承揽外国卫星发射任务？是出于什么因素，考虑要发展商业卫星发射服务？

答：承揽外国的卫星发射服务这件事是国防科工委和航天部一起干的，也是我到国防科工委工作后，花了大力气推动的一件大事。

20 世纪 80 年代中期，我们国家运载火箭技术经过近 20 年的发展，已经打下了一些基础，积累了一些经验。我们航天的发射能力是比较强的，技术上没有问题。商业发射也是一个国际通行的做法。

1984 年 4 月，长征三号运载火箭将第一颗同步通信卫星送上太空之后，国防科工委和航天部开始酝酿利用我们航天技术的优势，走出去，面向国际市场，承揽国外的卫星发射任务。

其实那时还有一个背景。在此前，国务院把人造地球卫星的研制工作调整到航天部，由航天部统一负责管理，天文卫星和资源卫星原来是由中国科学院负责研制的。这个时期，也正是国家改革开放迅猛推进的时期。在改革开放大潮的冲击下，国有科研企事业单位也正在谋求转型发展，推进体制改革试点。

航天部也成立了一个国际商业卫星发射服务市场开发小组，刘纪原副部长牵头，开始做一些早期的市场调查工作。调查的结论是，与其开发自己不熟悉的产品，倒不如发挥自己的优势，将长征火箭推向国际市场，推进商业卫星发射。当时的情况是，我们的技术是成熟了，但任务不饱满。用中国火箭为外国发射卫星，不仅振奋民心，而且能在实战中培养、锻炼、提高新一代技术队伍，既为航天产业带来新的生机，促进航天产业能力的进一步提高，同时可以创收外汇，增加经济效益，使设备得到充分利用和更新换代，使中国的航天事业不断发展壮大，这是个一举多得的好事。

1985 年 3 月 1 日，国防科工委批准了《航天工业部企、事业单位对外开发暂行实施办法》。1985 年 10 月，航天部正式对外宣布，中国自行研制的长征系列运载火箭将投放国际市场，承揽对外发射服务。

这一消息在国外迅速引起了强烈的反响。1986 年国家计委同意之后，我们就开始启动相关工作，当时对内叫"865 工程"。

1986 年是世界航天史上的多事之秋。上半年，国际航天界接二连三地发生大灾难。美国挑战者号航天飞机升空失败，机毁人亡；美国大力神 34D 运载火箭也是点火升空仅几秒钟后发生爆炸；美国麦道公司德尔塔运载火箭载着卫星坠毁；法国阿里安火箭发射失败。那真是黑色灾难年，发射卫星的公司谈"发"色变，欧美的航天发射元气大伤，美国卫星公司的管理层固然有发射需求（尤其是刚研制的卫星），却苦于找不到值得信任的能成功发射它的乙方。

1986 年 7 月 17 日，国防科工委和航天部向国务院、中央军委汇报发射外国卫星的有关情况。国防科工委主任丁衡高和我，还有航天部副部长刘纪原等人都参加了。会议认为，中国为美国发射卫星必然会在国际上产生巨大影响，做好这项工作，不仅在经济上可以获益，在政治上也会产生重大影响。国务院领导指示，原则同意尽快开展这项工作，要求国防科工委和航天部制定具体措施，将外国卫星发射工作抓紧抓好。对外发射服务，一是要组织好，二是要注意信誉，确保卫星发射成功。这个会是上午开的，当天晚上，我们一起参加会议的几位同志就开了一个紧急会议，商量落实国务院和中央军委领导的指示精神，研究发射外国卫星的具体实施办法，同时着手起草向国务院、中央军委呈送的《关于发射外国卫星若干问题的请示》。

同年 9 月，国务院、中央军委正式下发文件，确定将发射外国卫星列入国家重点项目。因报告起草日期为 1986 年 7 月，中央将发射外国卫星这一工程命名为"867 工程"，并给予必要的特殊政策，由国防科工委负责组织实施，要求有关部门予以大力支持和积极配合。

问：国际商业发射服务遇到了哪些困难？又是怎么克服的？

答：国际商业发射服务，这件事儿我们以前没有干过。进入国际商业发射服务市场，对我们来讲，困难重重，说是荆棘满途都不为过。

火箭技术走向国际市场，涉及一系列问题，包括我们的军工体制、外贸政策、保密规定，当然还有技术、保障、服务等方面，遇到了许多从未遇到甚至从未想过的问题。

别的且不说，单就卫星从美国运到中国，再进入卫星测试厂房，就有一系列需要解决的新问题。

比如，外国卫星运入中国属于什么性质？是出口还是入境？按照什么样的国际条约来对待？外国专用大型运输机按什么方式进入中国领空？运到西昌卫星发射中心的机场如何实施管制？卫星在发射场的安全保卫由谁负责？如何保障外国卫星技术不被泄露？还有连同卫星一起运来的大批成套测试设备、仪器仪表以及工作、生活必需品，这些物品随同卫星到达中国后应该按什么性质来对待？卫星进入太空后带走这些配套物品执行何种海关规定？

这些还只是涉及外贸政策和保障服务方面的问题。技术保障方面的问题更多。

对运载火箭来说，与外国卫星的技术接口是大问题，在没有获得卫星制造国的许可证之前，双方技术人员是不可以坐在一起讨论技术问题的。对地面设备来讲，卫星发射中心的机场要具备起降大型飞机的能力，要具备卫星停放、测试的恒温恒湿、超洁净度的卫星测试厂房及发射塔架等特殊工作区，要向外国卫星提供多种与国际接轨的特殊支持设备，要按商业卫星发射的规则向国际航天保险界购买商业保险，发射时要进行电视实况转播，等等。

每项具体工作都需要逐条逐项地加以落实，每个项目都需要动用大笔资金。

如果设施、设备不具备条件，或者说这些问题不能及时解决，不要说拿到合同，就连与国外公司洽谈卫星发射服务的资格都没有。但如果耗费巨资将设施建起来，将设备造出来、安装好，谁敢保证一定能将卫星发射任务承揽到手？下这样的决心是要承担很大风险的。

过去几十年来，中国航天领域严格保密，航天技术在各个环节都有一套严格的保密措施。但是商业发射服务得按市场经济的法则办，买主就是用户，用户就是上帝，作为卖方，必须把运载火箭、发射设施的技术指标、试验数据等全面地展示给用户。这个用户不仅仅是卫星使用者，连同制造商、运营商、保险商、金融商、法律界，都需要对卖方做全面、深入的了解。光看资料还不够，买方还要直接到生产厂、实验室、发射中心、测量控制现场进行实地考察，逐类逐项进行技术评审，包括卫星与火箭之间星箭电磁兼容性试验分析、星箭热环境试验分析、星箭载荷耦合振动试验分析、星箭分离时的相对运动分析和飞行轨道分析等，有五大相容性评审。这些评审不仅要提供数据结果，而且连同试验过程、试验方法都要解释得一清二楚。按照这样的程序，中国航天还有什么密可保？

面对这一系列新问题，新的规章制度怎样制定，我们真是一片空白。

问：那么这些成堆的难题，又是怎么解决的呢？

答：事在人为。即便是欧洲发达国家，为了进入商业发射服务这个国际市场，他们也用了好多年时间，比如欧洲阿丽亚娜火箭，进入国际市场之前用了整整八年的时间准备。

867工程正式启动实施后，1986年11月27日至12月1日，国防科工委组织在北京远望楼宾馆召开第一次外国卫星发射任务工作会议。这是个动员会，也是组织落实任务的会，规模很大，有200多人参加，国家有关部委，有关省市，解放军有关总部、海军、空军，都有人来了。中国长城工业总公司、中国运载火箭技术研究院、中国卫星发射测控系统部、中国西昌卫星发射中心的有关负责人分别在会上报告了关于发射外国卫星准备工作的情况。

这次会议还特地请了张爱萍将军给大家进行动员。当时张爱萍是国务委员、中央军委副秘书长兼国防部部长。他讲得非常好，很鼓舞士气。他说，给国外发射卫星，应该把我们的成功经验和光荣传统，在可能的条件下更好地运用和发展；这是中国进入国际市场的一次重大的考验，关系到祖国的荣誉，关系到中华民族的荣誉。他还特别强调，要做好部门与部门之间协调，要以发射外国卫星这个大局为出发点。大力协同、统一组织领导是我们成功的经验，也是光荣传统。研发这样复杂的技术，这样广的牵涉面，没有统一的组织指挥、相互协同和相互服从是不可能实现的。

正所谓万事开头难，在发射外国卫星的起步阶段，困难重重。我在会上说："我国航天技术进入国际市场，承揽外国卫星发射工作，是在做前人从来没有干过的事儿，一片空白，从零起步，不光有困难和阻力，还要承担一定的风险。我们要自信有这个能力和水平，横下一条心，敢于下这个决心，敢于承担责任和风险，不辱使命。"

因为这件事儿主要是我们和航天部两家干，许多大的计划、部署也是我们两家一起商定。那段时间，我与航天部孙家栋、刘纪原两位副部长的接触最多，几乎每天都要互通信息。遇到问题及时会商，经常提出建设性的意见，统一认识，部署实施。我们是共事多年的老搭档，大家在一起工作，相互尊重、相互配合，很默契，很多事儿都想到一块儿去了。国防科工委和航天部等有关单位为打开局面，在技术保障与协调、技术安全、出口许可、保险、融资等方面做了大量开拓性的工作。

我们商量，首先要解决两个基础性的问题。

第一，要使我们的运作体制、机制适应国际市场。首先，我们航天系统的内部体制要改革，要制定一套适合于国际市场运作的对外开放准则，军工产品保密规则要结合国际市场进行调整，该坚持的要坚持，但要灵活运用，制定一套指导市场的商务方针、政策。其次，专业人才和队伍最重要，要建立一支专业配套、适应国际航天市场的队伍，尽快掌握国际商务规范的知识和技能。

第二，与发射相配套的基础建设、技术手段、服务保障，按照国际惯例，该投入就要投入，该改建就要改建，尽力满足发射服务的需求。

发射外国卫星需要符合国际要求。除了对靶场的各个系统做一些适应性的改造，我们还专门建了一个配有全套的监视系统的卫星厂房供外国卫星用。为什么？很简单。外国卫星公司进来，首先要保证他们卫星的安全。他们不愿意让我们接触他们的卫星，考虑到这一点，就建一个厂房给他们用，钥匙什么的都交给他们自己保管，加上完备的监控系统，这样卫星的情况就完全在他们的有效控制之下，他们就放心了。

两年后，一整套与发射外国卫星相适应的制度建立了起来，技术队伍和管理队伍也建立了起来，火箭的适应性改造完成了，发射场新建了卫星厂房，满足国际标准的发射塔架也改造完毕。

问：发射的第一颗商业卫星是什么？怎么来的？

答：第一发是 1990 年，发的是亚洲一号卫星。亚洲卫星公司，属于荣毅仁"荣老板"在香港的公司。这颗卫星是美国休斯飞机公司研制的，休斯飞机公司当时是世界上最大的卫星公司。

对于中国航天进入国际市场，港澳爱国人士和友好国家的航天界团体很支持。他们认为，中国在航天方面已取得巨大成就，完全应该进入国际航天市场，参与国际平等竞争，如果没有中国的进入，国际航天市场是不全面的。

亚洲卫星公司是 1988 年由英国大东电报局、中国国际信托投资公司、香港和记黄埔公司三家共同投资成立的，大老板就是荣毅仁。这三家股东公司具有雄厚的资金和优秀的技术专长，他们不惜巨款，从美国休斯飞机公司购买了一颗卫星，将其命名为"亚洲一号"，打算为亚洲区域提供卫星通信服务。亚洲卫星公司第一个想让我们"吃螃蟹"，用中国的长征三号火箭将亚洲一号送入太空。

这样就要与美国休斯飞机公司谈判，后来涉及谈判配额的事。这个"配额"是指"每年商业卫星发射不能多于多少颗"，是全世界范围内的总数。这个没办法，美国人说了算。因此具体谈到配额问题时，我的身份很敏感，就不能出面了，都是孙家栋代表中国政府去和美国人谈的。

问：据说，中美两国为此事谈判很艰难，您能介绍一下吗？

答：卫星属于高技术产品。美国政府向来对高技术管制非常严格，卫星出口要按军品管理的办法对待，必须得到美国国务院、国防部及武器出口控制委员会的批准。因此，卫星能否获得出境许可证，是我们承揽亚洲一号卫星发射的关键。

当时西方一些公司担心中国的发射服务会对他们的利益构成所谓的"威胁"，散布中国的卫星发射是在政府补贴下的市场倾销等言论，企图阻止中国对外卫星发射合作项目。

老实说，面对这些问题，我们也早有预判，回避是不可能的，必须面对现实，做到知己知彼。在中美谈判前，航天部门专门组建卫星发射服务宣讲团，主动走出国门，向一些相关国家，特别是向美国这个卫星制造大国阐明中国政府的立场，宣传我们的发射服务水平，讲解各种保障支持能力，让世界尽快了解中国。这起到了很好的效果。

1988 年 9 月，美国方面终于表态，同意由中美两国政府完成中国对外国卫星发射服务有关协议的洽谈。在达成一致意见、正式签字生效后，美国政府将同意发放将卫星运到中国发射的许可证。因此这个"同意"的态度是有很多前提条件的。

这时候距中国外交部向美国驻华大使馆递交中国政府照会，要求美国政府准予发放卫星出口许可证，已经过去两年了。许可证成了发射外国卫星的瓶颈。为了尽快展开中美两国政府间谈判，由外交部、国防科工委和航空航天部等有关部门人员组成了一个中国航天对外发射代表团出访美国，孙家栋是团长。

通过艰苦的交涉和多方努力，美方的立场开始松动。9 月 9 日，美国总统签署了批准美国制造的卫星由中国火箭发射的文件，但文件中还附带了三个限制条件：其一，卫星的技术安全得到保障；其二，双方对发射事故责任达成协议；其三，中方发射的次数和价格要取得美方同意。

中美两国政府间的第一轮谈判于 1988 年 10 月 18 日至 21 日在北京钓鱼台国宾馆举行。主要谈三个方面问题：一是许可证，二是配额，三是卫星的技术安全。谈判比预想的还要复杂，双方在协议时间内卫星发射的数量也就是配额问题上僵持不下，美方坚持六年内中国发射的商业卫星不能超过七颗，而中方则认为这没有道理，要求增加，放宽限额。经谈判，美方官员最终同意了中方的要求。

　　配额问题谈妥后，美方又提出外国卫星进入中国后的技术安全保障问题，不仅要求中国在技术措施方面保证卫星机密不被窃取，还要求中方承诺卫星在进入中国海关后免除检查。这个问题就大了，这涉及国家海关主权原则，不是我们航天系统能解决的。谈判几乎陷入僵局。

　　连夜，我和孙家栋找我们的代表团成员开会，看看能不能拿出相应对策，打破僵局。我们不约而同地想到了中国深圳特区实行的开放政策，我说，对美国卫星不做安全检查，是新的问题，对这种特殊情况，要灵活处置。可以参照我们深圳实行的"特区"政策，美国卫星"入关"，就在我们这里停一下，然后要打出去的，那么卫星运进来，实际上只是"过境"。在中国深圳特区的"保税外贸加工区"里，也有区别于"入关"的开放政策，如果能够运用这项政策，无疑可以打破目前的谈判僵局。大家恍然大悟，都同意对美国卫星给予"过境"的待遇。行文马上报到了外交部和海关，他们最后认为符合政策，批准同意了。

　　僵局是打破了，但是针对草案文本的问题，双方又吵了几天，还是难以达成统一。最后，中美两国草签了关于《商业发射安全》和《卫星发射责任》两个协议备忘录。

　　中美的第一轮会谈，应该说，让我们进入国际航天发射市场迈出了关键的一步。在第一轮会谈期间，我和外交部、航空航天部的有关领导一起见了美方的代表。会谈的气氛还是很好的，双方对许多重要问题的看法也有共识。我们希望抓紧时间，一个月内移师美国进行第二轮会谈。

　　中美第二轮会谈，事关重大。倘若成功，亚洲一号卫星的出境许可证便可随之颁发；如果失败，则一切就此告吹。第二轮会谈也是由孙家栋率领中国航天代表团到美国谈的。中方代表团去美国之前，我们开了几次会，对可能遇到的问题做了预判，充分准备，周密安排。我与孙家栋一起关起门来，对谈判的文本逐字逐句地推敲确定。

航天合作的谈判实质上是两国综合国力的较量，国家的实力增强了，在谈判中的分量自然就加重了。

中美第二轮会谈总体上比较顺利。双方心里都清楚对方要的是什么，都准备了若干对策，有备而来。中方本着不失主权、在原则问题上决不让步的前提，灵活应对。1988 年 12 月 17 日，中美双方终于草签了中美两国政府间的最后一个协议文件——《关于商业发射服务的国际贸易问题协议备忘录》。

1989 年 1 月 23 日，中国长城工业总公司代表中方，香港亚洲卫星公司代表用户，双方在北京人民大会堂签署了关于用中国长征三号运载火箭发射亚洲一号卫星的正式合同。

1989 年 12 月 19 日，美国政府正式宣布：发放亚洲一号卫星出境许可证。

问：听说亚洲一号在运输过程中遇到了很大的困难？

答：这是我们第一次发射外国卫星，确实遇到了不少困难。毕竟第一次和外国公司打交道，从交流层面来说，双方思维方式不一样；从我们自己的角度来说，有很多框框要打破，也有很多规矩要建立。

这颗卫星的发射准备工作，可是把人折腾得够呛。遇到的第一个大问题是卫星运输问题。

美国休斯飞机公司计划包租一架波音747飞机，把亚洲一号卫星运到西昌。波音747相当高大，要把卫星和设备集装箱从机上卸到地面，必须用一种大型升降平台，但当时西昌机场没有。升降平台是美方评审西昌机场时一个首要且必须具备的条件。没有它，卫星就不能起运。他们问我怎么办，我说那就只能找，在全国范围找！

在北京找到了一台升降平台，涉外运输小组召开紧急会议，果断决定动用一辆专列，将找到的升降平台运送到成都。专列到了成都后，如何往西昌运又成了一大难题。由于升降平台超宽超高，从成都到西昌有长达130公里的铁路线，途中要经过157个隧道。经反复计算，通过铁路运到西昌是不可能了，只能用汽车运。

最后，总算在交通部运输公司昆明分公司找到一辆三菱大拖车。升降平台运到西昌正是1990年1月27日，马年的大年初一，比计划早到了一天。从北京到西昌，这一路惊动了国内10个系统、22个部门和成百上千人。

卫星一搁进西昌卫星发射中心刚刚建成的卫星厂房，我们就把卫星厂房的钥匙郑重地交到了美方一位安全军官的手上。从此，厂房的大门便对中方关闭了。美国政府为了防止卫星技术的泄露，特别派了经过政府安全规程训练的安保人员，同时还配备了电子仪器监视设备。这颗卫星处于美方全天24小时全方位监控中。

问：亚洲一号发射之前，还遇到了什么问题？

答：基地也是第一次接待那么多美方人员，我们缺乏这方面的经验，而且基地条件艰苦，物质条件也不完全具备，生活条件、服务设施、服务项目、服务方式等方面不可能完全令美国人满意。此外，中美两国的文化背景和价值观有很大的差异，我们很多人不理解他们的想法。

美国人一到西昌基地就提出要求，希望从西昌到香港能开一趟专机，每周拉美国人到香港去度一次周末。我们考虑办不到，就没有答应。

美国人工作之余要打打球，跳跳舞，还不过瘾，他们提出要骑自行车。出于安全考虑，中方一开始没同意。美方说："这儿太闷了，骑车玩玩有什么不好？"后来这事儿提到了调度会上，我说骑车没问题，但考虑到他们的安全，限定在西昌市和发射场附近。

1990 年，我国国际电话还没普及，但对美国人来说，电话早就是工作和生活的基本配置。因此美国人提出要求，在宾馆里拿起电话就能接通美国，一拨号码，就能同老婆孩子聊天。有人对此感到不理解，说美国人毛病不少，来发卫星就好好发卫星呗，还给老婆打什么电话。此事又提到了调度会上，我说这件事要抓紧办好，中国人不给老婆打电话无所谓，美国人不行。这是人家的家庭观念，我们能办到的，尽量满足。经过努力，我们满足了美方提出的一些合理要求，双方的合作也越来越愉快。

发射前，我到了西昌。一天，美方队长努·麦克派人来向我发出邀请，请我到卫星厂房去看看美国的亚洲一号卫星。我说不看，双方有协议，我去看他们的卫星不合适。再说，卫星图片是公布了的，里面的东西我也看不着，我看那玩意儿干啥。派来的人一再请求，在场的人也劝我给点面子，不去看不好。我说那行，要我去看也可以，美国政府代表一定要在场，要不然我不去。对方说这可以。我看完亚洲一号卫星后，很有礼貌地夸奖了一句：你们这个卫星做得不错。努·麦克听了很高兴，哈哈大笑。

对外发射有很多问题很敏感，搞不好就被别人抓住小辫子。因此，不仅在技术上要有敏感性，在政治上也要有敏感性，随便不得。

问：亚洲一号是哪天发射的？顺利吗？

答：亚洲一号本来打算在 1990 年 4 月 5 日发射，但这天是清明节，香港亚洲卫星公司觉得不大合适，就推迟到 4 月 7 日。西昌卫星发射中心在山区，气候非常复杂。那天刚好天公不作美，临发射前，低温燃料正加注的时候，又打雷又下雨，第一个窗口不具备发射条件。我当时在六号指挥所，一看这种天气状况就坐不住了，赶紧往发射场赶。

用中国的火箭发射国外的卫星，这是头一回，所以大家都非常谨慎。第一个窗口不行了，第二个窗口怎么办？一看情况不明，我就知道要吵架。果然，赶到发射场的时候，就看见大家伙都站在阵地指挥所门口，争论天气到底行不行。第一个窗口肯定已经不行了，那么今天还干不干，能不能发射？如果不行的话，燃料要卸下来，那是很麻烦的。任新民老总也在，站在门口，他要气象专家一定给出个答案，到底行不行。我说：大家都进去吧，有什么事儿进里头谈。进去以后，大家就围着基地的气象总师问气象到底行不行，把气象总师急出一头大汗。我说：他只能讲到这样了，别逼他了。这话是安抚大家情绪，但接下去怎么办，还是得拍板。我叫气象处调来了往年同一时期的气象资料，分析概率情况。

气象预报做不到百分之百准确，特别是山区的小气候，要报得很准更难。这样的情况下，我说：那就不要讨论了，反正还有两次机会，如果气象条件允许，就在第二个窗口发射，如果不行就第三个窗口，再不行就撤销。结果，第二个窗口的时候，发射场的上空正好露出一片蓝天，呈一个圆洞状，我们的火箭就从那个圆洞里面发射出去了，五公里外还在打雷呢。很多记者没搞清楚，以为那个"洞"就是发射窗口，闹了笑话。实际上不是这个意思，"发射窗口"指的是理想的发射时间。

这就是我们第一次发射外国卫星的过程，很惊险，但结果很成功，实现了开门红。亚洲一号卫星发射上天，给我国带来了较高的声誉。邓小平同志专门打电话给西昌卫星发射现场表示祝贺。江泽民总书记、李鹏总理也来电祝贺。坐在指挥大厅前排的美国休斯飞机公司副总裁多夫曼先生、加拿大太列卫星公司亚洲发射主任柯达先生、亚洲卫星公司行政总裁薛栋先生，激动地与我们紧紧拥抱，祝贺这次合作成功。

首战告捷很重要啊！第一炮打响了，标志着中国运载火箭正式进入国际航天发射市场，大家的士气受到很大的鼓舞。

问：首战告捷，对外商业发射服务是不是就顺利了？

答： 首战告捷，基础打好了，各个关键点心里也有数了。第二次是 1990 年 7 月 16 日，我们用新研制成功的长征二号 E 捆绑式运载火箭发射澳大利亚卫星模拟星，并搭载了巴基斯坦一颗科学实验卫星，将两颗卫星准确送入预定轨道。1992年8月14日，我们再次用长征二号E捆绑式运载火箭将美国为澳大利亚制造的通信卫星准确送入预定轨道。之后，我们又陆续发射了亚太一号卫星、亚洲二号卫星。

1993年2月11日，中美两国政府签署《关于卫星技术安全协议备忘录》。随后由中国长城工业总公司、中国卫星发射测控系统部及中国运载火箭技术研究院共同组成的对外发射工作队，与外国卫星制造商、运营商签订了多颗地球同步通信卫星的发射服务合同。

我们不仅实现了成功发射，而且精度很高。从那以后，我们又连续签了好几个对外卫星发射服务合同，都是用中国的火箭发射。

但对外发射服务的进展也不是一帆风顺的，中间也经历了很多挫折。1993年，我们与美国摩托罗拉公司签订了铱星发射合同，计划用长征二号C火箭在2002年前为摩托罗拉公司发射11次共22颗铱星。全部是一箭双星，头6发是组网发射，后5发是补网发射。但是后来只发射了6颗，铱星计划就破产了。

从1990年到1999年，长征运载火箭总共进行了36次发射，其中涉外商业卫星发射服务为22次，占长征运载火箭发射总量的61%，在国际发射市场上占据了接近9%的份额。

失利发生在1996年2月15日，长征三号乙火箭发射国际通信卫星708（Intelsat-708），火箭坠地爆炸，星箭俱毁。同年8月18日，长征三号运载火箭发射中星七号通信卫星，再次失利。

中卫一号发射成功后沈荣骏（左三）在庆功会上（1998 年）

1996 年下半年起，受几次发射失利和国际政治因素影响，长城公司承担的艾科斯达二号、国际通信卫星 801 和 805、德国纳豪尔卫星以及全球星等五个商业发射合同被终止或撤销，正在洽谈和争取的项目也相继夭折，中国对外商业发射服务受到巨大冲击。

市场是残酷的。航天部门深刻认识到，质量问题不归零，市场份额就将归零，于是采取了一系列严格的改进措施，出台了一整套质量管理规范，以提高发射成功率。一年后，长征三号乙恢复发射，成功将美国制造的菲律宾马布海通信卫星送入轨道。

时过境迁，随着中国经济的迅速发展，中国的对外商业发射服务早已今非昔比。

当初的第一步迈得十分艰难。最初进入国际航天发射市场，只能以现成火箭型号对号所能对应的卫星，选择的范围很小。现在长征运载火箭已经形成系列，完全可以根据市场需求使用相对应的火箭提供发射服务。

中国不仅具备了六种型号长征系列火箭发射的能力，而且实现了从发射单一型号火箭到发射多种型号火箭、从单射向发射到多射向发射、从被动等待天气发射到接近全天候发射、从发射国内卫星到发射外国卫星、从发射通信卫星到发射地球普查遥感卫星、从近控到远控等一系列重大技术突破和创新，发射能力从每年5次提升到每年50次以上。这些技术进步不仅提高了长征系列运载火箭技术水平，使火箭的运载能力有了大跨度的飞跃，也使我国的发射服务、测量、跟踪控制等综合能力上了一个新台阶。

为了实现多星多箭同时测试、两个发射塔并行发射准备的高密度常态化发射要求，发射准备时间以前要60天，后来压缩到15天。与此同时，还锻炼、造就了一支完整的与国际航天市场接轨的人才队伍，包括技术、商务、法律等各方面的力量。

问：对外发射服务发展势头这么好，2000年以后为什么突然停止了，其中有什么原因？

答：前面我已经说了，一是受几次发射失利的影响，但这个不是主要的，发射失利我们可以改进，更重要的是国际政治因素影响。中国对外商业发射服务蓬勃发展，市场份额和影响力不断上升，抢了西方一些大公司的市场份额，他们认为是个威胁。

1999年5月25日，美国国会抛出了一份所谓的调查报告——《考克斯报告》，诬称中国"窃取"美国重要军事技术。

报告要求限制美国政府用中国火箭发射含有美国零部件的卫星。卫星上只要有美国生产的元器件，哪怕一个电阻，那么这颗卫星在中国发射就会受到美国的严厉制裁。

报告出台后，中国政府立即对此严正回应，驳斥这份报告缺乏事实根据。其目的是转移视线，煽动反华情绪，诋毁中国形象，迫使中美关系倒退，遏制中国的发展。

《考克斯报告》的杀伤力非常大，这份报告出台后，有一段时期，我们国家对外商业发射服务基本上停止了。

2001 年 3 月，中美两国政府根据《中华人民共和国政府与美利坚合众国政府关于商业卫星发射服务的国际贸易问题协议备忘录》进行了新一轮会谈。

面对非市场化因素的干扰，我们也在积极想办法突围。比如说亚太卫星公司成立以后，我们去欧洲采购卫星，我和刘纪原都去了。法国人愿意把卫星卖给我们，但前提是不能在中国发射，得由他们发射，因为卫星上有两个组件是美国的。这个条件我们不同意，我们有发射能力，为什么让别人发射？我说：这样行不行，你们研制两个组件，把美国的换下来，然后拿到中国发射。他们说可以，不过得重新研制。后来亚太卫星公司投资了 1000 万美元，研制了两套组件，换掉了美国的。2005 年 4 月 12 日，长征三号乙运载火箭在西昌卫星发射中心成功将法国阿尔卡特公司制造的亚太六号通信卫星送入太空。通过这种方式，我们从 2005 年到 2010 年，用长征火箭成功发射了四颗欧洲研制的卫星。

在其他方面，我们也想了很多办法突围，包括整星出口、在轨交付等方案。整星出口，是将卫星、发射服务与地面测控结合到一起出口。就是说，卫星由我们研制，发射由我们负责，测控系统也由我们建设，整套系统都是我们建设的。2007 年发射的尼日利亚一号通信卫星是第一颗采取这种方式出口的卫星。我们在价格上有优势，技术也不差，所以在发展中国家还是很受欢迎的。

2005 年中国航天重返国际航天发射市场后，阿莱尼亚宇航公司与中国航天进行了八次合作，采用同一型号的长征三号乙大推力捆绑运载火箭在西昌卫星发射中心将八颗大功率、长寿命卫星成功送入太空。2011 年 6 月 21 日发射的卫星，是由中国空间技术研究院提供卫星平台、阿莱尼亚宇航公司提供有效载荷共同合作研制，为中国卫星通信集团使用的合作项目。

事实证明，在全球经济一体化的今天，加强合作才是发展的根本之道。

2007 年建成的尼日利亚站

5.9 干这个"买卖"，
心脏不好不能干

问: 您在国防科工委领导任上指挥过多少次发射任务？有多少次成功，多少次失败？

答: 从 1985 年任国防科工委副主任算起，西昌卫星发射基地的每次发射，我几乎都到现场指挥。算起来一共指挥过 27 次发射。有三次失败，其他的都成功了。在这里，有过惊天动地的辉煌，有过惨痛的失败，也有刻骨铭心的教训。说句老实话，干这个"买卖"，心脏不好不能干。成败影响太大了，压力也太大了。在现场有很多事情都要立马做出决策。决策对了，皆大欢喜；决策错了，留下终生遗憾。

问: 哪次发射任务遇到的困难最大？具体是什么困难？

答: 困难比较大的要数发射"澳星"，那是 1992 年的事，我们在技术上遇到了很多困难。

第一个困难就是发射外国卫星的大推力运载火箭，我们当时还没有。那时，国际的几个航天大公司都在制造更大的卫星，而我们仅有发射小型卫星的长征二号和长征三号运载火箭，推力不够，发不了大卫星，满足不了国际市场的需要。

"澳星"是澳大利亚通信卫星公司购买的，美国休斯飞机公司研制的新一代通信卫星。中澳双方签"澳星"发射合同时，主承包商休斯飞机公司提了一个条件，要求中方必须在 1990 年

6月30日前对"长二捆"运载火箭进行一次成功的飞行试验，并有充分证据证明能够按时发射，否则用户有权终止合同，还要中方赔偿违约金100万美元。

干还是不干？航天系统内部争论很激烈。若干成了，万事皆好；若干不成，要掏100万美元的赔偿金，搭上一笔庞大的研究经费，上亿元的钱，可不是个小数目。航空航天部刘纪原副部长和一院的王永志院长他们力主上"长二捆"，用这种捆绑式运载火箭提供发射服务。关于捆绑式火箭咱们原先有个规划，就是从长征三号开始上"长三捆"，长征二号没有这个方案。刘纪原副部长说："等'长三捆'要等到啥时候？这马上就要发射外国卫星了，没有火箭怎么行？"他坚持上"长二捆"。最后航空航天部以向国家银行低息贷款的方式上了"长二捆"。当时离合同规定的发射时间只剩下18个月了，时间非常紧张。搞"长二捆"，当时没有任何经验，甚至连一张设计图纸都没有，困难相当大。航空航天部一院近三万名员工在王永志院长的带领下，万众一心，背水一战，奋战了18个月，到底是在限期内把"长二捆"火箭给拿下来了。"长二捆"是一枚大型两级捆绑式运载火箭，近地轨道运载能力达到9.5吨，全箭起飞重量有460吨，全长近50米。"长二捆"在1990年7月16日一举发射成功，真了不起。过去研制一枚新型号火箭要五六年时间，而研制"长二捆"只用了一年半时间。

第二个困难是西昌卫星发射基地没有发射"长二捆"的工位，给我们留下的建造时间只有14个月，必须在14个月内建好。当时也很难啊。

我带着人到27基地那条山沟里一看，已经没地方可选了，若是选在太远的地方，时间根本赶不上，只能在原来二号塔架的附近再选一个点，就是现在 27 基地的二工位。

建发射工位，发射塔架是最主要的。摆在面前的最大的问题是，塔架的主体谁来建？过去的塔架都是由太原重型机械厂负责，但是他们任务太重，时间和进度不能保证。武汉造船厂得知后说，他们能干。武汉造船厂是造潜艇的，当时任务不多。为慎重起见，我专程到武汉造船厂考察了，他们的加工设备很先进。这样就第一次把塔架主体的建造任务交给了武汉造船厂。为了保证在 14 个月内完成任务，他们的厂长、书记就睡在加工车间里亲自督战。结果塔架做得很漂亮，那么多接插件没有一个有问题。塔架施工的时候，国防科工委特种工程安装大队近千名参加施工的官兵为了抢时间，每天要工作 12 小时以上，420 天没休过节假日。二工位就是这样在 14 个月内给抢建出来的。

问：这些困难克服后，这次发射顺利吗？

答：1992 年 3 月 22 日晚上，一切准备就绪，准备发射，载着"澳星"的"长二捆"运载火箭高高竖立在西昌卫星基地的发射场上。中央电视台按国际惯例，准备向全国和全世界进行现场直播。

江泽民、李鹏等中央领导来到国防科工委指挥大厅。西昌腾云楼宾馆准备好了庆祝"澳星"发射成功的晚宴。

没想到这次发射很不顺利，成了一发"坐地炮"。点火后，火箭底部冒出一道火光，火箭却一动不动。观众在电视屏幕上看到的是，点火之后，一股黄色的浓烟从火箭屁股下冒出来。

中央电视台负责现场直播的记者兜里装着两份稿子，一份是成功时用的，一份是失败时用的。碰到这种紧急情况，记者也不懂发射技术，短时间内无法做出判断，不知道该念哪份稿子了。一大帮人围着我，于是我急匆匆地在纸上写了一行字交给他：因技术原因，中止此次发射。算是暂时解了这个围。

这一内容播出后，电视画面马上就切换了。有了这样一个结论，无论在现场的人还是电视观众，这才松了口气。为这次卫星发射参保的各大保险公司的代表，可高兴了。因为在这种情况下宣布"中止发射"，对他们来说绝非一件小事。中止发射不是失败，不是失败就可以不赔偿。

发射中止后，我们必须采取及时有效的措施，既要保住"澳星"，也要保证火箭和发射场的安全。

问：当时采取了什么措施，保障卫星、火箭和发射场的安全？

答：在发射场风风雨雨几十年，各种场面我都见多了。发射突然受挫，我心想坏了，不知道问题出在哪儿，但其中的利害关系、后果，我十分清楚。

发射口令下去以后，火箭没有上去，马上实施了紧急关机。后来我们去现场看了，那个座子离发射台边缘不到一厘米，再往外偏一点点火箭就倒了。原来点火之后，火箭是已经动了一点的，又落下去了。如果不紧急关机就出大事了，那火箭如果倒下来，整个发射场就全毁了。苏联人当年就出过这样的大事故，火箭倒下来炸了，发射场就全毁了，还把在现场的火箭军司令给炸死了。我们没有出过这么恶性的事故。

作为总指挥，在这关键时刻，我内心当然十分沉重，但自己的情绪绝不能在部属面前流露出半点。最要紧的是冷静、沉稳，果断决策，指挥若定。

我和西昌基地司令员胡世祥，还有航空航天部林宗棠部长、刘纪原副部长，当时在离发射场6公里之外的指挥控制大厅。在火箭紧急关机后大约只有10秒钟，指挥长胡世祥当机立断，下达了三条命令：第一，切断箭星电源；第二，按预案组织实施抢救；第三，记录好现场状态。发射中止后，我立即对胡世祥说，紧急组织人员处理好现场，一定要确保卫星、火箭、塔架和人员的安全。胡世祥马上带着计划处处长唐贤明，一路小跑冲出了控制指挥大厅，坐车赶往发射现场赶。

副指挥长佟连捷，立即命令"01"指挥员徐宏亮，通知各系统指挥员马上到位，抢险队做好准备。然后按照发生故障的预案，一个一个指令发下去，一件事一件事做下去。

最先赶到发射现场的是卫星测控系统部的部长李宝铭。到了发射现场后，他马上同基地几位指挥员商定了抢救方案。接着他被我一个电话召了回来，我们必须听来自现场的报告。听完汇报后，我心里有底了。我们在离发射场不远处的协作大楼里马上开了一个紧急会议。会议开得很短，中心议题是如何确保卫星、火箭和发射场的安全。

腾云楼的晚宴怎么办？几百名中外宾客还等着呢，是不是仍然举行？大家都等着我拿主意。我说：不管怎样，宴会我们都得去，这次请了这么多外宾，现在他们都在等着我们，我们应该拿出一个应有的姿态，才好有个交代。先洗了把脸，再换上一套西装。我交代大家，待会儿在宴会上一定要把精神提起来，没什么大不了的，没有谁发射运载火箭能做到百分之百成功。

晚宴上，我向中外宾客做了足足 20 分钟的解释和说明。我说，科学试验是有风险的，可能成功，也可能失败，这是任何一个国家都不可避免的。作为一个科学试验人员，应该有承受这种风险的能力。我心想，虽然发射受挫，但我们精神上绝不能垮，要让人感觉到我们有能力掌控一切，有必胜的信心。

"澳星"发射受挫之事刚一发生，在北京的国防科工委丁衡高主任和邢永宁政委考虑到我的安全，给我下了一道命令：不准到发射阵地去。同时又给在发射现场的国防科工委保卫部副部长刘克仁下了一道命令：保护沈副主任的安全，千万不能让他到现场去。

第一颗"澳星"发射前沈荣骏（前排左四）与测控系统试验队人员合影（1992 年）

发射现场出了事，大家都在拼命抢险，很多一手情况只有到了现场才能掌握，我这一线指挥员却在后边蹲着不在现场，这是一种失职。在这种危急的情况下，我只要到了现场，哪怕什么也不做，大家一看现场最高指挥员都在这儿，就吃了定心丸，也就踏实多了。

宴会结束后，我让秘书悄悄备好车，趁他们不注意，溜出了指挥所，什么防毒面具都来不及戴，就急匆匆赶往发射阵地，先处理发射阵地善后事宜，然后召集有关人员开会，查找原因，排除故障。

接下来我们仅用了一个星期就查到了故障原因，事故是火箭发动机点火控制电路出现故障引起的。

事故发生之后，国防科工委和航空航天部分别对这次失败的原因做了深入分析和研究，找出原因，消除故障，总结教训，部署下次发射计划及有关工作安排。

问：那么，第二次发射成功了吗？

答： 1992年8月14日，是我们定下的第二次发射时间。休斯飞机公司的人不相信我们能这么快解决问题，他们都跑到香港度假去了。发射那天，我请休斯飞机公司在香港的人回来看发射，他们说恐怕赶不上了，到成都后没有飞机进西昌。我说，这样吧：我给你们租一架飞机，你们到了成都后上包机进西昌。就在"三小时准备"的时候，他们赶到了西昌发射场。

第二次发射是否由中央电视台直播，这中间还有个讨论的过程。两种意见，一直反映到了江泽民总书记那里。我代表国防科工委参加了中央书记处召集的专题讨论会，我们的意见是"以直播为宜"。一是第二次发射，全国都很关心，上次直播了，这次不直播，不好交代。而且按国际惯例，也应该直播。二是我们当然是以成功为目标，但我们也要经得起失败，做好舆论引导，可以让人民群众理解高科技是有风险的。会议向中央上报了我们的讨论意见，最后决定还是直播。

第二次发射比较顺利。成功后，在世界上引起了很大的反响。对于我们的紧急关机技术、故障解决能力以及组织第二次发射的速度，大家都觉得很了不起。

当时有香港的企业家在现场观看，他们很兴奋，当即捐了1100万港元要奖励科学家。后来我和刘纪原商量了，就用这1100万港元建了一个航天基金，虽然钱也不算多，但可以

第二颗"澳星"发射（1992年）

慢慢发展，每年都用这个基金奖励航天系统有贡献的科技人员。1995 年，中国航天基金会正式注册成立，现在这个基金交给科工局管了。后来基金影响力不断扩大，得到的支持也不断增加，面向航天领域有贡献的个人和集体，颁发"航天贡献奖"和"航天重大项目奖"等，一开始奖金是每人 2 万元，后来是 5 万元，集体奖是 20 万元。现在还有了面向全社会的公益奖项。

问: 在您指挥的发射任务中，您最感到遗憾的是哪一次?

答: 最遗憾的就是 1996 年那次发射失利。

1996 年 2 月 15 日，西昌卫星发射中心用长征三号乙运载火箭发射国际通信卫星 708，这是长征三号乙首次发射。临近春节了，西昌市民和驻地村庄的老百姓都已经开始宰猪杀鸡，忙着购置年货。每逢佳节倍思亲。发射基地一些家在外地的干部和志愿兵希望发射完能尽快赶回老家与家人团聚，国防科工委以及航天科技集团在发射场的工作队，也都希望能早点儿发射完，好赶回北京过年。

在发射准备过程中，我对这枚火箭的惯导平台始终放心不下。火箭上有一个主用平台、一个备用平台，备用的指标要求没有主用的指标高。但据我所知，这个主用平台在没进发射场之前曾经发生过问题，就是说它有过"前科"。惯导平台是整个控制系统的核心，一直是大家非常关注的问题，尽管现在是好的，但因为有过"前科"，它到底行不行，大家心里还是有担心和疑虑的。

直到要加注燃料了，这种担心非但没有减弱，反而更加强烈。加注前，我通知基地，先不加注，等命令，我们要再开会研究一下。

我们组织基地和航天科技集团的研制单位针对平台的安全性开了一次会。会上我们得到的测试信息都说这个平台状态良好，没有问题。在这种情况下，我没有任何理由表示反对。推翻原有的结论，要有证据、数据支撑，这才是科学态度。我说，那好，咱们就决定加注。随即"加注"的命令正式下达。

结果，火箭起飞2秒后，火箭飞行姿态出现异常，约22秒时，火箭横了过来，平着飞，一头撞在离发射架不到两公里的山坡上，发生剧烈爆炸，造成了重大损失。发射中心的通信、气象保障系统的部分设施受损。那景象真的是非常令人痛心、难忘。

问：这次长征三号乙发射失利后，采取了哪些措施严格保证质量安全？

答：长征三号乙首次发射失败后，长征运载火箭和卫星面临背水一战的境地，失败不起，没有退路，只能成功。航天系统面临很严峻的局面。总结经验教训是唯一的出路，主要从两个方面进行了改进。

一是加强对火箭研制、生产过程的质量管理和控制。加强质量管理的《强化航天科研生产管理的若干意见》（即"72条"）和《强化型号质量管理的若干要求》（即"28条"），以及发射现场的"质量问题归零双五条标准"，就是这一次提出的。此外，还推出了一系列严格的整改措施，例如，对发生重大质量问题的型号研制单位亮黄牌并停产整顿，等等。

二是从发射场来讲，我认为我们的测试手段不行。按道理，如果在火箭起飞以前出了问题，我们应该测得出来。为什么没有测出来？这说明测试手段不够，因此要加强发射场的测试手段，以保证试验任务的成功。

后来的实践证明，通过狠抓产品质量和测试手段建设，我国的运载火箭技术取得了巨大进展。在此后的十几年里，长征运载火箭创造了连续 75 次成功发射的纪录，其可靠性位居世界前列。

这个变化的过程说明：第一，我们的科研试验已经由一个不稳定的时期发展到了一个稳定的时期，这是历史的规律；第二，更重要的是，这说明我们采取的加强措施是十分有效的。这也证明了一句古话：失败是成功之母。这是科学发展的规律。失败不可怕，关键是失败之后用什么样的态度，采取什么样的措施来应对失败。没有前面的失败，也不会有后面的成功。不能把成功和失败两者割裂开来。

从严格意义上说，世界上从来就没有常胜将军。科学试验，有一个质量逐步稳定的过程，否则就不叫科学试验。但是，这个稳定的过程是快还是慢，很大程度上取决于主观的因素。如果能够及早地找准问题，吸取教训，比较客观、全面地认识事物发展的规律，加强质量管理，加强系统的配套和完善，我们就可以提高发射成功率，尽快走出低谷。

问：给您留下了深刻印象的，还有哪次发射？

答：是 1990 年 8 月底，在西昌发射风云一号气象卫星 B 星那次，刚好中央军委副主席刘华清在成都视察工作，我就给他打了个电话，请他来西昌观看卫星发射。

全军气象工作会议正在西昌召开，来了很多军队气象专家，中国气象局、四川省气象局也来了些专家。军内外气象专家一致认为，发射这天是个好天气。结果呢，刘副主席的车一进发射场那条山沟，就下起了瓢泼大雨，那真是雷电交加。我想，军内外气象专家都说今天是个好天气，那还会有什么问题？我在车里就对刘副主席说：他们和我说没问题，过一会儿就好。

临近发射的时候，发射场上空一块带电的云眼看就要飘出场区了，没想到它在空中转了一圈，飘着飘着又回来了，而且就停在发射场上空不走了，雷鸣电闪，雨下个不停。

结果第一个发射窗口就过了，临近第二个发射窗口时，天气还是不行，气象专家还在激烈讨论，我觉着不能再犹豫了，就同航空航天部刘纪原副部长商量说，不行了就撤销吧。刘纪原也同意。刘华清副主席听了，很理解，说：不行就应该撤，我们要讲科学。

说撤容易，但要把几百吨零下200多摄氏度的液氢液氧低温燃料从火箭里卸出来，危险性极大。头发丝摩擦所引起的静电，都有可能引起爆炸。低温燃料的卸出过去我们没干过，到底该怎么办？大家围绕这件事在大厅里争吵起来。我的意见是肯定得卸，已经到这份上了，不卸也得卸，搁在上边肯定是不行的。先卸，卸下来再说。

卸低温燃料的事儿刚拍板定下来，又冒出个常温燃料的问题。因为当时天气已经比较热了，如果再推迟几天，温度还会上升。于是又有另一个问题：下一步常温燃料换不换？发射场系统和航天系统两家围绕着常温燃料的温度上限究竟是 20 摄氏度还是 18 摄氏度，还有要不要换，又吵了起来。因为推迟发射本来就让人撮火，又加上卸低温燃料、换常温燃料这些很棘手的技术问题，大家都带着一股"无名火"，气氛非常紧张。我没去劝，在一旁高声朗诵了两句毛主席的诗词："风云突变，军阀重开战。洒向人间都是怨，一枕黄粱再现。"风云突变，天气不是不好吗；军阀重开战，两边不是吵起来了吗；洒向人间都是怨，大家相互都在埋怨。说完，吵的人都被逗乐了，气氛一下子缓和了下来。然后我对两方说："这气氛不好，问题难商量。我看这样吧，别讨论了，咱们先集中精力卸完低温燃料。至于后边的常温燃料要不要卸，看天气。如果温度不增高，常温燃料就不卸；如果温度增高，常温燃料也卸。"

第一次卸低温燃料，大家都非常谨慎，好在最后还是安全卸出了。

卸完燃料，一测试，发现火箭共底那一部分，真空度下降很快。这种现象到底对下一次发射会有多大影响，我心里没底，就到任新民老总下榻的房间，向他请教此事。任老总告诉我：没事的，再加注，气体就液化了，真空度马上就能上来，你不用担心。这一下，我放心了。

过了一个星期，9 月 3 日，第二次组织发射的时候，低温燃料一加注，真空度确实马上就上来了。又正赶上一股冷空气来了，突然降温，所有的常温燃料即使不换也能达到 18 摄氏度以下也不需要换。大家皆大欢喜，最后火箭顺利打成了。

第 6 章

斩关夺隘揽九天

1961 年 4 月 12 日，苏联航天员尤里·加加林搭乘世界上第一艘载人飞船升空，成为第一个进入太空的人。1969 年 7 月 16 日，阿波罗 11 号飞船升空。7 月 20 日，美国航天员尼尔·奥尔登·阿姆斯特朗首次在月球跨出了一小步，实现了人类历史上的一大步。

实现飞天梦，是中华民族的千年夙愿。1967 年起步的中国曙光号载人飞船计划，因力量不足、经费不够而于 1975 年黯然收场。1986 年，863 计划出台，沉寂多年的中国人飞天梦想被重新点燃。此后，载人航天工程可行性论证花了六年时间，专家们展开了激烈的争论。

上不上载人航天项目，是政治决策。1992 年 9 月 21 日上午，在中南海怀仁堂，中央高层拍板定夺，"发展我们自己的载人航天"，"921 工程"应运而生。

中央给我们的目标是"争八保九"，第一艘飞船争取 1998 年、确保 1999 年首飞。当时在这个领域，我们是空白的，工作非常困难，从现代化的航天城到七大系统：航天员系统、飞船应用系统、载人飞船系统、运载火箭系统、发射场系统、测控通信系统、着陆场系统……模仿，还是创新；紧跟，还是超越。我们从零起步，就在一张白纸上，开始了一步步把梦想变成现实的努力。

乍一回首，"争八"已不可能，唯有"保九"。"争八保九"是向中央做出的承诺，天大的困难也得克服！将电性能船改装成试验飞船，被批不按科研程序办事；打开飞船返回舱大底抢修，是最难的一次决策。

神舟一号飞船发射成功返回地面那一刻，现场很多人都哭了，我没哭，这么多年压在心里的一块石头落地了：中国载人航天跨出了稳稳的第一步……吾愿足矣。

1999 年 11 月 20 日，载人航天工程第一发神舟一号发射圆满成功，正值我在东风基地度过 63 周岁生日，我向曹刚川部长提出了辞去"载人航天工程副总指挥"的请求。2000 年，我正式卸任载人航天工程副总指挥一职，离开了工作第一线。

6.1 实现飞天梦，
是中华民族的千年夙愿

问: 为什么要发展载人航天? 我们是从什么时候开始载人航天相关工作的?

答: 实现飞天梦，是中华民族的千年夙愿。载人航天是当代最具代表性的高科技工程，是衡量综合国力的重要标志。中国作为一个航天大国，理应在载人航天领域为人类做出应有的贡献。

1957 年 10 月 4 日苏联人把人类第一颗人造卫星送上太空之后，美国和苏联两个超级大国在航天领域展开了激烈的竞争。1961 年 4 月 12 日上午 9 时 7 分，苏联的东方一号载人宇宙飞船在拜科努尔发射场发射升空，航天员尤里·加加林乘船进入太空，这是世界上第一艘载人飞船。飞船绕地球飞行一周，于 10 时 55 分返回地球。美国是在第二年——1958 年发射了一艘水星号飞船，也实现了载人太空飞行。东方一号只飞了这一次，水星号一共飞了 14 次。接着，美国又实施了耗资 225 亿美元、历时 10 余年的阿波罗计划，从 1969 年到 1972 年，先后 6 次把 12 名航天员送上了月球。

其实，就在美苏为争夺载人航天的领先地位"激战"的时候，中国的领导人和科学家也在思考着我们的载人航天计划，可以说几十年来从没有间断过。

大概在 1966 年 3 月底、4 月初，国防科委召开了一次密级很高的规划会议，研究制订了一个宇宙飞船的计划。周恩来总理主持的中央专委会会议指示，在研制卫星的同时，宇宙飞船的研究工作也应该逐步开展起来。这是宇宙飞船的议题第一次上到最高层会议进行研究。

1966 年 8 月，刘华清任国防科委副主任，随后开始组织相关专家，就卫星、飞船的体制方案和组建问题展开专题讨论。1967 年 7 月，七机部第八研究院成立了"载人飞船总体方案论证组"。

前期的探讨确定了我国以科学实验卫星作为基础，以测地卫星特别是返回式卫星为重点，全面发展通信、气象、核爆炸、导弹预警、导航等卫星组成的应用卫星完整体系，因此在返回式卫星基础上发展第一代载人飞船就成了合乎逻辑的选择。听说当时已经完成了可载一名航天员的飞船方案论证报告，这份报告是赵九章先生牵头的。钱学森当时任七机部副部长，在听取论证组汇报的时候，提出了可载五名航天员的方案，并传达中央专委会办公室建议：将我国载人飞船命名为"曙光号载人飞船"。

问: 曙光号载人飞船后来为什么没成功?

答: 1967 年项目启动后，曙光号载人飞船工程在载人飞船设计、试验以及航天员选拔、训练等方面做了大量的工作。当时形势很好，中国第一颗人造卫星东方红一号正准备在酒泉发射，全国 400 多位航天专家聚集在北京，对飞船方案再次展开讨论。

当时设想的曙光号为两舱式，构型模仿美国的双子星座号飞船，像个倒置的大漏斗。

1970年4月，东方红一号卫星发射成功之后，在这一形势的鼓舞下，有了要在1973年把第一艘载人飞船送上天的计划。1970年5月，国防部五院和空军联合起草了一份曙光一号正式启动的报告，上报国防科委和军委办事组。7月14日，毛泽东主席圈阅了发展载人飞船的报告，批示开始选拔、训练航天员。从此，曙光一号载人飞船研制计划的代号被定为714工程。

航天员的选拔、训练由空军组织实施，特种训练医学技术由中国空间技术研究院负责。1971年初，从空军飞行员中选拔航天员的工作已基本完成，经过三轮严格的选拔，选出了20名预备航天员。西昌卫星发射中心也是那个时候开始选址建设的，建设的时候还为发射载人飞船预留了发射工位。西昌机场的跑道修得很长，也有这方面的考虑，因为那个时候还打算搞航天飞机。

选拔航天员是非常严格的，政治条件自然非常重要，其他硬性条件要求也很高。苏联第一批航天员都是从歼击机飞行员中选拔出来的，美国第一批航天员也都来自空军试飞员，飞行时间的要求是不少于1500小时。我们空军的选拔小组参考了苏美的经验，根据我国空军的实际情况，决定从歼击机飞行员中选拔，从符合硬性条件的几千份档案中选出200多个重点目标，然后选出了88人，分批集中到北京进行复选，并将他们集中安排在空军总医院的一栋单独的楼房里。选拔是完全封闭式的。经过道道筛选后，88人变成了33人，然后又从33人中最后选定了20

沈荣骏（右四）与第一批航天员（2006年前后）

人作为首批预备航天员人选。当时计划用两年的时间训练，到1973年底发射曙光一号飞船时正好赶上需要。

"714工程"在1975年下马，主要是我国的经济实力有限。那时国家没有钱啊，搞载人航天花费惊人。航天事业最难的就是载人飞行，几乎涉及了所有的基础理论和技术，需要最先进的理论、实验、材料、工艺设备和技术的支持。一句话——载人航天技术，要大把大把地花钱。"文革"期间，国家经济都那个样子了，还能腾出那么多钱搞飞船吗？有人说，与其搞飞船，不如把钱花在建水电厂、化肥厂上，更有实际意义。最后还是毛主席拍板叫停，他说：力量不足，经费不够，航天员这事先暂停一下，先把地球上的事搞好，地球外的事往后放放。

后来，周总理曾就中国载人飞船计划讲了几条原则，大意是，我们不与苏美展开太空竞赛，要搞好国家建设急需的应用卫星。现在上月球去抓把石头有什么用啊？还是先解决地球的问题吧。

于是，中国载人航天计划自此暂时停止。

有趣的是，20世纪90年代，载人航天工程上马后，我们又到空军选拔航天员，空军的一位领导还记得当年选拔航天员的事儿。他跟我说：上次我们选了半天，你们不要了，这回别再忽悠我们了。我说：这回肯定不会。

问：后来，载人航天计划是什么时候重新提出来的？

答：到了20世纪80年代末，经过将近十年的改革开放，国力得到快速提升。尤其是经过"三抓"任务的牵引和促进，我国在导弹航天领域也积累了一定的技术实力，实施载人航天计划的条件可以说基本成熟了。

改革开放后，航天事业的发展被放在了比较现实的基点上，也就是重点研制各种应用卫星和运载火箭。20世纪60年代我国科学家围绕航天飞机、空间站、载人飞船所做的研究和分析工作，为中国载人航天发展奠定了很好的理论基础。

1986年11月，"国家高技术研究发展计划"正式启动，简称863计划。863计划的目的是提高我国在前沿科技领域的自主创新能力，一共涉及七大前沿科技领域，包括生物技术、航天技术、信息技术、激光技术、自动化技术、能源技术和新材料。

1987年5月，由屠善澄院士牵头，863计划航天领域专家委员会成立。在专家委员会的主导下，全国相关单位的力量被迅速调动起来，参与载人航天工程的论证工作。初期论证工作从1987 年春天开始，一直持续了将近四年的时间。

经过全国范围内相关单位的共同努力，1991 年底，863 载人航天可行性论证（即立项论证）报告正式出炉，呈报中央，并最终列入国家计划，这就是 921 工程。应该说，关于载人航天技术的研究，921 工程做了大量的工作，为以后各项工作的开展打下了扎实的基础。

问：863 计划的出台，与四位老科学家的倡议有直接关系，您能介绍一下吗？

答：这个情况我知道的。那是 1986 年初的事，四位老前辈，王大珩、王淦昌、陈芳允、杨嘉墀，他们是航天界泰斗级的人物，都是"两弹一星"功勋科学家，他们给邓小平同志写信，建议国家启动高技术研究发展计划。那时我已经到国防科工委上班了，陈先生是国防科工委科技委的专职委员，科技委的办公室都在六楼，与我们挨着，我们经常在一起交流。

20 世纪 80 年代开始，世界主要的经济、军事强国相继出台了一系列发展高技术的计划。1983 年 3 月，美国政府提出了"战略防御倡议"。这个"战略防御倡议"可以说震动全球，它的核心内容与美国好莱坞的一部科幻大片《星球大战》中所展现的空间大战十分相似，很快被称为"星球大战计划"。

星球大战计划是继阿波罗计划之后，美国历史上又一个高科技发展计划，是一个规模巨大的跨世纪工程，计划用 25 年时间，耗资 1 万亿美元来完成。表面上看，这个计划似乎只是一个针对苏联军事威胁的战略防御计划，但实质上，美国是想通过星球大战计划，促进军事科技发展，带动高新技术和国民经济全面振兴，确保美国在世界高科技领域独占鳌头，抢占21世纪战略制高点。

星球大战计划一出台，立即在全世界掀起一场轩然大波，引起全球强烈关注，各国纷纷推出雄心勃勃的计划，高技术成为全球竞争的焦点。日本提出《振兴科技的政策大纲》，确定"科技立国"的基本国策；法国政府推出《高技术合作宪章》，随后又牵头与西欧17国联合制订了"尤里卡计划"；苏联提出了《高科技发展纲要》；印度发表了《新技术政策声明》；韩国也出台了《国家长远发展构想》……

在短短一年多的时间里，居然有这么多国家争先恐后地推出科技发展战略纲要。这在人类历史上是前所未有的，当然引起了我国科技界的重视。

我记得，国防科工委专门请了一些部门领导和国防科技专家、学者来讨论，分析研究，商量对策，考虑制定我们在基础研究与预先研究方面的规划。这个会陈芳允先生也参加了。会上大家都在关注美国的星球大战计划，那么，中国到底应该怎么办？中国的高科技应该怎样发展？

会上有两种不同的意见。有人认为，国外搞高科技，就让他们去搞，目前中国的财力有限，拿不出那么多钱，先做些短期见效的项目，等中国经济实力提高了，有了钱，我们再搞高科技。也有人认为，现在大可不必着急，等国外搞出来后，我们再用他们的成果就是了。而大部分人则认为，现在全世界都在搞高科技，中国也应该搞，如果我们按兵不动，那我们就会永远落后于人，永远受制于人，尤其是军事科技，别人就会"卡"我们的"脖子"，这是花钱买不来的。

陈先生当然属于主张中国也应该搞高科技的那部分科学家，他们那代人有很强的爱国心和使命感。陈先生曾对我说过，中国有五千年的文明史，可是现在中国的科技发展落后了，必须奋起直追。谁能把握住高科技领域发展方向，谁就有可能在国际竞争中占据优势。他认为，我们目前还不可能全面发展高科技，但在一些优势领域首先实现突破却是可能的。因此，他感到需要做点什么，来推动中国高科技领域的发展。

陈先生找了王大珩先生。他们是老朋友、老搭档，有很深的渊源。两人都毕业于清华大学物理系，都曾留学英国。两人观点相同，看法一致，决定要写个东西，把想法向上反映，让最高领导了解科学界的想法，争取为国家决策提供帮助。两人商定给中央领导写一封建议书。

建议书很快就写出来了，王大珩执笔，陈芳允补充，之后两人又去征求王淦昌和杨嘉墀的意见。王淦昌是中国核物理学界的泰斗，也是清华大学物理系第一届本科毕业生，是王大珩和陈芳允的大师兄。后来，王淦昌从事中国原子弹和氢弹的研究，改名"王京"，隐姓埋名17年，被科技界传为佳话。杨嘉墀是著名的自动控制学家，毕业于上海交通大学，后赴美国留学。早年他参加过第一颗原子弹、第一颗人造卫星和返回式卫星以及"一箭三星"的设计与研制工作，也是中国航天事业的一位奠基人。

王淦昌和杨嘉墀看过建议书后极表赞同。四位科学家再次逐句逐字对建议书进行补充和修改，最后定稿，四人分别在建议书上签了名。

问：老科学家们的建议书写了什么，得到了邓小平同志的高度重视和批示？

答：这份建议书是《关于跟踪研究外国战略性高技术发展的建议》，主要讲了几方面的意思。

一、高科技问题事关国际上的国力竞争，中国不能置之不理。

二、在关系到国力的高科技方面，首先要争取一个"有"字，有与没有，大不一样。真正的高技术是花钱买不来的。

三、鉴于我国的经济情况，从事高技术的规划与范围，无法与工业发达国家相比。因此，必须"突出重点，有限目标"，强调储备与带动性。

四、积极跟踪国际先进水平，要能在进入所涉及领域的国际俱乐部里占有一席之地。

五、发挥现有高技术骨干的作用，通过实践，培养人才，为下一个世纪的发展做好准备。

这份建议书的中心思想只有一个：为了我国现代化的继续前进，我们就得迎接新的挑战，追赶上去，绝不能置之不顾，或者以为可以再等待 10 年、15 年……必须从现在抓起，以力所能及的资金和人力跟踪新技术的发展进程。当今世界的竞争非常激烈，稍一懈怠，就会一蹶不振。此时不抓，就会落后到以后翻不了身的地步。在整个世界都在加速发展新技术的形势下，我们若不急起直追，后果是不堪设想的……

建议书写好后，四人商量后决定直接呈交邓小平同志，认为这是最管用的。王大珩请与他同在一个办公室的张宏帮助把建议书呈交邓小平同志。张宏很爽快地答应了。

王大珩于是又写了一封短信，是写给邓小平等国家领导人的，简单呈明了为什么要写这份建议书，并写明了四位学部委员当时的职务。王淦昌是核工业部科技委副主任，陈芳允是国防科工委科技委专职委员，杨嘉墀是航天部空间技术研究院科技委副主任，王大珩是中国科学院技术科学部主任。

当天，建议书和王大珩附的短信就送到了邓小平同志的面前。

邓小平同志的英明在于他有远大的目光，在事关中国科技发展的关键节点上，以政治家的智慧与气魄，做出了历史性的抉择。1986年3月，邓小平做出批示，"这个建议十分重要"，并且指示"找些专家和有关负责同志讨论，提出意见，以凭决策"，认为"此事宜速作决断，不可拖延"。

令四位科学家做梦都没想到的是，中央批下来的专款高达100亿元。这么巨大的数字，从当时中国的国情来看，可见党中央、国务院的决心之大。

由于四位科学家写信的时间和邓小平同志批示的时间都在1986年3月，所以这个计划被简称为863计划。

3月8日，国务院主要领导召集有关方面负责人开会，讨论四位科学家的建议和邓小平的批示，决定由国家科委主任宋健和国防科工委主任丁衡高负责组织论证我国高技术研究发展计划的具体事宜。

4月，国务院科技领导小组、国家科委、国防科工委会同有关部委、院所，组织军、民两个系统的200多位专家开始编制我国高技术研究发展计划。经过四个月的努力，《国家高技术研究发展计划纲要》的编制工作于1986年8月完成。

8月的国务院常务会议和10月的中共中央政治局扩大会议批准了这个纲要，并于同年11月启动了"国家高技术研究发展计划"——863计划。

问：863计划出台后，围绕载人航天进行了长时间论证，为什么？

答：中共中央、国务院正式颁布863计划，也就是《国家高技术研究发展计划纲要》，是在1986年11月18日。863计划根据世界高技术发展趋势和中国的需要与可能，选取了生物技术、航天技术、信息技术、激光技术、自动化技术、能源技术和新材料等七大领域中的15个主题项目，作为今后发展高技术的重点。目标是在15年内，在选取的高技术领域中，跟踪国际水平，缩小同国外先进水平的差距，同时力争在有优势的领域有所突破。

这样，载人航天计划在863计划的推动下，被重新激活，再次提上了我们的议事日程。

在提出的七大高技术领域里，航天技术位列第二，被称为863计划-航天技术领域，简称为"863-2"。863-2项目的目标是发展载人空间站系统，设了两个主题项目：一个是大型运载火箭和天地往返运输系统，简称204主题项目，主要是研制能发射小型空间站的大型运载火箭和研究发展天地往返运输系统；另一个是空间站系统及其应用，简称 205 主题项目，主要研究发展规模较小、性能先进、模块式的空间站系统，并进行空间科学与技术研究，实现载人空间飞行。

几个月之后，1987 年 2 月，在国防科工委的组织下成立了 863 计划航天技术领域专家委员会和 204、205 主题项目专家组，就我国载人航天技术的总体发展规划和具体途径进行论证。

接下来围绕载人航天工程问题的论证花了很长的时间，到 1992 年正式启动，论证时间用了有五六年。之所以用了这么长的时间，主要原因在于有意见、分歧和争论，中央高层不能不采取慎重态度。

分歧或者说争议，主要集中在中国应该不应该、有没有必要发展载人航天这个根本问题上。一种意见赞成，认为载人航天是大国的重要实力象征，对于增强综合国力和国防实力，促进科技进步，培养科技人才，提升民族自豪感等都有重要意义，因此，中国应该发展载人航天。另一种意见则反对，认为载人航天投资大，风险大，没有实际效益，从中国国情出发，有许多人的温饱问题都还没有解决，中国在并不富裕的情况下，不应该，也没必要花那么多的钱发展载人航天。

在载人航天工程的最初酝酿阶段，我也有顾虑。这是个高投入高风险的领域，主要还是担心花钱太多，作为一个发展中国家，我们还不富裕，应该把有限的钱用在更需要的地方，解决国计民生的重大问题。国际上，对发展载人航天到底有没有实际意义，也一直存在争论。美国和苏联在卫星上天后，也都把目光集

载人航天技术报告会

中到了载人航天上，宇宙飞船、空间站、航天飞机等，搞了几十年，耗资达数千亿美元。

还有，载人航天是尖端技术领域，我们的技术还没发展到那个份上，有很多新课题以前都没碰到过。说实话，两种意见都有道理。这就对中国的载人航天论证产生了影响。两种意见的争论一直很激烈，持续时间也很长。

921工程立项后，我说："这是中央的政治决定，上不上载人航天，是政治决策，不是纯科技问题。讨论、论证的时候，大家可以有不同的意见，但中央一旦决定了，我们就要坚决拥护，毫无保留地执行中央的决定。"

甚至在中央已经做出决定，载人航天工程已经进行到相当阶段的时候，争论仍然没有停止，反对的声音仍然不时出现。直到1998年11月，江泽民、李鹏和朱镕基等中央领导分别率有关党、政、军各部门领导视察北京航天城，明确肯定了载人航天工程后，反对的声音才最终消失。

问：还有一个争论，是搞载人飞船，还是搞航天飞机？据说争论了三年，为什么？

答：是的，这个争论是技术层面的，是天地往返运输系统用什么工具的问题，也就是说，载人航天到底应该从哪里起步？是先搞载人飞船，还是先搞航天飞机？两种意见各说各的道理，争了三年多时间。这场争论其实也是好事，充分发扬科学、民主的精神，为最后决策提供了重要依据。

1987年5月，以屠善澄院士为首席科学家，组建了一个863计划航天领域专家委员会。这个专家委员会的主要任务是对航天领域未来高技术，尤其是载人航天发展技术途径重新进行论证。当时专家委员会内部，在中国载人航天如何起步方面，存在着明显不同的意见。

比如天地往返运输系统，就是指完成空间站与地面之间人员、物资运输任务的交通工具，是建成空间站系统必不可少的重要系统。

当时，国际上有三种类型的天地往返运输系统。第一种是用运载火箭送入轨道的载人飞船，这种运输系统技术成熟，局限性是一次性使用，运输成本较高。第二种运输系统是可重复使用的航天飞机，以火箭发动机为动力，可以重复使用。还有一种称作空天飞机，这是一种水平起降，既能在大气层内，又能在外层空间飞行，航天航空技术相结合，可重复使用的运输系统。空天飞机可大幅度地降低运输费用，但技术难度极大，国际上还处在技术攻关阶段。

主张搞载人飞船的人认为，载人飞船既可以搭乘航天员，又可以向空间站运送物资，还可以作为空间站轨道救生艇，而且研制成本较低，更符合中国国情。他们反对搞航天飞机，认为航天飞机无论制造、维修还是发射场建设，都相当昂贵。美国的航天飞机飞行一次就得四亿至五亿美元，每次飞行回来光检修一次就要半年。另外，中国也不具备搞航天飞机的生产和工艺条件。

主张搞航天飞机的人则认为，航天飞机集火箭、卫星和飞机的优点于一身，既能像火箭一样垂直发射，又能像卫星那样在太空轨道上绕地球飞行，还能像飞机一样再入大气层滑翔着陆，无论从技术发展的角度还是从可重复使用的性能方面来看，都代表了国际航天发展的潮流。而载人飞船则显得有些落伍，已经处于衰退阶段，迟早要被淘汰。有部分专家认为，中国载人航天应该选择一个高起点。

我记得还在全国组织了方案征集。在天地往返运输系统评审时，共收到了 11 种技术方案，从中筛选出了五种方案：多用途飞船、不带主动力的小型航天飞机、带主动力的小型航天飞机、垂直起飞水平着陆的两级火箭飞机和水平起降两级入轨的空天飞机等。

专家委员会对五种方案进行了论证、评议。比较倾向于多用途飞船方案和不带主动力的小型航天飞机方案。同时也认为，空天飞机和火箭飞机是未来天地往返运输系统的发展方向，但目前我国还不具备相应的技术基础和投资强度，不宜作为 21 世纪初的工程目标；带主动力的航天飞机要解决火箭发动机的重复使用问题，难度较大。

专家委员会把这个论证意见与规划方案报给了国防科工委和航天部，为最后决策提供了重要依据。

6.2　上不上载人航天，
##　　　是政治决策

问: 载人航天工程立项前，还做了哪些工作?

答: 上不上载人航天，这是国家最高决策，就像 20 世纪 50 年代要研制"两弹一星"一样，都是国家最高决策，是中央决定的。

1990 年 5 月，863-2 专家委员会向国防科工委呈报了《863 计划航天技术领域论证工作综合报告》。报告中提出的总体发展蓝图是: 在 2010 年或稍后建立一个由载人空间站、空间站应用系统、大型运载火箭、天地往返运输系统、发射场与返回场、测控通信网和航天员系统组成的载人空间站工程大系统。为实现这一目标，我国载人航天的发展将分阶段进行，以发展载人飞船作为第一步，在 2000 年前后实现载人航天飞行。

863 计划中航天领域专家委员会进行的载人航天研究属于规划性研究，它为中国载人航天发展提出了总体蓝图，也就是一个概念性的方案，不是一个工程研制项目。因此，涉及载人航天系统的构成形式是什么样的？由哪些系统组成？工程怎么搞？如何组织实施？这些问题在 863 计划载人航天技术论证过程中并没有涉及。这样的话，要取得国家同意正式立项，还有大量的工作要做。

航空航天部为了推动载人飞船工程立项做了大量前期论证工作。1991 年 1 月 7 日，专门成立了载人航天联合论证组，在三个多月的论证工作之后，提出了载人飞船工程总体方案、飞船工程的技术指标和技术要求，接下来是组织中国空间技术研究院等三家单位的三个论证组开展工程方案论证。

当年 6 月，中央专委会召开会议，听取了航天领域专家委员会《关于发展中国载人航天的意见》和国防科工委《关于发展中国载人航天及其应用的意见》的汇报。这次会议讨论的意见，倾向于同意专家委员会关于发展中国载人航天的目标设想，同时要求对发展中国载人航天的目的性做出进一步的详细说明。

此后，国防科工委和航空航天部又对三个论证组提出了进一步要求，要求其继续开展载人飞船工程方案论证工作。1991 年 12 月 31 日前，三个单位的论证结果先后上报到了航空航天部和国防科工委，为中央决策提供了依据。

问：载人航天工程是什么时候进入最后决策的？

答：1992 年，中国载人航天进入最后的决策时期。

1 月 8 日，国务院总理李鹏主持召开中央专委会会议，专门研究发展我国载人航天问题。会议听取了任新民代表航空航天部做的关于我国载人飞船工程立项的建议报告。会议讨论决定，从政治、经济、科技、军事等诸方面考虑，立即发展我国载人航天是必要的，我国发展载人航天从飞船起步。会议强调，要走自力更生的道路，体现中国特色，不能照搬照抄国外的东西。

会议还决定，在863计划航天领域专家委员会和航空航天部过去论证的基础上，由国防科工委牵头，组织航空航天部、中国科学院等有关单位，用半年的时间，再次进行技术、经济可行性论证，主要回答两个问题：一是载人飞船工程技术方案是否可行，二是载人飞船工程需要多少经费。

会后，根据中央专委会指示精神，国防科工委发出《关于载人飞船工程技术经济可行性论证实施意见的通知》。国防科工委会同国家计委、财政部、中国科学院、航空航天部组成了载人飞船工程论证领导小组。国防科工委主任丁衡高担任论证领导小组组长，我和航空航天部副部长刘纪原任副组长，成员有国家计委副主任甘子玉、财政部副部长迟海滨和中国科学院副院长胡启恒。

论证领导小组下面还设了评审组与论证组。评审组组长由航空航天部科技委主任任新民担任，王大珩、陈芳允、屠善澄任副组长。论证组组长是航空航天部科技委副主任王永志，副组长是赵起增、詹文山。论证组由200余名技术专家和管理专家组成，下设八个专题组，分别是总体系统、航天员系统、应用系统、飞船系统、运载火箭系统、发射场系统、测控通信系统和着陆场系统等。上级要求论证组成员脱产集中，全力以赴，务必在六个月内完成论证任务。

经过四个多月的紧张工作，各论证组的论证报告陆续出台。

1992 年 6 月 28 日至 29 日，载人飞船工程技术经济可行性论证报告评审会在北京京西宾馆召开。在屠善澄的主持下，由任新民、王大珩、陈芳允等 29 位专家组成的评审组，对载人飞船工程技术、经济可行性论证中的主要问题进行了评审。1992 年 6 月 30 日，评审结束，论证报告和评审意见随即上报中央。

论证小组总的意见是，载人航天这件事儿中国人应该干，而且是有能力干的。

问：关于载人航天工程，据您了解，中央还做出了哪些关键决断？

答：我听任新民任老总说起过，李鹏总理曾经就有关载人飞船方面的情况专门咨询过他和 863 航天领域 204 主题专家组组长钱振业。那时任老总是航空航天部的高级技术顾问，他是中国载人航天的积极倡导者和参与者。他在 1985 年的时候就明确提出，中国航天技术的下一个奋斗目标应该是在外层空间建造自己的空间站，发展载人航天技术。

见面那天是 1991 年 3 月 15 日下午，李鹏总理开门见山，问了任老总几个具体问题：先谈谈小型航天飞机和载人飞船，以及飞船可否用长征二号 E 运载火箭发射；载人航天工程要花多少钱，发展速度和投资的关系如何。

问题很专业，说明中央领导对我们前期的可行性论证情况很了解。在听了任老总谈到中国业已掌握的航天技术时，李鹏总理很高兴，说：看来我国在航天技术方面已掌握了卫星发射技术、卫星定点技术和卫星返回技术，现在只剩下载人技术，这种技术我们也应当掌握。

3月20日，航空航天部收到中央办公厅转来的一份关于《航空航天重大情况（5）》报批件的批示，我们这才明白，李鹏总理为什么突然要听取汇报。原来是在此之前，刘华清副主席给国家领导人呈送了这份材料，建议中央马上启动载人航天工程。刘副主席说，动用国库里的金子也得干。这句话我印象很深，这是党和国家的决心。李鹏总理做了批示，江泽民总书记做了圈阅。

其实，中央领导始终在关注我国载人航天这件大事，在下决心前，要再听听各方面的意见。

1992年8月1日，李鹏总理主持召开中央专委会会议，会议审议通过载人飞船工程技术经济可行性论证结果，同意我国发展载人航天分三步走的规划。载人航天工程意义重大，它对增强综合国力和国防实力，促进科技进步，培养壮大科技队伍，增强大国地位，提升民族自豪感等，均有划时代的意义。

此次会议标志着载人航天工程已经获得了中央专委会的批准。

8月25日，中央专委会向中共中央、国务院、中央军委呈报了《关于开展我国载人飞船工程研制的请示》。

问：中央正式批准载人航天工程是在哪一天？

答：1992年9月21日上午，中共中央政治局在中南海怀仁堂召开常委会扩大会议，专题审议我国发展载人航天问题并做出决策。丁衡高和王永志分别汇报了我国载人飞船工程的意见和载人航天可行性论证的结果及专家意见。

讨论的时候，李鹏表态说，这个事是他主持办的，载人航天，我们应当占有一席之地，这是增强综合国力的一个项目，十年后将成为综合国力的衡量标准。到会的常委和其他领导都表示赞成和拥护。江泽民做总结发言。他说，"发展载人航天，这是件大事，大家同意，我完全同意，要下决心搞"，"搞这个在政治、经济、科技、军事上都有意义，是综合国力的标志。因此，建议静静地、坚持不懈地、锲而不舍地去搞"，"要抓紧，抓而不紧，等于不抓"，"今天我们就做这样一个决策，发展我们自己的载人航天"。

这次会议正式批准载人航天工程上马，载人航天工程的代号"921"就是从这个日期来的。载人航天工程的提出是在1992年1月，这次会议批准是在9月21日，两组数字碰上了，所以代号干脆就叫"921"。"921工程"便成了载人航天工程的代号。

这次会议还确定了载人航天工程的初期目标——在确保安全可靠的前提下，从总体上体现中国特色和技术进步，完成以下四项基本任务：一是突破载人航天基本技术；二是进行军用和民用空间对地观测、空间科学及技术试验；三是提供初期的天地往返运输器；四是为载人空间站工程大系统建设积累经验。这四项基本任务对我国载人航天工程提出了很高的要求。

按照中央批准的规划，中国载人航天工程将分三步走：

第一步，在2002年之前，发射两艘飞船和一艘载人飞船，建成初步配套的试验性载人飞船工程，开展空间应用试验；

第二步，突破载人飞船和空间飞行器的交会对接技术，并利用飞船技术改装、发射一个8吨级的空间实验室，解决有一定规模的、短期有人照料的空间站应用问题；

第三步，建造 20 吨级的空间站，解决有较大规模的、长期有人照料的空间站应用问题。

这样，经过长时间酝酿、论证和规划，中国载人航天工程终于正式启动。

问：载人航天工程启动后，需要做的第一项工作是什么？

答：载人航天工程，是迄今为止中国航天史上规模最大、系统最复杂、技术难度最高的工程项目。

中央给我们的目标是：第一艘飞船争取 1998 年、确保 1999 年首飞。这就是所谓的"争八保九"。

当时在这个领域我们是空白的，啥都没有，非常困难。基础设施和基础条件不具备，满足不了载人航天的要求，所以要从最基础的、研制体系的建设开始，适应和满足载人航天在基础和技术的领域的需求。这个工作量非常大。

首先要确定载人航天工程系统的构成，在这个基础上才能谈别的。可行性报告明确了七大系统，包括航天员系统、飞船应用系统、载人飞船系统、运载火箭系统、发射场系统、测控通信系统和着陆场系统，每个系统都任命了总指挥和总设计师。这七大系统把载人航天的各个方面都涵盖了。这一步完成后，工作就开始往前推了。

为保证 921 工程的有效实施，中央决定对工程实施专项管理，由中央专委会直接领导。在国防科工委设立 921 工程专项办公室——中国载人航天工程办公室，具体对工程实施专项管理。为加强对工程的集中统一领导，设立工程总指挥和总设计师两条指挥线，同时建立总指挥、总设计师（两总）联席会议制度，实行总指挥负责制，研究决策工程实施中的重大问题，必要时，有关工程的重大决策请示中央专委会审议后实施。

1992 年 11 月，中央关于 921 工程任命的文件正式下达。11 月 13 日至 16 日，载人航天工程第一次工程会议在北京召开，这标志着中国载人航天工程正式启动。

这次会议上，丁衡高主任进行了动员，我传达了中央办公厅文件和中央专委会文件的精神。中央文件明确，载人航天工程由中央专委会直接领导，国防科工委组织实施。中央还任命国防科工委主任丁衡高担任载人航天工程总指挥，我和航空航天部副部长刘纪原担任副总指挥（日常的具体工作由我来负责），航空航天部科技委副主任王永志担任总设计师。

6.3　三个中心放在一块儿，有利于工作

问: 北京航天城也是这个时候建的吗?

答: 是的。1992 年，中央批准载人航天工程上马后，载人航天工程要建三个中心，中央批准的方案是 400 亩地。国防科工委负责建两个中心，即航天员训练中心、飞行控制中心；航空航天部五院负责建飞船总装测试中心。

中国测控系统代表团访问莫斯科飞行控制中心（1993年）

　　北京航天城主要就是为了载人航天工程配套建设的。三个中心还有后来调回北京的测通所等，几个单位都放在这里了。这件事情是我主管的。

　　这事儿启动之初，航空航天部领导在机场路某地选了300亩地，每亩45万元，这个地段在当时还是比较便宜的。航空航天部五院在中关村，飞船总装测试中心建到机场路，我认为这样布局不合理。而且哪有这么多钱呀？太贵了。还是应该到北边去找地。航空航天部领导说北边搞不到这么多地。我说："你就甭管啦，我弄完了给你地就是了。"

　　其实对这三个中心的建设，我心里已经有了一个想法，这三个中心要建在一起，这样才有利于工作协调。当年我们到俄罗斯访问，看到俄罗斯的指挥中心、飞船中心和总装测试中心都各在各的地方，几个中心相距很远，工作起来不方便，也不好协调，这一点给我留下很深的印象。

问：后来征到地了吗？您是如何考虑航天城的规划布局的？

答：在选址上我拟定了三条原则：一是不移民，移民工作难度太大；二是要把三个中心按照一个整体统一规划；三是在海淀区，方便家属工作、孩子上学。

根据这个原则，我坐着车，多次到现在航天城所在位置察看，觉得这个地方不错。我找到北京市领导和有关部门协商此事。北京市政府大力支持，副市长张百发痛快地说："你要多少？"我说3000亩。"3000就3000！"张百发说完又问，"你还要预留吗？"我一听，心里那个高兴劲儿就甭提了，赶忙说，按规定，该留多少就留多少。结果又预留了1400亩。张百发办事很实在，说话干脆利索，不拐弯抹角，做事雷厉风行。

这个地方位于北京西北郊，沿着宽阔的八达岭高速公路，至北安河出口向西，古长城脚下叫西北旺镇。这里是城乡接合部，地理条件好，交通便利，东边是信息产业基地和中关村软件园，南边与中国农业大学和北京大学生物城相接壤，西边是风景秀丽的百旺山公园，航天城在北边。

西北旺镇总面积约70平方公里，这片土地充满传说。据说，北宋年间的杨家将就是在这一带浴血奋战，抵御金兵入侵。当年佘太君在这里遥望东征西战的儿子杨四郎，她往西北一望，便有了西北望，又往东北一望，便有了东北望。以后西北望和东北望渐渐人丁兴旺，便把那个带愁的"望"字改成了喜庆的"旺"字。还有一座形似楼台的山，那就是"望儿山"，在山顶上有一个"望儿亭"，是后人为纪念佘太君而建的，名称一直沿用至今。

与"望儿山"毗邻的是一个叫"唐家岭"的小村庄。据说这里的村民专靠为皇宫种植皇粮为生，是著名的京西稻产地。世人皆知的"十三陵"也近在咫尺。都说这里是一块风水宝地，一点也不为过。

征地的问题基本解决了。征到地，我又定了四条原则：第一，地款一次付清，不要拖，不留尾巴，免得带来后遗症；第二，土地是国家所有，钱交给政府，由政府统筹安排；第三，土地分配，按国防科工委 4/7、航空航天部 3/7 来规划，东西两个院，由航空航天部先挑；第四，要打围墙，花再多钱也得围，不然以后麻烦事多。当时地价是每亩 6 万多元，3000 亩地总共约 1.8 亿元，全部由载人航天工程办公室统一支付。

30 年来的实践证明，几个中心在一起，一旦有事，好沟通，好协调。比如，造一艘试验飞船搁在总装测试中心维护着，一旦飞船出了问题，就通过指挥中心将三个中心连起来，相互进行模拟，最后拿出一个结论，供指挥部决策。俄罗斯人参观我们的航天城后，对我们的布局大为赞赏，说比美国的好，比俄罗斯的也好。

航天城的发展建设基本上是按照当初的规划进行的，这也是我们国家航天事业发展得出的一条非常宝贵的经验——制定严谨的规划，然后按照规划有目标、有步骤地向前推进。

问：当初论证时，对于飞行控制中心建在北京还是西安争议较大。您始终支持建在北京，是如何考虑的？

答：我国载人航天工程正式立项前后，围绕飞行控制中心的建设，一直存在着争论。争论的主要问题是：为什么要建飞行控制中心？怎么建？建在哪里？

飞行控制中心相当于载人航天测控网的大脑和神经中枢，有着非常重要的地位。从测控通信的技术要求上说，26基地已经没有问题。但是考虑到中央很多领导肯定要到任务现场去。从这个角度考虑，在北京建一个飞行控制中心，更便于中央领导到现场坐镇指挥。建好以后，载人航天以北京为主，西安备份。酒泉基地管主动段，一直到入轨，都是酒泉卫星发射中心运营，也可以备用。

但是，在评审载人航天经济技术可行性论证报告时，评审组对建设北京航天飞行控制中心的问题存在意见分歧，而且争论还比较尖锐。

第一种意见是改建原来的西安卫星测控中心。评审小组一些专家认为，对西安卫星测控中心进行一些改造，使其适应载人航天的需要就行了，北京飞行控制中心无须再建。

第二种意见是扩建原来的北京指挥所。

第三种意见是另起炉灶，在北京建设一个全新的航天飞行控制中心。

我始终支持把飞行控制中心放在北京。首先，载人航天飞行控制中心建在北京，有利于高层领导决策协调。载人航天的决策层次很高，很多事情领导要参与，放到西安就很不方便。

其次，指挥中心在北京，如果把飞行控制中心也建在北京，就可以将两个中心统一建设。从长远讲，不仅节省了经费，而且有利于技术的发展。有专家说，新建飞行控制中心太费钱。其实一算账就明白了，改建或者扩建一个飞行控制中心的钱并没有省多少。更重要的是，改建或扩建都是权宜之计，随着航天事业的发展，新的飞行控制中心迟早还得建，新建中心正是为了技术上不走弯路，经济上不花冤枉钱。

第三，载人航天工程有三个中心，一个总装测试中心，一个飞行控制中心，还有一个航天员训练中心。这三个中心之间的关系非常密切，其他两个中心都在北京，单把飞行控制中心放到西安，就很不方便。把三个中心放在一起，有利于各方面专家和技术人员对飞行任务进行技术支持，也有利于利用相关系统的地面设施分析判断飞行故障。

评审组经过反复、慎重讨论，最终对建设北京航天飞行控制中心取得了一致意见。后来的实践证明，当初的决策是正确的。

1994年10月28日，北京航天城开工奠基。但是由于各种原因，飞行控制中心建设推迟了两年。要在较短时间内建成一个现代化的飞行控制中心，难度很大。

为了抢时间保证进度，我们决定在北京航天城飞行控制中心建设的同时，将西安卫星测控中心作为北京飞行控制中心的备份，在两地同时开展载人航天飞行控制技术的研究和开发，实行双保险。万一北京飞行控制中心的建设进度达不到载人航天系统的总体要求，就由西安卫星测控中心取而代之。经过三年多艰苦奋斗，我们在北京航天城建成了一个现代化的飞行控制中心。

航天城飞行控制中心除了信息处理系统网络功能非常先进，载人航天测控通信系统也首次实现了全网透明的工作方式，航天器的数据处理、状态监视、控制决策和实施均由飞行控制中心完成，这在提高测控通信效率上是一次质的飞跃。

问：您讲到去苏联（俄罗斯）参观航天城，是哪一年的事？在载人航天工程中，有哪些交流与合作？

答：苏联是世界上第一个把卫星送上天的国家，也是第一个把人送上太空的国家，所以他们在航天领域的实力还是很雄厚的，有大量成熟的技术、丰富的经验值得我们学习借鉴。所以载人航天工程一上马，我们就想到同苏联开展技术领域的交流与合作。我们是抱着学习的态度，希望借鉴他们成熟的经验，尽量少走弯路。

1990 年 4 月，李鹏总理率团访问苏联。这是中苏关系正常化之后中国政府首脑首次访问苏联，应该说是 1989 年 5 月戈尔巴乔夫访问中国之后的回访。这次访问，中苏签署了几个政府协定，其中有一个是《中国政府和苏联政府关于在和平利用与研究宇宙空间方面进行合作的协定》。

为开展载人航天领域的合作，两国还成立了一个航天混合委员会。我是中方组长，科普捷夫是苏方组长。他当时是苏联宇航部（航天部）的副部长，后来是俄罗斯航天局的局长。1990 年 5 月底，接受苏方邀请，中央军委副主席刘华清率团访问苏联。这次访问，重点是考察苏联的航空航天工业。我们参观了四个工

测通所邀请俄罗斯航天局专家巴丘卡耶夫（左二）等来所技术交流（1992 年）

厂，还看了航天飞行控制中心、培训中心、发射场，以及空军、海军基地。这期间举行了混合委员会的第一次会谈。混合委员会的会谈由双方轮流举办，一次在北京，一次在莫斯科。混合委员会的第二次会议是 1990 年 10 月底在北京召开的。访苏回国之后，刘华清副主席带着我们一起去向李鹏总理做了详细的汇报。但没多久之后，苏联政局动荡，发生了很多变化。1991 年 12 月，苏联解体了。

此后中俄两国成立了航天局空间合作联合委员会。第一次会议是 1994 年 9 月在北京召开的。

1996 年，中俄政府开始建立总理定期会晤机制。这年夏天，中俄两国载人航天科技合作会议在莫斯科举行，也是空间合作联合委员会的第二次会议。中国政府组成了一个载人航天代表团，我担任代表团团长，团员有载人航天工程总设计师王永志、飞船系统总师戚发轫以及载人航天工程七大系统的总师和总指挥等。

俄方对这次访问十分重视，沿途警车开道，安排我们参观了许多与载人航天工程有关的科研单位，包括能源联合体、航天测控中心、礼炮号设计局、加加林航天员培训中心、飞船整船测试大厅等。访俄期间，正好遇上俄罗斯发射联盟TM飞船，我们受邀到哈萨克斯坦拜科努尔发射场观看了发射。这是我们第一次观看航天飞船发射。

在和俄罗斯宇航部的谈判过程中，俄方提议帮我们建一条载人飞船生产线。对这样的建议，我们显然不能接受。

跟俄罗斯谈合作的时候，我的主要思想是只在技术层面上开展合作。但是一开始谈不下去，他们的大国沙文主义厉害得很，他们总以为我们搞不了，说要给我们搞总体。我告诉他们：我们的总体方案早就做完了，已经进展到相当的程度，马上就要做初样了，不需要你们做总体，我们只是在具体项目上开展合作。他们不相信，坚持总体由他们干，所以第一年就没谈成。

问：那后来呢？

答：到了第二年，也就是第三次会谈的时候，轮到他们来北京，正好五院在进行神舟一号飞船桌面联试。我提议让俄罗斯代表团去看看桌面联试，他们一看就应该明白了。有人担心保密问题，我说：有什么不能看的，人家1961年就把人送上天了，载人航天搞了多少年，我们还有什么密可保的，让他们看。

看完以后，俄罗斯人大吃一惊，说：你们已经搞得差不多了，装吧装吧，都没问题了。他们一看就知道我们的实力了嘛，从此以后合作愉快。所以，国际合作也要讲实力，没实力，人家就不跟我们合作。

总体上讲，整个载人航天这套系统全部是我们自己搞起来的。载人航天的方案是我们按照自己的思路和技术能力制定的。在具体技术上，我们跟俄罗斯方面开展了一些交流与合作，获得了很多启发和帮助。但是俄罗斯的很多技术与国际不兼容，很多东西比较陈旧，因此只能参考借鉴。

6.4 载人航天应该有个先进的发射场

问：921 工程发射场建设为什么选在酒泉？

答： 发射场系统是载人航天工程七大系统之一，也是整个工程最基础的设施。在载人航天工程论证和立项前后，发射场系统的建设也是一个备受关注的焦点：在哪里建发射场？建设一个怎样的发射场？专家们有不同的意见，一时也成了整个工程争论的焦点。

在载人航天工程立项前，我们已经在内陆建设了三个航天发射场。酒泉卫星发射中心就是老 20 基地，建于 1958 年，是最早的导弹试验基地。山西岢岚发射基地是 1968 年打东风三号导弹时建的，后来建成了太原卫星发射中心。西昌卫星发射中心是

1969 年开始建的，中央决定要在"三线"地区再建一个新的卫星发射基地，是为了打东方红二号第一颗同步通信卫星。

我主张把载人航天工程的发射场放在酒泉卫星发射中心，那里的自然条件有利，技术基础也好。酒泉平均海拔 1100 米，地势平坦，视野开阔，气候干燥，少雨多风，能见度好，飞船运行轨道纬度低。如果把发射区选在这里，着陆场就可以选在内蒙古草原，那里同样地势平坦、视野开阔，而且人烟稀少，飞船着陆的安全性问题也有保障。

为了选择发射场地址，专家们进行了一年多的考察，从地理位置、自然条件考虑，对发射场的射向和航区安全、落区、应急救生区都做了详尽的考察与论证。最后大家的意见达成一致：把发射场选在酒泉卫星发射中心。

发射场选在了酒泉，但具体建设工程却迟迟没有启动，一个重要的因素是，当时往返天地的运输系统到底是搞载人飞船还是搞航天飞机，论证组专家们争论很激烈，定不下来，这影响了发射场工程的建设进度。

问: 为什么呢?

答: 如果搞航天飞机，就要把发射场建在机场附近，机场跑道可以给航天飞机用，能节省好大一笔经费；如果搞载人飞船，那么发射场就要另选地点，机场离沙漠太近，离生活区又太远，来去都不方便。

直到载人飞船方案最后确定，才决定将发射场建在弱水河东侧的戈壁滩上。就在最后定方案时，又有人提出，如果对地下水有污染，那问题可就大了。大家一听，全都愣住了，不敢做最终决定，要进行专门的试验、论证。于是，又等了好长时间。试验结论出来说，不会影响地下水，发射的地点才最终确定下来。

载人航天发射场选在酒泉，对酒泉卫星发射中心来说是一个天大的好消息。

但是，酒泉地处戈壁沙漠，自然环境恶劣，基地又是 20 世纪 50 年代末建起来的，虽然经过几代航天人的努力，创造了中国航天史上的诸多第一，但几十年过去，基地的很多设施设备都年久老化了，承担的发射任务也少了。曾经有人提出干脆撤销这个发射场，现在酒泉卫星发射中心突然要承担载人航天发射任务，当然是一个千载难逢的好机会。但是各方面条件亟待改善，建设任务十分艰巨。

问：发射场采用"三垂一远"模式，据说差点儿夭折？有这回事吗？

答：是的，主要问题是经费，当然还有技术方面的原因。

过去采用的一直都是水平状态下的分段组装测试模式。火箭到了发射场以后，每次都是一段一段地装配，一段一段地测试。在技术区水平测试完了，转到发射区，再把它竖起来，状态全变了，还要再进行垂直状态下的测试，很多工作要再重复做一遍，速度慢、效率低、可靠性差。而且发射控制室就在离发射工位仅二三百米远的地下，发射时，发射控制人员离发射阵地只有几百米远，风险很大，不安全。载人航天应该有一个先进的发射场，采用先进的发射模式。

1992 年 2 月，在载人航天工程可行性论证阶段，论证组曾提出，借鉴世界上最新的发射流程，采用"三垂一远"测发模式。这个模式是美国人最早提出来的，肯尼迪航天中心发射阿波罗飞船时就率先采用了。

所谓"三垂一远"发射场设计方案，就是垂直总装、垂直测试、垂直整体转运和远距离控制发射。也就是在技术区对飞船、火箭进行垂直总装、垂直测试，测试完就是发射状态，再直接把飞船、火箭组合体垂直转运到发射区，进行简单的测试后即可实施发射。

这种模式安全性好，可靠性高，快速便捷，航天器在发射台的滞留时间可以由原来的 10 天以上缩短到 3 天，有很强的待机发射灵活性。而且实行远距离控制发射，可保证发射控制人员和设备的安全。

可是，这项技术难度高、复杂程度高、耗资巨大。据我们了解，欧美国家建这样一个垂直测试转运的发射场要耗资十多亿美元，几乎等于我国整个载人航天工程的预算，而我们建发射场的钱充其量也不会超过 10 亿元人民币。

于是，在有限的经费下，921 工程怎样建成一个具有先进水平的"三垂一远"发射场，这又是专家们争论的一个焦点。

传统的技术区水平组装测试模式已经用了几十年，从技术上说是成熟的，建设经费也比较低。如果一下子上"三垂"模式，需要全部重新设计。因此在讨论中，技术区水平测试的方案占了上风。

所以"三垂"方案上报后，专家评审时没有通过，主要担心技术太先进，要花太多钱。用 10 亿元人民币建一个国外用数十亿美元才能建成的发射场，无论在内行还是外行看来，都有些天方夜谭的味道，专家们很难认可。"三垂"方案眼看就要夭折。

问：那后来怎么办呢？

答：所以，要想建成一个先进的发射场，实现"三垂一远"的构想，首先要符合中国的国情，在技术和经费上得到保证，否则，再先进的方案也只是空中楼阁。

经过重新设计与论证，航天部门、国防科工委的有关专家根据国情和实际需要，提出了一个"三垂"模式的简化方案。

总装测试方面，重点解决垂直总装和垂直测试问题。美国的阿波罗发射场有四个总装测试工位，我们有两个就够了。高度也不必建 160 多米，有 90 多米就行。在戈壁滩上建垂直测试厂房，不必用价格昂贵的钢结构，用钢筋水泥就能够满足设计要求，而且稳定性、密封性好。

至于耗资巨大的垂直转运车，美国用的是庞大的履带车，平稳，减振性能好，能够携带脐带塔、前置设备和沉重的地面电源。我们可以用轻型铁轨转运车，不带前置设备，不搞悬挂，不搞减振装置，用电车驱动，简单实用，费用较低，同样可以实现垂直转运。脐带塔、前置设备和地面电源可以在发射区另建。

另外，在转运过程中，由于飞船已经加注了燃料而火箭尚未加注，船、箭组合体"头重脚轻"，有倾倒的危险。新方案则设置了火箭防风拉杆，加强火箭根部强度，限制车速，并且要注意在转运中避开路基、铁轨和转运车与火箭之间的振动频率。

这样，技术难度降低了，关键技术问题解决的办法也有了，经费也降下来了，这个方案得到了各大系统的认可。然而，新方案还是没有通过，原因仍然是担心花钱太多。

我倾向于支持"三垂一远"方案。后来，国防科工委组织发射场负责人去国外考察调研，看了全球很多发射场，包括欧洲、日本、美国，都是"三垂"模式。大家都觉得这个模式比我们惯用的更先进，可靠性也更好。在"三垂"模式下，像现在20基地的大厂房，火箭在里面测试好了，用轨道车拉到发射场，状态基本没有变动，在发射场的检测时间可以大大缩短。

考察回来后，我的想法更加坚定了，明确建议上"三垂"模式。我说：921工程七个系统里包括了发射场系统，这是新模式启动的契机，"三垂一远"模式是国际航天发展的趋势，新建的

王礼恒（左一）、孙家栋（左二）、沈荣骏（左三）、王永志（右二）、张建启（右一）
在新型运载火箭发射场建设综合论证报告评审会上（2005年）

发射场应该采用世界上最先进的技术方案，而且中国作为一个航天大国，应该拥有一个国际先进水平的发射场，现在经费上有困难，其他地方我们省一省，看看能不能解决。钱学森先生也支持这个方案，他给国防科工委写信，建议我们建一个具有国际先进水平的载人航天发射场。之后国防科工委做了很多工作，开了十几次方案论证会，最终达成共识。这样，"三垂"方案才得以保留下来，并最终获得通过。"三垂"发射场建设完成之后，最早就用在了载人航天发射上，之后新建的发射场都用了这个模式。

问：建一个先进的"三垂"发射场除了花费大之外，关键的技术难题是什么？

答：从工程建设角度来说，"三垂"模式是个很复杂的系统，所有的硬件都要重新建造，包括厂房、发射车。发射车的振动参数以及谐振频率怎么控制，也需要研究，还有一系列技术问题要解决。到了发射场，对准发射台，还有在现场的测试流程，这些原本已有的东西都要适应于"三垂"模式，研究新的管理规范。所以从提出到应用，还有很多问题要解决，经历了比较长的时间。

比如，垂直总装测试厂房是发射场的核心建筑，是垂直发射模式的标志。这座新建成的双工位测试厂房高达93米，有38层楼那么高，是建在戈壁滩上的巨型建筑，且中间没有任何楼板拉通。科技人员充分利用当地建筑材料，采用"钢筋混凝土巨型框架－多筒体空间结构体系"的新方案。这个方案很有创造性，据说，中国乃至亚洲建筑史上还没有过。这个结构体系不仅耐火性能、保温和隔音效果比钢结构更好，还省钱，比原来的预算还节省了 4000 余万元经费。单是那扇垂直总装测试厂房的大门就不得了，高 74 米，呈梯形，上宽 8 米，下宽 14 米，不仅尺寸大，还要解决大风沙环境里密封、抗风等一系列技术难题，号称"亚洲第一大门"。

垂直运输要有车，测试运输过程中需考虑振动的影响，振动试验也是一个复杂的体系。在发射塔架与垂直测试厂房之间，我们修建了一条长 1500 米、宽 20 米的特殊铁路，这是目前我国最宽的铁路。这条无缝重轨铁路连接发射塔架与垂直总装测试厂房，飞船和火箭在厂房完成测试后，由活动平台载着船箭组合体，在自发电源的驱动下，通过这条专用轨道运至发射工位。施工中，工程技术人员首创了我国无缝重轨轨道焊接新技术，选择最佳的锁定温度，运用预热和定时自动注塞新工艺，解决了在 90 摄氏度温差条件下，无缝轨道不被拉裂、不发生变形的难题，保证发射任务中火箭、飞船垂直运输中无振动。

另外，根据中国载人航天的长远发展规划，要把未来空间站的建设纳入设计框架之内，发射场的主要设施，如垂直总装测试厂房、导流槽、脐带塔、塔和箭之间的漂移净空以及垂直转运轨道等，都已考虑到兼顾大型运载火箭发射大型空间站的要求。发射场有两个垂直总装测试工位和一个发射工位，双工位可以并行操作，可以准备两个船箭组合体，一周内可以完成两次发射，也可以满足一艘大型空间站的水平测试和空间交会对接试验的需要。

发射场开工建设是在 1994 年 7 月 3 日，1998 年工程竣工，花了四年多时间。新建的载人航天发射场，由技术区、发射区、试验指挥区、首区测量区、试验协作区以及航天员区组成，综合了世界先进测试发射模式，实现了两大技术进步：一是"三垂"，即垂直总装、垂直测试、整体垂直转运，二是实现了远距离测试发射技术。

1999年11月20日，神舟一号试验飞船就是从这里发射升空的。此后，神舟系列都在这里成功发射。

问：发射场建好了，还有着陆场呢？同时还建了一个副着陆场，是出于什么考虑呢？

答： 着陆场系统建设也是载人航天工程的一个重要组成部分。选好飞船的着陆场，是保障航天员安全的一个重要环节。航天员在太空经过一段时间飞行，返回地球，必须在一个合适的地方降落、着陆，这也是飞行试验任务圆满完成的重要标志之一。

在陆地疆域中寻找一块适宜的场地作为载人航天着陆场，也是一项很复杂的任务。根据飞船运行轨道特点，对着陆场的要求近乎苛刻：一是要选择飞船飞行轨道从这个地区上空多圈次通过的地方；二是要大，场地要开阔，既可满足返回舱正常着陆要求，又要考虑应急降落；三是地势平缓，斜坡不超过15度，无高山沟壑，少高大树木，最好没有大型工业设施、铁路、高压线、水库、居民区；四是雷电、大风、冰雹等危险天气频率低，气象条件较好。

美国和俄罗斯这两个国家地理条件比较好，它们的飞船发射成功率也很高。美国国土东西两边都濒临大海，拥有一支训练有素的海岸救生队伍，以及先进的海上救生技术和装备，所以美国选用海上着陆的方式。而俄罗斯拥有辽阔的草原和平原，所以采用在内陆着陆的方式。

921工程立项后，着陆场系统方案论证组做了大量的研究、论证，也预选了几个地区，我们开会讨论时，要求论证组尽快对预选的地区进行详细的地面勘察。

1993年2月，论证组先在河南省做了一次实地考察，从开封至驻马店以东有一个长约200公里、宽约100公里的地区。可是，这一区域内大大小小村庄太多，人口密度很大，村前村后又有许多树木，要疏散群众，有许多麻烦，飞船安全着陆有许多隐患，大家都感觉选这个地方作着陆场不理想。

后来去了内蒙古勘察四子王旗阿木古郎牧场地区和鄂尔多斯西部的一块很大的区域。去勘察的时候是夏天，当地为沙质草地，地势平坦、开阔，区内又没有大河，属于中温带大陆气候，全年干燥，少雨多风，能见度好，而且这里的森林覆盖率低于1%，地面没有高压线路，没有铁路，无高层建筑，人烟稀少，平均每平方公里不超过10人，具备建飞船主着陆场的条件。所以，就这样定下来，把主着陆场放在四子王旗阿木古郎牧场地区一带。

建副着陆场是考虑到主着陆场可能遇上恶劣天气，影响飞船正常着陆，或者万一返回的时候发动机提前关机等可能需要提前着陆的情况。所以一般都是有主着陆场和副着陆场，它们在同一条返回轨道上，只是返回抵达时间不同。副着陆场是预备方案，它必须符合返回要求，如果飞船有问题，可以提前熄火，着陆到副着陆场。

我们把副着陆场选在酒泉卫星发射中心附近，一是平时也有人管理，二是基地本来就有很多测控设备可以用，省人又省钱。

6.5 一起步，
就站在一个高起点上

问：在 921 工程中，飞船是个关键的系统，它的主要任务是什么？

答： 载人航天工程上马后，飞船系统是最关键的。

载人飞船系统的主要任务是为航天员提供必需的生命保障和必要的工作条件，可装载各种有效载荷，利用多级火箭作为运载工具发射升空、进入轨道，在近地空间完成科学研究实验，航天员出舱活动，或在交会对接空间站完成人员和物资互换任务后，再入大气层安全返回地面。除了作为天地往返运输工具，载人飞船也可以作为空间站之间的渡船，还可以作为小型空间实验室完成科学研究、实验和观测任务。因此，载人飞船是多用途的航天器。

神舟飞船与世界上其他第三代载人飞船一样，采用三舱一段构型，即推进舱、轨道舱、返回舱和附加段。神舟号的成功，使中国成为世界上第三个掌握载人航天技术的国家。

它的设计方案在某些方面优于国外的第三代载人飞船。

第一，舱体大，起点高。当时国外的载人飞船，大多是单人式的单舱，空间狭小。神舟飞船直接采用多舱段，船内空间较大，可同时容纳三名航天员进行科学实验活动。

第二，一船多用，多方受益。其他的飞船执行完任务后，返回舱返回地面，轨道舱则变成太空垃圾。但神舟飞船的轨道舱上有太阳翼，不必依靠推进舱上的电能，在航天员返回地面后，轨道舱具有留轨继续工作半年以上的能力，等于又发射了一颗卫星。这样，我们就可以额外得到更多宝贵的科学实验数据。

第三，不载动物，直接上人。载动物进行太空飞行试验，是为了考验飞船的生命保障系统，苏联和美国在正式载人太空飞行之前都是这么做的。现在科技进步了，可以通过仪器模拟控制太空中人的身体的各种变化数据。

问：关于飞船采用三舱还是两舱方案，据说争议也很大？

答：921工程上马的时候，距世界上首次载人飞船上天已过去了30多年。这30多年来，载人飞船技术飞速发展，俄罗斯和美国的飞船都已几经更新换代，技术越来越先进了。在俄罗斯，新一代载人飞船联盟号取代了东方号飞船和上升号飞船，联盟号又经过两次改型，有了联盟T和联盟TM，联盟TM已经相当于第五代。在美国，阿波罗飞船代替了水星号飞船和双子星座号飞船，已经完成六次登月。

因此，当我们开始实施载人航天工程时，首先遇到的一个重要问题，就是如何给飞船定位，也就是说，中国的载人飞船应该走什么样的发展道路。是按照苏联和美国走过的路从头走，还是瞄准当时的先进水平，一步到位，跨越数十年，实现赶超？后来大家一致认为，中国载人航天工程必须在确保安全、可靠的前提下，体现中国特色和科技进步，要高起点、高质量、高效益、低成本，在用途和效益上力争先进。

工程立项前，飞船方案在可行性论证时也发生过争论。争什么呢？就是载人飞船的起步，是上三舱方案，还是两舱方案。两舱方案是指一艘飞船由推进舱和返回舱两舱组成；三舱方案是在两舱的基础上再加一个轨道舱，由三个舱组成。随着技术的发展和飞船飞行任务的日益复杂，苏美的飞船到了第三代的时候，都采用了三舱设计，如苏联的联盟号和美国的阿波罗号就都是三舱设计。

主张两舱方案的，主要是考虑到两舱方案便于逃逸救生，飞船逃逸时，逃逸火箭只要带着返回舱飞走即可。三舱方案逃逸时要多带一个轨道舱，难度会增大。所以三舱不如两舱简单、保险、安全系数高。

主张采用三舱方案的，认为工程从一开始就要高起点、高效益，体现跨越式发展，要直接瞄准国际最先进的技术。三舱方案技术上有创新，轨道舱既可以留轨应用，提高效益，又可以作为将来的交会对接目标。因此，三舱方案是一个有自己特色和创造力的方案，但三舱方案研制难度很大。

争论了一年多，难以拍板定夺，双方各有各的道理。最后，航天部门组建了一个五人小组，由这个小组来决定。五人小组包括任新民、庄逢甘、白拜尔、王永志和戚发轫，任老总是组长。最终，五人小组确定了三舱方案。

问：三舱方案具体有什么优点？

答：三舱飞船主要由推进舱、轨道舱和返回舱组成。返回舱位于中部，是载人飞船发射和返回过程中航天员乘坐的舱段，也是飞船的控制中心。返回舱内装有座椅、仪表、照明灯和通信装置等必需的设备。推进舱又称设备舱，紧接在返回舱下部，用于安装推进系统、电源、气瓶和水箱等设备，安装有四台大推力的主发动机和平移发动机，两侧装有20多平方米的主太阳能电池阵，为飞船提供动力，为航天员提供氧气和水，起到保障和服务作用。轨道舱位于返回舱上部，是航天员在太空中工作和生活的场所，舱内除备有食物、饮水、睡袋和大小便收集器等生活装置外，还有空间应用和科学实验用的多种仪器设备。

飞船返回地面时，为了减速、防热及结构上的需要，返回舱重量越小越好。为此，一般真正返回地面的只有座舱，这也是分舱设计的重要原因。类似飞机在空中抛掉空油箱，多级火箭升空后抛掉熄火的子级火箭一样，轻装上阵。

神舟号与联盟TM的最大不同在于轨道舱。联盟TM是三个舱一起返回，然后在重返大气层时，轨道舱和推进舱先后与返回舱分离并烧毁，返回舱回收。而神舟号轨道舱留在轨道上继续运行，实现了"留轨利用"。还有一个更重要的目的是，下一步要利用它进行太空交会对接，实现我们自己的太空交会对接技术。

下一步建立空间站，首先必须掌握太空交会对接技术，否则航天员无法来往于天地之间，空间站就没有意义。苏联人和美国人在载人飞船成功后，都曾做过五次太空交会对接试验，掌握太空交会对接技术后，才发射了太空实验室，进而建立空间站。他们的做法是，先发射一艘飞船到轨道上，接着再发射一艘飞船，后面的飞船与前面的对接，然后再分开，两艘飞船分别返回。发射第二艘的时间要快，最晚也得在第二天就发射，因为他们的飞船只能在轨飞行五天，晚了就对接不上了。

我们现在的做法与他们不同：利用可以留轨运行半年的轨道舱在轨道上等候，每次对接试验，只需发射一艘飞船就可以了，对接好后，飞船返回，新的轨道舱仍然留在轨道上，等待和下一艘飞船对接。这样，每一次对接试验就比美国人和苏联人少发射一艘飞船。苏美五次交会对接试验需要发射十次，而我们只需六次，可以节省的资金在 10 亿元人民币以上。另外，按照苏美的做法，需要在地面建两个发射工位，而我们只需一个工位即可，这又可以节省一笔巨额资金。这就是中国的特色和技术创新，这就是"高效益、低成本"。

神舟号载人飞船 1995 年完成了总体技术方案的设计工作，1998 年完成了火箭－飞船－发射场的合练、零高度状态下的逃逸救生飞行试验等重大试验工作。1999 年 3 月，飞船系统转入正样研制阶段和无人飞船的飞行试验阶段。

问：运载火箭系统的研制，重点要解决什么问题？

答：运载火箭系统这一块尽管研制难度大，但我们还是有较大把握的。经过这么多年的发展，我们的火箭技术已经比较成熟。921 工程用的是长征二号 F 火箭，是在"长二捆"即长征二号 E 运载火箭基础上研制的。1992 年发射"澳星"用的就是"长二捆"。

长征二号 F 运载火箭的研制始于 1992 年 9 月。要载人上天，首先要解决火箭的可靠性和安全性问题，因此，我们在"长二捆"火箭的基础上，增加了两个新系统，一个故障检测处理系统，一个逃逸系统。故障检测系统，相当于火箭的一个"诊断器"，包括火箭上自动诊断和地面诊断两个方面，可以在飞船待发段和上升段自动进行故障检测。一旦飞船有问题，故障检测系统会自动报警，并发出逃逸指令。逃逸系统是为保障航天员的安全专门研制的。逃逸系统的逃逸塔在飞船的顶部，固定在整流罩上，从远处看，像是火箭上的避雷针。在火箭起飞前1800秒到起飞后一段时间内，万一火箭发生故障，逃逸塔能拽着轨道舱和返回舱与火箭分离，脱离故障火箭，达到一定安全距离后，再按程序将返回舱释放出来，让返回舱降落在安全地带。

长征二号F运载火箭全长大概有58米，起飞重量约480吨，起飞推力约5900千牛，近地轨道运载能力为8吨。它是中国第一种高可靠、高安全、高质量的载人飞船发射工具，其稳定性、可靠性大大超过了普遍用于商用卫星发射的运载火箭，达到了世界最高标准。

为了达到这一目标，技术人员费尽了心力，采用了众多创新技术。这一型号的火箭通过调整助推器、上面级的组合，能适应不同有效载荷的需要，可以将近地轨道运载能力提高到11吨，既可以适应国际商业发射市场的需要，也可以用于下一步开展月球探测或星际探索任务。

问：921工程总设计师王永志院士是您的老战友了，请谈谈你们在一起工作的情况。

答： 前面我说过，我和王永志1963年勘察"三线"靶场时就在一起工作了。当时空空、地地、地空导弹试验的发射场，都要建"三线"靶场。老 20 基地由张贻祥副司令带队，以基地机关为主，还有航天研制部门的代表，一起组成勘察组。测量技术这一块就我们两人，他是航天总体室的主任，代表航天部门，我是基地航测处的副处长，代表基地。熟悉以后，我们的关系一直就很密切。

后来，他到了 60 岁，从航空航天部一院也就是中国运载火箭技术研究院院长的岗位上退下来，到了航空航天部科技委担任副主任，这是个相对清闲的职务。国防科工委希望他过来继续发挥作用，丁衡高主任和我找他谈了好多次，他才答应。

载人航天工程启动后，1992 年 1 月 17 日，丁衡高主任正式找王永志谈话，告诉他刚刚结束的中央专委会决定上马载人航天工程，这次要进行可行性论证，要他出任这个论证组的组长，第二天就到国防科工委上班，并且要求他尽快做好各项准备工作。

2 月 9 日，载人航天工程召开第一次技术、经济可行性论证动员大会，要求在六个月内完成论证任务。从那天开始，王永志就全身心投入，领导一支由 200 多名技术专家和管理专家组成的团队，挑起了载人航天工程可行性论证的重任。我开玩笑说："你是 60 岁穿上了军装，开启人生的第二个青春。"

此后，在长达八年的载人航天工程实施过程中，我是常务副总指挥，王永志是总设计师，我俩的合作一直非常愉快。我们相互支持、配合，工作上没有分歧，包括一些重大的决定，我们的意见都很统一。王永志现在还说，我俩的合作是最愉快的。

将飞船命名为"神舟"这件事，是丁衡高主任、我、王永志，还有刘纪原，我们几个人讨论后请示上报的。载人航天工程上马后不久，好像是 1993 年的时候，载人航天工程办公室向参加研制单位（包括航天集团公司、中国科学院等），发了一个通知，为中国飞船征集名字，得到了大家的热烈响应。办公室收到了各种各样的应征稿件，"天骄""飞天""炎黄""华夏""神州""神舟"等，都寓意着中国人美好的飞天梦想。办公室的同志希望我们在这些征集来的名字中选出一个最有代表性的名字。

1994 年初，我们几个就在一起讨论飞船命名的事，在所有征集来的名字中，"神舟"和"飞天"这两个形象最贴切载人航天的意义。我说，"神舟"这个名字好，"船"在古汉语中又称"舟"，神舟扬帆，预示我们载人飞船研制成功。王永志也认为"神舟"好，"神舟"寓意天河之舟，与中华"神州"谐音，一语双关，象征神州腾飞。刘纪原也说，"神舟"，指太空之舟，遨游神州，很有意义。这样，我们三个人一合计，大家都赞成用"神舟"这个名字。请示丁主任后，我们在两总联席会议上正式讨论并定下来用"神舟"，明确打一次增一号，即神舟一号、神舟二号……后来请江泽民总书记为神舟飞船题字，那已经是 1998 年的事了。

6.6 建立统一S波段测控网，
这是巨大进步

问：921工程立项前，我们已经拥有了一套由陆基测控站和海上测量船组成的、能支持多种任务的测控网，为什么还要建载人航天测控网？

答：与以往的航天工程相比，载人航天工程最大的不同就在"载人"这两个字上。我们不但要确保把航天员安全地送上去，让他们在太空能安全地工作，最后安全地返回地面；还要能实时掌握航天员的状态，随时能接收到从太空传回的数据。为此，载人航天工程对所有系统都提出了比以往更高的要求。

飞船点火发射上天后，测控通信系统是飞船和地面联系的唯一纽带，飞船在轨道进行飞行控制、轨道维持和一系列调姿、变轨，直到最后返回地面，整个过程的测量通信和遥控都由测控通信系统完成。测控通信系统要凭借强大的捕捉能力，始终对火箭飞船的运动与工作状态以及航天员的生理状态进行严密的测量、监视和控制。因此，载人航天工程对测控系统的高要求主要表现在轨道覆盖率高、实时性高、可靠性高和数据速率高。所以，只有提高测控覆盖率，地面系统才能随时掌握飞船在轨运行状态和航天员的健康状况，才可能实时处置各种突发情况。通俗地说，就是随时都能收发讯息，比如给飞船系统发送指令，与航天员实时通话，等等。

轨道覆盖率，也叫测控覆盖率，是指航天器在某个飞行阶段的可测控时间与该飞行段总时间的比值。对于载人航天可靠性来讲，这是一个非常关键的指标，只有实现测控全覆盖，才能实时掌握飞船和航天员的情况。

美国是在20世纪60年代提出上马中继卫星的，80年代实现测控覆盖率达到100%。但我们的中精度测控网对近地轨道的测控覆盖率仅有3%到4%，离载人航天可靠性要求差得很远。

在没有中继卫星的情况下，要提高测控覆盖率，就只能建更多的测控站和测量船。美国阿波罗飞船登月的时候，在全球部署的测控站是20多个。建测控站和测量船都是要花钱的，不仅有政治因素制约，还要考虑国家经济的承受能力，不能像撒胡椒面一样到处建。在权衡安全性和经济性的基础上，我们拿出了一套效费比最佳的方案，建立了一个具有中国特色的载人航天全球测控网。

打神舟一号试验飞船的时候，这套系统的测控覆盖率达到了14%，确保了上升、变轨、返回制动、返回舱分离等关键飞行段落飞船测控通信的需要。天链中继卫星系统建立起来之后，我们的测控覆盖率也达到了100%。

问：什么叫中继卫星系统？

答：中继卫星系统，是利用高轨道卫星的转发功能，对中低轨道航天器等用户目标进行跟踪测轨与数据转发的新型测控和信息传输系统。从测控系统的角度来说，它是继陆基、海基之后建立的天基系统。

中继卫星是"跟踪与数据中继卫星"的简称，它有数据中继与跟踪测轨两种功能。它也被叫作"卫星中的卫星"，主要是为卫星、飞船等航天器提供数据中继和测控服务的。

人类历史上第一颗中继卫星是美国航空航天局在1983年发射的。这在航天测控领域，是一个跨时代的突破。它从根本上解决了测控、通信的低覆盖率问题，同时还满足了高速数传和多目标测控通信等技术要求。美国从提出概念到发射第一颗中继卫星，中间隔了20年，从第一代升级到第二代，又用了17年。

之后是苏联。再之后是欧洲航天局。接着是日本宇宙航空研究开发机构，那是2002年9月发射的。航天大国相继进入天基测控时代。

理论和实践表明，中继卫星系统是高效的天基测控设施，优点显著：不仅轨道覆盖率高、数据速率高、实时性强，还可以同时服务多用户，效费比自然就高。中继卫星系统是信息获取类卫星的效能倍增器，对提高航天能力有着举足轻重的作用。

有了中继卫星系统，地面对航天器的掌控变得更加稳健、高效，航天员与地面的信息交换能力也得到大幅提高，测控和观测数据传输的实时性显著增强。因此，中继卫星系统对确保载人航天工程的可靠性、增强国家安全信息获取的时效性、提升航天测控通信系统建设的效费比，都有着极其重要的意义。

问：您刚才讲到，中继卫星测控覆盖率高，效费比也高，载人航天工程为什么不从一开始就上中继卫星呢？

答：如果载人航天工程一开始就能上中继卫星，当然最为理想。

中继卫星的造价基本相当于一艘测量船的造价加上运行维护费用，但一颗中继卫星可使载人飞船的测控覆盖率提高50%以上，而一艘测量船仅能提高1%多一点。所以在载人航天工程论证时，虽然也考虑过上中继卫星，但当时技术条件不具备。中继卫星的优势是轨道高度，我们称之为"居高临下"。它必须解决中低轨道高速运动目标与同步轨道卫星之间的精确捕获和跟踪问题，这是一个很复杂的技术难题。另外，天线与卫星的姿态耦合等问题对我们也是很大的技术挑战。

我国航天领域开始研究中继卫星也是在20世纪80年代，在"九五"期间开展了一系列预研，有了一些基础。2002年12月12日，中央军委批准第一代中继卫星系统工程研制立项，我国正式启动数据中继卫星系统的建设。2003年，由五院抓总，全面启动相关工作。但短短数年的时间，对中继卫星能否成功上天，谁都没有十足的把握。于是，我们选择了一条比较稳妥的技术路线——"两条腿走路"，也就是先建设陆海基测控网，完成载人航天初期任务，同时开展中继卫星关键技术攻关，逐步建立中继卫星系统，最终建成一个由陆基、海基、空基、天基系统构成的立体测控网。

我国第一代中继卫星采用了成熟的卫星平台，是基于东方红三号平台研制的，设置了一个可跟踪Ka、S双波段固定天线。第一颗中继卫星入轨后即为中低轨道航天器提供高于50%的轨道覆盖率，同时跟踪两个空间目标。

2008年4月25日，我国第一颗中继卫星天链一号从西昌卫星发射中心成功发射升空，并在当年执行的神舟七号载人航天任务期间实时传回了航天员话音、图像及各种跟踪、遥测、遥控信息，为航天员出舱提供了重要保障。天链一号02星和天链一号03星分别于2011年7月和2012年7月发射。利用空间三颗星，我国第一代天链中继卫星系统全面建成。天链一号中继卫星的使用，标志着我国导弹航天测控系统进入了陆海空天全覆盖的时代。

问：当年载人航天测控网的建设，选择了一条怎样的稳妥技术路线呢？

答：国际S波段测控系统（网）的建设是我国航天测控发展史上的大事，前期经过了近10年的反复讨论和论证。载人航天工程测控系统提出的方案是：发展统一S波段测控系统，以陆基、海基测控网作为基本测控通信手段；充分利用现有的首区、航区光学设备和无线电设备，新建必要的陆地固定测控站和活动

远望测量船队出征

站；建设完善测量船队；新建北京航天指挥控制中心和东风指挥控制中心，改造利用西安卫星测控中心。

S波段测控系统建设始于20世纪90年代初，最先启动了南宁站作为试点。从技术方案到器件研制，除了开辟新波段外，系统模块化设计属首次采用，这为后续的测控系统建设提供了技术基础。

之后，我们相继又建设了东风、青岛、卡拉奇等测控站以及着陆场站，扩建了渭南、厦门、喀什等测控站，新建了远望三号测量船，并将向阳红10号改造成远望四号遥测船，从而形成了一个包括北京等三个中心，东风、渭南等五个陆基固定站，三个陆基活动站，四艘测量船，首区和航区光学测量站，以及雷达测量站在内的载人航天测控网。

载人航天测控网不仅能满足载人航天任务的需要，也能对各种轨道的卫星提供高覆盖、高可靠性的测控通信支持。建立起这样一个网，前后花了近十年的时间。

问：测控网建设还涉及在国外建站。基里巴斯站是我国在国外建的第一个测控站，这个站后来为什么撤销了？

答：基里巴斯是个太平洋岛国，在赤道附近，打地球同步轨道卫星的时候，我们卫星入轨就在赤道附近，过去都要派船过去执行测控任务。后来为了减轻测量船的压力，减少开支，同时确保同步轨道卫星的入轨测量，就想在赤道附近建一个测控站。

经多方努力，1996年1月，基里巴斯政府原则上同意中国在南塔拉瓦岛建立测控站。9月23日，基里巴斯总统斯托来华访问，两国在北京正式签订《中华人民共和国政府与基里巴斯共和国政府关于在基里巴斯建立中国航天测控站的协议》。

基里巴斯站是中国在国外建设的第一个测控站，主要任务是确保地球同步轨道入轨点和星箭分离点的测控。通过一年的努力，到1997年9月底，基里巴斯站基本建成，很快就投入了使用。1997年10月17日，基里巴斯站首次执行并圆满完成了亚太二号R通信卫星发射入轨段测量任务。此后，又相继为中卫一号、鑫诺一号、风云二号03星、北斗导航试验卫星前三发以及中星20号等任务提供了测控支持。

这个站为什么撤呢？是出于政治原因。前一任基里巴斯总统对我们是友好的，还访问过中国。江泽民主席宴请他的时候，我也陪同参加了。2003年基里巴斯大选，新总统一上台，宣布与台湾当局"建交"，中基断交。在这种政治背景下，我们关闭了基里巴斯站，把整个系统都用船运回来了。当初为了建站，我们还

1997年建成的基里巴斯站

在当地修了一条路，从港口到设站的点，为当地民众服务，也是我们比较惯常的做法。我还建议过，基里巴斯没有电视网，我们可以提供帮助，但他们国家不让老百姓看电视，不建电视网，所以我们用计划中提供的费用修了一条路。

还有，基里巴斯站自建设起，就一直是别有用心的国家造谣、污蔑的对象。这个测控站被说成是"间谍站"，甚至被污蔑是为了监视美国在马绍尔夸贾林岛的导弹试验基地。基里巴斯站建成后采用封闭式管理方式，没有雇用本土技术人员，也没有对基里巴斯公民开放参观，当地居民觉得我们很神秘，容易相信谣言，这对我们非常不利。

但有一条，我们在国外建站，不管是建在哪里，必须遵循一条原则：可搬运。国际政治风云变幻，国与国关系好时没问题，关系不好就不行了，基里巴斯就属于这种情况。好在我们所有的国外站点都是集装箱式的，可移动。这样做的目的就是考虑到国际政治风云难以预测。

这也是从基里巴斯站七年短暂历史中得出的一个教训，为后来我们国外站运营管理方式的改进提供了极具价值的参考。

问：卡拉奇站和纳米比亚站又是在什么时候建的？有什么考虑？

答：卡拉奇站和纳米比亚站都在载人飞船返回变轨点的附近，是根据载人航天工程的需要，分别在 1999 年和 2001 年建成并投入使用的。这两个站比较稳定，对测控网的全球布局还是很有贡献的。

为满足载人飞船运行段海上测控和海上应急救生的需要，原计划新建一艘遥测通信船和一艘测控打捞船。可是建造测控打捞船费用太高，国防科工委在1997年做出决定，用远望一号测量船代替测控打捞船，并在巴基斯坦卡拉奇建立一个测控站，来完成远望一号测量船的测控任务。

巴基斯坦的卡拉奇站就是这么来的。卡拉奇站是飞船返回来以后，用于再一次姿态调整和轨道管理的。1999年1月28日，卡拉奇站工程奠基开工。9月25日，中巴双方联合举行卡拉奇站落成典礼，我率领国防科工委代表团出席了典礼，我去剪了彩，还讲了话。

吸取了基里巴斯站的经验教训，我们培训并雇用了一部分巴基斯坦的技术人员来完成卡拉奇站的操作，操作人员实现了部分

1999年建成的卡拉奇站

本土化。执行测控任务时，国内派人前往卡拉奇。任务结束后，国内大部分人员撤回，仅留几名技术人员同巴基斯坦技术人员继续在站内进行日常管理。

卡拉奇站仅用了九个月就建成了，赶上了神舟一号试验飞船发射任务，此后历次载人航天任务也都参加了，均圆满完成了任务。

纳米比亚站是我国在国外建设的第三个测控站。

根据载人航天工程的需要，在非洲建站最早考虑的是南非，不是纳米比亚。在纳米比亚建站是我先去南非考察后定下的。我带队到南非考察是去看那里的环境，但建站的事没有谈下来，还是因为政治因素。南非对中国建站的事非常谨慎，协商了很长时间也没有结果。于是我们商量后，在2000年转而寻求在纳米比亚建站，纳米比亚和我们国家的关系比较好，协商工作进展顺利。纳米比亚和南非这两个国家紧挨着，它的东南面就是南非。2000年9月，载人航天工程副总指挥胡世祥率团访问纳米比亚，选定在中部海滨小城的一处硬戈壁上建站。

纳米比亚这个站是用于试验飞船返回控制的。除了纳米比亚站，还有一个远望三号，这两套系统一起来确保返回控制的精度。

2001年1月10日，纳米比亚站破土动工，7月27日建成并举行了竣工典礼。自投入使用以来，纳米比亚站圆满完成了神舟三号及其后所有载人航天任务的测控支持工作，还与卡拉奇站共同参与了遥感卫星一号的抢救以及遥感卫星三号等卫星的测控支持工作。

远望五号测量船测控通信天线（2008年）

　　卡拉奇和纳米比亚两个测控站扩大了测控覆盖率，尤其是对地球同步轨道卫星的发射和变轨以及对载人飞船返回等关键轨道段的覆盖。后来我们又新建了远望五号、六号、七号测量船，建立起以中继卫星和北斗导航为基础的天基测控系统，形成了陆海空天一体化的航天测控网，布局更加合理，技术更加先进，能力也更加完善。

　　建设这些国外测控站的意义，不仅仅在于扩大了测控覆盖率，它们还增进了我们在航天领域的国际交往，是我国航天测控走向国际的重要标志。

问：航天测控是您的老本行。请问，通过载人航天工程建设，我国航天测控系统有哪些重大变化？

答： 变化很大，可以说发生了质的飞跃。

最大的一个变化，就是我们通过载人航天工程建立起了一个以统一S波段（USB）测控系统为骨干的、全球布局的载人航天测控网，这是我国测控技术的一个巨大进步。

统一S波段测控系统，是一种在一个S波段载波上用多个副载波调相，以频分复用方式实现多路信号传输，从而集测轨、遥测、遥控、语音通信、数字电视等多种功能于一体的测控系统。

按照国际电信联盟无线电使用波段的划分，航天测控主要采用S波段。我在各国考察时，也了解到美欧各大卫星公司以及国际通行的测控系统都是用S波段。但是由于历史原因，过去我们的航天测控是自成体系的，我们建立起来的两个航天测控网，一个是对中低轨道卫星和少数地球同步卫星进行测控的超短波航天测控网，另一个是支持高轨道地球同步卫星测控通信的C波段测控网，无论是测控体制、信号格式，还是工作波段，大多和国际不兼容，这就给我们在测控联网、国际合作上带来了不少障碍。

在载人航天工程之前，我们就已经意识到了这一点。所以1989年在南宁建的试验站，就用上了我们国家的第一套统一S波段测控系统，与法国开展了联网合作。1996年底，这套设备在南宁站完成了安装调试以及精度鉴定后投入使用，为中国与巴西合作开发资源卫星提供了必要的支持。

这次试验是在载人航天工程上马之前做的，主要是考虑做个试点，为下一步开展国际联网摸索一些经验。有了南宁这个试点，等载人航天工程上马后再上统一S波段测控设备的时候，技术就比较成熟了。我们有了经验，也有了信心。

载人航天工程上马的时候，航天测控总体研究所有一批年轻的技术骨干，于志坚、孙宝升、翟政安、董光亮……年轻人觉得这是一个难得的历史机遇，能够建设网络管理中心，实现透明的工作方式，促使我国航天测控网的更新换代。1995年载人航天测控通信系统第一次大方案评审会的报告是于志坚去做的，讲了两小时，主题就是统一S波段测控网的建设。

除了南宁站的第一套统一S波段测控系统，后来，根据载人航天工程的需要，我们又研制了11套统一S波段测控系统。这12套系统分别部署在12个测控站，包括固定站、测量船、活动站和着陆场站，从而组成了统一S波段航天测控网，使我国航天测控站的布局更加优化，航天测控网的能力得到了极大的提升。

S波段网在波段和体制上与国际兼容，可与国外航天测控系统联网，而且采用透明的工作方式，测控通信原始信息全部实时送往中心集中处理，改变了多年来由测控中心、测控站共同承担航天器测量数据处理和控制决策的模式，提高了中心实时判断、指挥决策的速度，在测控效率上实现了质的飞跃。

通过载人航天工程，测控网开启了全球布局、国际联网的进程。采取国外建站、国际联网等措施，使关键飞行段落的测控覆盖率进一步提高，为载人航天任务提供支持。而且通过联网，我们的测控中心和测控站也开始为其他国家的航天任务提供测控支持。这一切都是基于载人航天测控网采用了国际兼容的标准和

2008 年建成的委内瑞拉站

规范。

载人航天工程不仅促进了硬件的发展，对软件的发展也有着巨大的拉动作用。包括测控系统在内，软件工程化、系统化、规范化就是从这儿开始全面起步的。

问：载人航天工程对很多尖端技术的发展都起到了极大的促进作用，能具体介绍一下您刚才讲到的"软件工程化"吗？

答：载人航天工程中，飞船及地面系统的计算机数量之多、信息交互关系之复杂令人难以想象，计算机系统的重要性空前提高。因此，载人航天工程一启动，我就明确提出，要搞好载人航天工程建设，必须抓好计算机软件的建设和管理。这并不是我一个人的观点。国家层面、航天系统以及我们国防科工委，都下过"标准""规范"，但在实际操作中一直没有真正成气候。

就拿测控系统来说，软件开发过程中普遍存在"小作坊"式的"个体生产"，文档资料不全、软件因人而异的问题一直存在，软件的可靠性难以得到保障。

软件工程化这项工作，是由陈炳忠具体抓的。他当时是载人航天工程副总工程师。陈炳忠虽然不是学计算机出身，但是他总结出的"五不"，既浅显易懂又非常到位，让我至今印象深刻。他说：抓工程，不抓软件不行；抓软件，不抓软件工程化不行；抓软件工程化，不抓软件管理不行；抓软件管理，不抓软件评测不行；抓软件评测，不抓评测记录和软件库不行。

载人航天工程一立项，国防科工委就马上全面部署推进了围绕航天软件管理开展的系列工作，用两年到三年时间彻底扭转软件质量管理薄弱的局面。1996 年 11 月，国防科工委决定组建软件评测中心，把这项工作交给测通所来完成。1997 年 12 月，"中国人民解放军国防科工委司令部软件评测中心"在测通所正式挂牌成立。软件评测的引入，为提高载人航天工程软件的质量，为载人航天任务的圆满完成起到了重要作用，国防科研试验的软件开发和管理工作走上了工程化、规范化的轨道。

载人航天这么大的工程，如果没有软件工程化的思想，结果根本不敢想象。所以载人航天工程有很多工作经验值得总结。

6.7 "争八保九"，
天大的困难也得克服

问：载人航天工程立项时定了一个"争八保九"的目标，含义是什么？为什么提出这样一个目标？

答：前面提到，"争八保九"是载人航天工程进度上的一个目标，就是争取 1998 年、确保 1999 年把第一艘飞船送上天。说白了，就是中国要在 20 世纪末把飞船打上去，不能再往后拖了。缩短与世界先进水平的差距，是靠齐心协力干出来的。

这个目标不是随随便便定的，具体到每个单位、每个项目、每个课题，都有时间进度表。1991 年载人航天经济技术可行性论证时，一项很关键的内容就是制定工程的具体进度。我们觉得这个目标是有可能实现的，而且还留有余地。

载人航天工程论证组在向中央专委会报告时，曾给中央许下这个承诺，这是论证组的最终意见，也是我们航天人的承诺。1992 年 9 月 21 日，中央政治局常委会讨论载人航天工程是不是上马的时候，同意了这个目标，定下来了就是"军令状"。

问：实现"争八保九"的目标遇到了哪些困难？

答：万事开头难。整个载人航天工程是从无到有开始建设的，因为是第一次，有反复，走弯路，出现没有预料到的情况，都是不可避免的。而且这是整个载人航天工程打基础的阶段，难度很大，压力也很大。

载人航天的设计原则是"应用成熟技术、在确保安全可靠的前提下从总体上体现中国特色和技术进步",工作原则是"实事求是,局部服从全局"。

工作非常复杂,千头万绪。大总体方案定了,各个系统的总体方案、关键技术与解决途径、计划进度、研制分工、研制经费、保障条件,包括需要上级部门解决的问题,都要有清晰的思路。

我带着人,一个系统一个系统、一个单位一个单位地去检查,各系统、各单位都有攻关方向,有明确任务,有时间表,有什么问题解决什么问题。前期都是基础工作,各系统、各单位都在一步步往前走。航天城顺利建设完成,载人航天任务有了很好的物质条件保证。

但到了1997年下半年,还是发现总进度离目标差了一大截。反映问题上来的是八院,实际上五院也有问题,还有801所。八院要完成两艘结构船、一艘热控船和一艘电性船产品的生产,同时,还要全面完成任务书规定的单机和系统试验,工作量非常大。

我估算了一下,"争八"已经不可能了,即使按照"保九"估算,工程进度还拖了将近一年半。如果完不成,推迟一年,那就意味着要多花十来亿元。本来钱就很紧张,再一拖延,钱从哪里来?我心里十分着急:完不成给中央的承诺,还有什么脸到中央要钱?要是就这样拖下去的话,载人航天工程接下来怎么办?所以,无论如何,"保九"这个底线不能突破。

还有一个背景是当时国内"下马风"刮得很厉害。此时,载人航天工程已经进入初样转正样的关键阶段，不仅仅是进度问题，技术上也遇到了困难，工程研制进入最困难的时期。有些专家又对载人航天工程还要不要搞下去提出了疑问。在一线搞工程的同志们很紧张，担心争论激化，影响研制正常进度。

1998年，中央军委决定成立中国人民解放军总装备部，国防科工委撤销，大部分职能转到了总装备部。载人航天工程办公室也转到了总装备部，丁衡高主任卸任工程总指挥，由总装备部首任部长曹刚川接任。

我与载人航天工程总指挥曹刚川交换意见。我说："已经干了五六年了，全世界都知道我们在干载人航天，这到今天如果停下来，莫名其妙下马了，那简直是滑天下之大稽，把中国人的脸给丢光了！当初载人航天立项上马，是中央的政治决策，我开始也是反对派。但到了今天，我是坚定派，不管怎样，也要按中央的部署搞下去，天大的困难也得克服！咬牙也得干下去！"

曹刚川果断地说："没问题，咱们就是要干！"我俩的意见不谋而合。曹刚川还告诉我，1997年下半年，他接替丁衡高出任国防科工委主任时，有人也准备了很多材料，要求向他汇报反对载人航天工程的意见。当时他明确表态：这个工程是中央决策的，中央不说停，谁说都没用。

问： 后来采取了什么方案，去实现"争八保九"的目标？

答： 当时的情况是，长征二号F火箭到1999年可以按计划实现首次发射，但正式的无人飞船届时是无论如何也造不出来的。有火箭没飞船，到时候火箭发射什么？

为"保九"，有人主张，反正 1999 年要做长征二号 F 火箭首次发射试验，咱们就打配重。意思就是说，发一个和飞船的外形、重量相当的模型上去，也就是打一个"铁疙瘩"。此议一出，立即遭到许多人的反对。这么好的机会，为什么要打一个"铁疙瘩"呢？还要出动舰队去回收。我说："这有什么意义？就算打上去了，这算什么？！只试验了火箭。载人航天的核心是在飞船上。如果不打一个飞船上天，实际上我们就没有兑现承诺。"从我内心来讲，这是很不甘心的一件事情。既然有了承诺，就应该千方百计去兑现。

当时有一些有利条件。从飞船来讲，电性能船的测试情况还是不错的。将电性能船改装成试验船这一建议是中国空间技术研究院的专家提出来的，他们有过这方面的成功经验。电性能船的仪器设备经过了严格的考核，一些关键的技术基本上都突破了，可以上天。这是一个很重要的基础。另一个有利条件就是火箭的准备和其他各个系统，包括测控、通信、发射场、落区、应用系统，都是来得及准备的。

不利的因素是在飞船上。进度差了一年半，要赶上去，谈何容易？如果完全按照正式飞船的要求，想要赶上这一年半的进度，我认为是不可能的。因此，我提出了一个设想：能不能在电性能船的基础上搞一个无人试验飞船？

所谓试验飞船，就是把可以不上的功能简化，像是暂时不用的环境控制系统、航天员生命保障系统，这些先不上，但飞船主要功能都得上，并保证飞船准确入轨，正常运行，安全返回，落在中国境内。通过这样一个试验，也可以对载人航天工程七大系统做一个全面的考核。我给第一艘飞船的名字加了"试验"两个字，叫神舟一号试验飞船，就是试一下的意思。

这个方案提出后，飞船系统研制方面反映，推进分系统的进度存在问题。改试验船，各分系统中最难的是推进分系统，它的所有产品必须做到一点问题也没有。推进舱是上海航天局的项目，他们要重新投产一套处于初样状态但符合飞行要求的全新产品。载人航天"争八保九"的目标能否实现，关键就在上海航天局了。

问：推进舱研制进度这个关键节点，又是怎么打通的？

答：建议方案提出来以后，总装备部和航天总公司的领导都感到决心难下。曹刚川要我和胡世祥去考察调研，要求必须有绝对把握。我们在北京有关研制单位考察调研的结果是，专家们认为将电性能船改装成试验飞船的设想具有可行性，火箭和其他系统届时也能来得及做好准备，但对飞船系统到时能不能来得及表示担忧。

上海航天局担负着飞船推进舱、推进分系统、电源分系统和大部分测控通信系统的研制任务，时间很紧，研制难度很大，有许多该做的试验还没有完成。飞船系统总设计师戚发轫告诉我，只要飞船推进舱、推进分系统和电源分系统能完成，飞船总体就能赶得上。

其实上海航天局那段时间非常紧张，我去之前，上海航天局就已经先后开过三次研讨会，分析风险和决策难题，详细地编排了技术流程，列出了其中的关键问题。情况到了我这儿，肯定是有需要下决心拍板的问题。那好，年不过了！我带着相关一行人，1997年12月31日赶到上海，看完上海航天局801所后，我心里大概有了底，关键问题是推进舱上有个小发动机，需要大量检测试车来考验可靠性。这个小发动机是调姿用的，涉及返回舱落点的精度。技术上没有问题，但是工作量很大，时间就是进度，需要大量的时间来检测试车。

第二天，我就跟上海航天局801所的领导交换意见，我说："载人航天走到今天，只有咬着牙，完成好中央交给我们的任务，否则我们没脸见江东父老！'保九'是我们向中央做出的承诺，现在的短板就在你们这儿。我看了以后，认为你们经过努力赶上进度是有可能的，希望你们能顾全大局，千方百计赶上进度。我们定的目标是，准确入轨，正常运行，安全返回后落到中华人民共和国的土地上，就算成功！你们条件不具备的，要钱给钱，要人给人。请你们常委考虑一下。"

上海航天局连夜开会，第二天，飞船系统副总指挥和副总设计师施金苗代表上海航天局做出郑重承诺：千方百计，不拖后腿，赶上进度。

得到施金苗的承诺，我说："好，太好了！我就等你这句话，争八保九，后墙不倒！"说完我转头走了，因为眼里有泪，不能让人看见。我知道这个承诺下得很艰难，不是一夜之间的决定，这是上下齐心的结果，需要非凡的勇气。

回到北京后，我立即向曹刚川做了汇报。1998年1月9日，曹刚川主持召开了载人航天工程第15次总指挥、总设计师联席会议。会议正式做出决定：在1999年11月，利用长征二号F火箭发射试验的机会，发射一艘试验飞船。就这样把这事儿拍板定下来了。定下的日期是 1999 年 11 月 24 日。

会议还决定，在严格控制初样技术状态的情况下，试验飞船以电性能船为基础进行改装，把 13 个系统简化为 8 个系统，组成一艘最小配置的飞船，重点考察飞船的返回技术，目标是"上得去，回得来"，返回到预定落区为圆满完成任务，返回到酒泉副着陆场为完成任务，返回到国土之内为基本完成任务。

与此同时，我特地叮嘱机关有关部门，上海航天局有什么困难，我们要全力以赴地解决。短板不保证，工程就上不去。

上海航天局的领导和技术人员一起日夜奋战，终于按时拿出了合格产品，赶上了进度。这一点，我永远感激上海航天局同志们的努力。

问: 您提出打试验飞船的方案后，遇到了哪些阻力？

答: 试验飞船的方案提出来以后，遇到的阻力是很大，一些老专家表示反对。他们认为: 这样做违反科研程序，是蛮干，初样怎么能上天？我给了两条解释: 第一，试验飞船是一个相对简化了的飞船，上边主要系统都有，个别系统目前实在完不成，又不是急需的，缓上，所以叫"试验飞船"；第二，不能说是"初样上天"，船上所有的产品，全部按正样验收，这怎么叫违反科研程序？我还打了个比方，比如说我要喝水，做个水杯子，但是我着急喝水，等不及了，那盖子先不做，先解决喝水的问题，总行吧。但这样解释也不行，还是有一部分人不赞成。

我对机关的同志说: 我的解释就到这儿了，等两总联席会议讨论，定下来就干！后来两总联席会议一致通过了这个方案，决定就这么干。因为钱都没了，这个"九"不保住，进度就不知道拖到什么时候去了。所以神舟一号无论如何，一定要在1999年打上去。

方案通过那天，我同大家开玩笑说：从现在开始，只有"星期七"，没有星期天！从那天开始，整个系统高速连轴运转，就连农历新年也只放了一天假，平时的节假日一概取消。

所以，兑现"争八保九"的承诺，是各系统通力合作奋斗出来的，是大家一起干出来的。没有一点牺牲精神和奋斗精神是做不成事的。

实际上，打试验飞船这个想法，并不是仓促之间贸然提出的。从开始酝酿到提出，我想了一年多。而且就这个想法，我和总师系统，特别是和飞船系统的总师也多次讨论并交换过意见。

风险我考虑得很清楚。就整个系统来讲，面临的风险主要是技术风险。第一次搞飞船，只能按计划推进，任何一个地方不能有大的反复，只要出现一次大的反复，进度就无法保证。技术风险克服不了，顶多是任务推迟。但绝不会像过去那样推一年半，顶多再推半年。但是，这个风险非冒不可，既然我们有一个预定目标，就要千方百计朝着这个目标去努力。

就我个人来讲，则是在无形中背负了巨大的压力。万一失败了，我要承担全部责任。说句不太好听的话，我是"罪魁祸首"啊。虽然决定是大家做的，但建议是我提的。那么多专家反对，非要干，到时候违反科研程序的这顶帽子就给戴上了，有口也说不清。真要是出现那个局面，我自己也会非常内疚，等于我出了一个馊主意，无颜见江东父老啊！

但是为了事业，不可能总考虑个人的得失。如果考虑个人的得失，我肯定不会提这个建议，那样任何风险都没有，大家都四平八稳地走。但是整个航天事业就是在一个个风险决策当中逐渐成长壮大起来的。干航天必须做到无私无畏，要是总考虑个人的名利得失，那就别干。

6.8 可以说，
这是最难的一次决策

问：临近发射之前，飞船在发射场测试中意外发生了故障，问题严重吗？

答： 从做出打试验飞船的决定，到最后火箭、飞船都做出来，一共用了 18 个月的时间。这 18 个月，我的状态可以用两个字形容：紧张。心情紧张，工作紧张，一直在担心，怕出事。但是，恰恰在我最担心的飞船上面，还是出了问题。

1999 年 7 月 26 日，飞船用专列运到了酒泉卫星发射中心，计划在 11 月 8 日至 12 日择机发射。9 月 18 日，飞船在进行正常模拟飞行测试的过程中，总控台对环境控制与生命保障分系统加电后，发现环境控制数据处理装置加不上电。技术人员初步分析，确定是返回舱控制器着陆母线继电器有一个触点失效，或是与触点相连的线路出现故障了。

　　发现问题后，为了抢时间，试验方提出更换备份，发射场总工程师徐克俊坚决不同意，要求问题必须归零。因为发射场质量控制小组有明文规定：飞船不准带任何问题上天。

　　要彻底解决问题，就需要打开飞船的防热大底。这时的飞船返回舱中，座椅、假人均已安装合拢，所有火工品都已装上，密封胶也封上了。飞船大底在合拢前，每台仪器、每根导线、每颗螺丝钉、每个焊点，都是经过无数道程序严格检测过的。这时要打开返回舱大底，意味着已经安装好的火工品要重新安装，几十根电缆线要拔出再重新连接，陀螺仪的精度要重新测量。况且，发射场的条件与飞船总装车间的没法比，一旦碰坏一个焊点，出现一点纰漏，后果不堪设想。

　　飞船总体部门研究了多次，对开大底没把握，主张不开。理由是，故障设备有备份，开大底风险太大，万一开坏了，整个飞船就报废了。于是发射场试验任务指挥部决定上报总装备部，飞船系统先转入下一步测试工作。

　　结果在第二次合练中，飞船控制系统又出现了一个更严重的情况，一个定向陀螺仪出了问题，时好时坏。出现这样的现象，大家都解释不了原因。陀螺控制着整个飞船的飞行高度和在空间中的转向调姿，是关键设备，就像人体的大脑。虽然合练没有停下来，但这个没法准确定性的故障，让大家都很不放心。

　　飞船开大底风险太大，不开大底飞船又解决不了问题。怎么办？对于究竟开不开返回舱大底，发射场和研制方分歧很大。921工程总设计师王永志面对如此棘手的问题，也难下决心，同样感到左右为难。万一大底开坏，大家就成了有罪之人；可是不开大底，让带着问题的飞船上天，如果导致任务失败，同样是历史的罪人。

当时担任发射场总指挥的是 20 基地司令员张建启，他压力特别大。10 月 3 日，我接到他从现场给我打的电话，他把大家的想法向我做了汇报，载人航天工程办公室主任谢名苞也来电话报告了此事。他们问我是在北京定，还是到现场来定，我说当然得到现场定。这么大的事，我不可能光靠在家里听汇报来做判断。

问：到现场后，您做出了打开防热大底查找问题的决定，是怎么考虑的？

答： 1999 年 10 月 4 日，我直接飞到东风基地。到了发射场后，我主持开了一次现场工作会议，听取了航天集团、基地、各个试验单位的多方意见。航天集团的意见依然是不同意开，认为打开飞船风险太大，设备都有备份，不换也行。如果要开，就只能拖回去开，发射场不具备条件，出了事谁负责？！基地这边，张建启对开大底的风险一条一条进行了分析，得出的结论是：坚持开大底检查。事后我才知道，张建启是找了一位干了一辈子总装工作的老工程师，上门请教，拿到了人家压箱底的"50 条风险"，才得出的结论。

晚上，我单独找发射场的领导和专家开会，听听他们的意见。张建启认为，开大底确实有风险，但只要组织得好，就可以降低风险。如果不开，飞船就得带着问题上天，这可是航天工程的大忌。

我又找到飞船总装厂的厂长，问他在现场打开有没有问题。他说他们有现场拆的预案，但确实不敢打包票，发射场的条件毕竟没有总装厂里安全。我说："我这个人想事情简单，能装上就能打开，能打开就能装上，就是一个倒过来的问题，小心一点嘛。"他听完笑了笑。这样，我就做到了心中有数。

第二天上午，我又召集两家开会，明确表态："有人说，有备份，不怕。我有一条原则，就是所有的问题都要在地面解决。所有的备份，是天上的备份，不是地上的备份，还没上天就用备份，这叫什么备份？！开飞船大底即使有再大的风险，也要开舱检查。对这一问题绝不能手软！既然我们发现了问题，就不能把它留在这儿。留下的这个问题，可能不是很大，但是万一呢？不怕一万，就怕万一。万一有问题，而且就是因为这个问题出了事儿，我看我们在座的都没法交代，怎么交代？"

但拆也有风险。拆开以后万一装不好，或者是装出问题来，那1999年可能就不能发射了。为了慎重起见，我又开了一个会，就在招待所的接待室里。我说，我们今天讨论"不拆"，反过来讨论。这是决策重大问题的有效办法，正反两方面都研究一下，为的是更加慎重，把事情做得更稳妥。因为搞航天，一旦出事，就是大事，没有小事，所以要非常慎重。结果会上大家的意见比较一致，还是认为不拆是有风险的。这样就从正反两个方面都验证了这个决定的正确性。

为此，整个测试任务推迟了一周，做预案做了一周。

这里还有一个小插曲，就在那天开会决定拆大底后，航天集团总公司工程办公室主任张宏显对基地的人说："沈副主任对我有意见了。昨天我在一所碰见他，他理都不理我。"因为张宏显是反对现场拆大底的。实际上是我没看见他。我听说了，赶紧找到他，对他说："没那事儿。有不同意见很正常。我那会儿是正想着事儿，没看见你。"同志之间，沟通很重要。工作上对事情有不同意见，赞成的没错，反对的也没错。但是需要有决策。最后定下来了，就这么办。

问：开大底顺利吗？有没有发现故障原因？

答：虽然下了决心，做了开大底的决策，但风险确实很大。这20多天我都在发射场盯着，睡也睡不好，吃也吃不下，体重下降了8斤多，压力很大。

好在开大底的准备工作做得非常充分。开大底之前，张庆伟、戚发轫、袁家军等同志反复分析，又专门召集飞船系统开了一次会，把归纳出的14条风险和其中的4条致命的关键点一一拆解，反复告诫大家拆大底的风险，尤其是吊起返回舱后，返回舱头重脚轻，左右摆动，火工品极易爆炸，千万要小心。张庆伟对同志们说："用七天做了预案，成功是有把握的，大胆地去操作，但每一步，手放在哪里，脚放在哪里，都要考虑清楚。拆成功了，功劳是你们的。出了问题，我们来承担责任。"

开大底的工作组织得非常严密、小心。推进舱与返回舱之间的五个火工锁是易爆品，专门派了五个人，一人盯一个，确保不被碰撞。还有一个人守在返回舱与推进舱之间的平台，专门监视这个重点部位。返回舱内也派了一个人进去，任务是监视舱内像血管一样密密麻麻的电缆不要被拉伤。返回舱的起吊，是拆开飞船大底的关键，吊起来不晃动，就算成功了一半。要是左右晃动，火工品极容易爆炸。所以起吊之前，王永志亲手把为了固定返回舱而设置的三根吊带仔细地摸了一遍又一遍，戚发轫把起吊的各个关键岗位也是检查了一遍又一遍。大家的心情都是一样的。

一切准备工作都就绪后，飞船返回舱防热大底才被慢慢地、小心翼翼地拉开。大底打开后，技术人员把坏了的陀螺拆下来更换了。还有一个意外发现是，有一根信号线接触不良。之前发现的继电器经常短路的问题，查不清原因，打开之后就发现了，是那根线在一个有棱角的地方磨秃噜皮了。打开了，都检查了一遍，问题就都解决了。大家都倒吸了一口冷气：幸亏开了大底！

问：故障排除后，接下来的测试和准备是不是都顺利了？

答：排除故障之后，第二轮测试就比较顺利了，与发射相关的工作也随之提上了日程。因为拆开大底，原定的发射计划只有往后变更。921工程指挥部曾经在1999年5月召开过首次飞行任务工作会议，我在会上向七大系统的老总们宣布，1999年11月8日至18日，在酒泉发射中心择机发射神舟一号试验飞船。

但据气象部门报告，11月15日至17日有降温，高空风速超过了45米/秒，条件不太理想，但18日至22日之间都有合适的发射窗口。经过讨论，总指挥曹刚川最后拍板：发射就暂时定在20日，但准备工作照着18日的目标做，争取提前两天打出去。这个决定也是对的，戈壁滩降温的时候，风特别大。飞船火箭逃逸塔组合体刚刚转运到发射架才10分钟，瞬间就起了大风，最大风速有 19 米 / 秒，非常危险。

真是好事多磨，就在发射场为这次发射紧张地做着准备的时候，北京的应用系统空间环境预报中心突然传来消息：1999 年 11 月 18 日，狮子座流星雨达到流星暴水平的可能性极大。如果神舟一号飞船在此时发射，运行过程中极可能遭遇流星暴的强烈袭击，这将会危及飞船的安全。流星暴就像在太空中的小陨石雨，是航天器飞行中防不胜防的大敌。预报中心科研人员的计算结果是，神舟一号发射的日子正处在狮子座流星雨时间段内，而彗星轨道则有流星暴发生的可能。也就是说，在肉眼可见的流星背后，还有大量从彗星迸射出来的陨石，密度很大，只要有一颗击中飞船，后果都是灾难性的。

预报中心向正在发射场的飞船应用系统总指挥、总设计师顾逸东做了汇报。顾逸东立刻报告给了我，并且告诉我，根据计算，推迟 24 小时风险率降至 6%，推迟 48 小时，风险率几近于零。

事关重大，我立即报告了总指挥曹刚川，工程指挥部马上召开紧急会议。我说：为了万无一失，就推迟到 20 日发射吧，如果再推迟，恐怕也不是好事。曹刚川很干脆，拍板了。

后来事实证明，这个决策很正确。美国、俄罗斯、澳大利亚和法国的气象部门都预测到了 11 月 18 日这天的流星暴。

还有一个故事，也挺好玩的。就在临近发射的前一个晚上，张宏显突然向我报告说：我们部的总设计师要找你汇报，他说问题挺大，可能还得改软件。当时我正在发射现场，马上就说：可以，你们来吧！汇报中，总设计师开始说这儿有问题，那儿有问题，最后触及核心的问题——要修改软件。

我一听，明白了他的意思，哈哈一笑，说："修改软件，谈何容易？软件调试了这么长时间，明天就要发射了，今天修改软件，这在程序上是不可能的，除非推迟发射，否则是实现不了的。而且一推迟就不是一天两天，这要慎重。"

稍停片刻，我接着说："这样吧，现在已经12点多了，这会儿也甭开会了，开也没结果。第一，你们回去研究必要性，就是说，为什么非改不可，你们得给我说清楚，我不能稀里糊涂地同意你们改软件。第二，通知北京指挥中心，连夜开会研究，改软件到底行不行，有什么问题，可能性如何。明天早上，我们八点开会，今天不研究了，你们分头去讨论，我要睡觉啦。"

其实，我哪能睡得着。送走那些总师们，我就一个人在房间里踱来踱去，直到天快亮了，才迷迷糊糊睡了。

第二天早上，我还蒙蒙胧胧睡着，就接到报告说，航天集团公司昨天连夜研究了，说不改也行。另外，北京指挥中心也研究了，说改也改不了，短期内没法改，要改就必须重新调软件。我一听，既不需要，也不可能，就说："好，八点不开会了，就这样了，按时发射！"

问：载人航天工程第一次试验飞船发射时，您在现场做了什么？是怀着什么样的心情？

答： 发射前一天晚上，工程指挥部又开了个碰头会，再次强调载人航天工程的首次发射具有重大意义，不仅关系到21世纪我国的国际地位和声望，也关系到载人航天工程的后续发展，甚至关系到中国载人航天工程的命运。中央对此非常重视，首次发射只许成功，不许失败。

曹刚川也说，飞船的首次发射，被中央列为 1999 年国家的三件大事之一。此前，我国已经成功地举行了庆祝中华人民共和国成立 50 周年大会，顺利地实现了澳门回归，现在就剩飞船的首飞工作了。上上下下，从事载人航天工程的中国航天人都感到责任重大。曹刚川也提醒大家，晚上工作容易疲劳，尤其到了最后关头，精力要保持高度集中，工作部署一定要严密。

发射那天，也有一个惊险的插曲。1999 年 11 月 20 日清晨 6 时 30 分，随着"点火"口令的下达，长征二号 F 火箭腾空而起，调度的指令一个个发出："程序转弯！""逃逸分离！""火箭一级分离！"突然，控制指挥中心大屏幕上的一组数据跳变不停，这说明测控站显示火箭的飞行速度在下降！

顿时，专家席上的老总们一下子齐刷刷地站了起来，都很紧张地盯着大屏幕看。首长席的领导们也都一个个瞪大了眼睛。几位系统的总师、总指挥就更紧张了，担心出问题。

我一看这情况，连忙说："大家沉住气，等到船箭分离再看。"十分钟后，传来了北京航天指挥控制中心的声音："船箭正常分离，火箭反推点火！""青岛站完成双向捕获，飞船准确入轨！"

顿时，大家高兴坏了，一片欢腾，很多人都激动得哭了。我心情也很激动，但是我没哭。我记得当时还打了个比喻，我说这次打了个 10 环。

宣布发射成功的是中央军委副主席张万年，他走到指挥大厅的前台，大声宣布："神舟一号飞船成功发射，标志着我国载人航天工程取得了重大突破，是中国迈向新世纪的一座新的里程碑。"

江泽民等中央领导在北京航天指挥控制中心一直等待着发射的消息，得知发射成功后，十分高兴，立即向前方试验人员表示祝贺。

发射工作一结束，我们立即乘转场飞机赶往北京航天指挥控制中心。回到北京的时候，心还一直悬着。在太空飞行一天之后，飞船即将返回。一夜未眠的领导们、专家们都盯着屏幕上的数据，一道道指令也还在不断地发给飞船。

按照预定程序，在飞船返回的前一圈要注入一道指令，对轨道进行修正，确保准确返回。但修正指令在渭南站注入时，没有成功。轮到青岛站注入时，还是没有成功。到了日本海上空时，通过远望二号测量船注入，仍然没有成功。如果修正指令注入不了，飞船落点将会偏离40公里，这时飞控组提出建议，让远望三号测量船先注入修正指令，然后再注入调姿和返回指令。

此时远望三号测量船在大西洋上，只有5分钟的工作时间。接到指示后，远望三号立即开始抢发修正指令。发修正指令，首先要删除原来的第一条命令，因此耽误了不少时间，试了又试，到最后时刻才删除成功，这才按计划向飞船成功发出了调姿和返回指令。飞船接到指令后，建立起返回姿态，制动发动机点火，返回舱从南大西洋上空向着我国内蒙古中部预定着陆区飞奔而来。

11月21日凌晨3时41分，神舟一号试验飞船在内蒙古中部预定区域着陆返回。当时天气很好，月亮很亮，返回舱一出大气层，到达 60 公里高度时，许多人用肉眼就发现了目标。待命的直升机和地面搜索人员迅速赶向落点，仅用 9 分钟就找到了返回舱，回收工作很顺利。

首发过程惊心动魄，但这次任务完成得还是很圆满的，达到了我们原来提的目标：准确入轨，正常运行，安全返回。严格讲，应该说是精确返回，实际返回落点与理论落点仅相差 11 公里，落得很准，返回舱还是立着的，这是最好的状态。看到这么好的结果，现场好多人都流泪了，真是不容易。飞船返回地面的那一刻，我终于松了一口气，这么多年压在心上的一块石头终于落地了。

这次飞行成功的意义在于，凡是保证人安全回来所需要的几

神舟飞船首次飞行圆满成功，沈荣骏（左四）与测通所参试人员合影（1999 年）

个方面的技术都经过了考验，并且获得圆满成功，这本身就是对研制工作的一个最大的肯定，说明我们的飞船在技术上是可行的，方案是正确的。下一步要解决的则是可靠性问题。此外，从研制程序上来讲，这次飞行成功为今后载人飞船上天打下了非常坚实的基础。

打成以后，航天系统的专家都服气了。我和航天系统的关系不错，这也是原因之一，我做的一些决定到后来看还是正确的。

在我做过的所有决策当中，可以说，这是最难的一次。但是为了事业，不可能总考虑个人的得失。航天事业是有风险的，但这也正是航天事业的魅力所在，也是人们为之骄傲、为之奋斗的原因之一。

问：在您的航天生涯中，遇到过很多次像这样的重大决策，大家对您的评价是决策干净利索，不拖泥带水，不瞻前顾后。您是怎么做到的？

答：就两条。

首先第一条，系统概念要清楚，系统概念不清楚，就不敢做决断。也就是说，对自己负责的这摊工作，从整体到细节要做到了如指掌。想要做到了如指掌，就必须深入基层、深入实际，要集思广益、倾听各方的意见。在清楚局部的基础上，还要能洞察全局，要有全局观念。比如测控系统的事，除了测控以外，对其他系统也要了解，否则就下不了这个决心。

第二条，从工作上来讲，就是要敢于负责、心中有数。既然干，就得负这个责。要是不敢负责，就别当这个总指挥。该怎么办就怎么办，即使有风险，也得担责任。但是，风险必须是可控的。在风险可控的条件下，该下决心就要下决心，不能拖泥带水。作为现场指挥，如果腻腻歪歪的，一线工作怎么干？实际上，决心也不是随便下的，就像决定拆大底之前，我找基地司令员谈，找总师谈，找试验队的同志谈，找总装厂厂长谈——和好些人谈了，才能做到心中有数。

另外，我还想强调一点，相互信任、相互支持也很重要。航天试验任务的组织、协调、管理很复杂，牵扯到方方面面，决心下起来很难。但是，航天系统有个很好的传统，就是大力协同，大家很团结。出了问题，大家共同商量，从不相互指责，也不推诿、埋怨，而是主动在自己承担的工作中找问题、找不足。航天系统在这方面做得很好，很团结，这点很重要。

航天系统团结的局面是经过这么多年的合作建立起来的，是大家精心维护、精心培育的结果。所以，我们在工作中一定不要去人为地制造矛盾，要按照原则办事，只要是符合规定的事情，该办的事情，再难也要办好。有了相互信任的基础，有了融洽的合作关系，在现场定了的事，大家就不会再说什么，都会全力配合。这是我这些年得出的一条非常重要的经验。我很感激航天系统的同志们，大家对我都很支持。没有相互信任，没有团结一致，大的工程就干不了。

问：作为载人航天工程副总指挥，您认为载人航天工程之所以能够取得成功，在工程管理上有哪些经验值得总结？

答：可以这么说，载人航天工程，是我们国家航天史上迄今为止规模最大、系统最复杂、技术难度、可靠性要求最高的工程。要组织好这样一项工程，管理上没有系统工程的思维是不行的。

要抓好载人航天工程，做好顶层设计很关键，要通过顶层设计，梳理出一个明确的思路。

载人航天工程一启动，我们便确立了"三步走"的发展战略，每一步的目标都很明确：第一步，发射载人飞船，建成初步配套的试验性载人飞船工程，开展空间应用试验；第二步，突破航天员出舱活动技术、空间飞行器的交会对接技术，建设空间实验室，解决一定规模的、短期有人照料的空间应用问题；第三步，建造空间站，解决较大规模的、长期有人照料的空间应用问题。

简单说，就是第一步搞飞船、突破载人航天技术，第二步搞短期照料空间实验室，第三步搞空间站。这样，就把一个长远的、宏大的目标，分解成了一个个具体的阶段性目标。这些年，我们一直按照"三步走"的既定方针，稳扎稳打，一步步向前推进。

庞大复杂的载人航天工程被分解成了七大系统，包括航天员系统、飞船应用系统、载人飞船系统、运载火箭系统、发射场系统、测控通信系统和着陆场系统。即使这样，每一个系统仍然很复杂，如果没有一套好的管理体系，每个系统自身都很难按照计划有序推进。何况七大系统还必须步调一致，只要有一个系统拖后腿，整个工程的进度就会受到影响。

因此，在工程管理上，我们确定了总指挥负责制，设立了总指挥和总师两条指挥线。两条指挥线可以说是我们国家导弹航天事业通过长期实践摸索出来的一种适用于大型工程的组织管理模式：一条是以载人航天工程总指挥为首的行政指挥线，一条是以载人航天工程总设计师为首的技术指挥线，前者负责指挥调度，后者专注工程研制。这两个系统组成了一个既相互协调、相互支持，又分工明确、相互制约的工程组织管理体系。我们定期召开行政指挥和技术指挥两总联席会议，讨论决定重大问题，确保各大系统密切配合、统筹协调、步调一致，确保局部利益服从整体利益，从而达到整体效益最大化。我们是按这个思路来抓好整个载人航天工程建设的。

至于每个大系统，仍然是要抓住总体这个纲不放松。先是抓总体方案，然后按照总体方案来分别建设各个模块。这里面当然遇到了很多问题，因为是第一次干，没有问题是不可能的，但是总体上进展得还比较顺利。这又得益于我们吸取了过去任务的一些教训，下决心狠抓质量管理。可以说，载人航天工程研制过程中出现的任何问题，都要进行严格的质量归零和管理归零，并在制度上予以完善巩固。"72 条"以及发射现场的"质量归零双五条标准"，都是非常严格的质量管理规定，整个载人航天工程都严格按照这些规定进行全过程管理。

最后，最大的动力源泉，也是最大的不确定性所在，就是人的因素。管好了，效率倍增；管不好，问题频发。我们一方面采取责任制，明确每个人的职责范围；另一方面，通过各种激励机制，调动每个人的积极性。说老实话，对这支队伍，我还是很有信心的。中国航天人有自力更生、艰苦奋斗的传统精神，正是他

沈荣骏（左一）与中国载人航天工程副总指挥栾恩杰（中）、总设计师王永志（右）在
酒泉卫星发射中心（2003 年）

们创造出了"两弹一星"精神和载人航天精神，人是我们最宝贵
的财富。

　　中国航天经过几十年的摸索，可以说形成了一套独特的、经
过实践证明的工程管理办法。这套管理办法在载人航天工程的实
践中，又有了很多新的发展，而且我认为都是非常成功的。

　　整个载人航天工程从论证过程到最后的结果来看，我觉得是
比较完美的。现在完全可以说，载人航天工程是一项世纪工程，
是一项典范工程，是国防科工委扑下身子踏踏实实按照科学规律
抓的一项工程。

　　问：如今回过头来看，载人航天工程有着什么样的意义？

　　答：1992 年 9 月 21 日，中央决定载人航天工程正式上马的

时候，就讲得非常明确，第一期工程有两大任务，第一是突破载人航天技术，第二是培养跨世纪人才。那么现在来看，两个目标我们都实现了。

第一项任务是突破载人航天技术，把人送上天。2003 年 10 月 16 日，神舟五号飞船把杨利伟成功送入太空，那个时候我们就实现了这个目标。

我的那首《满江红·第一艘载人飞船发射成功有感》，就是在神舟五号发射成功的时候写的。打成那天我非常激动，随便拿了张纸，一口气就写了出来。所以写东西也要看心情，当时心情很好。

> 大漠深深，黑河畔，神箭耸立。
> 放眼望，日月同辉，碧空万里。
> 惊雷一声震寰宇，巨龙冲天鬼神憟。
> 看今朝圆我航天梦，如愿矣。
> 忆往昔，夜难寐。
> 同携手，斩荆棘。
> 伟业路漫漫，仍需努力。
> 浩瀚苍穹常驻守，欲挽嫦娥游星际。
> 立壮志，更上一层楼，全无惧。

第二项任务是培养人才，而且是培养跨世纪人才。因为那个时候已经是 1992 年了，21 世纪很快就要到来，所以我们要培养的是跨世纪航天人才。当年参与这项工程的很多年轻人都成长起来了。

说实话，一开始大家对载人航天的认识并不一致，论证的时候，我曾经是个反对派。我当时认为，有钱还是搞些应用卫星和卫星应用，载人航天用处不太大。但是，随着论证的深入以及工程的推进，我越来越觉得，中央的决策是正确的。

载人航天工程首先是我国改革开放成就以及综合国力提升的集中体现，没有改革开放，没有综合国力的提升，我们就是有心也无力。曙光一号之所以下马，不就是我们因为那时国力不够嘛。

另外，载人航天工程也是国家技术实力的集中体现，它向全世界证明，我们有技术、有能力把人安全送上太空并安全返回。同时是在向世界宣示：太空有我们中国人的一席之地。

除此之外，载人航天工程对我国科技的发展、经济的发展，都有着巨大的推动作用。其作用和影响之巨大，不是今天就能完全说清楚，就能盖棺论定的，但是终将随着历史的发展更加清晰地显现出来。

6.9　一生奉献给国家导弹航天事业，吾愿足矣

问：神舟一号任务成功后，您当即提出辞去载人航天工程副总指挥的职务，为什么？

答：前面说过了，神舟一号飞船 1999 年 11 月 20 日发射升

空，21 小时之后，返回舱顺利降落在着陆场，任务取得圆满成功。正好刚过了我 63 岁生日。

过去每次发射任务，我基本上都在现场，通常就待上 7 天到 10 天。这次发射神舟一号，我在戈壁滩待了 40 多天。为发射一个型号在现场连续待这么长时间，以前从来没有过。可是不待行吗？压力太大了！也有人问过我：图啥？我说：啥都不图！这是国家的利益，党的利益，我相信我们能够成功。

在现场这 40 多天，方方面面的问题要随时处理。除了吃不下饭，睡不好觉，颈椎病又犯了，神经受到压迫，半边身子都疼，我只能咬牙硬撑着。

年纪已经满 63 周岁，任务完成了，到点了。我这才在回北京的飞机上，提出了辞职。戎马生涯七十载，能够亲身参与并见证中国导弹航天事业从艰难起步到突飞猛进的整个发展过程，我感到特别满足。虽然很多壮志仍未酬，但我们的事业自有后来人。能将一生奉献给国家导弹航天事业，吾愿足矣。

卸任以后，每次飞船发射，我都要到现场。我总是对航天有一段深情，特别是载人航天，从一开始搞到今天，有很多的酸甜苦辣，到现场看看，也是了我的一个牵挂吧。

问：您在导弹航天领域工作了一辈子，尤其是在国防科工委副主任任上干了十几年，做过那么多工作，哪些方面感受最深？

答：确实，几十年里我在很多不同的岗位上干过，现在碰到老同事在一起，从相互的称呼就知道我们是哪一个阶段的同事，有的叫我"老沈"，有的叫我"所长"，有的叫我"校长"，调到科工委以后，同事叫我"沈副主任"，这都是基地和国防系统的，浙大的老师们叫我"沈院长"。

在国防科工委副主任位置上待了十几年，我自己最大的感受是心情愉快。国防科工委的作风很好，大家团结协作，上下一心，很容易沟通，所以各项工作推进起来也很顺畅。另外，我们和航天系统的关系也处得很好，所以基地和航天系统有了矛盾，我们领导或机关一出面，还是很容易解决的，没有遇到大的难题。

对我个人来说，所有的工作就是两个字：尽责。

不论是在什么岗位，对我来讲，工作的宗旨就是要给大家办事。所以，首要的，我对自己和我对机关的要求一样，要勤下基层，只有"勤下"才能了解真实情况，才能知道基层的困难。但是还有一条：凡是基层职责范围内的事儿，都不要去乱干涉。我们下基层的任务，就是去帮助基层解决问题，否则就别去。这样一来，部队和机关的关系就和谐了。回过头来，部队对机关的工作也很支持。

如果说对国家的事业有所贡献，那就是建设航天测控网，这么大的系统，没有用外国的一个设备，所有的设备、元器件，都是我们自己研制的。这是我一生中为国家做的一件大事。

问：您认为做领导干部应该特别注意什么？

答：领导就是出主意，用干部，为大家服务。要我说，做领导就这三条，其他的没什么。出主意，用干部，是毛主席说的。做事有什么主意，领导要拿出来，还要把人用好。另外我又自己给自己加了一条，就是要为大家服务好。领导就是为大家服务的，不能摆架子，这个思想必须贯彻。

我觉得还有一条很重要，就是要宽容。对于出现的问题，不要过多地去指责别人，而是应该帮助他们去解决问题。不仅工作如此，为人也是如此，一定要以宽容的态度对待别人。之所以当时上下关系很好，与友邻单位关系处理得很好，和这些都是有关系的。

宽容并不等于放松要求，工作还是要高标准、严要求。我不仅对下面这样要求，对自己也是如此。

我在国防科工委工作，是从 1988 年到 1995 年，司、政、后，我的工作都有涉及。两个礼拜开一次司政后联席会议，各部门有事儿就在一块儿讨论，做决定，该怎么办就怎么办。两个礼拜之后再检查进展，是不是落实了。然后，再布置新的事儿。"司政后联席会议"就是从这个时候开始的。

那时候每天不知有多少事儿。司机帮我统计过，包括在国务院和军委的，我的兼职有 16 个，很多会议、活动我都得参加。司机小丁都不敢离开自己的屋子，那会儿还没有手机，说不定什么时候就要出去，叫走就得走。什么会都得去，忙得没有一点点空闲时间，下基层也都是尽量速去速回。

那时，我给机关定的规矩是：不要干预基地的事务，要去就要帮人家解决困难。我自己和基地领导说的是，"有问题你们自己能解决的自己解决，自己不能解决的我帮你们解决"。每次去基地，一去一回都要两三天时间。平常该怎么办，基地党委自己决定，年底咱们"算总账"。每年年底都要开一次会，我把基地司令员、政委都请来，谈一谈这一年的工作，好的就表扬，不好的就批评，有问题的就总结经验教训，而且明确规定机关不准干预基地的工作。各个基地的机关作风、部队作风都是很好的。

问：您对人很宽厚，但批评起人来也很严厉。可大家都还是有事爱找您，说您从不在心里记别人的过，是这样吗？

答：平时我对人宽容，并不等于我没要求，生活上的事我不计较，但工作上的事，我还是一条：必须高标准、严要求。这是多年部队生活养成的习惯，干我们这一行，那是"千人一杆枪，万人一发弹"，不高标准、严要求，不万众一心、雷厉风行，能行吗？！当年，我们基地那位李福泽司令，平时对人可好，宽厚，爱才，但批评起人来那是很严厉的，有时重话、狠话一起来，教别人很害怕。

我这个人，批评完就拉倒，从来不"记账"，有不同观点就放桌面上谈，大家为的都是工作上的事，跟我吵架没有关系。

我说一件印象比较深的事。那时我还在测通所当所长，西昌基地组建不久，为了一种遥控设备的选点定点问题，我们与基地意见发生了很大分歧，基地的意见是要把这套设备放在离指挥中心不远的山下边，测通所的建议是放在离发射阵地较远的一座山头上，基地不同意。两家争论激烈，谁也说服不了谁。

最后，这事儿闹到北京，到国防科工委领导那儿裁决。国防科工委主任陈彬，副主任马捷，还有钱老一起来听汇报。会上两家都据理力争，阐述自己的观点和理由。我代表测通所首先谈了主张设在山头的意见。我说："西昌基地的布局，不仅要考虑到建成后发射各类卫星，还要考虑未来发射宇宙飞船的需要，尤其测量控制设备的安设位置更是如此，放在离发射阵地较远的山头上比较有利，'站得高、看得远'，对未来飞船发射的测量控制也方便。"

西昌基地不同意这个方案，代表基地出面的是张建启。我与张建启早已相识，他在1970年大学毕业后被分配到老20基地，那时我是航测处副处长，他在我手下干过半年多，后来组建西昌基地时组织上把他调去了。他说："我们主张把设备放在山下，是经过计算和论证的，没问题，我们认为能够完成任务，也完全具备完成任务的条件。"我说："小张，我知道，放在山下完成同步通信卫星是没问题的，但你光考虑眼前完成同步通信卫星，不考虑未来飞船发射，这怎么行？"张建启据理力争，问我："飞船什么时候打？到那时遥控是什么体制？这套设备到那时还能不能用？我现在首先考虑331工程！"

这样，我们两人在会上又争得简直就有点要"干架"的味道了。到最后，张建启有些激动："你们住在城市，不在这里干不知道，你们测通所的，来这山头上干两年试试！"说完这话，他自己可能也觉得这话有些过头了。

围绕遥控设备是放山上还是山下，是先顾眼前任务还是兼顾未来的问题，两种意见僵持不下。这时钱老表态了，他说先不要考虑飞船，331工程发射任务已经临近，先考虑完成331工程发射任务。既然钱老这么说了，我也就同意了基地的意见。

但这一争，让我对张建启刮目相看，他做事认真、执着、专业，有独到见解，是个不可多得的人才，我挺喜欢的。散会后，我想要调张建启到测通所工作，基地坚决不放。

后来张建启在西昌基地当司令员，我在国防科工委时，调他到国防科工委任作试部部长。载人航天工程启动后，他担任发射场系统总指挥，2004年任总装备部副部长。我们共事很多年，现在也是非常好的朋友。

问：听老同志说，您每次都把获奖名额让给别人？

答：要说到这个事儿，我可以讲点儿故事。"三抓"任务完成后，测通所在1985年报了三个特等奖，一个是718工程，一个是测控网规划论证，还有一个是光学工程。所里报的时候，前两项我排名第一，因为是我主抓的。光学工程我排在第二。1985年，我已经到国防科工委当副主任了，看到报奖名单以后，我把我的名字划掉了。我当时还写了句话："领导不要奖。"领导要什么奖啊，这就是我的想法。

那么后来评院士就出问题了，前两次评院士我是"白丁"一个，啥奖也没有。后来领导出面，国防科技系统很多了解我的专家也帮我说话，意思是他确实有奖，是他自己不要，但是别人不理解。所以第一次差了一名，第二次差了一票，反正选不上。说句老实话，我内心对这个也无所谓。

再后来，载人航天工程评奖，测控系统得了一个国家科技进步奖特等奖，我排名第一。奖状拿来了我才知道，我问他们怎么回事。他们说这事儿没告诉我，知道我不要奖，告诉我就不好办了。有了这个国家科技进步奖特等奖，中国工程院院士评审就一路高票通过了。

结果更有意思的是，退下来以后，我整理保密柜，有三个信封没开，打开后发现，我有一个国家科技进步奖二等奖，两个军队科技进步奖一等奖，我根本不知道。他们知道我不要奖，不敢跟我说，评完奖就把信封塞到我的保密柜里了。所以我还是有奖的，只不过我自己不知道。

当年老20基地有个传统，每到评功授奖的时候有"五让"：领导让部属，干部让战士，党员让群众，老兵让新兵，军内让军外。大家都是主动谦让，特别是领导，强调吃苦在前，挑重担在前，遇到好处往外让，往后躲。老20基地成长起来的干部，受这种大环境的熏陶，有些东西已经深深刻在了骨子里，成了一种潜移默化、自觉的行为。

领导干部，首先要把名利看淡，才能做到心底无私天地宽，才有利于班子的团结，才能把大家凝聚在一起提升战斗力。只要不掺杂私利，很多事情做决断的时候就容易了。

问：听说您"退休""退"了两次，有这回事吗？为什么？

答：我"退休""退"了两次，是句玩笑话，但也可以说确有其事。第一次是在1999年。那年11月，发射神舟一号期间，我在东风基地过了63周岁生日。这次发射很成功，我很高兴。但在基地这40多天里，身体确实累坏了，体重直线下降了8斤多。颈椎老毛病又犯了，压迫神经，胳膊疼得抬不起来，只能咬着牙坚持。

飞船打成了，回北京的飞机上，我和总装备部曹刚川部长坐在一起，我就对他说："曹部长，我已年满63周岁，到点了，我要求辞职不干了。"曹刚川未置可否。回到北京后，我住进医院检查。曹部长来医院看我，我再次向他提出辞职请求。曹部长说："你得把人送上天再说。"我说："那不合适。我已经有接班的人啦，老胡（总装备部胡世祥副部长）已经是副总指挥了，他是现职领导，我年纪已经到了，我再在那里一坐，人家怎么干？没法干！所以我坚决要求辞职。"曹部长后来同意了，但要我当顾问，我很爽快地答应了。

就这样，2000 年，我正式卸任载人航天工程副总指挥一职，担任载人航天工程的顾问，离开了一线，"退休"了。

2005 年 10 月，我当选中国工程院院士，当时的政策是院士不退休，所以又把我"收"了回去。到了 2010 年，又让我恢复了现役。到了 2015 年，军队总政治部下了文件，70 岁以上退休，所以我在 2015 年正式退休了。

从 1959 年参加工作算起，我参加过苏制导弹和仿制导弹的试验，经历了我国自行研制的第一枚导弹从试验失败的惨痛到装备部队的喜悦，参与并见证了东方红一号卫星实现寰宇飞行，经历了"三抓"任务的风风雨雨，一直到 1999 年神舟一号胜利返回，算是画上了一个圆满的句号。

问：虽然您从领导岗位上退下来了，但您一直在关注国家的航天事业，听说此后您还担任了探月工程的高级顾问？

答：是的，探月工程我们国家是 2004 年正式开始实施的，孙家栋是探月工程总设计师。之前谈到过，我和孙家栋是老朋友、老搭档。关于探月工程的测控系统，我们之间讨论很多。

探月工程当时最难解决的问题是测控。在此之前，中国航天测控的最远距离是 3.6 万公里，可地球到月亮的平均距离是 38 万公里，整整增加了 9 倍多。到底能不能探测到，这是最关键的。

而且绕月卫星，38 万公里不是一下就能飞到的，从地球到月球的途中，要经过几次变轨，还要让卫星找准轨道，才能实现绕月球飞行。因为距离太远，所以需要更好的天线和无线电测量设备，还要解决严重的信号延时难题。由于工程经费和工程周期的限制，探月工程存在很大困难。但任何事情都有第一次，压力和困难肯定都很大。

在工程正式启动之前，我和孙家栋就经常在一起讨论。虽然我们都没有做过，但我们都有信心，目标是可以实现的。我当时就跟孙院士说：行，我们能做到。

这个"行"当然不是随便说的，既是考虑到我们国家现在的硬件、软件配套实力，更重要的是我们有自己的专业队伍。我们找了一帮研究人员进行了具体的分析、测算，最后从理论上得出可以实现的结论。

我担任探月工程高级顾问三年，我们经常一起讨论技术方案，尤其是刚开始时测控方案怎么做，我参与得比较多。这是我在航天领域直接参与的最后一项国家重大工程项目。

问：我们还读到了您 2010 年发表的关于深空探测的论文。能谈谈您对我们国家航天工程发展方向的思考吗？

答：我一直认为，大任务，都是为大目标设计的。我们的大目标只有一个，就是国家强盛，人民安居乐业。因此，硬件也

沈荣骏参加天地一体化网络发展方向及技术创新研讨会（2018年）

好，软件也好，任何一项进步，体现的都是国家实力的提升。

在软件技术方面，我曾经对"星际互联网"技术做过一些思考。

我们现在谈的"互联网"，基本上还是在地面，而在星际互联网方面，我们还有很多研究领域没有涉及，我们所取得的研究进展与发达国家相比也还有不小的差距。

随着航天技术的不断发展，人类的航天活动会越来越多，我们的航天任务也会快速发展，特别是随着星际链的出现，以往点对点的传输方式将不复存在，建设天地一体化的航天互联网势在必行。

目前我们首先要改变的是协议转换过多带来的效费比问题，

提高规范性，就是加强信息共享，只有做到这一点，才能提升航天的应用效益。同时，要研究和分析复杂环境下网络协议的特殊性，要满足适应距离远、传输时延大、链路质量差、动态变化快以及高可靠性和安全性的要求。

网络协议和网络管理是星际互联网的关键技术。星际互联网的研究必须是在对我国当下及未来的航天任务全面、系统的分析的基础上，建立起合理的体系结构，才可能有正确的技术设计方向。

无疑，星际互联网是一项非常复杂的系统工程，但我相信我们能做到。我们的空间实验室正常运行了，探月工程"绕、落、回"实现了，天上有了我们更多的卫星。下一步，就是如何把卫星用好，造福人民。

中国的航天事业在全世界具有相当的规模，中国是一个航天大国，但还不能说是一个航天强国，主要是我们在技术上与发达国家相比还存在差距，特别是工艺、材料、元器件等方面仍有欠缺，这对航天的发展有很大的影响。用尖端技术的发展带动产业水平的提升，同样是我们发展航天事业的大目标。因此，要达到建设航天强国的目标，我们还有很多工作要做，需要各行各业共同努力，一切从基础做起。过去的 70 年，我们这一代人证明我们能做到，未来，我们的下一代同样能证明我们能做到。

第7章

老将挥戈长航院

2007年，浙江大学筹建航空航天学院（简称航院），任新民老总向浙江大学推荐我当院长。我向学校提出的要求是，要干就好好干，不做挂名院长，不当名誉院长。2007年1月16日，学校发文宣布"浙江大学航空航天学院成立，沈荣骏出任航空航天学院院长"。在学院成立大会上，我给自己立下了一个"军令状"——学院发展要围绕国家国防科研的重点需求，聚集航空航天领域的科研教学力量，力争用15年时间，把浙江大学航空航天学院打造成为对中国航空航天领域研究起重要作用的科研教学实体。

　　浙江大学与航空航天有着很深的渊源。据我了解，1936年，浙江大学在机械工程学系设立了航空工程门。1945年，著名力学专家范绪箕先生在浙大创办了航空工程学系。之后，著名航空工程专家梁守槃先生是第二任系主任。20世纪50年代，全国高校院系调整时，浙大航空工程学系被并入了其他学校。

　　新成立的航空航天学院是在浙江大学力学系和航空航天系的基础上成立的，以前有些积累，但是，办院的困难和压力确实不小。如何办出自己的特色？怎样才能对接国家战略？理清发展思路，找准学院定位，这是学院创办之初很重要的一项工作。

结合学院的专业能力和国家航空航天发展战略，经过校内校外不断调研、讨论，我们归纳提炼了"一个原则"（学科发展定位是"只做小而精，不做大而全"），"一个路径"（学科发展路径是"交叉引领，特色发展"，"特色"就是要有自己的"拳头"，有自己的优势，要在全国甚至全世界做到最好），以及"一个核心"（即"以师资队伍建设为核心"），基本上明确了浙江大学航空航天学院的办院思路，明晰了几个重点发展方向，逐渐起步融入大航空航天领域。之后学院发展势头不错，项目应用前景也非常好。

2017年是航院创办10周年，我已及耄耋之年，得交班了。我已把航院领进"国家队"的大门，打下一个很好的基础，就很满足了。2018年1月，我正式卸任，在院长的岗位上一共工作了11年零10天。

7.1　要干就干好，
　　　不当挂名院长

问：2007 年，浙江大学成立航空航天学院，您出任首任院长。是什么机遇使您这样一位戎马半生的将军走入一所民口高校执掌一个新成立的学院？这在您的职业生涯中是一个"意外"吗？

答：2007 年，我 71 岁，平时日程安排还是很紧。从职务上说，虽然我不再是"总指挥"了，但还是载人航天工程、探月工程、北斗导航工程的顾问，经常有事要"顾"，也还是国防科技大学、航天工程大学的博士生导师，有学生要带。

我去浙大航空航天学院当院长这件事儿是任新民老总促成的，任老总大半夜给我打的电话。任老总也是安徽人，比我年长 21 岁，是航天系统的元老级大科学家，"两弹一星功勋奖章"获得者。他是中国科学院院士，还当过第七机械工业部副部长，是一个做事非常认真、治学极为严谨的人，在航天界有着很高的威望，也是我非常尊敬的一位前辈。

记得那是 2006 年九十月份的一个晚上，已经 10 点多钟了，任老总给我打来电话，他很客气，说："沈副主任，你看浙大航空航天学院想请你去当个院长，你就给帮帮忙呗。"任老总向浙江大学推荐了我。他开门见山地说了缘由，认为我适合去当这个院长。当时我是婉拒的，我说："任老总，我不是不愿意干，实在是太远了。这么远，我一年只能去个三五次，一次去个五六天，干不了活儿啊。与其如此，不如算了。"任老总一听，说："哎，这就很好了。"他这句话一说，我就不好再说什么了。任老总在航天界德高望重，他开口了，这个面子是很重的。

其实，我有两方面的考虑：一是我对挂名的事没兴趣，但真干，肯定要花费很多的时间和精力；二是我基本上是在北京，杭州和北京还是有点远，花费在路上的时间会很多，很有可能会忙不过来。

问：听学院方介绍，当时是请您做"名誉院长"，按常人的理解，您早已功成名就，"名誉院长"既是一种尊重，又可以比较省力。是什么原因使您做了不留余地的选择，做一个实打实的院长？

答：任老总也是这么说的，当"名誉院长"。但是我最终答应应聘，前提就是不当"名誉院长"。这也是出于两方面的考虑：一是任老总出马，一再动员、说服，他肯定有他的考虑，我必须尊重老先生的嘱托；二是对浙江大学，我有一些基本的了解，从国家航天技术发展的角度，从国家战略的角度，是可以和教授们一起做一些对国家有价值的事。从学校的角度，一所民口高校，要融入航空航天领域，不是一件容易的事情。但挂名的事我从来不做，既然答应了，就要无所保留地去做一些对国家有益、对学校有益、对学科有益的事。

学校是培养航空航天事业后继人才的地方，高校的强项是基础性前沿研究和关键技术研发，这些对航空航天事业的发展都能发挥重要作用，在以往的工作中我也常常有这样的体会。

话说回来，我曾经当过国防科工委干部学校的校长，当时还专门找了相关的书籍，认真学习了教育方面的理论知识，可惜只干了一年，刚干出点名堂就被调走了。现在有机会重新当一次"院长"，也算是补上了人生的一个遗憾。做这件事的辛苦程度，还有可能做不好甚至身败名裂的风险，我都想到了，也经过了思虑。结论是，努力去做，做好了，于国家的航空航天事业，都是有百利而无害的，很值得让我为之努力。我口头请示了时任总装备部的领导后，答应了浙大。

问：您同意出任院长之前，学校向您或者您向学校提过工作条件或要求吗？学校方面针对外聘院长，有要求和承诺吗？

答：答应这件事的时候，我通过学院向学校提了两条要求：一是要干就好好干，不做挂名院长；再一个是要当就当院长，不当名誉院长。学校答复说很好，他们也是这么想的。正式任命是在 2007 年 1 月 16 日，浙江大学的"发任〔2007〕1 号"文件宣布"浙江大学航空航天学院成立，沈荣骏出任航空航天学院院长"。

在大学，一个学院的成立是大事。2007 年 1 月 21 日，浙江大学举行了航空航天学院成立大会，我在成立大会上做了一个简单的讲话，既是表明我的观点，也给自己立下了一个"军令状"——学院发展要围绕国家国防科研的重点需求，聚集航空航

沈荣骏在浙江大学航空航天学院成立大会上（2007年）

天领域的科研教学力量，力争用 15 年时间，把浙江大学航空航天学院打造成为对中国航空航天领域研究起重要作用的科研教学实体。

这是我对航空航天学院中长期发展目标的一个展望，也是我对学校的一个承诺。这十几年，我们一直在朝着这个方向努力。

问：走马上任之前，您做了哪些"功课"？初到浙大，学院给您留下的最深印象是什么？接触到的学者给您留下了什么印象？

答：答应下来之后，浙大航院的郑耀老师来北京，我们面谈了几次，他谈了学校和学院的一些想法。

浙江大学是有历史的民口高校，许多专业实力很强，有大量优秀的人才，教师和学生都很强。在军民融合的大背景下，浙江大学非常希望凭借自己的学科力量，参与解决国家重大国防项目中的难题，为军民融合以及国防科技事业的发展做贡献。航空航天一直是国家重点发展的方向，浙江大学决定办航空航天学院，也是出于这方面的考虑。

浙江大学与航空航天有着很深的渊源，历史上曾经设立过航空专业，这点可能很多人不太了解。据我了解，1936年，浙江大学在工学院机械工程学系设立了航空工程门。1945年，抗日战争结束，浙大从西迁地返杭，创办了航空工程学系，著名力学专家范绪箕先生是首任系主任，之后，著名航空工程专家梁守槃先生是第二任系主任。在学院成立之前的调研阶段，学院还专门去拜访了范老先生。听说，请业内专家出任院长的建议，就是范老先生提的。

20世纪50年代，全国高校进行了大规模院系调整，浙江大学航空工程学系被并入华东航空学院，紧接着又被并入西北工业大学，成为西工大的骨干力量。国家"两弹一星"元勋中，赵九章、吕敏、程开甲是浙江大学培养出来的学生；钱三强曾经当过浙江大学校长；王淦昌曾在浙江大学任教14年，程开甲就是当年王淦昌在浙大任教时的学生。也是在50年代，记录我们国家第一颗氢弹爆炸试验用的高速摄影机就是浙江大学光仪系研制的。

可以说，浙江大学有着很深的航空航天情怀，上上下下对办好航空航天学院有着强烈的共识，这一点难能可贵。

7.2　我很乐意同师生们打交道

问: 从军事化管理的单位到高校，从管理的角度，您觉得最大的差异是什么？您是怎样适应这个新职务的？有没有发生过因为思维方式不同而产生的思想碰撞？

答: 1998 年四校合并后，新的浙江大学曾希望通过外聘院长的模式促进学校的发展，当时几乎百分之七八十的院长都是外聘的。从工作任务上说，外聘院长和非外聘院长的主要职责是相同的。浙江大学方面希望我能在探索学院发展方向、确定科研项目以及建设人才队伍方面给把把关，并没有提出特别具体的目标和要求。这也是高校工作的特点之一，有很大的宽容度和包容性。但是，我既然答应了当这个院长，就要切切实实担负起院长的职责，尽一切可能让学院的第一步迈稳走好，还要为之后的发展打下一个坚实的基础。

我虽然在国防科工委干部学校当过一年校长，但那是部队院校，我的下属也同样是穿军装的军人。部队执行能力强，军人以服从命令为天职，指令下达以后，会得到迅速执行和反馈。

民口大学的风格和部队院校完全不一样。浙江大学作为一所知名的高校，学术氛围很浓厚，校园充满着自由、宽松、活跃的气氛，有活力，有朝气。但在这里，部队那一套管理模式不管用。这里地位最高、最有权威的是教授，不是领导。教授不会用"下级服从上级""我是下级你是上级"这样的逻辑思考问题。领导发话，教授不一定听，比如，学院的行政部门帮我安排同教授面谈，教授是可以和我说"我没空"的。所以，每次我都给学院提前量，让教授选时间。初到浙大，约一位教授交流，学院办公室约上几次才约定的情况也曾经有过。

学校并没有给院长列出一个聘任标准，但教授自己有判断一个院长是否合格的标准，如果教授觉得这个院长不值得尊重，行政的那一套是不管用的。反过来也同理，如果教授认同你了，那么沟通就会很顺畅，他们会尊重你的分析和部署，所以我必须调整自己的思维方式和管理办法，去逐步适应浙江大学的特点，适应大学教师的工作特点，而不是让学校或者教师来适应我。

尽管现在已经卸任好几年了，我跟学院的老师们还经常有联系。一年里，我会尽量安排去杭州一两次，看看老师们，看看他们的项目进展。他们来北京也会来看我。过年过节打个电话是常事，他们一开口都还是叫我"沈院长"，叫习惯了。就像航天领域的老同事都还是习惯叫我"老沈"或者"沈副主任"。

问：与之前的工作相比，"学院院长"的职务显得非常具体，做一个"将军"和做一个"院长"，最关键的区别是什么？做一个好院长的关键要素是什么？

答：不管在哪里任职，我都有个习惯，经常到基层走走，到各个办公室转转，保持和基层的沟通交流，了解大家在做什么、想什么，了解他们有什么困难，有什么矛盾和问题。沟通顺畅了，管理上的障碍就少了。到浙江大学也一样。我很乐意同师生们打交道，我在浙江大学不光和航院的师生交流，其他相关学科的研究项目我也去看，去了解。浙江大学的老师能力很强，学生也很聪明，思维活跃，同他们交流能学到不少新东西。

虽然说管理工作的内核是相同的，但从管理内容上来说，还是有很大的变化。过去一二十年，我的工作应该说一直偏重宏观管理和决策。在航空航天学院，管理工作就要具体得多。就拿几个项目来说，要掌握各个项目的进展情况，要了解项目遇到的困难，和项目团队讨论解决方案。但最主要的是调整教师的评价体系，使得教授们能在自己的研究中看到工作的价值。对于已经很成熟的国家航天体系来说，新成立的浙大航院是个"小弟"。我是航天的"老人"，我的责任是带他们入门，帮助他们建立规范，了解执行航天领域任务和完成单纯的科研任务之间的区别。不过，我同时也在不断修正自己的领导方法，自由的科学探索与执行重大国家任务之间也是有区别的。

我记得无人机团队开始进入项目研发阶段之后，我对项目团队提的要求是"不能摔"，掉下来就是失败。开始阶段，困难重重。第一次试飞，他们联系后去了浙江玉环海边的滩涂。飞机落在滩涂上，就自己冲过去抬回来，还有老师因此得了病。有了一点把握之后，才联系去试验基地试飞。那里要挤进去已很不容易，零下18摄氏度的天气，科研人员把自己整个包起来，鞋子里还得垫上暖宝宝，吃的饭里都是沙。这样的条件他们都坚持下来了，只要有进展就很高兴。但是在研制试飞过程中，由于缺乏工程经验，难免出现摔飞机的事故，飞机摔坏了，他们一个个都很难过，压力很大。他们觉得对不起我。所以后来我就不再提"不能摔"这个要求了。确实，在执行航空航天任务的时候，"摔"了那是大事故，要浪费国家多少钱财？还可能会出人命。

沈荣骏为本科生做"中国载人航天"专题报告（2013 年）

但在科研试验的起步阶段，不摔是不可能的。关键是要建立严格的工程质量体系和归零机制，同样的错误不能犯第二次。航院的团队也在失败中积累经验教训，慢慢地越来越成熟。当年的博士生，留在学校的，现在已经是团队重大项目的负责人。这就是高校的作用，通过高水平项目培养高水平人才。

还有一个重要的问题，对于教师来说，不同的学科，研究成果的产出方式差异很大，领导对此要心中有数。浙江大学是综合性大学，理工农医商文史哲，都有。我向学校提出，希望能把与航空航天领域关系密切的项目合并到航空航天学院，建立起一整套适合工程项目的管理制度和人才评价机制，特别是人才评价体系，为项目发展创造更有利的环境。在高校进行学科院系调整，难度是非常大的。但学校层面做了很多工作，理顺了关系，这样，微波射频团队于 2007 年被并入航院，微小卫星团队于 2012 年由信息与电子工程学院转入航空航天学院。适合工程

沈荣骏在航空航天学院"名家讲堂"做专题报告（2014年）

项目的人才评价机制对团队的建设和健康发展能够起到至关重要的作用，这也是为国家战略服务。

浙大是按大类招生，学生进校一年后才确定专业。学院刚成立，学生们都不了解专业情况，招生很困难，第一年才招了50位本科生。我就给学生们讲课，讲讲我们国家的航天事业在艰难困苦的条件下是怎样一步步发展起来的，讲讲载人航天工程以及载人航天精神。航天精神是无价之宝，航天精神的传承很重要，不管干什么工作，没点理想，没点精神，没点追求，是干不好的。

浙江大学各级领导对航空航天学院的工作非常支持，学院的师生对我的工作也非常支持，各项工作很快就走上正轨了。

问：在学院管理方面，您做了哪些调整？

答：航空航天是面向工程的研发。做工程，首先要把团队建设好。团队中不但要有能做关键技术攻关的人，还要有做工程的人。在浙江大学这样的高校，人才的评价机制，对航空航天学院这样需要把一个项目做到高精尖而且要实现工程化的学院是不太友好的。我们必须建立起适合工程人才的培养机制、评价机制、奖励机制，才能确保对接国家战略需求的工程项目能够吸引人才、留住人才，才能可持续发展。

就本学科的人才评价体系向学校提出可行的体系建设方案，我认为也应该是院长的责任。2011 年，浙江大学设立了国防咨询委员会，我担任这个委员会的主任。国防咨询委员会除了在国防科研的发展方向上给学校提提建议，另外一项很重要的工作就是针对重点项目的人才管理机制，向学校提出建议。我曾经提议参考国防科大的人才评价机制，学校相关部门的同志去做了调研。浙江大学在这方面开展了一些工作，目前已经在一定范围、一定层面上建立起了工程型人才评价体系。

7.3 我们只做小而精，
不做大而全

问：从前您经常挂在嘴上的话，现在也成了学院师生的口头禅，比如"小而精""交叉引领""特色发展"等。这些有效的学院办学思路和发展目标，是如何形成的？

答：航空航天学院是在浙江大学力学系的基础上成立的，力学系历史悠久，培养出了许多优秀的人才。在航空航天领域的研究，有一些积累，但没有唱过"主角"。学院正式成立的时候，航空航天系也筹备了一两年了，有了一些思路。所以说，虽然是新成立的学院，但我们是有些基础的。

但是，办院的困难和压力也确实不小。一方面，航空航天领域有很多传统知名高校，比如说北航、哈工大、西工大、南航等，它们在航空航天领域有很深的积淀。另一方面，随着国家航空航天事业的快速发展，许多大学都在创办航空航天学院，呈现出群雄逐鹿的局面。那么，浙江大学要建设怎样的航空航天学院？如何办出自己的特色？怎样才能对接国家战略？这些问题都必须想清楚。

前面提到过，在成立大会之前，学院已经跟我有过多次深入的交流和讨论。掌握了基本情况之后，关于对接国家战略需求，我认为有几个方向是可以作为突破点的。因此在成立大会之前，我出面邀请了三位专家，在大会上安排了三场重量级的主题报告。一位是运载火箭系列总设计师、中国载人航天工程总设计师王永志院士，他讲的主题是中国载人航天持续发展的探讨；一位是航空系统工程的专家、歼-10行政总指挥刘高倬，他讲的主题是中国航空工业现状与发展；还有一位是直接参与了探月工程的张履谦院士，他讲的是空间电子学的应用与发展。那天下午，我主持了一场学院发展战略研讨会，请专家为学院发展提建议。他们都是我的老朋友，大家都很支持，报告会和研讨会都非常有效果。我和学院的大多数教师、管理干部，是在这次会议上才第一次见面。

这三场报告的主题既有"空"又有"天"，之后我们又开了很多次座谈会。经过一段时间的思考和讨论，我们提出了"一个原则""一个路径""一个核心"，基本上明确了浙江大学航空航天学院的办院思路。

问："一个原则""一个路径""一个核心"具体怎么解读？

答："一个原则"本质上就是学院的学科发展定位，即"只做小而精，不做大而全"。浙江大学是一所学科门类齐全的综合性大学，从校领导层面，要照顾到各个专业的均衡发展。因此，在这样一所综合性大学里创办航空航天学院，我们必须找准定位，只能做小而精，不能做大而全，只有这样，才符合学校的发展理念，才能与其他学院优势互补、相得益彰。在航空航天领域，像北航、西工大这样的知名高校可以称得上大而全，专业设置基本上覆盖了航空航天的各个门类，但那不是我们的发展目标，我们不能在所有门类上去和他们形成竞争，我们没有那么多资源，也没有自己的优势，所以只做小而精，不做大而全。

"一个路径"，指的是实现学院学科发展目标的路径就是"交叉引领，特色发展"。现在很多大学都创办了航空航天学院，目前已经有几十家，其中不乏像清华大学这样的知名高校。要是没有自己的强项，别说办出名堂，可能连生存下去都很困难。但航空航天涉及的专业面很广，我们怎么办？只有借助浙江大学学科覆盖面广、各学科都不弱的优势，将优势学科很好地融合在一起，航空航天学院才能办出浙江大学的特色。只有这样，才有可能在国内众多航空航天学院中立足，脱颖而出。所谓"特色"，就是要有自己的"拳头"，有自己的优势，要在全国甚至全世界做到最好。

"一个核心"就是"以师资队伍建设为核心"。说到底，大学是培养人才的地方，是做研究、做学问的地方，人才培养和科研都离不开师资队伍。所以，建立起一支优秀的师资队伍，是我们做好各项工作的核心和关键。我们一方面引进高层次人才，另一方面围绕几个重点项目建立起自己的交叉创新团队。回顾这第一个十年，学院教授队伍的发展还是非常可喜的。

理清发展思路，找准学院定位，这是学院创办之初我们很重要的一项工作。有了清晰的定位，有了目标和方向，下一步工作就好开展了。

问：前面您谈到了学院的学科基础，基础研究与工程应用之间的主要差别是什么？对"特色"，您是如何做出具体决策判断的？

答：浙江大学航空航天学院的基础学科是"力学"。力学系已经创建 60 年，偏理论研究，是学院的传统强项学科。航空航天系新成立，偏工程应用。做工程难，没有大项目，没有市场应用，没有一个精干高效的团队，很难出成果。当然，做基础理论研究要做透做好同样不简单。航空航天工程项目，一旦上马，既要高精尖，又要确保成功。一般民用项目，可以在运用过程中再不断改进。但是航空航天项目，没有失败的机会，这对研发人员的要求是很高的。

作为院长，首先就是要盘清楚自己的"家底"，有哪些教授在什么方向上正在做些什么事，水平处在什么位置。对我这个院长来说，一个优势是"外聘"，主观因素相对少一些，另一个优势是我长期在航天领域，对国际前沿和国家需求了解得比较系统、比较清晰。

在盘清楚家底之后，我们的方向就是平衡好基础研究与工程应用两者之间的关系，以基础研究推动工程应用，以工程应用促进基础研究，努力形成良性互动，把力学基础研究和航空航天工程紧密结合起来，相互促进，交叉融合，使之成为浙江大学航空航天学院的一个特色。

7.4 学院的发展要靠重点项目来带动

问：浙江大学航空航天学院在建院之初确定了几个主攻方向，或者说是重大项目，能谈谈为什么选择这些项目吗？

答：项目是发展思路的抓手。学院的发展还是要由几个重点项目来带动。学院新成立，在项目上是空白的，无论在航空领域还是航天领域，都没什么基础。在这种情况下，想要参与国家航空航天领域重点项目的建设，在大项目里承揽一点研究工作，几乎是不可能的。

经过一段时间的思考酝酿，结合学院的专业能力和国家航空航天发展战略，我们逐步明晰了几个重点发展方向。

在航空方面，我们确定的是小型高速无人机。大型无人机门槛很高，我们做不了。小型低速旋翼式无人机当时国内已经有很多家在做，出现了"一窝蜂"的局面，我们不能再去凑那个热闹。小型高速无人机的技术难度比旋翼式的大，门槛也很高，当时几乎没有人做。但技术切入点小，适合小团队作战，用户单位有迫切需求，应用前景好。而且浙江大学的控制学科水平很高，在控制方面有基础。选择小型高速无人机作为起点，既符合学校高精尖的学术追求，又属于另辟蹊径，只要能做出来，我们就是领先的，不会输给别人。一开始研制的样机，从外貌上看，真是土得掉渣，做试飞的时候，机身连油漆都没上，但那都不是问题。现在回过头来看，这个方向是选对了，目前浙江大学的小型高速无人机做得很不错，在国家相关领域已经取得了广泛的工程应用，在国内已经有了一定的影响力。

航天方面也一样，卫星的发展方向无非是两个，一个是往大平台大卫星的方向发展，一个是往小卫星的方向发展。国家目前正在计划建设低轨互联网星座。要建设这样一个星座，需要发射成百上千甚至上万颗卫星，因此大规模批量化生产以及降低卫星成本就非常关键。要完成上百颗卫星的生产，显然不是学校擅长的事。但要确保工业级的卫星器件可靠性不输给用宇航级器件研制的卫星，还有很多工作要做。通过科学的、优化的总体设计，完成质的提升，这正是高校的长处。只要有好的想法，教授们就会去研究，从理论上、原理上把问题研究透彻，再来指导生产实践，这是高校擅长的。同时，微小卫星虽小，但从它的基本原理来说，可以成为一个很好的航空航天人才培养平台，吸引有志于航空航天领域的学生加入我们的队伍。还有一个优势是浙大的结构学科有一位早就开始从事空间可展天线结构研究的关富玲老师，她在我们航天领域也很有名。

问：航天工程对严谨和精准的要求是第一位的，但科研往往追求的是唯一性，这在领导思路上有什么不同？项目实施过程中的失败，会给您带来压力吗？

答：科研兴趣和工程严谨，在过程中有时候可能有冲突，"精准"意味着不断重复和万无一失。通常情况下，大学教授的研究不会不断重复。

微小卫星的研制，是浙江大学信息电子工程系的团队在2000年启动的，我去看的时候已经坚持六七年了。卫星要做得非常小很难，所有器件在满足功率、处理能力、可靠性等性能要求的前提下，还要解决一个微小型化的问题，为此，团队付出了很多努力。

起步之初，微小卫星团队遇到的难题是怎样才能融入大航天系列。学校跟我谈了这个情况，希望我能助团队一臂之力。尤其是2007年，团队的皮卫星搭载火箭首发失败，没有收到卫星发回地面的信号。虽然后来发现是电池续航能力的问题，但关键点还是在工程管理上。

工程项目的管理不同于科研项目的管理，学校的学术研究能力很强，原理性的东西能搞得很清楚，但是工程经验不足。工艺、规范性、可靠性方面的工作不到位，都可能导致失败。前面讲的无人机"摔"了，问题也出在工程管理上。对教授团队来说，失败是很正常的，学术的自由探索容许失败。但是对航空航天来说，失败只能在试验阶段，上天了失败，就是真的失败。我请了很多专家到现场帮助团队找问题。对团队来说，首先要建立的就是航天标准，失败了，就意味着一切归零，从头再来。

沈荣骏（右一）陪同孙家栋（右二）在浙江大学微小卫星研究中心指导工作（2016 年）

从 2008 年开始，微小卫星团队挂靠航院管理。我们不断请专家来"会诊"，彻底梳理了一遍，发现问题、解决问题。金仲和老师带着团队把工程方面的一套标准规范和管理体系建立了起来。2010 年，卫星再次尝试上天，发射了两颗公斤级皮卫星，获得了成功。这个团队是在 2012 年的时候被并入航空航天学院的。2015 年，微小卫星团队又成功发射了一颗卫星，技术又上了一个台阶。2015 年之后，微小卫星团队还承担了微纳卫星的研制任务。2020 年、2021 年和 2022 年，每年都有新进展，除了皮星系列，又有了天平系列。到目前，这个团队研制的微小卫星有 30 多颗。

近些年，学院在培育新方向上做了很多努力。学院在临近空间飞行器、软体机器人等方面的研究取得了新的研究进展。近两年，导航仪器团队从别的学院被并入航院，也发展得不错。

7.5 这样的关键技术国家最需要，
再难也要扶持

问：浙大航院的微波毫米波射频项目起步虽晚，但发展势头非常好，解决了重大技术瓶颈难题，科研团队从科研兴趣到为国家需求服务的对标过程是如何完成的？

答：认识郁发新老师是在 2008 年 4 月，那时他还是一位博士后，他的研究平台也不属于航空航天学院。浙江大学王玉芝副书记是力学系毕业的，又当过力学系的书记，对学校全面情况很了解。她向我推荐，说有一位叫郁发新的老师，是哈工大刘永坦院士的关门博士。刘院士是研究雷达信号处理技术的，在我们雷达领域很有名。郁老师在学校做射频芯片的研究，但是遇到了一些困难，本人正准备离开浙大。但对这个人才，学校领导很想留住他，希望我能帮着把把舵，尽力帮帮他。我一听很感兴趣，因为郁老师的研究项目，正是我们国家迫切需要又被别人"卡脖子"的技术。

王玉芝副书记陪同我一起去了华家池校区，参观了郁发新老师的实验室。在实验室，我听了他的介绍，又仔细看了他做的 20 瓦的 Ku 波段功放模块及相关的功放芯片，感觉这个技术很有潜力。但是郁老师状态不太好，有一个项目正要上型号，他遇到了一些挫折，也没有信心，这次可以说是以被动接待领导的态度见了我。但我还是非常高兴，因为看见了这样高水平的研究。走出实验室，我就对王书记说：郁老师是个人才，这样的关键技术，研发成功了，将对国家有重大贡献，再难我们也要支持。

这样，郁发新老师在 2008 年也到了航空航天学院，全身心投入了射频芯片的研发工作。

问：听说郁老师当初调到航空航天学院，还是费了一番周折？有这回事吗？

答：我听王玉芝副书记说过，当初郁老师在研发射频芯片的时候，是在浙大科技园的一个平台，按当时学校的政策，还不属于浙大的教师编制。从学科上说，微波毫米波射频技术也不属于航院，但要留住人，首先要有一个人尽其才的平台。

这个研究方向非常重要，学院决定成立一个研究所。当时从校外聘请了两位教师，航天科技集团的王凭慧和中山大学的陆哲明，研究所这才成立起来。王凭慧是兼职所长，郁发新是常务副所长，陆哲明是副所长。班子搭起来了，后续人才就能聚拢起来。陆哲明于 2009 年正式调入浙大，现在担任航空航天系主任。

研究走上正轨之后，郁老师希望能推动射频芯片产业化，并做了很多努力。在这个方向上，国家已经有很大的投入，我们起步晚，只能自力更生。第一笔启动经费是学校支持的，杨卫校长从 985 经费里调剂了 500 万元。2011 年，杨校长在北京开会，王玉芝副书记和郁发新老师一起到北京，我们四个人在宾馆碰头，开了一个小会，杨校长当场拍板支持。第一笔启动经费就是这么定下来的。杨校长还和王书记、郁老师说：明天我在学校的邵逸夫科学馆开会，你们准备好报告，明天拿来给我签。

问：听说郁老师团队真正对接国家战略需求，还与您安排的一次汇报有关？

答：和郁老师见过之后，我在北京做了一些调研工作。2009年2月中旬去杭州的时候，我约郁老师详谈。据说郁老师当时还是不怎么想来见我，可能想着一年了也没什么动静，我去杭州的时候也没有找他，大概以为我把他忘了。但学院的吴丹青书记是个待人亲和的管理干部，在吴书记的动员下，郁老师来了，而且这次是有备而来的。他向我详细介绍了他的研究进展和成果，我心中有了十分的把握，反问了他一个问题："你觉得学院的核心竞争力在哪里？"郁老师开始天马行空地和我谈设想。郁老师是一位从来不愿意出马担任领导职务的教授，但这不代表他没有思考。他学科背景很强，又有成功的企业工作经历。但是我打断了他："你别和我'胡扯'了，准备好跟我去北京。"郁老师很开心。认真做研究的学者，最高兴的就是自己的研究得到认同。这回，他一句也没有推辞。我让学校联系了相关工业部门，请郁老师去汇报他的研究成果。

问：那天到北京向领导专家汇报的情况怎么样呢？

答：后来据郁老师说，进会议室之前，领导对他说：大家都很忙，长话短说，给你五分钟，把话讲完。结果，这一讲，讲了三小时。在下面坐着听的也都是专家，不用五分钟，一听，气氛就上来了。因为这就是他们一直在期待的技术。他们不停发问，汇报变成了交流讨论，效果非常好。会议之后，当场就确定了一个立即可以联合攻关的项目。

沈荣骏（左）与郁发新（右）及博士毕业生合影留念（2016 年）

近些年，这个团队发展得非常好。两年前，郁发新老师挂帅的团队，面向民间资本筹资 3000 多万元，买下了自己的研究成果专利，这在我们国家大学单项专利成交记录中是最高的。

我去杭州的时候，又介绍浙江省的主要领导去看郁发新的项目。这位领导是专家，马上就能做出判断。这个项目的发展得到了浙江省委、省政府很大的支持。

问：听说现在郁老师团队研发成功的微波射频芯片技术不但解决了国家在芯片设计领域"卡脖子"的问题，而且也形成了产学研一体化的发展模式。您能谈谈这方面的情况吗？

答：这个项目现在不光在校内建立了军民融合示范基地，产业联盟的发展也很迅速，带动了整个高新技术领域的水平提升。在浙江省委的支持下，射频芯片领域实现了产业化发展，从芯片设计到流片再到检测，整个产业链已经形成。一个产业联盟已建成，是中国本领域最完整的产业联合体，在全国也有标杆作用。产品供不应求，可以说是行业的龙头单位了，整体提升了中国射频芯片的技术水平。

现在这个团队有近800人，核心层80人的团队有一半是博士，其中四分之一是跨学科的。还有20多名在校学生参加核心技术的研发。团队整体上已形成了非常典型的高科技产业人才结构，这也是我们国家现代企业发展的有益探索。

7.6 两头在内，中间在外，关键在手

问: 浙大航院无人机项目的出现，可以说后来者居上，在国家相关领域也发挥了很大的作用。这个项目也是起源于自由探索吗?

答: 无人机是一个多学科交叉项目，涉及力学、航宇、控制、计算机，还有机械，多学科融合，正是高校的强项，加之有一定的基础，所以学院成立之初，我们就确定以这个项目作为"空"的切入点，最先启动。2007年7月26日，项目正式启动，老师们给起了个代号，叫"726工程"。

考虑到国家的需求，考虑到学院当时的专业能力以及未来发展，我提议，可以先从低成本、高性能的小型高速无人机入手。这不是现在满天飞的旋翼式无人机，而是高空、高速、隐身的无人机。它不仅能用于应急救灾、快速遥感，在军事领域也有广泛应用，比如用作靶机。

无人机是一个专业覆盖面很广的系统，包括气动外形、结构、动力、控制、通信、航空电子等分系统，除了没有大飞机要求的生命保障系统外，别的和有人飞机没有太大区别。

也是一切从零开始，我要求无人机整体系统设计、总装总调和试验试飞必须自己做，团队要能自己做出一个完整的系统来。部分附件可以外协采购，但是关键的飞行控制软件必须自己开发。

学院的老师没做过无人机，加上指标提得很高，大家心里都没底。更何况无人机项目是我们自己定的，没有任务来源，没有国家经费来源，启动经费是学校给的，团队很有压力。我从航空系统请来四位教练机和民用机专家，在总体气动、结构、控制等方面给了很多指导。这些专家为浙江大学研发无人机发挥了重要作用，帮助团队避开了很多弯路。

到 2010 年，浙江大学第一架自主研制的无人机完成试飞。从一点概念都没有，到整个系统研制出来，用了三年时间。团队付出了巨大努力，很不容易。后续在多项国家任务的支持下，能力不断提升，一直保持了良好的上升态势。后来邵雪明老师带队研制的"沙锥"无人机在我国相关领域发挥了很大的作用，慢慢在业界有了很好的口碑。

问：无人机团队对无人机研发的过程充满了跌宕起伏的记忆，他们非常感谢您在起步之初为他们领的路。能解读一下您所强调的"两头在内，中间在外，关键在手"吗？

答：这几句话实际上是我们国家这么多年来发展尖端技术的

经验。对于一些尖端技术、尖端装备，我们采取的都是这个办法，一直这么做，只是没有这么说而已。

按照大学传统的科研模式，只做几个关键技术，其他可以交给别人去完成，但最后就会失去对产品的主导权和控制权。浙江大学师生的科研创新能力很强，这也是他们的强项，但是要真正做到服务国家战略，就必须以工程要求上马。在团队工程经验缺乏的情况下，我建议研发过程中要把握几个关键原则，可以总结成一句话，叫"两头在内，中间在外，关键在手"。

所谓"两头"，一头是指总体设计，另一头是指总装、总调、试验。"两头在内"就是说总体设计和总装总调一定要在校内完成，要确保总体在我这儿，总装在我这儿，这些东西都是我的。

"中间在外"，就是说研制过程中需要配套的东西，比如发动机、舵机、飞行控制计算机等，可以在国内择优采购，谁的好就用谁的。尤其是学校，没有那么多人和精力，不能什么事情都自己干。

什么叫"关键在手"呢？就是说在整个系统里面，最关键的核心技术必须自己掌握。比如说我们搞无人机，无人机的气动设计、总体设计以及控制系统的研发，要牢牢抓在团队自己手里，软件硬件都得自己干。搞微纳卫星，平台和载荷必须自己紧紧抓住。只有把一些关键技术控制在自己手里，才能谈发展。想做的东西自己都不能控制，怎么发展？别人要想"卡"你，你一点儿办法都没有。

这就叫作"两头在内、中间在外、关键在手"。这几句话里面实际上包含了一种创新发展的思路，也就是现在人们常说的自主可控。这几条很关键，不光对无人机团队，后来对其他各个项目团队我也反复强调。

无人机项目一起步，首先要解决发动机问题。满足高空、高速、小型飞机几项要求的发动机，市场上没有现成的可用，团队花了很大力气才找到一款，进行了适应性改造，完成了项目启动之后的第一步。

无人机前期飞行试验是在浙江玉环的一块滩涂上做的，飞机飞起来了。之后预约空军基地做了正式的两次试飞，很成功，团队有了信心。有了这样的基础，2011 年，团队先后两次参加军方靶机项目竞标，成功了。这对一个民口高校的科研团队来说，非常不易，其他几个类似的项目是洪都、北航、西工大这样在航空领域有绝对优势的单位拿下的。这一方面说明，浙大的团队可以和这些专业团队并肩竞争了，另一方面，也证明了团队选择的方向是正确的，正是国家需要去克服的短板。

问: 无人机项目起步定位比较高，又直接对接了用户需求，过程是不是因此比较顺利？

答: 工程性项目，只有完全达到要求，而且是可重复地完全达到要求，才叫"完成"或"成功"。从这个意义上说，无人机项目同样是不顺利的。

两个项目做得很艰辛、很曲折。项目签约，一切都按合同要求推进，包括时间进度、各项数据，还有起和落、高度和速度。

立项之后在试验基地的第一次试飞，是 2013 年的事儿，我

沈荣骏（左三）与浙江大学无人机研发小组教师在生产基地（2016年）

也在现场。起飞、速度、高度都达标，问题出在飞机回来的时候。无人机降落靠降落伞，降落伞出了问题，没打开，结果飞机摔坏了，变成了一堆残骸，参加试飞的老师们都流泪了，那是他们的心血啊。当然还有一点，是觉得没能给我长脸。第二次试飞也失败了，一个外购的配件出了问题，但飞机没有摔坏。我对他们说，不怕失败，就怕不进步，找到问题，解决问题，再来。这个团队的纠错能力很强，查找原因，发现问题，每次失败后，技术上总能上一个台阶。到了2015年正式验收的时候，浙江大学的靶机在几十个项目中是第一个通过验收的，全部指标都优于合同要求。

经过十来年的摸爬滚打，浙江大学的无人机可以说已经走上了稳步发展的轨道，研发出多种型号，能满足高速、超声速、高空、超低空、长距离、长航时、隐身等多种性能要求，配合各种工程任务进行了两百多架次的飞行，在业内有了认可度，也有了口碑。

随着技术不断成熟，基础不断夯实，团队也开始做一些中间那部分从市场采购的关键技术。我常提醒他们，不能只干手里的，既要干着，还要瞄着、想着，在干好手头项目的同时，要瞄准下一个目标，还要想着长远的发展方向。只有这样，才能在一个领域扎下根，长久立于不败之地。

7.7 学院发展目标达到了，
没留遗憾，我就很满足了

问：2017 年是航空航天学院创办 10 周年，而您却在这时候提出辞去院长职务。做出交班决定是出于什么样的考虑？

答：年纪太大了，2018 年的时候我已经 82 岁了，已及耄耋之年，人的精力是有限的，得交班了。我是 2018 年 1 月底交班的，在浙江大学航空航天学院院长的岗位上工作了 11 年，在大家的鼎力支持下推进了一些工作，在师资队伍建设、人才培养、学科建设、科学研究等方面，与兄弟高校的航空航天学院横向比较，有了自己的特点和优势。

看到学院目前这个发展势头，我很高兴。我当初答应当这个

院长的初衷就是想为国家的航空航天事业再多做点事，多尽一分力。现在这个目的达到了，没留遗憾，我就很满足了。学院属于学院全体师生，属于浙江大学，属于国家，不属于我个人。只要是有利于学院发展的事情，我就愿意去做，无怨无悔。我相信，在阮院长的领导下，学院未来的发展会越来越好。

问：听说接任的阮院长也是您极力推荐的，能给我们介绍一下这方面的情况吗？

答：阮祥新院长是我推荐的。我准备交班的时候，学校领导开始是极力挽留我的，说航院这些年发展的势头很好，希望我能再干几年。我说不能再干了，这样干下去对学院发展没好处，还是要培养接班人。经过这些年的努力，我已把航院领进了"国家队"的大门，打下了一个很好的基础，在行业里也有了点小名气，该交班了。事业是永恒的，学院的长远发展需要一代接一代人的努力。

学校希望我推荐一位接班人，我答应了，我说我会把这个班交好的。我向学校推荐了阮祥新将军。阮祥新是我的老同事，当时他刚从 29 基地司令员的位置上退下来。我找他，他一开始不想干。他说："我既不是博士，也不是院士，去这么个名校当院长不合适。"我说："院长是管理岗位，你当过两个基地的司令员，这个院长怎么就当不了了？"我就将了他一军。过了一段时间，他答复我说："你实在要让我去，我就去。"

这样一来，我就交班了。我是 2018 年 1 月底正式交的班，在浙江大学航空航天学院院长的岗位上一共工作了 11 年零 10 天。

问：2018年10月，浙江大学将竺可桢奖授予您，这是学校对一名教师所能给予的最高奖励。十多年来，航院的快速发展令人印象深刻。您认为学院发展中最重要的经验是什么？

答：能获得学校最高荣誉是大家共同努力的结果，更是学院全体师生的荣誉。

航空航天学院在国家航空航天事业快速发展以及军民融合的大背景下顺势而生，这是航院发展壮大的前提条件。

浙江大学的校训是"求是 创新"。简简单单四个字，反映的是浙江大学求真务实、敢于创新的作风和精神。这种作风和精神，是浙江大学这所老校屹立百年、发展壮大、越办越好的根本

沈荣骏查阅资料（2020年）

所在。浙江省也是一个充满活力的地方。这样的大环境，是学院发展的良好基础。

但是，人才是各项事业成功的核心和关键要素。我们要做的，我们能做的，就是为这些人才提供发挥专长的空间和条件，为他们排忧解难，为他们保驾护航，让他们能够踏踏实实做事情，扎扎实实做学问——这是学院这些年来各方面工作取得进步的关键。要说经验，我的经验：一是凡事要先调查研究，不能先入为主；二是凡事不能"我说了算"，管理者的想法，要让教授们真正理解、接受，事情才能做得起来、做得好；还有一点，学院只是一个行政单位，要为国家战略服务，不能只讲自己圈子里那点事。

将个人的发展同国家的发展紧密结合在一起，把科研创新同国家的迫切需求结合在一起，这是一个大目标。要实现这个目标，首先要建立与目标一致的人才评价体系，包括职称晋升、研究生毕业，究竟以什么为标准，需要认真思考和研究。理清发展思路，找准发展定位，探索发展路径，为国家的发展贡献力量，是学院持续发展的基础。

经过这些年的发展，航空航天学院取得了一些成绩，学科方向布局基本明确了，特色项目做起来了，成果也用到了国家重大工程里。总的来讲，我对学院这些年的发展还是比较满意的。

但成绩是初步的，我们还有不少短板，需要大家一起努力。这些短板在交班的时候，我跟阮院长还有校领导也都谈到了。学科建设、人才培养是百年基业，这条路要坚持不懈地走下去。

首先，学科建设这一块儿还有很多工作要做。在建院之初，我希望能把力学和航空航天这两个方向紧密结合起来，将基础研究和应用研究紧密结合起来。尽管做了一些工作，但还远远不够，还要继续加强。要充分利用力学学科和航空航天学科的交叉优势，为学院下一步发展奠定坚实的基础。

几个特色项目的发展势头不错，但是这些特色项目怎么转化为学科方向优势，在这上头还是要花点心思。此外，还要不断开拓一些新的方向，给学院的发展增添新的动力。

参考文献

[1] 《回顾与展望》编辑委员会. 回顾与展望：新中国的国防科技工业. 北京：国防工业出版社, 1989.

[2] 李培才. 太空追踪：中国航天测控纪实. 北京：中共中央党校出版社, 1995.

[3] 罗荣兴. 请历史记住他们：中国科学家与"两弹一星". 广州：暨南大学出版社, 1999.

[4] 李培才. 坐标：太平洋 中国航天测量船海上测控生活纪实. 北京：作家出版社, 1998.

[5] 沈荣骏, 赵军. 我国航天测控技术的发展趋势与策略. 宇航学报, 2001, 22(3): 1–5.

[6] 王艳梅. 神舟内部报告：来自中国酒泉卫星发射中心. 北京：新世界出版社, 2005.

[7] 彭子强. 奇鲸神龙：中国核潜艇研制纪实. 2 版. 北京：中共中央党校出版社, 2005.

[8] 彭继超. 国家战略：中国载人航天工程纪实. 上海：上海文艺出版社, 2005.

[9] 巩小华. 中国航天决策内幕. 北京：中国文史出版社, 2006.

[10] 孙保卫. 遥指苍穹：来自北京航天飞行控制中心的报告. 北京：人民日报出版社, 2006.

[11] 刘华清. 刘华清回忆录. 北京：解放军出版社, 2007.

[12] 李泽生. 风云际会沈荣骏. 神剑, 2007(3): 4–23.

[13] 国防科学技术工业委员会. 中国航天五十周年回顾. 北京: 北京航空航天大学出版社, 2007.

[14] 梁东元. 中国飞天大传. 武汉: 湖北人民出版社, 2007.

[15] 管懿, 王艳梅. 龙啸九天: 中国酒泉卫星发射中心航天发射纪实. 北京: 中国宇航出版社, 2009.

[16] 张建启. 中国航天的历史使命. 北京: 中国宇航出版社, 2016.

[17] 马夫. 航天之家: 四大卫星发射基地建设与发展. 长春: 吉林出版集团有限责任公司, 2010.

[18] 《天魂》编委会. 天魂: 航天精神纪事. 北京: 中国宇航出版社, 2010.

[19] 唐国东, 等. 翱翔太空: 中国载人航天之路. 上海: 上海交通大学出版社, 2012.

[20] 王礼恒. 20世纪中国知名科学家学术成就概览·管理学卷·第二分册. 北京: 科学出版社, 2013

[21] 王建蒙. 孙家栋院士传记. 北京: 中国宇航出版社, 2014.

[22] 郭荣伟. 九天揽月: 中国太空战略发展研究. 北京: 国防大学出版社, 2014.

[23] 《中国航天事业的60年》编委会. 中国航天事业的60年. 北京: 北京大学出版社, 2016.

[24] 姚昆仑. 王永志院士传记. 北京: 中国宇航出版社, 2016.

[25] 马京生. 天眼: 著名卫星测控专家陈芳允. 北京: 解放军出版社, 2001.

[26] 雷勇. 慈云桂传. 长沙: 国防科技大学出版社, 2018.

[27] 《刘纪原航天纪程实录》编委会. 刘纪原航天纪程实录. 北京: 中国宇航出版社, 2017.

[28] 兰宁远. 中国飞天路. 长沙: 湖南科学技术出版社, 2020.

[29] 李成智. 中国航天科技创新. 济南: 山东教育出版社, 2015.

[30] 叶永烈. 钱学森. 上海: 上海交通大学出版社, 2010.

[31] 刘恕, 涂元季. 钱学森论第六次产业革命: 通信集. 北京: 中国环境科学出版社, 2001.

[32] 胡晓菁. 赤子丹心 中华之光: 王大珩传. 北京: 中国科学技术出版社, 2016.

[33] 李平, 董光亮. 经天纬地: 中国导弹航天测控发展史. 北京: 新华出版社, 2023.

[34] 张现民. 钱学森年谱. 北京: 中央文献出版社, 2015.

[35] 王艳明. 誓言无声铸重器: 黄旭华传. 北京: 中国科学技术出版社, 2017.

[36] 廖芳芳. 运筹帷幄之中 决胜千里之外——记中国工程院院士沈荣骏. 卫星与网络, 2011(4): 22–28.

[37] 李雪. 心系航天梦 胸怀强国情——访航天测控主要奠基人之一、载人航天主要开拓者之一沈荣骏院士. 科学中国人, 2006(8): 24–27.

[38] 沈荣骏. 我国测控系统发展回顾及未来工作建议. 飞行器测控学报, 2009, 28(3): 1–2.

[39] 沈荣骏建言: 中国四阶段构建天地一体化航天互联网. 卫星与网络, 2006(9): 18–19.

[40] 罗格. 中国航天 走向世界: 纪念中国国家航天局成立十周年. 北京: 中国宇航出版社, 2003: 114–119.

[41] 沈荣骏. 回顾历史 总结经验 重振商业卫星发射服务雄风. 中国航天报, 2003–06–13.

[42] 张强, 林利栓, 李筱梅. "我国航天测控已经达到世界先进水平" ——访原国防科工委副主任、中国工程院院士沈荣骏. 科技日报, 2010–09–30(3).

[43] 庞丹, 付毅飞. 26 年 59 星 回望中国北斗的非凡之旅. 科技日报, 2020–06–24(1).

[44] 苏扩善. 知识分子在国防科研中显身手——国防科工委副主任沈荣骏一席谈. 人民日报, 1990–06–24(3).

[45] 范炬炜. 澳星 B3 冒雨发射. 中国减灾报, 1994–09–27.

[46] 范炬炜. "神舟"首飞——中国首次试验飞船发射侧记. 解放军报, 1999–11–21(4).

[47] 北方, 李志伟. 我国载人航天事业是怎样起步的——专访中国载人航天工程顾问、中国载人航天工程原副总指挥沈荣骏. 光明日报, 2003–10–11.

[48] 田兆运, 林利栓. 我国航天测控经过 50 年的发展取得 8 大突破性成就. 新华社, 2010–09–13.

[49] 侯小健, 侯辑. 沈荣骏院士解密海南新航天发射场. 海南日报, 2007–10–13.

[50] 温庆生, 林利栓, 李筱梅. 编织"一网打尽"的"网"——访导弹航天测控专家沈荣骏院士. 光明日报, 2010–10–03(3).

[51] 林利栓, 李筱梅, 黄从军. 中国航天测控向强国跨越. 解放军报, 2010–12–30(12).

[52] 沈荣骏. 深切怀念崇敬的老首长刘华清. 军事历史, 2011(6): 5–8.

[53] 王建蒙. 看今朝圆我航天梦——沈荣骏院士的人生轨迹. 卫星与网络, 2013(4): 16–21.

[54] 陈寿椿. 中国步入国际商业卫星发射的里程碑. 科技中国, 2005(5): 78–82.

[55] 沈荣骏. 我国天地一体化航天互联网构想. 中国工程科学, 2006, 8(10): 19–30.

[56] 沈荣骏. 数字地球, 在应用中求发展. 装备指挥技术学院学报, 2009, 20(1): 1–6.

[57] 叶建设, 宋世杰, 沈荣骏. 深空通信DTN应用研究. 宇航学报, 2010, 31(4): 941–949.

[58] 沈荣骏. 不断发展的飞行器海基测量技术. 飞行器测控学报, 2014, 33(1): 1–6.

[59] 国防科学技术工业委员会新闻宣传中心. 光荣与梦想: 中国航天腾飞之路. 北京: 北京理工大学出版社, 2004.

[60] 李福泽, 李元正. 新中国航天事业的腾飞——回顾酒泉导弹、卫星发射基地的创建与发展 // 中共中央党史研究室. 中共党史资料. 第43辑. 北京: 中共党史出版社, 1992: 193–223.

[61] 邓小平. 邓小平文选（第三卷）. 北京: 人民出版社, 1993.

[62] 杨照德, 熊延岭. 钱学森 中国星. 上海: 上海交通大学出版社, 2012.

[63] 熊华源, 廖心文. 周恩来总理生涯. 北京: 人民出版社, 1997.

[64] 张弛. 国防科技工业概论. 西安: 西北大学出版社, 2007.

[65] 央视国际. 沈荣骏: 风险决策.《东方之子》"飞天之梦"系列人物专访, 2003–10–23.

[66] 周均伦. 聂荣臻的非常之路. 北京: 人民出版社, 2004.

[67] 李成智. 中国载人飞船的设计者. 济南: 山东科学技术出版社, 2002.

[68] 中国空间技术研究院. 精神的力量: 航天精神引领中华民族探索浩瀚宇宙. 北京: 人民出版社, 2002.

[69] 中国航天系统科学与工程研究院, 上海交通大学钱学森图书馆. 国魂: 助中国傲立世界的钱学森. 北京: 人民出版社, 2007.

[70] 中国人民解放军总装备部政治部, 奚启新. 钱学森传. 北京: 人民出版社, 2011.

[71] 中国航空运输协会. 中国航空运输业发展蓝皮书: 2013. 北京: 中国民航出版社, 2013.

[72] 王建蒙. 星系我心 著名航天工程技术专家孙家栋. 北京：中国宇航出版社, 2009.

[73] 孟继群. 邓小平领导理论研究. 北京：人民出版社, 2008.

[74] 中共中央文献研究室, 冷溶, 汪作玲. 邓小平年谱：1975—1997（下卷）. 北京：中央文献出版社, 2004.

[75] 吴树利, 朱钰华. 情系太空：中国导弹、卫星、运载火箭和飞船的开拓者任新民. 北京：人民出版社, 2013.

[76] 陈晋, 等. 为了初心和使命：中国共产党一路走来的故事. 北京：人民出版社, 2019.

[77] 谭邦治. 任新民院士传记. 北京：中国宇航出版社, 2014.

[78] 伍仁. 共和国重大事件纪实（卷一）. 西安：西北大学出版社, 1992.

[79] 彭子强. 筑向太空的长城：中国"两弹一星"揭秘. 北京：昆仑出版社, 1989.

后　记

中国的航天测控技术是由导弹试验测控起步的，没有导弹航天测控技术的发展，就没有以"两弹一星"、载人飞船、北斗导航、深空探测等为标志的中国航天事业的腾飞。

沈荣骏院士是我国导弹航天测控系统的主要创始人，在国内最早从事导弹航天测控技术研发工作，从20世纪60年代起就直接参与建造我国第一个导弹靶场测量系统，亲身经历了我国导弹航天测控系统从无到有再到发展壮大的整个历史过程，我国航天测控系统许多重大工程和重要决策都与他有关。沈荣骏院士于80年代担任国防科工委副主任，领导我国战略武器研制工作，组织和指挥了五十余次重大发射试验任务；90年代担任中国载人航天工程副总指挥，指挥了我国神舟一号试验飞船完成首次历史性飞行任务。他了解我国航天事业发展的历史和现实，洞察航天科技的未来趋势，是航天科技领域的一位战略科学家。

本书以访谈的形式、纪实的手法，通过讲述沈荣骏院士求学从军、投身我国导弹航天事业六十余载、担任浙江大学航空航天学院首任院长十一年的人生历程，真实再现了我国导弹航天事业发展的艰辛历程与峥嵘岁月，讴歌了以沈荣骏院士为代表的导弹航天科技工作者和广大官兵"热爱祖国、无私奉献，自力更生、艰苦奋斗，大力协同、勇于登攀"的"两弹一星"精神及载人航天精神，展现了一幅我国导弹航天事业从无到有、从小到大，逐鹿苍穹、追求卓越的壮丽画卷。

本书的策划构思发端于 2017 年。选题立项和访谈工作始于 2019 年，写作和出版历经六个年头。经框架论证、访谈、素材整理、基地采访、专家座谈、书稿写作、文献查证、事实甄别、征集意见和文字修改与统稿等多环节工作，于 2022 年 7 月基本成稿。从 2022 年 7 月起，书稿分两次呈请沈荣骏院士审阅修改。难能可贵的是，年逾耄耋的沈院士亲笔对书稿进行修改。为了保证书稿的科学性、准确性和可读性，主创团队在广泛征求各方专家意见的基础上，相继对书稿进行了多次修订润色并补充了相关图片资料，最终于 2024 年 3 月正式定稿。

本书能够顺利出版，首先感谢沈荣骏院士的高度信任。沈院士始终满腔热情地支持我们的工作，在疫情防控的艰难时期，只要有可能，就满足我们提出的采访要求，在北京和杭州两地多次接受我们的访谈，进行了十几个小时的面对面交流。每次与沈院士面谈都是非常愉快的经历，他丰富的阅历和敏锐的思维，对国家和事业的忠诚，都让我们肃然起敬。其次还要感谢测通所董光亮所长的信任和支持，把这项艰巨的工作交给我们来做。董所长亲笔为本书写了序言，并对书稿进行了认真审阅，提出了宝贵的修改意见和建议。沈院士秘书钟华在履行本职工作之余，协助完成了采访工作，对书稿做了审改，并提供了沈院士的照片。在书稿写作过程中，我们先后采访了曾经与沈荣骏院士同时期在测通所、国防科工委等单位工作过的陈炳忠、罗海银、刘蕴才、夏南银、贾永年、张纪生、刘利生、刘志逵、杨锦升、刘文嘉、曲星、陈建平等同志；在西安卫星测控中心陈司令的精心安排下，夏处长约请了26基地的老领导许四林、张殷龙、杜宝辉、张红星、李军智等同志接受我们采访；韩晓亚参谋、李京阳等同志也提供了各种帮助；此外，浙江大学的王玉芝、邵雪明、吴丹青、郑耀、金仲和、郁发新、杨建群等老师在接受采访时都提供了很有价值的信息，让我们受益匪浅。在此，由衷地感谢他们提供的资料信息以及各方面的支持和帮助！

特别感谢航天功勋科学家孙家栋院士和王永志院士对本书做了精彩点评。感谢浙江省新闻出版局原局长钟桂松、浙江少儿出版社原社长汪忠、测通所专家房鸿瑞和高昕先生、浙江大学航空航天学院陈伟球院长和刘玉玲书记对书稿进行了认真审读，并提出很好的意见和建议。感谢浙江大学党委书记任少波始终如一地关心支持书稿的写作和出版工作。我们还要在此特别感谢测通所的前辈专家，虽然从未谋面，但他们留下的文字素材，为我们提供了珍贵的史料。

应该说，这部书稿"生不逢时"，其采访写作是在全球新冠疫情肆虐的三年内进行的。病毒的流行导致很多与书稿采访写作的相关工作无法正常开展，增加了写作难度，延误了出版时间，也使有些问题缺乏深入解读，书稿难免存在一些不当或谬误之处，敬请专家和读者批评指正！